세상에서 가장 짧은 독일사

세상에서 가장 짧은
독일사

제임스 호즈 지음 | 박상진 옮김

THE SHORTEST HISTORY OF GERMANY

진성북스
JINSUNGBOOKS

문학적 감수성이 묻어나는 특별한 독일 역사서

오늘날 세계는 서구(유럽) 문명의 혜택을 많이 받았다. 수학, 기하학, 공학은 물론 철학이나 법률, 나아가 민주주의 같은 무형의 제도도 마찬가지다. 그런데 주요 역사가들은 서구 문명의 원류는 그리스와 로마의 지식에 있고 그 지식을 보존해 후대에 전수한 역할을 한 곳은 바로 로마가톨릭이라는 데 이견이 없다. 나아가 로마 가톨릭이 그렇게 할 수 있었던 것은 누구보다 **게르만 전사들의** 도움 덕분이라고 강조한다.

　게르만에 대한 역사적 기록을 남긴 인물은 고대 로마의 정치인이자 강인한 군인으로 모든 것을 가질 수 있었던, 유능한 남성의 표상인 '율리우스 카이사르'다. 그는 기원전 58년 갈리아(오늘날 프랑스 지역) 총독으로 부임해 라인강 동쪽에서 강 건너 서쪽 지역을 노리던 야만인들을 물리치기 위해 여러 번 전쟁을 시도하면서 반대편의 적들을 '게르마니'라고 지칭했다. 그때 게르마니는 문명화 수준이 한참 미약했다.

　기원전 27년에 시작된 아우구스투스의 로마제국은 오현제를 거치며 이후 200년 동안 '팍스 로마나'로 불린 태평성대를 구가했다. 그러나 235년부터 284년까지는 군인황제의 시기로 로마제국은 붕괴와 쇠퇴 현상을 보였다. 당시에는 로마의 용병으로 참여했던 게르만들이 로마 사회에 이미 깊숙이 침투해 있었다. 이후 '디오클레티아누스' 황제가 고안한 사두정치 체제로 부활하는 듯하던 제국은 '콘스탄티우스 클로루스' 시대가 막을 내리자 사두정치도 함께 사라졌다. 로마제국의 운명은 '콘스탄티누스 대제(306~337년 재위)'에 이르러 새로운 국면을 맞는데 313년 그는 밀라노 칙령으로 기독교에 대한 관용을 선포해 박해를 끝내고 사실상 기독교를 공인했다. 또한, 콘스탄티누스는 330년 비잔티움을 로마제국의 새로운 수도인 새 로마(콘스탄티노플)로 정했다.

이제 로마제국의 쇠퇴, 서유럽 역사의 강자로 등장한 게르만 그리고 기독교의 공인이라는 역사적 퍼즐에 대한 힌트가 주어진다. 이후 중세 시대(5~15세기)의 역사는 게르만 황제와 기독교의 교황, 각 지역의 귀족이 펼치는 3인 4각 경주와 유사했다. 때로는 서로 견제하면서도 협력하고 때로는 충돌해 위기를 초래했다. 그러나 그 불안정한 시대에도 그리스, 로마의 문헌과 지적 유산은 교회 내에서 안전하게 보존·연구되었다. 수많은 역사적 부침으로부터 안전한 곳은 교회(수도원)뿐이었다.

395년 이후부터 서로마제국의 황제는 단지 이름뿐인 존재로 추락하였고 군벌의 지도자들이 제국의 실질적인 통치자가 되었다. 서로마제국에서 게르만족의 영향력이 커지자 마지막 황제였던 로물루스 아우구스투스는 게르만족 용병들을 이민족 군대뿐만이 아닌 로마제국 정규군으로 편입시켰다. 이것이 불씨가 되어 당시 서로마제국의 장군으로 복무하며 높은 자리에 오른 게르만계 스키리족인 '오도아케르'가 서로마 황제를 몰아내고 자신이 이탈리아 왕위에 올랐다. 이후 로마제국의 서방 황제가 없어지자 서로마제국은 476년 멸망하고 말았다. 당시 오도아케르는 갈리아 지역에서는 영향력을 발휘하지 못했다.

동고트족(게르만)인 테오도리쿠스는 454년 오늘날 오스트리아 동북부에 있던 카르눈툼(Carnuntum) 근처에서 태어났다. 동로마 황제인 마르키아누스는 동고트족을 통제하기 위해 테오도리쿠스가 7살이던 461

년부터 동로마제국의 수도 콘스탄티노플에서 그를 인질로 데리고 있었는데 역설적으로 그에게는 20년 넘게 각종 교육과 문명의 혜택이 주어졌다. 테오도리쿠스가 정치학과 군사학에서 두각을 보이자 동로마 황제 제노는 29살이라는 젊은 나이(483년)의 그를 로마군 총사령관에 임명했고 이듬해에는 집정관(Consul) 자리를 주었다. 485년에는 자신의 부족으로 돌아가 동고트족의 왕이 되었다. 테오도리쿠스가 이끄는 동고트족은 동로마 황제와 합의해 이탈리아 평정을 명분으로 489년 알프스를 넘어 남쪽으로 진군했다. 서고트족의 지원까지 받았지만 이탈리아의 오도아케르는 만만치 않았다. 4년 동안의 전쟁 후 결국 협상을 위장한 테오도리쿠스는 오도아케르를 물리치고(493년) 이탈리아(동고트) 왕국을 세우고 라벤나를 수도로 정했다.

서기 235년 무렵만 해도 로마의 경계와 공격 대상이자 야만인이던 게르만들은 520년이 되자 서로마제국의 대부분을 직접 통치하는 근육질의 기독교인들로 변해 있었다. 이제 게르만 역사의 서치라이트는 또 다른 게르만, 프랑크족을 비출 때가 되었다. 그들은 4세기와 5세기 훈족에 의한 민족 대이동 시기에 오늘날의 라인강 델타(네덜란드, 벨기에) 지역에 머물며 역사의 거대한 물결에 휩쓸리지 않고 살아남아 프랑크 제국이 역사에 등장할 때까지 혼돈 속에서도 자신들의 영역을 넓혀 나갔다. 자신들의 정체성을 유지하며 갈리아의 원주민인 로만-갈리아인들을 원만하게 통치했다. 프랑크족은 훈족의 쇠퇴 이후, 481년 클로비스 1세가 메로빙거 왕조를 세우며 역사에 족적을 남겼다. 그는 496년 알레만족과 전쟁 중 전멸당할 위기에서 기적적으로 거둔 승리가 기독교의 가호라고 믿고, 508년 랭스에서 부하 3천 명과 함께 세례를 받아 아리우스파에서 로마 기독교(아타나시우스파)로 개종했다.

역사가들은 클로비스가 로마 가톨릭으로 개종한 것이 프랑크 왕국 발전의 열쇠가 되었다고 본다. 세계사를 돌아보면 언제나 국가나 왕조의 긴 생명력은 종교와 함께 하는 경우가 많았다. 혹자는 국가 통치에서 하책(下策)은 군대의 무력, 중책(中策)은 법에 따른 통치, 상책(上策)은 바로 종교에 의한 관리라고 말한다. 절대 신에 대한 믿음과 헌신에는 사회를 안정시키는 힘이 분명히 있다.

게르만이 세운 왕국에 분열과 쇠퇴를 불러온 근본적인 원인은 후계 자손들에게 영토나 재산을 나눠주는 균분(均分) 상속과 왕위 공동세습제 원칙에 있었다. 각 분국 왕들이 서로 싸우자 대토지를 소유한 귀족 세력이 득세해 정치적 실권은 왕실 업무를 총괄하는 분국의 궁재(宮宰) 손으로 넘어갔다. 718년 프랑크 왕국 전체의 궁재가 된 카롤링거가(家)의 카를 마르텔은 732년 피레네산맥을 넘어 공격해오는 이슬람 세력의 침입을 저지하는 등 큰 공을 세웠다. 그는 로마 교황과 우호적인 관계를 맺었고 그의 아들 피핀 3세는 751년 메로빙거 왕조의 마지막 왕 힐데리히 3세를 폐위시키고 새로운 프랑크 왕이 되었다.

기반이 취약했던 피핀은 즉위의 정당성을 부여하기 위해 귀족들의 선출과 교회에서 세례받은 후 대주교에 의해 축성받는 형식을 취했다. 피핀은 교회로부터 신성한 세례의식을 치르고 즉위하는 것을 제도로 확립해, 국왕이 선거에 지나치게 의존해 귀족들로부터 간섭받는 문제를 사전에 배제하려고 했다. 이후 세례자 요한을 본뜬 교황에 의한 황제 세례즉위식은 유럽 각국의 전통으로 자리잡았다. 국왕이 된 뒤에는 성 보니파시우스 주교의 기독교 선교 정책을 적극 지지하고 라인강 동쪽 너머 게르만 부족의 포교활동을 지원했다. 752년 초 피핀은 직접 군대를 이끌고 교황 자카리아와 함께 롬바르디아 왕국으로 진격해, 라벤나와 펜타폴리스를 점령하고 이를 교황에게 봉헌했다. 이렇게 교황은 황제에게 신(종교)의 권위를 부여하고 황제는 교황의 안위와 영토를 보호하는, 서로에게 필요한 적절한 거래관계가 형성되었다.

피핀의 아들 샤를마뉴 대제는 오늘날 유럽의 탄생과 통합을 이룬 상징적인 인물로 '유럽의 아버지'로 불린다. 그의 생애는 대부분 군사 원정의 시간이었다. 그만큼 영토를 지키고 확장했다. 어떤 역사가는 이 시기를 독일 역사의 시작으로 간주하지만 당시는 유럽의 주요 국가들이 세분화되기 전이었다. 곧 다가온 프랑크 왕국 분열의 시간은 독일 역사의 시작을 알리는 종소리일 수도 있다. 813년 경건왕 루이가 샤를마뉴를 계승해 왕위에 올랐는데 그에게는 세 아들이 있어 843년 베르됭 조약으로 카롤링거 제국을 세 왕국인 동프랑크 왕국, 중프랑크 왕국, 서프랑크 왕국으로 나누게 되었다. 당연히 동프랑크 지역이 오늘날 독일 지도에 포함되지만 이후에도 영토는 여러 변수가 있었다.

동프랑크 왕국 이후 '독일'이라는 정체성을 가진 나라가 세워진 것은 911년 동프랑크의 다섯 게르만 부족인 프랑켄, 슈바벤, 바이에른, 작센, 로트링겐이 모여 독일 왕국의 왕을 선출한 순간이다. 따라서 정황상 독일 역사의 시작점 중 그나마 빠른 시점을 정한다면 911년으로 봐야 할 것이다. 당시 왕으로 뽑힌 콘라트 1세는 프랑켄 공작이었고 이후 독일 왕권의 역사는 왕족과 고위 귀족 간의 끝없는 암투의 대상이 되었다. 그러나 그는 카롤링거 왕가와 먼 외척 관계였고 서프랑크 샤를 3세나 마자르족과의 전쟁에서 패해 왕권이 취약했다.

918년 콘라트 1세가 세상을 떠나자 작센 공작이던 하인리히 1세가 919년 독일 국왕으로 선출되었다. 그는 강력했던 오토 왕가의 시조이자 프랑크족이 아닌 최초의 독일계 혈통 군주였다. 936년 하인리히 1세에 이어 그의 아들 오토 1세가 동프랑크 왕위에 오르고 962년 교황으로부터 서로마제국 황제로 인정받아 신성로마제국의 초대 황제로 등극했다. 따라서 여러 요인을 종합한 완벽한 독일 역사의 시작을 962년 오토 대제부터 보는 역사가도 많다. 955년 오토 1세는 오늘날 오스트리아의 레히펠트 평원에서 마자르 대군을 격파했다. 당시 강제로 정착하게 된 마자르인들은 대공국을 세우고 1000년에는 가톨릭으로 개종해 헝가리 왕국을 세웠다. 오토 1세는 독일, 더 나아가 중부 유럽 일대의 구원자로 이름을 날렸고, 962년 교황은 신성로마제국 황제관을 수여했다. 그는 현재까지도 독일의 영웅 중 하나로 인정받고 있다.

963년에는 이탈리아 정복에 성공하고 이탈리아 왕위에도 올랐다. 그는 슬라브족의 침략을 격퇴하는 공도 세웠다. 단, 그의 영토는 독일, 오스트리아, 이탈리아에만 한정되었다. 서프랑크 왕국의 통치권을 포기하는 대신 인척관계를 이용해 배후에서 긴장관계를 적절히 조정했다. 오토는 샤를마뉴가 추진했던 학자들의 연구활동 장려와 학당을 설립해 시인과 작가들을 후원하면서 문예부흥의 발판을 마련했는데 이를 오토 왕가의 '르네상스'라고 부른다.

이후 중세시대 동안 신성로마제국 황제와 로마 교황의 협력과 갈등, 내부 왕국과 황제 간의 싸움, 십자군 전쟁, 경제적 발전, 루터의 종교개혁 등으로 독일 역사는 요동쳤다. 이어지는 근대와 현대를 관통하는 독일사는 이 책의 본문을 읽어가면서 음미하는 것이 좋겠다.

이 책의 세 가지 특징을 정리하면 다음과 같다.

첫째, 역사책으로는 예외적으로 문체가 화려하면서도 적절한 비유를 통해 역사적 맥락을 깔끔하고 분명히 전달하는 힘이 있다. 역사책은 어쩔 수 없이 다소 지루하다는 선입견을 단번에 날릴 수 있도록 문학적 요소를 적절히 가미하는 저자의 필력에 감동하며 번역하는 재미가 작지 않았음을 밝히고 싶다.

둘째, 저자가 독일 역사에 지대한 영향을 미쳤고 현재까지도 벗어나지 못하고 있다고 평가하는 프로이센과 융커를 다루는 문제의식이다. 튜튼 기사단에 기원을 둔 프로이센의 발전 과정에서 핵심 역할을 해온 융커(Junker)를 비판적으로 파헤친다. 그들은 독일 동부 지역을 개발하기 위한 중세 말기의 식민운동 당시 큰 집과 토지, 농노를 보유한 지주 호족이었다. 이후 특권의식과 군사문화를 지향하는 집단으로 변해갔다. 독일 서쪽 라인강 주변의 옛 로마에 속했던 지역의 독일과는 전혀 다른 정치적 견해를 가진 이 융커들 때문에 독일의 호전적이고 군사적인 여러 문제가 발생했다고 저자는 여러 번 반복해 주장하고 있다.

셋째, 저자는 독일을 '유럽의 미래'라고 치켜세우지만 그렇다고 독일 역사를 찬사 일색으로 바라보고 평가하지는 않는다. 오히려 그 반대다. 일반인이라면 밋밋하게 볼 수도 있는 역사적 장면들을 일일이 다시 꺼내 세우고 예상하지 못했던 날카로운 메스를 가차 없이 들이댄다. 자국의 역사가 아니어서 더 냉철히 분석할 수도 있겠지만 독일인들에게는 다소 불편한 진실일 수도 있을 것이다. 그러나 독자에게는 다른 역사책에서 얻을 수 없는 흥미진진한 읽을거리를 듬뿍 선사한다.

역사는 과거의 사실을 통해 인간의 지적 욕망을 채우는 행복감을 주고 현재 발생하는 사건들의 기원을 이해하는 데 도움을 준다. 또한, 거기서 삶에 필요한 교훈과 관점을 얻는다. 그러나 그 많은 역사적 사실을 평면적으로 기술만 한다면 역사학자가 아닌 이상 꾸준히 한 권의 책을 완독하기 쉽지 않다. 따라서 역사적 장면의 취사 선택과 저자의 독특한 역사인식, 서술 방법(문체)이 무엇보다 중요하다. 진실에 충실하면서도 멋진 묘사를 통해 독자가 과거로의 시간여행, 어떤 면에서는 '오래된 미래'를 온전히 이해하고 즐거운 마음으로 오늘을 사는 에너지를 얻는 데 도움이 된다면 그것이야말로 금상첨화다. 이 책의 제목이 『세상에서 가장 짧은 독일사』이지만 내용의 의미와 여운은 결코 짧지 않다!

회사 업무로 30년 넘게 매년 독일을 방문해 곳곳을 여행하는 기회를 얻었다. 언제나 마주하는 잘 정돈된 독특한 무늬의 집과 건물, 자연과 고성이 하나가 된 심미적 풍경 속에서 그곳에 사는 독일인의 속마음은 어떨지 궁금했다. 조금은 심각해 보이면서도 빈틈없는 일 처리에 감동하며 그들의 문화와 전통에 관심이 갔다. 이제 독일 여행자라면 꼭 알아야 할 핵심을 골라 담은 『세상에서 가장 짧은 독일사』를 번역·출간 하면서 인문학과 기술, 이 모두가 강한 나라, 독일의 비밀스런 유전자 (DNA)를 밝히는 첫 번째 작업을 마쳤다.

그동안 지식과 경험 뿐만 아니라, 지혜까지 나눠주신 주변 많은 분들께 감사드린다.

역자 **박상진**

차례

4부 두 갈래 길로 가는 독일_1525년~1924년

5부 독일, 유럽의 미래_1924년~현재

특별부록 독일 여행자를 위한 핵심 가이드 367

서문

지금, 유럽의 미래인 독일을 알자

오늘날의 유럽은 역사의 뒤안길로 완전히 퇴각한 듯 보인다. 위대했던 앵글로색슨파워마저도 잃어버린 영광의 환상 속으로 몸을 사린다. 오늘날 유럽 전역의 포퓰리스트들은 이민자들과 세계화 추구는 터무니없는 시스템이며 충성심이라고는 찾아볼 수 없는, 보이지 않는 위정자들의 실책 때문이라 울부짖는다. 그의 행운에 대해서는 믿기 어렵지만, '황제' 블라디미르는 거대한 게임의 시작을 관망한다. 발트해와 비세그라드 그룹(체코, 슬로바키아, 헝가리, 폴란드)의 국가들은 몸을 떨며 긴장하고 있다. 1998년부터 2005년까지 독일 외무장관을 역임했던 요슈카 피셔는 아예 남은 희망이 거의 없다고 보고 있다.

유럽은 미국에 전략적으로 맞서기에는 너무 약하고 분열되어 있다. 이제 미국의 리더십 없이는 생존조차 불투명하다. 사실상 모든 실존하는 사람들이 이미 알고 있듯이 서구 세계는 우리 눈앞에서 거의 확실하게 소멸할 것이다.

요슈카 피셔Joschka Fischer, 『서구의 끝』

2016년 12월 5일

한편 〈뉴욕 타임스〉의 헤드라인은 독일의 앙겔라 메르켈 전 총리가 자유주의 서방의 마지막 수호자일지도 모른다는 의문을 제기했다.

독일이라고? 지극히 특정한 유권자들 덕분이라고 하지만, 아돌프 히틀러가 민주적으로 권력을 획득하고 살인적인 인종차별적 자치령을 추구하기 위해 전쟁에 총력을 기울였던 기억이 생생하게 살아 있는 그 땅에서? 정말 독일이 불과 백 년도 채 안 되는 시간 동안 그토록 급격하게 변화할 수 있을까?

그렇다. 그럴 수 있다. 단, 어째서 지금의 독일이 유럽의 마지막 희망이 될 수 있는지 이해하려면, 독일의 역사에 대해 우리가 알고 있다고 생각했던 대부분을 버리고 새로운 시각으로 바라보아야 한다.

그럼 아주 처음부터 시작해보자. 아니, 조금 더 뒤로 가서 시작의 이전부터….

1부
게르마니의 탄생
-기원전 58년~526년-

The Shortest History of Germany

게르만의 기원

기원전 500년경 철기 시대, 스칸디나비아 남부 혹은 독일 최북단의 오두막집에서 한 인도-유럽인 분파가 특정 자음을 다른 사람들과 다르게 발음했다.[1]

정확히 누가 어디서 언제 그리고 왜 그랬는지는 누구도 이제껏 알 수 없다. 하지만 '어떤 일'이 있었을지 재구성해 볼 수 있다. 다음의 의문어들을 살펴보자. 다른 언어들은 계속해서 c/l/qu음(라틴어의 quis, quid, quo, cur, quam)을 사용했고, 오늘날에도 여전히 사용하고 있다(quio, que, che, kakiya 등). 하지만 덴마크인, 영국인, 독일인의 조상들은 이와는 분리된 hv/wh/h 음을 사용하기 시작했고, 이것이 현대의 hvad, what, was 등으로 이어졌다.

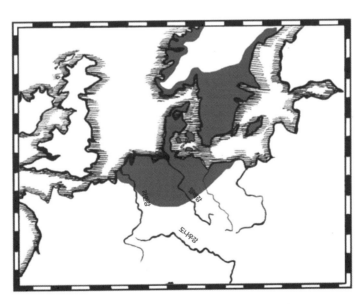

독일이 시작된 곳으로 추정되는 지역(기원전 500년)

최초의 게르만적 음운변화는 그림의 법칙Grimm's Law이라고도 알려져 있다. 설화를 수집했던 그림 형제의 형 제이콥이 규칙을 정했기 때문이다. 그 영향은 게르만어, 비(非) 게르만어 그리고 라틴어 파생 버전들을 사용하는 현대 영어에서 가장 또렷하게 나타난다.

p는 f: paternal → fatherly

f는 b: fraternal → brotherly

b는 p: labia → lip

c/k/qu는 hv/wh/h: century → hundred

h는 g: horticulture → gardening

g는 k: gnostic → know

t는 th: triple → three

d는 t: denta → teeth

기원전 약 500년 무렵 이런 새로운 음을 사용하기 시작한 부족들이 바로 게르만족의 원형인 원시 게르만Proto-German으로 추정된다. 그들이 스스로를 무엇이라 칭했는지는 알 수 없다. 이 시기에는 수도관 시설, 도서관, 극장, 선거제도를 보유했으며 역사를 기록하고 있던 문명화된 지중해 사람들과의 접촉이 전혀 없었기 때문이다.

기원전 150년 무렵부터 원시 게르만들이 지중해 세계와 상호 접촉을 시작했음을 알 수 있다. 이 시기에 로마산 와인을 즐기는 문화가 게르만 부족 전역에 나타나기 시작한다. 또한 모든 게르만 언어에서 '물건을 산다kaupa, kopen, shopping, kaufen'는 의미의 단어들이 모두 소상인이나 여관주

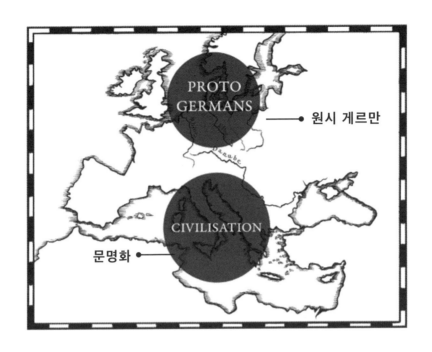

술과 노예 거래

문명화된 세계

게르만
세계

원시 게르만과 지중해 세계의 교류

인을 뜻하는 라틴어 'caupo(카우포)'에서 파생됐음을 통해 쇼핑이 그들에게 새로운 경험이었음을 알 수 있다. 이를 통해 원시 게르만의 엘리트가 털가죽, 호박, 로마의 가발 제작자들이 경탄해 마지않던 그들의 금발 혹은 그보다 더욱 간절했던 노예들과 술을 얻기 위해 라인강이나 도나우강 강가의 교역소에서 벌인 최초의 접촉을 그려볼 수 있다.

이 교역은 기원전 112년부터 101년까지 북에서 온 킴브리족과 튜튼족이 로마 공화국에 치명적 위협을 가하고 명장 마리우스에 의해 그들이 완전히 제거되었을 때까지 평화롭게 지속되었던 것으로 보인다. 이후 로마의 지도자들은 그들을 초기 독일인들로 여겼지만, 로마인들에게 그들은 단지 흔한 야만인일 뿐이었다. 확실히, 그 시대에는 아무도 그들을 게르만이라 부르지 않았다. 실제로 우리가 아는 한 기원전 58년까지는 '게르만'이라는 호칭이 사용되지 않았다.

적절하게도, 이 웅장한 이야기는 역사에서 가장 유명한 한 남자와 함께 필연적으로 시작된다. 바로 로마의 집정관이었고 총독으로 갈리아를 정벌했으며, 클레오파트라 7세와 사랑을 나누었고 끝내 종신 독재관이 됐지만, 비명에 져버린 율리우스 카이사르Gaius Julius Caesar다!

· · ·

카이사르, 게르만을 발명하다

기원전 60년 3월, 철학자·법률가·정치인인 키케로Cicero가 저술한 바에 의하면 로마의 화두는 망명을 신청하는 야만인들(게르만)의 위협이었다. 그들은 더 북부에서 일어난 전쟁과 사회적 불안으로 갈리아 키살피나Cisalpine Gaul(실질적으로 지금의 이탈리아 북부)의 난민화 지역으로 이미 잠식당해온 상태였다. 그리고 아직 점령되지 않았던 북서부의 갈리아 트란살피나Transalpino Gaul에 새롭게 성가신 세력이 출몰하는듯했다. 기원전 58년, 자신의 명성을 높이고 빚을 청산하기 위해, 정복지를 얻으려고 전쟁에 안달이 나 있었던 율리우스 카이사르가 이곳의 새로운 총독으로 부임했고, 공격해야 할 대상에게 **게르마니**Germani라는 이름을 붙이게 된다.[2]

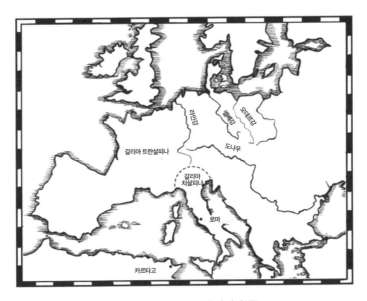

카이사르 이전의 로마와 갈리아(골)

카이사르는 자신의 가장 유명한 역사서인 『갈리아 전쟁기』의 첫 페이지 첫 문장에 '라인강 너머에 거주하는 사람들'이라는 것과 '게르마니'의 확고부동한 병합이라는 쾌거를 이뤘다. 그는 중앙아프리카를 탐험했던 스탠리(영국의 탐험가)와 마찬가지로, 자기 자신의 독자들을 위해 빈 지도를 채워가는 도중 즉흥적으로 아이디어를 떠올리며 매우 만족했다. 로마와 갈리아는 물리적으로나 문화적으로 공통분모가 많지만, 라인강 너머의 땅은 완전히 다른 나라라는 것. 이 깨달음을 『갈리아 전쟁기』의 모든 페이지에 걸쳐 정성스럽게 강조했다.

카이사르는 머지않아 실제 상황이 자신에게 불리하게 흘러감을 알게 된다. 이미 몇몇 갈리아 부족들이 라인강 너머의 15,000명의 게르만 병사들을 포섭해 당시 친로마 켈트족 세력인 포악한 하이두이Aedui (현재 부르고뉴 지역에 거주하던 갈리아 부족)에 대항하는 세력을 돕도록 작업해 왔던 것이다. 승리의 그날, 게르만의 지도자 아리오비스투스Ariovistus는 라인강 너머의 더 많은 자신의 추종자들을 불러들였고, 이제 그는 로마령이 아닌 갈리아 전 지역의 공인된 통치자로서 추앙되고 있었다. 이미 갈리아에는 12만 명의 게르만들이 거주하고 있었다. 곧 더 많은 게르만이 침입하여 갈리아의 원주민들을 강제로 몰아낼 것이고, 이들은 새로운 정착지를 찾아 떠나야 한다.

카이사르는 애국자였기에 즉시 그 위험성을 내다볼 수 있었다. 그대로 둔다면 로마의 갈리아 키살피나 지역은 물론, 심지어 로마까지도 야만족 이주민들로 뒤덮일 것이었다. 카이사르는 전쟁에서의 패배로 사기가 떨어진 군병들을 위해 당당한 연설과 격려로 사기를 진작시키고, 공포를 유발하는 좁은 길이나 빽빽한 숲을 조심스럽게 피해 진군했다.

그가 뭉뚱그려 '게르마니'라 명명한 부족들은 기원전 58년 보주Vosges 전투에 관여했었다.

게르만들은 완전하게 패배했으며, 전근대 전투에서 그래왔듯 참패는 학살의 절차를 밟게 된다. 생존자들이 겨우 도망쳐 강을 건넜을 때 카이사르는 그들을 추격하고자 했다. 게르만이지만 로마와 동맹관계인 유비족은 라인강을 건널 배를 제공하겠다고 했다. 하지만 카이사르는 더욱 로마스럽고 안전한, 강을 가로지르는 다리를 축조하는 방법을 택한다. 그의 군단은 열흘 만에 다리를 지었다. 실로 놀라운 공훈이었다.

하지만 아무리 기술력이 장엄한들, 로마군은 평원을 무대로 한 전투에서만 무적이었다. 반면 게르만들은 자신들의 지형에 능숙했다. 그들은 이미 카이사르가 수업료를 톡톡히 치른 바로 그 '숲'으로 도망쳤다. 게르만들이 병력을 끌어모아 잠복 후 로마군을 기습할 계획이라는 사실을 알게 된 카이사르는, 이미 명예적으로나 정치적으로 충분하고도 남는 성과를 거두었기에 깨끗하게 군대를 돌려 갈리아로 회군을 지휘하고 퇴각 후 다리를 파괴했다.

『갈리아 전쟁기』의 나머지 부분을 보면, 로마는 게르만들이 갈리아에서 반역을 꾀하려는 어떤 누구든 자신들의 아군으로 삼을 가능성이 있기에 그들을 잠재된 위험 요소로 간주했다. 해결 방법은 하나뿐이었는데, 게르만에게 로마의 위력을 제대로 보여주는 것이었다. 기원전 55년, 그들이 라인강을 넘어서 대규모 이주를 시도했을 때, 카이사르는 게르만들과 '전쟁'을 벌이고야 말겠다고 결심했다.

카이사르는 자신의 군대가 43만 명의 적군을 라인강과 뫼즈Meuse강이 합류하는 죽음의 물결 속으로 몰아넣고 안전하게 돌아왔다며 기세등등했다. 하지만 로마의 도덕적 규범에 의하면 이 사건은 명백한 대학살이지 전쟁이 아니었다. 로마의 위대한 연설가 카토Cato는 공개적으로 카이사르를 게르만에게 넘겨서 처벌해야 한다고 주장했다. 하지만 카이사르는 『갈리아 전쟁기』에 기록한 자신의 잔혹한 방식이 전쟁을 억제하는 데 효과적이라며 이를 정당화했다. 그는 갈리아 내부에서 로마에 저항하려는 이들이 앞으로 게르만들을 매수하려 해도 그들은 지난번 전쟁에서의 참패로 다시는 그런 위험을 감수하지 않을 것이라는 점을 분명히 했다.

카이사르가 새롭게 발견한 이 야만족들은 실제로 어땠을까? 그는 극적인 순간에 어울리게 흥미진진한 이야기를 잠시 멈춘다. 그리고 기원전 53년 라인강을 가로지르는 두 번째 교두보 위에 서서 독자들에게 역사 최초의 게르만에 대해 유명한 연설을 한다.

카이사르의 게르만

게르만들은 성스러운 직무를 주재할 드루이드Druids(켈트인의 드루이드교 사제)도 없고 희생에 대해 큰 관심이 없어서 갈리아인들과 매우 다르다. 그들은 태양, 불 그리고 달처럼 명백하게 직접적 이익을 주는 사물을 신으로 섬기는데 그 신들에도 계급이 있다. 그들은 전해지는 소식으로라도 다른 신들에 대해 전혀 들어보지 못했다. 일생을 사냥과 용병술을 쌓는 데 보낸다. 문란하게 강에서 목욕하며 사슴의 가죽이나 작은 망토만으로 몸을 가린다. 신체 대부분이 나체로 노출되어 있다. 그들은 농사에 별 관심을 기울이지 않으며 식량은 대부분 우유, 치즈 그리고 육류다. 아무도 사유 재산이나 정해진 토지를 소유하고 있지 않다. 게르만들은 이웃 민족들을 자신들의 땅에서 몰아내려 하며 그들의 땅을 차지하려고 한다. 아무도 자신의 땅 근처에 감히 터전을 잡을 엄두도 내지 못하도록 한다. 이렇게 함으로써 자신들의 기량을 증명할 수 있다고 생각한다. 다른 부족을 침략해 저지르는 강탈을 악행으로 여기지 않는다… 단 손님에게 상해를 입히는 것은 불경한 일로 여긴다. 어떤 목적으로든 자신들을 찾아온 이들을 해하는 것만큼은 삼가고, 불가침 대상으로서 존중한다. 그들에게는 내 집, 네 집 구별이 없이 모든 집들이 개방되어 있었고, 보수나 수리도 서로 아무 대가 없이 도와주었다. 고생대 후기에 생성된 헤르시니아 Hercynian 숲의 너비는 위에 언급되었던 바와 같이 재빠른 여행자라면 9일 정도가 소요되는 크기다. 그들은 도로측량법을 알지 못하기 때문에 다른 방법으로는 계산할 수 없다. 이 숲에서는 다른 곳에서는 결코 볼 수 없는 여러 종의 야수들이 사는 게 확실하다.

『갈리아 전쟁기』, VI, 22~28

진정한 신들이나 제사장도, 소유재산이나 사회질서도, 빵을 만들기 위한 옥수수밭도 없었고 거리를 측량하는 방법도 없었다. 사나운 맹수들이 사는 거대한 숲과 끊임없는 부족 간의 전쟁이라는 진정한 야만성만이 있을 뿐이었다. 카이사르는 로마가 이곳을 다스려 얻을 수 있는 유익이 없다고 판단했다.

하지만 이 묘사의 의도는 엄연히 인류학적 표현이 아닌 정치학적 계산에 의한 것이었다. 목적은 오로지 카이사르가 대승을 거둔 라인강 왼쪽 기슭과 그가 두 번이나 침략했지만 어떤 성공도 거두지 못한 오른쪽 기슭 사이를 극명하게 대조적 구도로 연출하기 위함이었다. 이러한 유인책의 저변에는 갈리아가 있었다. 그들은 비옥한 땅에 농사를 짓고, 그리스·로마 신화에 나오는 판테온 신전에서 쉽게 그려질 만한 제대로 된 신들을 섬긴다. 그들은 기본적인 법, 원시적 선거와 정리된 사회질서 및 제도를 갖추고 있으며 심지어 그들의 드루이드 사제들은 그리스 문자를 쓸 수도 있다. 문명화에 대한 잠재력을 확실이 보유했다는 증거다. 카이사르로서는 그의 추종자들을 위해 로마화와 세금 수입이 보장되는 나라를 통째로 완벽하게 쟁취한 승리였다. 그러나 라인강의 우측 편에는 그들과 전혀 다른 게르만이 있었다.

동시에, 이 두 개의 완전히 다른 문화 사이에 흐르는 그 강이 실제 국경이 아님도 분명했다. 카이사르는 라인강에서 먼 곳에 최근의 갈리아에 살던 갈리아인들이 최소한 적어도 한 부족은 있다고 『갈리아 전쟁기』에서 독자에게 전한다. 이에 반해, 이 시기에 라인강변 근처에 살고 있는 벨까에Belgae는 최근에야 갑자기 게르만에서 튀어나온 신생 부족이다. 라인강의 게르만 방면 강둑의 우비Ubii족은 변함없는 로마의 우방이었던 반면, 갈리아 강기슭에 살고 있는 로마에 적대적인 부족들은 명백하게도 게르만들이다. '갈리아 전쟁' 시기 내내, 공격과 합병, 후퇴와 이민 등을 위해 사람들은 라인강을 줄기차게 건넜다. 카이사르는 의도적으로 게르만 기갑부대를 정예 근위대로 삼았다.

기원전 59~53년의 라인강 기슭의 실상은 오늘날의 시리아처럼 불안정하고 당황스러우며 피로 얼룩져 어수선했던 듯하다. 그렇다면 대체 어떤 종류의 승전보를 울려야 효과적일까? 이에 카이사르는 그가 로마의 규정에 맞는 천혜의 경계선을 발견했다고 발표한다. 라인강은 모래 위에 그려진 로마 버전의 사이크스 피코 경계선Sykes–Picot boarder이 됐다. 제2차 세계대전 이후 영국과 프랑스에 의해 중동 지역을 관통해 독단적으로 만들어진 이 경계선. 라인강 너머의 부족들은 상상을 초월할 정도로 무자비한 야만족이며 그들의 땅은 악몽 같은 황무지라고 공표됐다. 설상가상으로 게르만들이 명확하게 로마에 적개심을 품고 있으며 로마에 이의를 제기하는 그 누구라도 도와주길 마다하지 않는다고 매도됐다. 이로써 로마의 사명은 명확해졌다. 라인강 유역을 예의주시하고 그들이 강을 건너오려고 시도할 때마다 지옥을 체험시키는 작업을 멈추지 않는 것이다.

이렇게 카이사르는 '게르만'을 스스로의 개념으로 발명했던 것이다.[3]

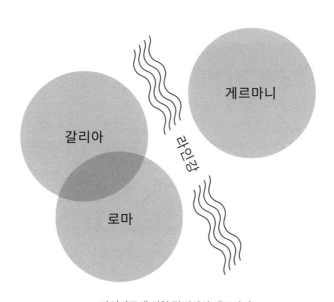

카이사르에 의한 갈리아와 게르마니

게르마니아, 거의 로마가 되다

로마 공화국은 카이사르 암살 이후 내분이 이어지며 제국을 설립하느라 바빴고, 라인강이 그려준 경계선은 확실했다. **문명화된 갈리아들은 이쪽에, 게르만들은 저쪽에 자리를 잡았다.** 문명화되지 않은 사람들도 분명 쓸모가 있었다. 최초의 로마 황제 아우구스투스는 율리우스 카이사르를 모방해 라인 지방 북부 게르만 사람들을 근위대로 활용했다. 그들은 유다의 로마예속왕이었던 헤롯대왕이 그랬던 것처럼 잔인했다. 그런데 기원전 17년, 대규모 전쟁 준비를 한 게르만들이 라인강을 건너 로마 5군단의 신성한 상징물을 탈취했다. 승리를 거둔 그들은 이 독수리 심볼을 가지고 다시 강을 건넜다. 신생 로마제국은 그들의 항복 권유로 인한 심각한 모욕을 마냥 좌시할 수만은 없다고 여겼다. 따라서 처음으로 대대적으로 전략적 공격을 감행하기 위해 빠르게 결집했다. 바로 전면적인 게르마니아 정복전이었다.

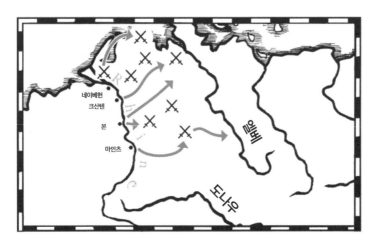

게르마니아 정복전의 전초 기지들

아우구스투스 황제의 막내, 양자 드루수스Nero Claudius Drusus에게 지휘권이 부여됐다. 라인강을 따라 출발 기점들이 건설됐다. 이 지점들이 지금의 본Bonn, 마인츠Mainz, 네이메헌Nijmegen 그리고 크산텐Xanten을 탄생시켰다. 드루수스는 이 지점들에 자신의 군단과 해군을 배치하고 지휘하며, 기원전 12년부터 9년까지 게르마니 북서부 전역에 계속되는 승리의 깃발을 꽂게 된다.

기원전 9년 드루수스는 엘베강에 도착한다. 역사가 카시우스 디오 Cassius Dio와 수에토니우스Suetonius에 의하면 그곳에서 거대한 여성 모습의 환상이 그에게 나타나 군대를 돌려 정복욕에 불타 만족을 모르는 폭주를 중단할 것과 또한 그의 날이 얼마 남지 않았음을 조언했다고 한다.

엘베강에 도착한 드루수스. 에두아르드 벤드만(Eduard Bendemann)의 목판화

이 시간은 앞으로 전개될 독일과 유럽의 역사에서 매우 중대한 순간
이었다. 엘베에서의 멈춤은 일반적인 정치·군사적 결정이 아니었다. 이
는 더 높은 곳에서 내려온 신의 계시였다. 라인강을 건너는 것은 괜찮
았지만 엘베만큼은 '정당한 야심'의 종착지가 되어야 했다. 마침내 서기
6년에 도나우강, 라인강 그리고 엘베강 사이의 게르마니아에 대한 정복
이 이루어진다. 아마도 로마가 계획한 가장 위대했을 이 단일 군사작전
에서 라인강 서쪽과 도나우강 남쪽에서부터 거센 협공이 이뤄졌다. 완
강하게 저항하는 최후의 무리들을 포위하기 위해 제국은 전체 병력의
약 40%에 달하는 열두 개 군단을 동원했다.

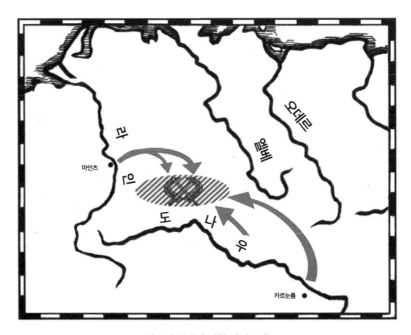

제국의 원대한 계획(서기 6년)

이 거대한 공격이 시작되기 불과 며칠 전, 현재의 보스니아Bosnia 지역의 예비 군단이 반란을 일으켰고, 이는 발칸 지역의 일리리아 대반란 The Great Illyrian Revolt의 시발점이 됐다. 라인-도나우강에 집결했던 로마제국의 군사들은 서둘러 남쪽으로 이동했다.

게르마니아 지역은 군사작전이 중단됐음에도 불구하고 로마화가 빠른 속도로 이루어지고 있었다. 카시우스 디오Cassius Dio는 '도시들이 형성되고 있었다. 야만족들은 물물 교역에 익숙해지기 시작했고 평화로운 회합을 통해 서로 만나고 있었다.'라고 기록했다. 이것은 본래 이라크에서 사막의 폭풍(걸프전 당시 연합군 작전명) 이후 딕 체니Dick Cheney가 추구했던 소박한 꿈일 뿐, 전통적 관점으로는 지나친 과장이라 치부돼 왔다. 하지만 최근 고고학자들은 로마인들이 실제로 게르마니아를 건설하고 있었다는 뚜렷한 증거를 찾아냈다. **라인강에서 동쪽으로 약 95킬로미터 지점에 있는 발트기르메스Waldgirmes에서 완비된 도로, 시장과 광장이 갖춰진 완전한 군사 시설과 문명화된 도시가 발견된 것이다.** 서기 5년~9년의 로마가 통치했던 시기 동안 사용된 동전들이 그곳에서 발굴됐다. 그날은 지난 수십 년간 모든 독일 학생들에게 독일 역사상 반드시 기억해야 할만한 것으로 뇌리에 각인됐다.

아르미니우스와 그 이후

인도의 영국인들과 마찬가지로, 게르마니의 로마인들은 전쟁 중인 작은 행정구역들을 짜맞추는 기술을 발견했고, 편의상 거대 단일국가 개념을 강요했다. 로마인들은 영국인들이 그랬던 것처럼 곧바로 자신들이 개발해낸 땅에서 충성할 만한 사람들 가운데 로마 문화에 반쯤 동화된 부류들로 구성된 지도자 계급을 구성했다.

　서기 9년, 게르마니아의 총독 푸블리우스 큉크틸리우스 바루스 Publius Quinctilius Varus는 그해 여름을 깊은 산골에서 보냈다. 전쟁이 아닌(후에 상당히 강제적이며 과중했다고 회자된) 세금 징수를 위해서였다. 겨울을 나기 위해 라인강의 주변의 숙소로 돌아오는 길에 그는 로마 문화에 동화된 식사 친구 아르미니우스Arminius-Hermann를 신뢰하는 실수를 저지르고 만다.

　아르미니우스는 북서 케루스키Cherusci 부족의 군장인 세기메루스 Segimer의 아들로 로마에서 수학한 자이다. 그는 기원전 11년~9년에 있었던 드루수스의 게르마니아 전쟁 때 세기메루스의 패전으로 친동생 플라부스와 함께 인질로 로마에 보내졌다. 이후 아르미니우스는 로마의 군사 교육을 받는다. 기사 계급(에퀴테스)이 되어 로마 시민권을 취득하고 군의 전술을 터득했으며 로마군의 강점과 약점을 파악했다. 로마는 게르마니아에 지배권을 행사해 라인강 넘어 엘베강 연안까지의 속주화를 꾀했다. 아우구스투스는 바루스를 게르마니아 총독으로 파견하게 되고, 바루스는 아르미니우스를 자신의 참전 사단에 영입했다. 어느 날 아르미니우스는 바루스에게 가까운 곳에서 소규모의 반란이 일어났으니 로마군이 올해 한 번 더 그 지역에 로마군의 상징 군기인 아퀼라Aquila(독수리)를 보여주는 것이 마땅하다고 말했다. 바루스는 아르미니우스의 장인에게서 그를 믿지 말라는 경고를 받았음에도 이를 간과한 채 그를 친구로 대했다. 게르만이 완전히 평화로운 지역이라 확신한 그는 제대로 된 전투 행렬을 갖추지도 않은 채 자신의 3개 군단을 출발시켰다. 종군 민간인들을 비롯한 전군은, 50년 전 카이사르가 조심스럽게 피했던 좁은 길과 **빽빽한** 숲속으로 들어갔고, 그 로마인들은 거기서 전멸하고 만다. 오늘날의 영화 제작자들에게도 벅찰 만큼 끔찍한 장면들이 난무한 학살 현장이었다. **토이토부르크 숲 전투**Battle of the Teutoburg Forest**라고 알려진, 독일인들에게는 목에 힘을 주게 하는 바로 그 전투다.**[4] 1985년 영국의 아마추어 발굴가 토니 클런 소령Major Tony Clunn이 찾아낸 중요한 증거물들의 발견을 통해, 고고학자들은 살벌한 전투가 일어났던 곳이 니더작센Lower Saxony의 칼크리제Kalkriese였다고 확신한다.

칼크리제 유적지에서 발견된 로마 기갑부대의 마스크

그 전투의 여파로 라인강 동쪽에 있는 로마군의 거점 대부분이 파괴되고 만다. 그것은 크나큰 좌절이기는 했으나 널리 알려진 것처럼 로마의 게르마니에 대한 야망의 종말은 아니었다. 서기 14~16년 드루수스의 아들 게르마니쿠스Germanicus가 복수심에 불타 그 땅을 참혹히 짓밟았고, 마침내 아르미니우스와 그의 동맹군들을 베저Weser강 유역의 한 만灣으로 몰아붙일 수 있었다. 전투의 전야는 전설로 남았다. 아르미니우스와 여전히 로마에 충성을 바치고 있던 그의 형제는 강을 사이에 두고 라틴어로 서로 험한 말을 주고받았다. 게르마니쿠스는 신분을 숨긴 자신의 수족들의 어둠 속 정벌을 통해 훗날 셰익스피어의 역사극 〈헨리 5세〉의 모델을 제시하기도 했다. 아침이 오자 게르만들은 처절히 패하고 학살당했다. 이를 로마의 역사가 타키투스Tacitus는 "10마일에 걸쳐 시체들과 주인을 잃은 무기들로 온통 뒤덮여 있었다."고 표현했다. 그 후 얼마 지나지 않아 게르만 민족주의의 첫 번째 영웅 아르미니우스는 그의 동포들에 의해 불분명한 상황 속에서 살해당한다.

이렇게 해서 라인 지방은 다시 안전해졌다. 다른 모든 군대들처럼 로마군은 도시의 청년들보다 산간벽지의 거친 소년들을 선호했고, 게르만은 이제 그들이 가장 환영하는 신병 후보들이 됐다. 로마가 브리타니아를 정복하는 동안, 완전무장의 게르만 군병들이 중대한 메드웨이 전투를 앞두고 템즈강을 헤엄쳐 건넜다. 겁먹은 로마 시민들에게 게르만 보병대 Cohors Germanorum로 알려진 황제의 친위대 역시 철저하게 게르만인들로만 조직됐다. 라인 지방 일부는 로마제국에 병사들을 공급한 대가만으로도 지역 전체의 경제를 지탱할 수 있었다.

이후 로마는 현재의 치세를 향유하는 날들에 흠뻑 취해 있었다. 한 세기 가까이 이어진 이례적인 평화, 안정과 번영 그리고 오현제(서기 1세기 말~2세기 말)라 불렸던 네르바Nerva, 트라얀Trajan, 하드리아누스 Hadrian, 안토니누스 피우스Antoninus Pius와 마르쿠스 아우렐리우스Marcus

Aurelius 치하에서 부를 누리고 있었다. 그들은 게르마니를 포함해 가차 없이 모든 전선에 돌진했다. 최근에 들어서야 그들이 얼마나 멀리까지 진격했는지 밝혀졌는데, 그리스 지리학자 스트라보Strabo는 서기 20년 무렵 게르마니(독일)의 상황을 이렇게 이해했다.

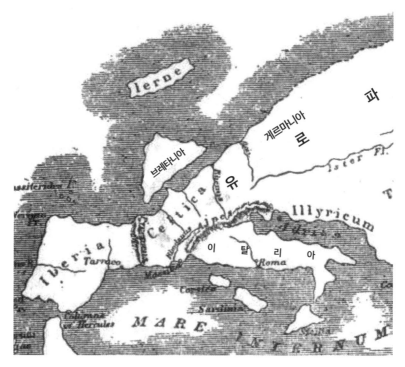

스트라보가 그린 유럽 지도

로마인들이 아직 알비스(엘베강) 너머의 지역들까지 진군하지 못했다고 그는 적고 있다. 하지만 서기 150년 알렉산드리아의 위대한 학자 프톨레마이오스Prolemy는 이보다 훨씬 더 뻗어나간 마그나 게르마니아

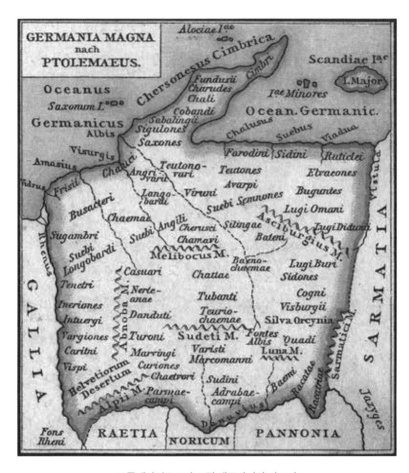

프톨레마이오스가 그린 게르마니아 마그나

Magna Germania를 그렸다.

매우 최근까지도 톨레미 지도의 상당 부분은 상상에 의존한 결과물이라 취급받았다. 그러다 2010년 베를린 기술대학 연구팀에 의해 새로 발견된 지도와 컴퓨터의 힘이 합세해, 기존에 취급받아 왔던 것보다 톨레미지도의 정확도가 매우 높다고 결론지어졌다. 실제로, 톨레미의 지도는 매우 정확해 군사적인 수준의 자료 없이 고작 한 명의 사람이 북아프리카해안의 도서관에 앉아서 그렸다고는 믿기 힘들 정도였다. 베를린 기술대학 연구팀은, 2세기 초반에 로마 군인들이 오늘날 폴란드 지역인 비스와 Vistula강의 최단 동쪽 지역까지 뻗어나갔음이 분명하다는 결론을 내렸다.

최후의 국경들

로마인들은 나중 언젠가 독일이라고 불릴 지역을 모두 조사한 듯 보일지 몰라도, 그 땅 전부를 정복하진 못했다. 게르마니의 미래는 실제로도로마에 의해 얼마나 대대적으로 통치됐는가 하는 점에 좌우되었다. 여전히 땅 위에 적혀 있는 경계를 살펴보자면, 그것이 얼마나 멀리까지였는지는 의심의 여지가 없다.

날짜는 모호하지만, 적어도 서기 100년 정도쯤에는 로마인들이 게르마니 남서 지역 대부분을 완전히 장악하고 있었다. 서기 160년경 로마는리메스 게르마니쿠스Limes Germanicus로 알려진 거대하고 탄탄한 국경 벽을 세움으로써 통치권을 공식화했다. 이 경계선은 라인강을 따라가며 마인강에 이르기 전까지 독일의 남북 분단으로 익히 알려진 바와 같이 내륙동부를 나누고, 오늘날의 레겐스부르크Regensburg까지 남동쪽으로 뻗는다.

이 단층선은 독일 역사에 있어 유럽의 매우 독보적인 '만리장성'이 됐

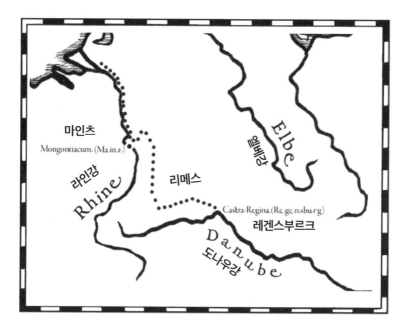

로마의 리메스 게르마니쿠스(국경선)

다. 563킬로미터 길이에 약 천 개의 요새나 망루들이 있었으며 오늘날에도 그 흔적을 많이 발견할 수 있다. 몇 년간은 역사가들에 의해 불가해할 정도로 무시당해왔으나, 최근에는 적어도 합당한 관심을 받을 수 있게 됐다. 이 책의 나머지 부분을 통해 정확히 게르마니 지역의 얼마만큼을 로마가 실제로 지배했는지 확인할 수 있다.

현대 독일 지도 위에 이 경계선들을 그려보면 쾰른, 본, 마인츠, 프랑크푸르트, 슈투트가르트, 뮌헨과 빈을 에워싼다. 이 선의 바로 동편은 원래 로마의 전진기기였던 뒤스부르크 같은 곳들이다. 다시 말하자면 미래의 오스트리아와 함부르크를 제외한 서독의 가장 큰 도시들은, 로마제국과 함께, 혹은 로마제국의 음울한 일상의 그림자와 친밀하게 성장했다.

고귀한 야만인, 게르만

초기 게르만들에 대한 로마인들의 매뉴얼로 가장 유명한 것은 역사가 타키투스의 『게르마니아』다. 카이사르와 마찬가지로 타키투스도 게르만을 로마의 대적 세력으로 낙점했다. 그가 황제에게 굽실거리기만 하는 로마인들이 부덕과 사치로 얼간이가 됐다고 비판했기 때문이다. **게르만들은 야만인이었다. 물론 그렇다. 하지만 대중문화적 유희에 젖어 타락하지 않은 고귀한 야만인들이었다.**

　나중에 독일 애국주의자들은 타키투스의 책을 게르만이 결코 로마적으로 변하지 않았었다는 증거라고 잘못 해석했다. 실제로는 완전히 반대되는 판단이었다. 이후의 수많은 제국주의자들처럼 로마인들은 그들의 새로운 개척지에서 거칠고 우아한 종족들에 대해 파악해가는 것을 무엇보다도 즐겼다. 치열한 전투를 치른 후일수록 더 이상적이고 고상한 가치를 부여하는 분위기였다. 1745년 잉글랜드 전역이 하이랜드 스코틀랜드인들의 침공으로 두려움에 떨었다. 물론 당시에는 아무도 그들을 낭만적으로 생각하지 않았다. 하지만 그들은 곧 컬로든Culloden에서 참패했고, 영국 군대는 재빠르게 그들을 기습 부대로 활용하기 시작했다. 영국 대중은 그들의 순수한 고상함으로 인해 남성미를 물씬 풍기는 게르만 설화와 사랑에 빠졌다. 그래서 그 설화는 서기 100년의 로마인들과 게르만들의 역사가 됐다. 게르마니아 최후의 반란은 서기 69~70년, 로마의 일류 게르만 부대원들이 황제의 친위대인 게르마노룸 Germanorum 보병대의 해체에 모욕감을 느낀 로마의 엘리트 게르만 부대원들에 의해 일어났다. 이렇듯 타키투스 시대의 로마인들은 로마가 연출한 거친 게르만 설화를 안전하게 즐길 수 있었다.

가장 악명 높은 타키투스의 게르만 설화는, 그들이 다른 인종들과 전혀 혼합되지 않은 순수한 인종이며 모두 신체적으로 파란 눈, 금발 혹은 붉은 머리에 상당히 큰 체격을 가졌다는 것이다. 처음부터 게르마니아의 영토에 대한 그의 통찰력은 주목받지 못했다. 게르마니의 땅은 북쪽의 바다, 서쪽의 라인강, 남쪽의 도나우강이 경계가 되어주었다. 하지만 게르만과 거의 알려지지 않은 게르만 동쪽의 사람들 사이의 공인된 국경선은 공통적인 불안의 대상이었다. **타키투스는 게르만 역사의 거대한 지렛대를 발견했다. 바로 동부의 끝자락이 얼마나 멀지에 관한 불확실성이었다.**

타키투스는, 그의 통찰력이 재발견된 15세기에서야 비로소 환영받게 된다. 지금 중요한 사실은 유혈이 낭자했던 토이토부르크 숲 전투에도 불구하고 서기 100년 무렵에는 로마가 게르마니아의 가장 비옥하고 부유한 지역을 완전히 통치하고 있었다는 사실이다.

로마 국경선(성벽)과 마그나 게르마니아의 부족들(160년경)

종말의 서막

근동에서 돌아온 로마 군병들은 안토니우스 전염병이라는 끔찍한 기념품을 가져오고 만다. 천연두로 추정되는 펜데믹이 서기 약 165년에서 180년 사이의 서유럽을 황폐화시켰다. 동시에 도나우강을 끼고 사는 게르만들은 더 흉포한 게르만, 남쪽으로 세력을 넓혀가고 있는 고트족 Goths의 압력을 받아 그들을 둘러막고 있는 병력이 부족한 로마 요새들에 대항해 전진을 시작했다.

최후의 오현제 마르쿠스 아우렐리우스는 역병에 감염된 사람들로만 군단을 소집할 수 있었고, 도나우의 얼어붙은 강둑에서 그들을 여덟 번의 겨울 전투에 내몰아야만 하는 처지였다. '병약함으로 점점 힘을 잃어가는 그의 조직은 마침내 치명적인 말로를 맞이했다(에드워드 기번, Gibbon)'. 그가 직면한 것은 하나의 적이나 국가가 아닌, 여전히 다양한 부족들을 부르는 고유명사일 뿐인 '게르마니'라는 뒤엉킨 정치적 퍼즐 jigsaw-puzzle이었다.

카시우스 디오, 로마 역사, LXXII

일부 부족들은 열두 살 소년 바타리우스Battarius의 통치하에 동맹을 서약했고, 여기에는 금전의 수수가 따랐다. 정식으로 인정받았던 쿼디Quadi같은 다른 부족들은 평화를 요청했다. 하지만 시장 교역에 참가할 권리는 부여받지 못했는데, 이아지게스Iazyges와 마르코마니Marcomani가 합세해 로마의 요지들을 정찰하고 대비책들을 마련하게 될 것이라는 두려움 때문이었다…아스팅기족과 라크링기족이 모두 돈과 땅을 보장받기를 바라며 마르쿠스의 원조를 요청했고 아스팅기족을 라크링기족이 공격해 확실한 승리를 거둔다. 그 결과 아스팅기족은 더 이상 로마에 반하는 그 어떤 적대 행위도 시도하지 않았다…

황제 마르쿠스는 담대한 기백과 유혹적인 제의를 조합하는 방법으로 사람들을 조종해왔다. 패전 이후, 군사 원조와 보조금 지급을 대가로 다른 게르만들에 맞서 싸울 수 있는 로마의 동맹국들 중에서 엄선된 게르만들은 로마의 포에데라티Foederati(동맹자)가 되도록 초대받았다. 이 시스템은 막강한 군사력을 이따금씩 적선할 수 있는 로마의 지속적 역량이 핵심이었다.

결국 상황은 마르쿠스 아우렐리우스가 원하는 대로 돌아갔으나, 그는 그로 인해 죽음을 맞이하고 만다. 근동 지역의 막대한 자원들로 인해 3세기 초부터는 로마가 파르티안Parthian과 사산Sassanid 제국의 도전을 받기 시작했다. 재화들이 다른 곳으로 유출될 수밖에 없다 보니 게르만 변방을 통제하는 일은 점점 더 어려워졌다.

그리고 서기 235년, 라인에 주둔했던 로마군이 폭동을 일으키고 새로운 종류의 제국을 선포하기에 이르렀다. 새로운 군인 황제 시대를 연 사람은 거대하고 무시무시한 막시미누스 트락스Maximinus Thrax였다. 문학 교육의 혜택을 받지 못했던 첫 군인 황제는 게르만 혼혈이었다. 막시미누스는 로마 멸망의 서막을 열었다. 약 20명의 다른 황제들과 함께 49년 동안 지속된 그의 통치는, 3세기의 대위기를 맞이했다. 서기 284년에는 라인강과 도나우강 너머의 땅들을 잃었고, 막대한 비용을 들여 강둑을 따라 새로운 국경 장벽을 세워야 했다. 이 국경선은 한 세기를 더 버텼을 뿐, 게르만들에 의해 이탈리아의 연약한 왕권의 베일이 벗겨졌다. 향후 로마는 정숙한 방어전으로만 대치했고, 그 정숙한 방어전들은 오직 하나의 결과로만 이어졌다.

어둠인가 빛인가

문명화된 로마의 암흑기라는 슬픈 결론은 야만족 게르만의 손에 의해
유발된 것이라 여기는 경향이 있다. 사실 유럽의 등불은 게르만이 스위
치를 취하기 이미 오래전부터 꺼져 가는 중이었다. 서기 235년 이후, 황
제가 암살당하기 전까지는 그가 언제 최후를 맞이할지 혹은, 그 다음의
내란이 모든 지역을 황폐하게 만드는 데 얼마 만큼의 시간이 필요할지
아무도 예측할 수 없었다. 로마가 이미 얼마나 변모해 버렸는지는 서기
300년의 유명한 조각상인 네 명의 분봉왕Four Tetrarchs을 통해 예측할
수 있다. 우리에겐 이것이 고전적인 조각상이라기보다는 오히려 고대
스칸디나비아의 체스 말 세트처럼 보인다.

새 로마Nova Roma(콘스탄티노플, 현 이스탄불)천도 이후 통과의례로
서 두 번째 도시로 격하된 로마 자체는 콘스탄티누스 대제Constantine the

네 명의 분봉왕

Great 의 서기 306~337년 통치에 의해 재정립됐으나, 이것은 오직 게르만의 근육 덕분이었다. 313년, 콘스탄티누스가 로마를 취하기 위해 가장 먼저 한 일은 전설적인 프라이토리안 친위대Praetorian Guard를 폐지하고 그들을 슐라에 팔라티나에Scholae Palatinae라는 자신의 엘리트 게르만 기병대로 대체한 것이었다. 최후의 다신교 그레코-로만Graeco-Roman 사상가 거물들인 리바니우스Libanius와 조시무스Zosimus는 콘스탄티누스가 게르만 야만족 부대로 로마 문명을 몰락시키고 있다며 비난했다. 콘스탄티누스는 로마 최초의 기독교 황제였기 때문에 게르만 군부 세력들과 로마식 기독교 사이의 군사 정치적 유대감은 금세 형성됐다. **그러나 이보다도 더 강력한 변화가 밀려오고 있었다. 그것은 역사 속의 진정한 대사건들이 그러했듯이 경이로운 인구의 변화에 의한 것이었다.**

방황하는 게르만들

서기 300년 이후, 게르만 용병들은 어쩔 수 없이 쫓겨나 그들의 거처를 옮긴 것으로 보인다. 전통적으로 볼커랑룽겐Volkerwanderungen(게르만의 대이동, the Migrations of the Peoples)이라고 전해 내려오는 그것이다.

유일한 목격자들은 로마인들뿐이니, 우리는 그들이 자신들의 국경에서 봤던 사실밖에 알 수 없다. 게르마니 내부의 은밀한 곳에서 어떤 일이 벌어졌는지는 누군가의 이론일 뿐. 기후 변화는 인구의 증가나 로마의 부의 일부에 대한 단순한 열망과 마찬가지로, 눈으로 파악할 수 있는 명백한 후보 중 하나일 뿐이다. 몇몇 사례들처럼, 예를 들어 고트족의 경우에 원동지역의 압력처럼 원인이 명백하게 파악되는 경우도 있지만 말이다. 또한 로마제국이 서서히 몰락하면서 그 국경선들을 따라

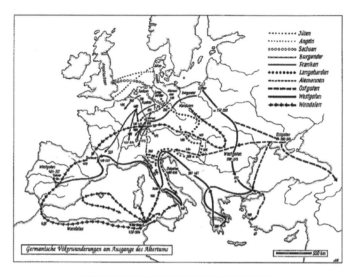

게르만 부족들의 대이동을 묘사한 19세기 지도

수비의 공백 지대들이 발생함에 따른 대이동이라는 가설도 여전히 논쟁의 단골 화두다. 하지만 이유는 말할 것도 없고, 이 모든 것이 언제 시작되었는지조차 아무도 알지 못하고 있다. 과거 서기 2세기의 마르쿠스 아우렐리우스의 불행이 어쩌면 그 최초의 조짐이 되었을 수도 있다. 어떤 의견이 되었든, 상단의 19세기 지도는 실제로 어떤 일이 왜 벌어졌는지에 대한 어떤 구체적인 검토조차 시작할 수 없는지 보여주고 있다.

확실하게 말할 수 있는 부분은, 마치 아프리카로 이주한 네덜란드계인 보어인이나 미 서부 개척자들과 같이, 전체 부족들의 대이동을 묘사한 19세기의 이미지는 오해의 소지가 다분하다는 점이다. 이 다양한 게르만 부족이 만들어낸 눈부신 장편 서사시들은 동부 유럽 대륙의 언어적 지도에 아무런 장기적 영향을 끼치지 못했으며, 방랑자들 대부분이 압도적으로 남성들이었음을 명백하게 시사한다. 그들은 몇 세대 동안 전투에 서툰 농부들이나 무장하지 않은 마을 주민들을 지배할 수 있었을지 모르지만, 같은 종족의 여성이 없었기에 결과적으로 패배하거나 단순히 흡수당하면서 아무런 언어적 흔적을 남기지 않고 사라졌을 것이다. 성인이 되기 이전까지의 언어를 포함한 모든 교육은 일반적으로 모계를 통해 이루어졌기 때문이다. 그렇게 되면 그들의 모국어는 갈아엎어진다.

대이동은 유럽과 북아프리카 전역에 걸쳐 일어났다. 여담이긴 하지만, 교양 있게 글을 읽고, 쓸 줄 알고, 로마화 되었으며 기독교 문화를 가지고 있었으나 문맹이자 이교도였던 새 게르만 집단에 의해 영원히 소멸된 유일한 지역은 라인강 하구의 북서 군도의 가장 큰 섬의 저지대 중 일부에 위치해 있다. 바로 잉글랜드다. 대륙의 게르만들에 대해서 우리가 알고 있는 그 최초의 적절한 역사는 바로 고트족들에 의한 것이다.

고트족은 로마의 구원자인가?

10대들의 패션에서부터 공포영화와 건축에 이르기까지, 고딕이라는 단어는 어둡고 분별력이 없으며 전통에 반항적인 모든 것을 표상하는 대명사가 됐다. 사실, 그들이 사상 처음으로 로마 황제를 죽인 야만인이었던 것은 맞지만, 그건 서기 251년인 세 번째 세기의 위기에 처한 나날들 속에서 벌어진 일이었다. 4세기경, 그들은 최초의 크리스천이자 글을 읽고 쓸 줄 아는 게르만들이 되었으며, 심지어 그리스어 성경을 고딕어로 번역하기까지 했다. 그들은 충성스러운 로마의 포이데라티(조약으로 맺어진 군사 동맹자)였으며 콘스탄틴 황실에 대한 상속권의 대상이었다. 그리고 그들의 로마 파멸은 본토로의 망명을 위한 간절한 청원으로 시작됐다.

서기 375년 유라시아의 초원 지대에서 훈족Huns이 등장해 고트족들을 현대 우크라이나에서 도나우강으로 몰아냈고, 그들은 자신들이 아주 잘 얻어먹었던 로마제국의 가장 초라한 영토에라도 자리를 잡을 수 있도록 강을 건널 수 있게 허가해 달라고 울부짖었다. 문명화된 집단의 땅에 이주하기 위해 절망과 굶주림으로 내몰린 채 몰려드는 셀 수도 없이 많은 다수의 야만인을 허가하느냐 거부하느냐의 선택을 강요당한 로마는, 가능했던 최악의 해결책을 선택하고 만다. 발렌스 황제는 지난날 제국을 침략해 기독교인들을 박해했던 아타나리크 휘하 고트족은 받아들이지 않고 프리티게른과 그의 추종자들만 도나우강을 건너 국내 진입이 가능하게 했다. 그러나 아타나리크 휘하의 고트족도 자신들의 정체를 숨기고 제국으로 들어왔다. 로마의 탄원자들이 내건 매우 가혹한 조건에 의해 도나우강을 건넌, 굶주리고 필사적이었던 이 로마로의 입국 요청자들은 이제 제국 안에서 전쟁을 벌이기 시작했다.

서기 378년, 서고트족이 로마 관리들의 횡포를 견디지 못하고 반란을 일으키자 이를 진압하려던 발렌스Flavius Juliu Valens 황제가 하드리아노폴리스 전투에서 고트족의 지도자 프리티게른Fritigem에게 참패하고 전사한다. 그리고 오늘날의 튀르키예인 아드리아노플Adrianople에 군대를 보냄으로써 제국의 실질적 참모진이 됐다. 오늘날의 오스트리아에서 온 반달족Vandal인 스틸리코Stilicho는 알라리크Alaric에게 천적과 같았는데, 서기 410년에 알라리크 휘하의 서고트족이 로마를 약탈했을 때의 일은, 단지 게르만계 로마인들 사이의 거대한 동족상잔 전쟁에 수반된 부수적인 피해에 불과했다. 서기 455년 로마가 다시 약탈당하고 유령처럼 존재했던 최후의 20년 동안, 확실하진 않지만 서로마제국은 서고트족 혼혈 출신 장군 리키메르Ricimer가 통치했다. 그는 황제들을 마치 외교관처럼 임명하고 죽였다. **서로마제국은 서기 476년**

게르만의 일종이었거나 혹은 아니었을 오도아케르Odoacer(476-493)에 의해 마침내 무너졌다. 그는 서고트의 알라리크 1세, 반달족의 가이세리크, 훈족의 아틸라에 의해 쇠약해진 서로마를 완전히 붕괴시킨 인물로, 이후 유럽의 정치 지형은 대변화를 맞게 된다. 그때부터 서기 800년까지 로마제국은 콘스탄티노플(비잔틴제국)을 중심으로 한 동로마제국만을 의미했다.

서기 493년, 오도아케르는 모든 고트족 중에 가장 로마인다웠던 테오도리쿠스 대왕Theodoric the Great, 454-526AD에 의해 제거됐다. 테오도리쿠스는 형식적

라벤나에 있는 테오도리쿠스 영묘

제논   테오도리쿠스

으로는 황제를 위해 복무했지만 그와 동등하게 여겨지게 됐으며 독립적인 이탈리아의 통치자가 되었다. 라벤나Ravenna의 왕좌에서 그는 두 세기 전 콘스탄티누스 섭정 이후로 경험헤보지 못한 번영을 이탈리아에게 주었다. 바로 삼십 년 동안의 안정적인 통치와 완벽한 평화다. 테오도리쿠스(471~526)는 프랑크족의 왕 클로비스Clovis 1세의 여동생 아우도플레다Audofleda와 결혼했다. 서고트족, 반달족, 부르군트족 왕들과도 다양한 동맹을 맺었다. 클로비스 1세는 506년과 523년 테오도리쿠스와 전쟁을 벌이기도 했다. 테오도리쿠스의 예사롭지 않은 무덤은 라벤나에 여전히 완전한 형태로 우뚝 서 있어 마치 어떤 고전 건축 견습생이 정성으로 마지노선Maginot Line에 바친 것처럼 보인다. 지붕은 대단히 놀랍게도, 무게가 300톤에 달하는 석회암 단일판이다.

위 그림은 서기 500년쯤에 주조된 두 개의 동전이다. 하나는 로마 황제 제논Zeno, 474-491을 위해, 즉 살아남은 동로마제국을 위해 만들었고, 다른 하나는 명목상 그의 수족인 고트족의 왕이자 이탈리아의 테오도리쿠스Theodoric, 471-526를 위해 만들었다. 양쪽 모두 궁전에 살았고, 법률제정을 하며, 교회를 건축했던 기독교인들이었다.

오른쪽에 있는 고트족의 동전은 야만족의 것이 아니며 왼쪽에 있는 로마 동전은 하드리아누스Hadrian 시대(117~138)의 것과는 전혀 다르다. 로마의 쇠퇴와 멸망은 게르만의 부흥과 거의 교차한다. **서기 235년의 다양한 게르만족들은 로마의 권력에 의해 게르마니아에 갇혀 있던 문맹 야만인들이었다. 하지만 서기 526년 테오도리쿠스가 사망했을 무렵, 그들은 이전의 서로마제국 대부분을 직접 통제하는 근육질의 기독교인들이 되어있었다.** 그중에서도 가장 성공한 그룹은 밝혀진 대로 로마화된 게르마니아의 옛 본국에 머물렀던 이들이었다. 그들은 반달족, 서고트족, 롬바르드족 및 동고트족보다 오래 남아 유럽 문명을 다시 시작하고 위대한 국가의 이름에 그들의 이름을 새겨 넣었다. 하지만 그것은 아직 '독일'이 아니었다.

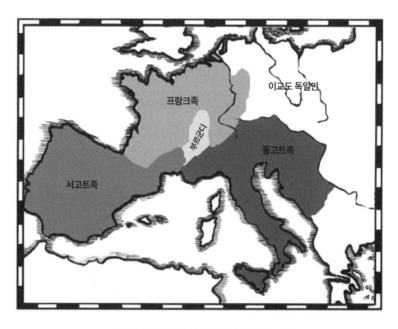

테오도리쿠스 사망 당시 게르만 왕국(526년)

서양사의 시작, 유럽

유럽Europe이라는 단어는 기원전 8세기, 고대 그리스의 기록에서 처음으로 발견되는데, 그리스·로마 신화에 나오는 페니키아의 공주 에우로페Europa에서 이름이 유래되었다는 설과 당시 고대 그리스어 혹은 아카드어에서 유래되었다는 설로 나뉜다. 하지만 유럽의 문명이 에우로페가 제우스에게 납치되어 살았던 지중해의 섬인 크레타에서 비롯되었다는 점에서는 의견이 일치하는 편이다.

기원전 당시 유럽은 단순히 로마와 그리스 등이 위치한 지중해 일대를 가리켰으나, 오늘날에는 우랄산맥을 시작으로 아시아 대륙과 구분한 지역을 일컫는다. 하지만 이러한 구분은 어디까지나 세상을 유럽과 아시아, 아프리카라는 세 대륙으로 구분해 오던 고대 그리스의 관념에서 비롯된 것이며, 지리적인 구분이라기보다는 아시아 대륙과 인접한 자신들의 정체성을 확립하기 위한 문화적 구분이라고 생각할 수 있다.

고대 그리스를 시작으로 수많은 민족이 뒤엉켜 다툼을 벌이던 유럽을 대표하는 민족은 오늘날 크게 세 부류로 나눌 수 있다. 로마제국을 시작으로 서유럽을 대표하는 라틴족, 북유럽에서 시작되어 로마제국을 무너뜨리고 위대한 번영을 누린 게르만족, 그리고 아시아 지역에서 건너와 오늘날의 동유럽에 자리를 잡은 슬라브족이다. 다만 슬라브족의 경우 다소 늦게 유럽에 찾아왔으며 다툼 또한 적었기에 앞선 두 민족에 비해 상대적으로 발전이 늦었다는 평을 받는다.

특히나 기독교는 오늘날 우리가 떠올리는 유럽의 이미지를 성립하는
데 큰 역할을 했는데, 이는 공식적인 국교로 기독교를 채택했던 로마제국
과 관련이 깊다. 콘스탄티누스 대제의 밀라노 칙령과 테오도시우스 1세
의 국교 선포 이후, 그리고 기독교도 황제들의 기독교 진흥책으로 증가한
기독교 세력은 제국의 절반을 차지할 정도였고, 이후에도 동로마제국과
프랑크 왕국, 그리고 프로테스탄트로 이어지고 변화하며 유럽 고유의 문
화를 형성하는 데 크게 기여했다.

이처럼 유럽은 다양한 민족이 모여 저마다의 언어를 사용하는 한편,
기독교라는 공통의 문화를 토대로 세계사의 중심에서 활약하고 있다. 특
히 유럽은 독일과 프랑스를 중심으로 무려 두 차례의 세계대전과 크고 작
은 분쟁을 겪으며 피를 흘려온 역사를 지녔음에도, 1993년 설립된 유럽연
합의 이름 아래 민주주의를 기반으로 하는 정치 경제적 공동 협력체제를
유지하고 있으며, 약 5억에 달하는 인구와 미국, 중국에 이은 세계 3위의
경제 규모를 바탕으로 다양한 외교 및 보안 정책을 공유하며 오늘날까지
세계에서 상당한 영향력을 유지하고 있다.

로마, 그리고 독일

기원전 753년, 쌍둥이 형제 로물루스와 레무스가 팔라티노 언덕에 성곽을 쌓는다. 로마가 역사에 처음 모습을 드러낸 날이다. 관용적인 식민 정책을 펼쳤던 로마에는 앞서 이탈리아 중부와 코르시카섬을 지배했던 에트루리아인을 비롯해 다양한 민족이 로마인으로서 살아갔다. 기원전 146년 코린토스 전투에서 승리한 로마는 그리스 반도를 지배하는 과정에서 그들의 신화와 문화를 흡수했다. 그리스·로마의 신화와 문화는 고대 그리스를 시작으로 헬레니즘 시대와 로마를 거치며 인본주의와 현세주의를 기반으로 하는, 희노애락으로 가득한 서구 문화의 기틀을 마련한다. 이 중에서도 철학과 민주주의 사상은 오늘날의 독일을 떠올릴 때 빠질 수 없는 요소로 꼽힌다.

로마는 삼두정치의 붕괴와 내전의 발발, 일인자였던 율리우스 카이사르의 비극적인 죽음과 안토니우스와의 분쟁을 지나 기원전 27년, 카이사르의 후계자이자 최초의 황제로 평가받는 아우구스투스에 의해 제국의 시대를 맞이한다. 아우구스투스는 서기 14년 사망할 때까지 44년간 안토니우스와의 분쟁으로 엉망이 된 로마제국을 복구하였으며 동시에 영토 확장을 거듭하였다. '게르마니아 전쟁' 역시 이러한 영토 확장의 일환이었는데, 이는 훗날 로마에 참패를, 그리고 게르만족에게는 자긍심을 안겨주는 '토이토부르크 숲 전투'가 발생하는 원인이 된다.

1세기부터 2세기까지의 팍스 로마나Pax Romana, 즉 로마의 평화로 불리는 시기를 지나 '3세기의 위기'라 불리는 군인 황제 시대를 맞이한 로마제국은 서서히 몰락의 길을 걷게 된다. 서기 235년부터 284년까지 49년간 각지의 군대가 스스로 황제를 옹립하고 폐위하는 과정에서 로마제정이 차츰 무너져 내린다. 결국 로마제국은 서기 330년, 콘스탄티누스 황제가 수도를 비잔티움으로 옮기면서 종교와 정치적인 분열 등의 문제가 불거졌고, 서기 395년에 테오도시우스 1세가 아들인 아르카디우스와 호노리우스에게 로마를 동과 서로 분할 통치하게 만들면서 동로마제국과 서로마제국으로 분리된다. 서로마제국은 476년, 동로마제국은 1453년까지 존속했는데, 훗날 게르만 출신의 프랑크 왕인 샤를마뉴 대제가 서로마제국의 후예를 자처하며 그 명맥이 이어지게 된다.

독일, 그리고 독일인에게 있어 로마는 최초의 적이자 동업자, 과거의 영광, 그리고 패전으로 인해 무너진 독일인의 자존심을 일으키고 하나로 통합시켜줄 상징이었다. 라인강 북쪽의 우아한 야만인이었던 이들은 기원전 58년 율리우스 카이사르에 의해 게르만이 되었다. 이들은 용병으로서 로마를 위해 싸웠으며, 서로마제국을 멸망에 이르게 하면서도 그들의 법과 문화를 이어갔다. 서기 800년에는 게르만 혈통의 황제인 샤를마뉴 대제와 함께 서유럽 역사의 중심에 놓였고, 962년에는 오토 대제가 신성로마제국의 초대 황제의 자리에 오르며 로마제국의 부활을 알렸다. 독일과 로마의 랑데부는 1512년 '독일인의 신성로마제국Imperium Romanum Sacrum Nationis Germanicæ'이 쾰른 제국의회에서 반포되며 절정에 이르렀다.

전사의 후예, 게르만족

큰 키에 장대한 골격, 푸른빛이 감도는 눈동자를 지닌 냉혹한 대륙의 전사 게르만족. 이들은 로마인들과는 달리 신체의 단련과 강인함을 숭상했으며 충성과 무용, 그리고 영광스러운 죽음을 명예롭게 여겼다. 그들은 고유의 문자를 갖고 있지는 않은 대신 영웅의 무용담을 칭송하는 시를 읊었는데, 혹독한 대륙의 자연과 맞서 싸워왔기 때문인지 특유의 염세적이며 비장한 분위기를 지니고 있다. 이러한 흔적은 오늘날 전해진 북유럽 신화를 비롯한 독일의 <니벨룽의 반지>, 프랑스의 <롤랑의 노래>와 같은 무용시에서 찾을 수 있다.

게르만족은 인도유럽어족 중 게르만어파 언어를 사용했는데, 오늘날의 독일인은 물론 오스트리아, 스위스, 덴마크, 스웨덴, 노르웨이, 아이슬란드, 잉글랜드, 네덜란드 등 광범위한 지역에서 거주하는 사람들이 해당한다. 게르만의 시조는 청동기시대 말기 스웨덴 남부나 덴마크 반도, 엠스강과 오데르강, 하르츠 산맥 사이의 지방에서 살다가 인구가 점차 증가하면서 남하하여 로마의 국경 근처인 라인강 북쪽과 접하게 된 것으로 추정된다. 그들은 발트해 연안에 살면서 농경을 중심으로 목축, 수렵으로 생활했고, 해산물도 섭취했으나 오징어와 문어 등의 두족류는 피했다고 한다. 이는 오늘날의 북유럽인과 게르만족 역시 마찬가지로, 문어를 '악마의 물고기'라 부르며 꺼린다.

율리우스 카이사르가 8년에 걸친 갈리아 전쟁을 기록한 『갈리아 전쟁기』에 따르면, 여러 부족의 집합체인 게르만족은 독재정치가 없었다. 이는 키비타스라 불리는 정치적 소단위 집단의 지도자들이 내부에서 일어난 분쟁에만 개입했을 뿐, 모든 부족을 아우르는 통치자가 없었음을 의미한다. 이처럼 원시적인 민주제를 통해 절대적인 권력을 견제하는 게르만족의 전통은 훗날 신성로마제국의 선제후에 의해 황제가 즉위하는 선거군주제로 이어진다.

다양한 부족으로 이루어진 게르만족의 기원은 서기 98년 역사가 타키투스가 쓴 『게르마니아』에서 찾아볼 수 있다. 그에 따르면 게르만족은 대지大地의 아들인 투이스토Tuisto라는 신의 자손이며, 3형제를 각각 시조로 세 부족으로 갈라졌다고 전해진다. 게르만족에게는 이외에도 수에비족이나 반달족을 비롯한 여러 부족의 시조로 여겨지는 수많은 자손이 있는데, 이는 게르만족이 여러 부족으로 이루어졌으며 서로를 인지했음을 암시한다. 1세기 당시, 로마의 부패와 타락을 경계했던 타키투스를 비롯한 로마인에게 있어 게르만족은 인신 공양 문화와 같은 야만성을 지녔으면서도, 충성심과 진실함, 순수함을 여전히 간직한 진정으로 '우아한 야만인'이었다.

토이토부르크 숲 전투

기원전 27년, 로마의 초대 황제 아우구스투스는 오늘날 이탈리아에서 시작해 프랑스, 스페인, 영국, 발칸반도, 소아시아, 중동, 북아프리카를 영토로 하는 거대한 로마제국을 이룩하며 팍스 로마나Pax Romana의 시대를 연다. 하지만 위대한 아우구스투스조차 끝내 실패한 전쟁이 있었으니, 기원전 12년부터 서기 16년까지 이어진 '게르마니아 전쟁'이다.

전쟁 초기, 뛰어난 전략으로 게르만 부족을 차례차례 복속시킨 드루수스는 로마 최초로 라인강의 국경을 엘베강 너머로 확장하는 데 성공한다. 또한 그는 케루스키족의 아르미니우스를 포함하여 게르만 족장들의 자제를 친로마파 인사로 육성하기도 했다. 그러나 불행히도 기원전 9년 낙마 사고로 병을 얻어 드루수스가 사망하면서 원정의 책임은 그의 형인 티베리우스가 맡게 된다. 티베리우스는 온건책과 강경책을 병행하며 게르만족을 로마에 복속시켰고 4만 명에 이르는 게르만인을 라인강에 재정착시키며 게르마니아 정복을 완료하는 듯했다.

서기 6년에서 9년, 티베리우스는 일리리아 대반란을 진압하기 위해 게르마니아에 주둔했던 11개의 군 중 8개 군을 이끌고 이동한다. 한편, 게르마니아가 정복되었다 믿은 아우구스투스는 유능한 행정가였던, 그러나 무능한 지휘관이었던 푸블리우스 퀸크틸리우스 바루스를 남은 군단의 사령관으로 임명한다. 바루스는 부족장들의 정책에 간섭하거나 세금을 귀금속으로 내라고 강요하며 게르만족의 빈축을 샀으며, 무엇보다 내심 로마를 몰아내고 싶었던 아르미니우스를 지나치게 신뢰하는 실수를 저질렀다. 서기 9년 9월 9일. 아르미니우스의 계획대로 바루스는 준비된 거짓 반란을 진압하기 위해 3개 군단을 비롯해 6개의 보조군, 3개의 기병대를 이끌고 토이토부르크 숲에 들어선다. 로마군 최악의 패전 중 하나로 기록되는 '토이토부르크 숲 전투'의 참사가 시작되는 순간이었다.

로마군은 숲의 늪지대에서 대형과 전열도 짜지 못한 채 20km에 달하는 긴 행렬을 이룬 채 행군해야 했다. 도중부터 내린 비에 젖어 갑옷과 활도 무뎌졌다. 반면에 가벼운 장비와 투창, 숲에 대한 사전지식으로 무장한 채 언덕에 매복했던 게르만족은 소부대 단위로 자연스럽게 움직이며 지리적 우위를 점할 수 있었다. 무엇보다 로마군에서 교육받아 적을 잘 이해하고 있던 아르미니우스의 공이 컸다. 이 전투에서 1만에서 2만 명에 이르는 로마군 병력 대부분이 전사했으며 이들을 이끈 바루스를 비롯한 장교들은 대부분 자살한다. 모든 병력을 잃은 게르마니아의 로마군 주둔지 또한 게르만족의 공격으로 무너지고 말았다. 3개 군단이 전멸했다는 소식에 아우구스투스는 조카사위인 바루스를 원망하며 벽에 머리를 찧었고, 이후 로마는 28개 군단 중 당시 무너진 17, 18, 19군단을 멸망하는 그날까지 다시는 편성하지 않았다고 전해진다.

2부
게르만, 로마를 복원하다
- 526년~983년 -

The Shortest History of Germany

로마의 상속자들

서기 297년, 프랑크족은 로마의 충성스러운 동맹자로 여겨져 현대의 네덜란드·벨기에 지역인 라인강 델타 서쪽에 정착이 허가됨으로써 역사에 편입할 수 있었다. 아퀸쿰(부다페스트)에서 발굴된 유명한 비문이 있다. 4세기경으로 추정되는데, 조각가의 기분 좋은 묘사가 비문의 주인공이 어떤 인물이었던가 말해주고 있다. 나는 프랑크 시민이지만, 무기를 들었을 때는 로마의 병사이다(Francus ego, civis Romanus, miles in armis).

4세기와 5세기, 남동쪽에서 온 유목민 기병대 부족이 유럽을 황폐화했을 때, 지형지세는 언제나 그랬듯, 운명의 잣대였다. 프랑크족은 악영향을 피하기 위해 북동쪽으로 최대한 멀리 떨어진 지역에 거주했다. 그들은 남부 유럽의 경제 붕괴에서도 살아남을 수 있었는데, 브리튼섬과 스칸디나비아 반도와의 해상 무역에 긴밀히 관여하고 있었기 때문이다. 그들은 로마 군대와의 오랜 경험을 통해 어떻게 요새Castres로 자신들의 땅을 지킬 수 있는지와 그들의 방황하는 사촌들이 좀 더 쉬운 대상들을 향해 비껴나가게 하는지를 배웠다. 그래서 유일무이하게도 프랑크족은 이 거대한 대이동에 동참하지 않았다. 그들은 자군의 엘리트들이 게르만어 만큼이나 라틴어를 유창하게 구사하는 자신들이 소유한 땅에 꼼짝 않고 있었다. 이 비길 바 없는 안전한 두 문화의 합작 기반을 통해, 자신들의 왕조가 메로빙거Merovingian로서 역사 속에 등장할 때까지 혼돈 속에서도 남쪽과 서쪽으로 천천히 영역을 확장해갔다.[5]

메로빙거 왕조가 스스로를 어떻게 느꼈는지는 시조인 힐데리히 1세Childerich I(서기 482년 사망)의 무덤을 통해 분명하게 알 수 있다. 1653년 이 무덤이 발굴되었을 때, 그의 유골은 로마 공화국 시절의 형태와 같이 내세를 위한 동전과 함께 로마 군사령관의 망토 속에 들어 있었다. 초대 메로빙거와 조문객들에 관한 한, 적어도 그는 로마제국의 군왕으로 사망하였다. 서기 486년 그의 아들 클로비스Clovis는 스스로 기독교로 개종(서기 496년)하기 전에, 서로마제국을 대표한다고 주장하는 마지막 세력인 로마의 갈리아 총독 시아그리우스syagrius(430~487)를 수아송Soissons 전투(486)에서 무찔렀다. 그는 수아송 왕국을 점령함으로써 솜강에서 루아르강에 이르는 지역으로 영토를 확장했다. 그는 이를 기반으로 향후 몇 년간 갈리아 정복 전쟁을 감행하여 클로비스 왕조의 기반을 닦았다. 클로비스왕은 아타나시우스파의 카톨릭으로 개종하고, 로마의 교황과 관계를 돈독하게 한다. 그 허울뿐인 로마제국의 종말은 가까운 라인란트Rhinelnad 땅에는 아무 의미도 아니었다.

서기 526년 테오도리쿠스 대왕이 사망한 후, 고트 전쟁(서기 535-54)에서 고트족의 위세가 영원히 파괴됐을 때(제국 스스로 소진되는 댓가를 치르긴 했지만) 최대의 수혜자는 바로 메로빙거 왕조였다. 그들은 7세기 동안 지금의 프랑스 땅을 확보하는 데 보냈다. 하지만 게르만 역사가 흘러가는 한 가장 중요한 사실은, 그들이 라인강에 걸쳐 있는 조상들의 권력 기반의 요소들을 버리거나 빼앗기지 않았다는 점이었다. 서기 700년의 라인강은 더 이상 기원전 58년에 로마인이 정했던 문화적 국경이 아니었다. 그들은 게르만 부족의 법과 로마법의 유산을 혼합한 라틴어 법전으로 독립적인 '프랑코 게르만 제국'을 다스리고 있었다.

서기 732년에 이르러 그들은 서양 문명의 구원자로 등장하게 된다. 가히 무적으로 보이는, 초현대 국가 겸 종교인 이슬람 지역에서 우마이야 칼리프Umayyad Caliphate 왕조가 세력을 키워 스페인을 정복하고 서

프랑크(프랑스)로 전진하고 있었다. 하지만 이들은 투르-푸아티에Tours-Poitie 전투에서 패배하고 진격을 영원히 멈췄다. 무슬림 군대를 무찌른 이는 당시 왕이 아니었다. 메로빙거 왕조 후반기의 왕들은 모두 겁쟁이로 악명 높았고, 실제 권력은 그들의 우두머리 수하들이 휘두르고 있었다. 서기 732년, 이슬람군을 막아낸 영웅은 전혀 영웅적이지 못한 칭호를 가진 궁정 재상 카를 마르텔Karl Martell이었다. 그는 투르 전투에서 영예뿐 아니라 실리도 제대로 챙겼다. 아키텐 지역을 확보했고 새로운 왕조의 기틀도 쌓았다.

마르텔의 둘째 아들 피핀Pepin 3세는 서기 751년 메로빙거 왕조의 부실한 권력구조를 폐지하고 자신이 직접 프랑코적인 카롤링거Carolingian 왕조를 수립하기에 이른다. 그러나 찬탈자인 그에게는 왕위의 정당성을 확보하는 일이 시급했고, 당시 로마 교황은 콘스탄티노플(동로마)로부터 로마의 독립성 회복에 이바지할 조력자가 간절히 필요했다. 이때 피핀과 교황은 완벽한 거래가 가능했다. 서기 753년, 교황 스테파노 2세Stephen II는 알프스 북단 코스를 단숨에 달려 여행한 최초의 교황이 됐다. 프랑크 궁정에서의 환대와 피핀에 대한 교황의 축복은 둘의 돈독한 관계를 보증했다. 피핀은 랑고바르드족의 위협으로부터 교황을 수호하겠다는 굳은 서약을 했다. 그는 직접 군대를 이끌고 이탈리아반도를 두 차례 원정하여 로마에서부터 라벤나에 걸친 영토를 점령해 교황에게 헌증했다.

그 대가로 교황은 754년 1월 생드니 대성당Basilique de Saint-Denis에서 성유식聖油式을 집행해 피핀 3세와 그의 두 아들 샤를마뉴와 카를로만에게 왕의 칭호를 수여했다. **로마 교회와 프랑크족 권력 사이의 이 거래는 다가올 수 세기의 청사진이었다.** 이후 군주들은 그들의 실제적이고 세속적인 권력과 부의 일부를 교회에 건네주었다. 그러면 교황은 세속 군주가 단순한 군주 그 이상의 존재임을 선언해 권위를 부여했다. 프랑코의 스페인 또는 드 발레라George de Valero(1882~1975)의 아일랜드 등의 사례로 미루어 보아, 이러한 군주-교황의 권력 공유 모델은 유럽에서 오랫동안 잘 작동했음을 확인할 수 있다.

생 드니의 거래(754년)

서유럽에 다시 등불이 켜졌다. 생 드니에서 스테파노 교황의 축복을 받은 두 소년 중 하나는 그 후로 수많은 세대를 거치는 동안 거대한 위업을 이룩했다. **1971년까지 영국은 그가 설계한 화폐 시스템을 사용했고 오늘날까지 독일과 동쪽으로 국경을 접하고 있는 슬라브어를 비롯한 헝가리어에서도 '왕'Király이라는 단어가 그의 이름에서 비롯되었다. 바로 샤를마뉴Charlemagne로 더 잘 알려진 카를 대제Karl the Great(768~814)다.**

생명력 있는 지속성

샤를마뉴에 대한 기억이 이토록 오래 지속되는 이유는 강력한 카리스마를 지닌 그가 영토를 두 배로 확장시켜 실질적 제국을 이루었을 뿐만 아니라 확실하게 로마 유럽의 문화를 중세의 세계로 전달했고, 결국 현재까지 이

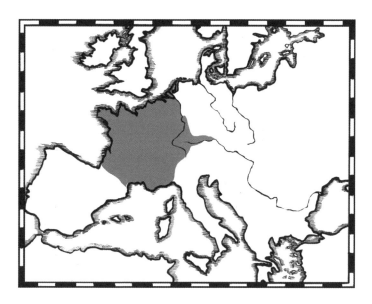

위대한 연속성. 로마의 갈리아와 게르마니아 지역(160년)

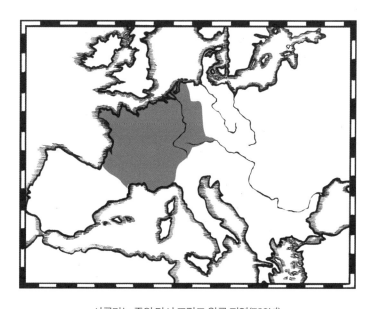

샤를마뉴 즉위 당시 프랑크 왕국 지역(768년)

어지도록 다리 역할을 했기 때문이다. 그는 당시로부터 약 500년 전, 최고의 전성기 로마가 다스리던 갈리아와 게르마니아가 합쳐진 지역을 자신의 왕국으로 구축하고 유산으로 남기게 된다. 프랑크족인 그는 오랫동안 게르만이라 불리고 인정받은 문화적 그룹 내에 속해 있으면서 서게르만 언어를 사용했다. 그러나 그의 모국어와 상관없이 그는 자신이 다스리는 다민족 국가인 프랑크 왕국에서 라틴어 교육의 전파를 위해 부단히 노력했다. 자신이 직접 요청해 만든 교과서로 법, 정부 및 예배에 필요한 라틴어를 가르쳤다.

카롤링거 르네상스Carolingian Renaissance는 필연적인 연속성의 절정이었다. **이는 로마제국의 경계 내에 살았던 게르만들이 계속해서 로마의 정체성을 기반으로 하는 엘리트들의 통치 아래에 있었음을 의미한다.** 이 엘리트들은 이교도 로마인이든 후기 로마제국의 기독교화된 동맹국이든 또는 기독교 메로빙거 왕조의 프랑크족이든 상관없이 모두 이전 로마제국을 법률, 종교 및 외교적 원천으로 간주했다. 게르만의 라인-도나우 쪽 지역은 언제나 서유럽과 연결되어 동맹 상태를 유지했다. 실제로 768년 샤를마뉴가 즉위하면서 맞이한 가장 큰 딜레마는 순전히 로마와 관련된 문제였다. 또한 프랑크 왕국 동쪽에 국경을 접하고 있는 로마화되지 않은 이교도 게르만들을 어떻게 할 것인가? 샤를마뉴의 전기 작가 아인하르트Einhard가 묘사한 내용을 보자.

작센족은 대부분의 게르만 부족처럼 포악한 사람들로 악마를 숭배하고 우리의 종교에 적대적이며 모든 인간의 법과 신성한 법을 위반하고 범하는 것을 부도덕하게 여기지 않는다.

30년 동안의 잔인한 전쟁, 수천 명을 처형하고 세례를 거부하는 행위를 중죄로 처벌한다는 협박(서기 785년에 공표) 끝에 샤를마뉴는 점차 로마인들이 포기했던 일을 진행한다. 라인강을 넘어 엘베강에 이르기까지의 지역에 있는 모든 게르만들을 정복하고 개종시키며 다스리는 일을 하게 된다. 그는 이제 모든 일 중 가장 중요한 단계를 위한 준비가 되어 있었다.

로마의 복원은 게르마니의 파멸일까?

서기 800년 크리스마스, 샤를마뉴는 대관식에서 로마 황제로 즉위했다. 그는 교황 레오 3세에 의해 전제군주Imperator이자 아우구스투스Augustus, 존엄한 자의 칭호를 받고 대중적으로도 존경과 사랑을 받았다. 대륙 전체가 이 대관식을 로마를 복원하는 의식으로 보았고 프랑크 왕국 샤를마뉴의 수도인 아헨Aachen은 새로운 로마라고 불렸다. 그의 공식 인장이 그것을 명백하게 말하고 있다. 'Renovatio Romani Imperii(로마제국의 부활)'. 샤를마뉴는 오늘날의 프랑스, 독일 역사상 최초의 진정한 군주다. 그는 로마제국 이후 가장 먼저 서유럽 대부분을 정복하여 정치적, 종교적으로 통일시켰다. **또한 카롤링거 르네상스는 현재 유럽 정체성의 근간을 마련하였다는 이유로 '유럽의 아버지'로도 불린다.** 당시 프랑크인의 왕, 이탈리아 왕, 서로마 황제라는 화려한 위치에 올랐던 그는 오래전에 사라져 버린 로마의 진정한 위대함을 의식적으로 모방한 '카롤루스 임페라토르 아우구스투스Karolus Imp Aug'라는 문구를 동전에 찍어 영원한 기록으로 남겼다. 동전에서 그는 왕관을 쓴 로마제국 황제들처럼 정면을 바라보지 않고, 월계수 화환을 쓰고 말끔하게 면도를 한 얼굴의 로마인 같은 프로필로 등장한다.

동전에 새겨진 샤를마뉴

　서부 제국이 부활했다. 서부 게르마니가 권좌에 앉았다. 샤를마뉴는 그의 왕국과 동쪽의 이교도들 사이에 동쪽 국경선을 정했다. 그는 새로 만든 국경에 로마식 이름 리메스The limes(고대 로마에서 원래 토지 구획 사이의 경계를 표시하는 작은 길. 나중에 군대가 비우호적 영토로 진출하는 길에서 망루와 요새로 강화된 로마 군사 도로의 뜻으로 발전, 자연적이든 인공적이든 국경의 의미로 사용되었다. 성과 요새는 그 주변에 밀집되었고, 경계에 있던 군사 도로는 장벽으로 대체되었다)를 부여하기에 이르렀다.

　이제 카이사르가 게르만 도시부터 시작해 모든 서부 유럽을 호령했던 그 왕좌에 게르만인이 앉아 있었다. 그렇지만 역설적으로 게르만 문화는 오히려 멸종 위기에 처해 있었다. 샤를마뉴 제국은 라틴어로 지배하고, 심판하고, 예배했다. 역사학자는 그가 사적으로 사용했을지도 모르는 게르만 언어에 대해서는 거의 알지 못한다. 왜냐하면 아무도 그 내용을 기록으로 남기지 않았기 때문이다.

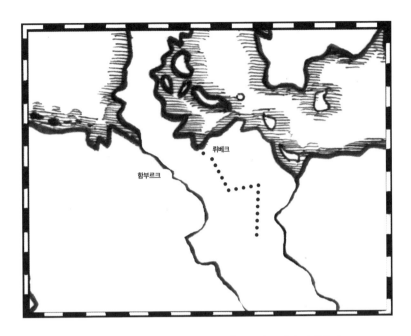

리메스 작센(19세기 초). 20세기 중반 동독일 국경과 거의 같다

기록된 게르만어(800)

우리가 아는 거의 전부는 라틴어에서 번역된 짧은 부분과 종교문서, 소수의 마술 주문 그리고 멋진 서사시인 힐데브란트의 노래Hildebrandslied의 일부로 남아 있는 2페이지 가량이다. 이 서사시는 아버지와 아들이 적군으로 싸우게 되는 슬픈 운명에 대해 읊고 있다. 가장 놀라운 유물은 소위 어휘사전이라 불리는 유용한 일상적인 문구들을 모아놓은 작은 모음집으로 라틴어로 된 종교문의 여백에 라틴어를 번역한 게르만어가 함께 적혀 있다. 현대의 여행 안내서와 마찬가지로 교육받은 여행자들이 라틴어를 하지 못하는 대상에게 주문을 하는 데 (혹은 모욕하는) 신속한 도움을 주려는 목적이다.

내 수염을 깎으시오. (Skir minen part.-Shear my beard.)

내 검을 주시오. (Gimer min suarda.-Gimme my sword.)

하운드 엉덩이에 네 코를 박아라. (Vndes ars in tino naso.-Hound's arse in thine nose.)

독일어Deutsch가 된 이 말들은 원래 독일과는 아무 관련이 없었다. 샤를마뉴의 목사(궁정사제 아인하르트Einhard)는 서기 786년 영국에서 교회 업무가 라틴어와 데오디세Theodisce (일반인들의 언어를 의미, 이 경우에는 앵글로색슨족의 언어)로 이루어졌다고 기록하고 있다. 이후에 데오디세Theodisce는 라틴화되지 않은 프랑크족의 언어라는 의미로 사용되었고 점차 독일과 네덜란드 언어가 됐다.

이제 프랑크 제국의 동쪽 국경에는 위대한 새로운 사람들이 유럽 무대에 등장한다. 슬라브족이다. 슬라브족의 민족집단 형성Ethnogenesis이 언제 어디에서 일어났는지는 아무도 잘 알지 못한다(애국적인 러시아인, 우크라이나인들과 폴란드 역사가들 모두 자신들이 기원이라 주장하고 있다). 하지만 서기 800년 그들은 엘베강 유역까지, 심지어 그 너머까지 점령했다.

서기 814년 샤를마뉴 대제가 사망하자, 서기 150년 로마인들이 마그나 게르마니아Magna Germania(대 게르마니아)이라 칭했던 장소는, 라인란트Rhineland에 기반을 둔 부흥하는 신생 라틴 제국과 동쪽에서 진격해오는 슬라브족이 사는 지역으로 완전하게 분리됐다. 만약 샤를마뉴의 프랑크 제국이 더 오랜 시간 동안 통일왕국을 유지할 수 있었다면, 서프랑크(프랑스)에서 일어난 상황과 같이 동프랑크(현재 독일)의 상류계층 언어였던 라틴어가 평민층으로 유입돼 혼합된 라틴어가 일상 언어로 통용되

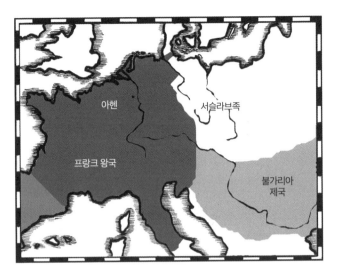

게르만을 위한 공간은 없다(814년)

었을 가능성이 다분하다. 게르만들은 당시 거의 기록되지 않았던 자신들의 언어, 한때 강력했던 사촌인 고트족, 그리고 반달족을 따라서 역사 속의 먼지 쌓인 책더미 속으로 영영 사라졌을지도 모른다.

도이칠란트의 탄생

그보다, 샤를마뉴의 죽음 이후 유일한 적자인 그의 6번째 아들이자 막내였던 경건왕 루이Louis가 왕위를 계승한 이후 30년은, 봉기, 동맹, 찬탈, 수복, 가족 불화, 엄숙한 맹세와 노골적인 맹세의 파기 등의 원색적 폭주로 점철된 '왕좌의 게임'이 지속됐다. 그리하여 프랑크 대제국은 현대 유럽 국가들의 국경선을 그리며 서서히 붕괴했다.[6]

    루이 1세는 제위에 오르자 제국 상속령을 선포하고 세 아들인 로타리우스 1세, 피핀, 루트비히 2세에게 제국의 영지를 상속했다. 나아가 프랑크족의 분할 상속 전통이 왕국을 약화한다는 이유로 장자 상속제 성격을 일부 가미해, 장남인 로타리우스 1세를 명목상 제국 전체의 지배자로 삼고 그에게 영토의 중앙 지역을 물려줬다. 하지만 노년에 에르망가르드 황후가 죽자 불과 4개월 만에 바이에른의 유디트Judith of Bavaria와 재혼했고, 막내아들 대머리 왕 샤를 2세가 태어난다.

　노년의 루이 왕은 이미 세 아들에게 상속된 영토 일부를 샤를 2세에게 주려고 했다. 그러자 830년 장성한 세 아들인 로타리우스 1세, 피핀, 루트비히 2세가 합심해서 아버지에게 반기를 들어 반란을 일으켰다. 내전은 왕국의 권력을 심각하게 약화시켰다. 838년 루이 왕의 차남 피핀이 죽자 그의 영토 대부분을 막내 샤를 2세에게 준다. 소외된 3남 루트비히 2세의 반란이 일어났고, 그 와중에 바이킹의 침공으로 제국은 다시 혼란에 빠지기도 했다. 840년 루이가 별세하자 아들들의 상속권 분쟁은 극에 달한다.

　서기 842년 전쟁 중인 샤를마뉴의 두 손자이자 루이 왕의 아들(불안한 정세의 라인강 동쪽을 차지하고 있는) 루트비히Louis the German(843~876)와 (지금의 프랑스 지역을 다스리는) 카를루스 샤를 2세 대머리 왕Charles the Bald(843~877)이 군대를 이끌고 형인 로타르Lothair에 맞서 담판을 짓기 위해 스트라스부르Strasbourg에 왔다. 회의의 사안이 중대했기 때문에 형제들과 그들의 (태생적으로 모두 라틴어가 가능했던) 엘리트 고문들의 합의만으로는 해결이 만무했다. 각자의 지지자들도 그들의 군주가 무엇을 약속했는지 정확히 알 필요가 있었다. 그러나 한 가지 문제가 있었다. 서프랑크(프랑스 지역)와 동프랑크(독일 지역)의 평민들은 서로의 말을 이해하지 못했다.

　율리우스 카이사르가 라인강 서쪽과 동쪽을 공식적으로 분리한 이후, 지금은 민족들이 서로 달라진 것이다. 가장 큰 차이가 바로 언어였다. 샤를과 루트비히의 유일한 해결책은 바로 라틴어로 협정문을 작성한 후, 각각 서프랑크와 동프랑크 언어로 번역하는 것이었다. 이는 유럽 역사에서 가장 위대한 극적인 장면 중의 하나가 분명했다. 모든 사람들 앞에서 각자 합의한 협정문을 각자의 군대가 사용하는 언어로 소리 내 읽어 공표하는 것이었다. **이 스트라스부르 선서는 고대 프랑스어(로망어)나 독일어(게르만어)로 된 유작이 거의 없는 상황에서 각국의 언어 역사학자들에게는 사금 같은 자료임이 분명하다.** 하루 만에 프랑스어가 먼저 기록된 언어로 등장하고 독일어가 외교 언어의 지위를 획득하게 되었다.

스트라스부르 선서 The Strasbourg Oaths (842)

각 선서는 "하나님의 사랑과 그리스도인들을 위해⋯"라는 말로 시작된다.

게르만의 루트비히는 (샤를의 서프랑크 군대에게)

: Pro Deo amur et pro christian poblo⋯

카를루스 대머리왕은 (루트비히의 동프랑크 군대에게)

: In godes minna ind in thes christianes folches⋯

1년 후, 베르됭 조약 The Treaty of Verdun(서기 843년)으로 샤를 2세 Charles II 대머리 왕(실제 대머리는 아니었고, 태어났을 때 영토가 없었다는 것이 후대에 와전되어 얻은 별명)은 자신의 영역에 대한 통치권을 인정받았고 아키텐의 피핀 2세는 그를 주군으로 섬기게 되었다. 후에 제국은 3개(서프랑크·중프랑크·동프랑크) 지역으로 분할됐다. 로타리우스 1세 사후, 중프랑크는 다시 세 아들이 물려받았는데, 855년 프륌 조약으로 장남 루도비코 2세가 제위와 이탈리아를, 로타리우스 2세가 로타링기아라 불리는 중북부를, 프로방스의 샤를Charles of Provence이 중남부의 부르군트를 상속받았다. 로타리우스 2세가 아들 없이 죽자 루이 2세 독일인 루트비히와 샤를 2세는 870년 메르센 조약을 맺어 로타링기아를 나눠가졌다. 869년 프로방스의 샤를이 일찍 죽자 그의 영지는 루도비코 2세(이탈리아인 루도비코)가 차지했다가 샤를 2세에게 넘어가게 된다.

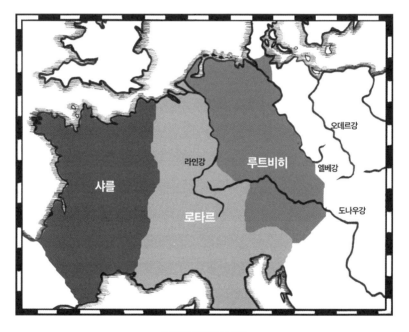

프랑크 왕국의 분열

현대적인 의미의 독일이 탄생한 바로 그 시기, 그 시절 역사학자 타키투스가 묘사한 난제가 다시금 대두됐다. 누구라도 루트비히의 통치가 시작된 곳을 알 수 있었다. (물론 라인 강을 따라서) 하지만 정확히 어디에서 끝났는가? 아무도 몰랐다. 베르됭 조약은 단순히 루이에게 라인 너머의 모든 것Ultra rhenum omnes을 배정했다. 하지만 게르만들이 스스로 멈춘 엘베강이 과연 이 모든 것이 끝난 장소일까? 아니면 샤를마뉴에게 경의를 표했지만, 결코 그에 의해 정복되지 않았던 엘베강 너머의 지역들까지 포함해야 하는가?

작센 출신의 왕 선출과 왕권 상속

서기 870년 루트비히Louis와 샤를Charles은 로타리우스의 영역을 자기들끼리 분할해서 각각 프랑스와 독일이 될 서프랑크와 동프랑크 왕국을 만들었다. 로타리우스의 영역은 로타링기아Lotharingia 라는 이름으로 프랑크, 게르만, 로마 영역이 포함된 기억 일부로만 남아 있다. 현대의 네덜란드, 벨기에, 라인란트, 알자스, 스위스 및 북부 이탈리아가 모두 관련된 지역으로 일종의 거대한 룩셈부르크와 같은 위치로 남았다. 이러한 역사적 모호성은 미래에 나폴레옹 같은 정치인들과 유럽EU의 지도자들에게 영토적 야심을 가지게 하는 여지를 남겼다.

카이사르에게 라인강이 그랬던 것처럼 엘베 지역은 이제 동부 프랑크가 됐다. 그 당시에는 아무도 그렇게 부르지 않았지만, 지금부터 이들을 '독일인'이라고 부르겠다. 엘베강은 건너고자 하는 유혹에 넘어갈 가능성이 매우 높은 국경이었는데, 간단히 말하면 성가신 야만인들을 방어해야 하는 최전선이었다. 후기 카롤링거 왕들은(서기 876~911년) 엘베강을 따라 이교도 슬라브족들이 침략하지 못하게 막으면서도 그들이 지속적으로 공물을 바치도록 하는 데 에너지의 대부분을 써야 했다. 그 지역은 너무 낙후되었기에 공물을 종종 돈이 아닌 꿀로 계산하곤 했다.

이 시점에서, 북부 및 동부 유럽은 10세기 전반에 최악의 역사적 폭풍우와 직면하게 된다. 우연의 일치인지 모르나, 거의 초자연적인 힘으로 이동하는 두 이교도가 역사라는 봉우리에서 뿜어 나오는 화산 불기둥처럼 매년 빠짐없이 침범해 추수를 망치고 독일 지역을 위협했다. 평생 동안 혹은 그보다 긴 시간동안, **바이킹**은 좁고 긴 배를 이용해 북부 해안과 라인강 유역을 짓밟았다. 동시에 **마자르**Magyar의 기병들이 독일 남동부 깊은 지역까지 파고들어 약탈했다. 이는 마지막 카롤링거 왕족인 어린이왕 루도비쿠스Lousi the Child(상당히 혼란스럽게도 동시에 루이 3세이자 루트비히 4세로도 알려진)에게 치명타를 가했다.

루도비쿠스는 893년 부왕 아르눌프가 죽자 7세에 동프랑크 왕국의 왕이 됐다. 루도비쿠스 시기에 마자르족의 계속된 약탈과 침입으로 국경은 황폐해지고, 왕권이 약화하고 정세는 혼란 그 자체였다. 그는 907년이 되어서야 왕국의 군권을 가졌다. 그러나 원래 약골이어서인지 후계자를 남기지 못하고 911년 프랑크푸르트 암 마인에서 18세의 나이로 사망하여 부왕 아르눌프의 석관이 안치된 레겐스부르크Regensburg의 성 에메람 수도원St. Emmeram에 안치되었다. 그의 죽음으로 동프랑크의 카롤링거 왕조는 사실상 단절되고, 로타링기아 지역은 서프랑크 왕국 샤를왕의 손에 들어갔다. 독일인들은 이제 게르마니에 집중할 강력한 통치자를 간절하게 원하고 있었다. 얼마나 뛰어났든 간에 후계자들에게 유산을 지속적으로 분할하면서 늘상 로마의 영광에만 한눈을 팔았던 이들이 왕조를 유지하는 것은 쉬운 일이 아니었다.

서기 911년 루도비쿠스가 사망했을 때, 독일 지역 귀족들은 게르만 왕조를 서유럽에서 유일한 왕조로 만들기 위한 작업을 했다. 그들은 혈통 승계의 원칙을 버리고 고대 게르만식의 관행으로 돌아가기로 했다. 국왕 선출에는 마인츠, 쾰른의 대주교와 작센, 프랑켄, 슈바벤, 바이에른 공작이 투표권을 행사했다. 마침내 콘라트 1세 왕으로 프랑코니아 공작을 선택했는데 그는 카롤링거 왕조와 외가 쪽으로 먼 혈연관계밖에 없었다. 왕국을 구성하는 5대 부족 공작들이 회의를 통해 국왕을 선출한 선제후는 신성로마제국의 선제후 제도의 근원이 됐다.

이제부터 독일 왕권의 역사는 왕족들과 고위 귀족들 사이의 끝없는 암투 중 하나로 자리 잡는다. 왕들은 여전히 자기 아들에게 왕좌를 물려주고자 했지만, 왕의 세력이 너무 강력해지거나 반대로 너무 약해지면 어김없이 귀족들이 나서서 게르만의 왕좌는 어디까지나 선출되는 자리라는 점을 강력히 상기시켰다. 콘라트 1세는 918년 사망했다. 아들이 없었던 콘라트는 임종 시에 자신의 동생 에베르하르트에게 왕위를 작센 공작 하인리히에게 넘기라는 유언을 남겼다. 919년, 귀족들은 작센 공작 하인리히 1세Henry the Fowler를 독일왕으로 선출하였다. 새 사냥꾼이라는 그의 별명은 왕으로 선출될 당시 사냥을 좋아하는 그가 새 그물을 손질하고 있었다고 전해지는 이야기에서 비롯됐다. **하인리히는 로마제국에 흥미가 없었다. 그의 주민은 단지 한 세기 전에 기독교로 개종했을 뿐이었다. 대신 하인리히는 슬라브족에게 맞서 동쪽 국경선을 지키는 데 모든 관심을 기울였다.**

그는 자신의 앞뜰에 그의 새로운 군사력을 집중시켰고, 신중하게 자신을 방어하고 공격하는 능력을 꾸준히 연마하며 명성을 쌓았다. 성스러운 유물, 특히 유명한 운명의 창(예수님이 십자가에 못 박혔을 때 옆구리를 찔렀다고 전해지는 창)이 체계적으로 작센에 옮겨졌다. 그는 동쪽의 메이센처럼 새롭고 요새화된 도시들에 집중적으로 변경백들을 배치해 관리했다. 이제 엘베 지역까지 대군주로서의 지위가 회복됐다. 그는 마자르족의 약탈에 맞서기 위해 꾸준히 기병대 중심의 군대를 구축해 서기 933년에는 그들을 크게 격파했다. 하인리히가 큰 승리를 거둠으로써 선제후 제도의 폐지를 밀어붙일 수 있는 힘을 주었고 그 요구는 바로 받아들여져 다시금 장자상속을 통해 그의 아들 오토가 왕위를 상속하게 되었다. 처음으로 라인강, 도나우강, 엘베강 사이의 모든 게르마니아가 하나의 혈통에 의한 단일 통치자를 가지게 됐다. 게르마니는 독립국으로 가는 왕도에 오른 것처럼 보였다.[7]

은빛 시대

독일의 왕들이 샤를마뉴 제국의 영광스러웠던 기억을 잊을 수 없었다는 것이 문제였다. 오토 1세Otto the Great로 알려진 오토 대왕은 서기 936년, 프랑크의 샤를마뉴가 영예의 대관식을 했던 아헨에서 그와는 전혀 혈연관계가 없음에도 불구하고 그가 앉았던 바로 그 자리에서 왕관을 쓰게 된다. 지극히 의도적인 행위였다.

하지만 오토 1세는 로마에 대해 생각해볼 틈도 없이 바로 동쪽 문제를 해결해야만 했다. 오토 1세의 통치기에 튜터니시스Teutonicis라는 단어가 알프스 북부에 처음 기록된 것은, 오토의 게르만들과 스클라바니스sclavanis-슬라브 사이를 구분짓는 법정 문서에서였다. 슬라브족은 모든 게르만을 칭하는 단어로 네모이Nemoy(특정 언어를 하지 못하는 사람)라는 신조어를 만드는 방법으로 대응했고, 이는 모든 슬라브계 언어에 고착됐다. 드루수스 카이사르가 초자연적으로 그곳에 멈추도록 직감

경쟁을 벌이는 게르만/슬라브 땅(960년)

적인 조언을 받은 지 거의 천 년 후에도 여전히 엘베강은 독일과 한편인 로마와는 반대되는 종족을 뚜렷하게 구분하는 거대한 구분선이었다.

그러나 오토 대왕은 곧 엘베 너머까지 지배했고 서기 948년 하벨베르크Havelberg와 브란덴부르크 두 곳에 새로운 주교관할권을 설립했다. 위대한 성Magado Burga으로 평범하게 알려진 강변의 국경 요새는 종교적, 정치적, 군사적 수도로서 **마그데부르크magdeburg가 됐다.** 엘베와 오데르강 사이의 영토는 변경 지방 영주들인 변경백에게 나뉘어 귀속됐다. 변경백은 중세 유럽의 용어로, 국경 방어를 위한 일종의 군사 식민으로 설치한 변경 구역인 변경주Mark의 영주들이다. 황제 혹은 왕으로부터 변경주를 봉토로 받고, 자신의 관리 구역 안에서는 행정·군사·사법상의 최고 권력을 위임받아 집행했다. 원래는 임명직이었지만 직위 세습으로 작위화, 후에 강력한 영방領邦 군주로 성장했다. 당시 이들 변경 영주들이 점령한 지역을 모두 합하면 현재의 동부 독일과 거의 비슷하다.

위대한 레히펠드 전투Battle of Lechfeld(서기 955년)에서 허르커 불추와 족장 렐과 수르가 이끄는 마자르인(헝가리)들을 전면시켰을 때, 오토의 동쪽 국경은 안전해졌고 그는 가장 위대한 영예에 관심을 가지게 된다. 바로 샤를마뉴가 썼던 로마제국의 왕관이다.[8]

그러나 중요한 문제가 있었다. 중세 유럽에서는 왕위의 합법성에 집착했다. 적법한 직함에 대한 의지가 권력의 물리적 압력에 대한 유일한 반항법이었기 때문이다. 오토는 자신이 진정한 황제라는 주장을 정당하고도 논리적으로 입증해야 했다. 그는 샤를마뉴와 완전히 무관함으로 혈통으로는 그 연관성을 합리적으로 주장할 수 없었다. 그는 서프랑크(프랑스)를 통치하고 있지 않았기 때문에 독일이 샤를마뉴의 프랑크 왕국과 같은 제국이라고 주장할 수도 없었다. 그렇다면 무슨 권리로 다시금 로마 황제가 되겠다고 주장할 수 있었을까? 그는 궁정의 신하들과 성직자들을 떠올리는 동시에 이전 세기들의 관계를 견고히 해줄 급진적인 아이디어를 떠올렸다. 독일의 왕관과 역사상의 로마 황제의 절대 지배권 사이에는 신비하면서도 심오한 연결점이 존재한다는 것으로, 이 비전은 **트란슬라티오 임페리**Translatio Imperii**로 알려졌다.**

그는 서기 962년, 로마로 가서 적절한 절차에 따라 교황 요한 12세로부터 신성 로마 황제 지위를 부여받았다. 오토가 로마 황제가 되자마자 이 관계성의 문제가 명확히 드러났다. 영토를 광대하게 확장하는 데는

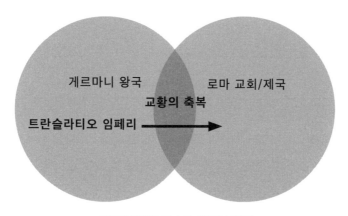

오토가 주장한 로마 황제와의 연결점

분명이 도움이 됐지만, 교황은 교황권을 합법화하고 영광스럽게 할 수 있었다. 그리하여 오토는 이런 목적에 교황을 활용하려고 하다가 교황권 옹호에 스스로 묶여 버렸다. 독일에서 모든 권력을 장악했던 오토는 이제 자신의 핵심 영토에 대한 지배력이 사그러져가는 동안 무력으로 교황을 지지하고 보호하기 위해 이탈리아에서 수년을 보내야 했다. 심지어 그의 아들 오토 2세는 더 로마 중심적이었고, 서기 983년 그저 3세의 신생아에 불과했던 오토 3세를 남겨둔 채 일찍 28세의 나이로 로마에서 죽었다. 그러자 엘베강 너머를 다스리던 변방 영주들이 기회를 포착했다.

서기 983년대 슬라브족의 대반란은 슬라브 역사에서 서기 9세기의 독일 역사에서만큼 큰 비중을 지닌다. 이는 문화적 생존을 보장받기 위한 사건이었다. 로마인들이 서기 9년에 라인강 너머의 모든 것을 잃었던 것처럼, 게르만들은 서기 983년 엘베강 서쪽 너머로 깨끗이 던져졌다. 이후 수십 년 내에 폴란드인들과 한때 독일이 두려워했던 마자르인(헝가리인)들은 독립적인 기독교 왕국들을 설립했고, 이전에 폴란드에 종속되었던 보헤미아인(체코)들도 오래지 않아 뒤를 이었다. 이런 새로운 왕국들은 게르만 독일의 통치자들에게 공물을 바치지 않았고 교황과 직접적인 관계를 가졌다.

갑자기 유럽은 훨씬 더 커지게 되었다. 독일은 드루수스 카이사르와 게르마니쿠스가 천년 전 멈춰 섰던 엘베강의 바로 그 자리에 여전히 끝자락을 대고 있다. 이제 그곳에는 동쪽 국경을 따라 기독교 왕국들이 있었다. 독일은 이제 더 이상 유럽의 변방이 아니라 그 중심이었다.

이 새로운 확대된 유럽에 독일이 어떻게 조화를 이루었을까? 로마가 독일을 포함한 모든 유럽에서 일어난 일들을 결정했을까? 아니면 오토 대왕이 '트란슬라티오 임페리'를 주장했던 것처럼 게르만 통치자들은 역사적인 로마제국과 특별한 관계가 있는 유럽 전체의 타고난 통치자들이었을까?

게르만 국가의 시작, 프랑크 왕국

서쪽 로마의 해가 기울어가고 있었다. 서기 395년 1월, 테오도시우스 대제가 죽자 그의 두 아들인 아르카디우스와 호노리우스가 로마제국을 각각 동방 황제, 서방 황제라는 이름 아래 분할 통치하기 시작한 것이다. 하지만 호노리우스가 통치한 서로마제국은 동로마제국과 달리 폐허나 다름없었던데다 게르만족의 끊임없는 침략으로 인해 국방력 또한 무너지던 상황이었다. 이후로도 서로마제국은 해가 지나고 황제가 바뀔수록 점차 쇠약해져만 갔다.

서기 476년, 게르만 스키리족 출신의 오도아케르가 서고트족과 반달족, 훈족에 의해 쇠약해질 대로 쇠약해진 서로마제국에 멸망이라는 쐐기를 박는다. 로마 건국 이후 1,229년 만의 멸망이었다. 이후 동쪽으로부터 밀려 들어오는 훈족을 피해, 그리고 로마의 기름진 땅을 차지하기 위해 서로마제국의 빈터에 도착한 게르만 부족들은 저마다의 국가를 세운다. 하지만 그들은 '신은 하나이므로 그리스도는 신이 아니다'라고 주장하는 아리우스파Arianismus를 신봉했던 반면에, 당시 주민들은 이미 정통 가톨릭(아타나시우스파)을 깊게 믿었으므로 마찰이 발생할 수밖에 없었다.

프랑크 왕국은 달랐다. 서기 481년 프랑크족 일파인 살리족의 족장자리를 물려받은 클로비스(클로도베쿠스) 1세는 다른 게르만족과 마찬가지로 로마제국의 잔당을 물리치며 갈리아 북구 지역에 자리를 잡고 프랑크 왕국을 세운다. 다만 그들과 다른 게르만족 왕국과 달리 클로비스는 부르군트 왕국의 공주이자 이미 기독교 신자였던 부인 클로틸데의 끝없는 권유와 알레만니족과의 전투를 계기로 496년 개종하였고, 그의 신하들에게도 개종을 요구함으로써 지역 주민들의 지지는 물론, 동로마제국 황제의 지원을 받을 수 있었다. 클로비스의 프랑크 왕국은 이러한 지지를 기반으로 아리우스파의 서고트를 비롯한 수많은 부족을 몰아내거나 정복하여 다른 갈리아의 영토를 지배하였고, 클로비스는 할아버지인 메로베우스 1세의 이름에서 유래한 '메로빙거(메로베우스) 왕조'의 문을 연다.

클로비스 이후 메로빙거 왕조는 분열과 통합, 배신과 진압의 역사로 점철된다. 서기 511년 클로비스 사후 네 아들에 의해 거점별로 나뉘게 된 프랑크는 비록 클로타르 1세가 잠시 모든 왕국을 계승 받기도 하지만, 서기 561년 그의 사후 4명의 아들에 의해 왕국이 재차 분열되었다. 그 후로도 왕국은 통합과 분열을 반복하며 왕의 실권을 잃어갔다. 결국 메로빙거 왕조의 궁재宮宰 중에서 강력한 가문 출신의 피핀 2세가 3개 분국을 모두 한 손에 넣으며 실권을 장악하고, 그의 서자인 카롤루스 마르텔이 메로빙거 왕조의 마지막 왕인 힐데리히(킬데리크) 3세를 폐위하며 카롤링거 왕조가 시작되었다(751).

프랑크 왕국의 분열과 분단

서기 800년의 크리스마스, 게르만족의 왕 샤를마뉴가 로마 황제로 즉위하며 오늘날의 프랑스와 독일 역사상 최초의 군주로 등극한다. 그러나 정작 라틴어 사용을 권장하는 샤를마뉴 대제의 정책으로 인해 게르만족의 언어와 문화는 점차 로마화되어 사라지고 있었다. 이처럼 프랑크 왕국에서 점차 사라져가는 게르만 문화가 오늘날까지 독일에 그 흔적을 남길 수 있던 것은 프랑크 왕국의 분열로 인한 동프랑크 왕국의 탄생, 그리고 아이러니하게도 동쪽 국경에서 새로이 몰려든 슬라브족 덕분이었다.

서기 814년 프랑크 왕국의 황금기를 이끌었던 샤를마뉴 대제의 사망후, 유일하게 살아남은 적자였던 루이 1세 경건왕이 왕위에 오른다. 하지만 그의 재위 기간은 독립을 바라는 영지의 반란으로 인해 끝없는 혼란으로 점철되어갔다. 817년 루이 1세는 제국 칙령을 발표하며 영토 분할을 계획했지만, 아들인 로타리우스 1세의 신하가 되는 것에 반발한 조카 베른하르트가 반란을 일으켰다. 823년에 4남인 대머리 샤를(카를루스) 2세에게 영토를 떼어주자 이에 중부 프랑크를 다스리던 장남 로타리우스 1세와 훗날 서프랑크 왕국에 배속되는 아키텐을 다스리던 차남인 피핀 1세, 바이에른을 다스리던 삼남인 루트비히(루도비쿠스) 2세 독일왕이 수시로 반란을 일으켰다. 프랑크 왕국이 이처럼 끊임없이 분열을 겪은 이유에는 행정적인 문제는 물론 민족성 차이, 지방 귀족들과 성직자들이 지닌 권력 등과 함께 자식에게 재산과 영토를 나누어 상속하는 게르만족 특유의 제도가 영향을 끼쳤을 것으로 짐작된다.

상속 문제로 인해 수시로 권좌에서 축출당하였음에도 불구하고 기적적으로 권좌에 복귀한 루이 1세는 이 문제를 해결하기 위해 장남인 로타리우스 1세에게 왕국 전체를 넘기려 했다. 하지만 이 또한 아들들의 이어지는 쿠데타로 실패하면서 영토에 관한 상속권 분쟁은 이후 840년 루이 1세가 사망한 이후에도 계속되었다. 로타리우스 1세에 반발한 루트비히 독일왕과 대머리왕 샤를 2세가 내란(프랑크 왕국 시민전쟁)을 일으켰고, 결국 843년 프랑크 왕국을 삼분하는 베르됭 조약이 체결되면서 프랑크 왕국은 장남 로타리우스 1세의의 중부프랑크, 삼남인루트비히 2세 독일왕의 동프랑크, 샤를대머리왕의 서프랑크로 나뉘고 만다.

이들 삼국 중 루트비히 2세 독일왕이 차지한 영토인 동프랑크 왕국은 훗날 신성로마제국과 오늘날 독일의 모태가 되었는데, 크게 슈바벤, 프랑켄, 작센, 그리고 바이에른까지 4개의 공작령으로 나뉘어 있었다. 동프랑크 왕국은 844년부터 슬라브족의 침략을 막아내며 서슬라브 연합군을 격퇴해야 했으며, 비록 동프랑크 국왕이라고 할지라도 프랑켄과 작센, 알레만니아와 바이에른 등 부족 출신 제후들의 세력이 강했기에 국왕의 통치력 자체는 크게 기대하기 어려웠다.

샤를마뉴 대제의 후계자, 오토 1세

독일 지역에서 태어난 순수혈통의 왕이자 이탈리아의 왕, 그리고 신성로마제국의 초대 황제. 스스로 샤를마뉴의 후계자라고 선언하고, 또 그렇게 된 인물이 바로 오토 1세다. 912년 11월 23일, 오토 1세는 작센 공작이자 훗날 독일 국왕으로 선출된 하인리히 1세와 링겔하임Ringelheim의 마틸다 사이에서 태어났다. 그는 어린 나이에 슬라브족과의 전투에 참여하여 두각을 나타냈고, 16세에는 사로잡은 슬라브 여인 벤디시 사이에 훗날 마인츠의 대주교를 역임하는 아들 빌헬름을 얻기도 했다. 이후 오토 1세는 부모의 영지 대부분을 상속받았으며, 930년 마인츠에서 세례 의식을 받았고, 같은 해 동맹을 위해 잉글랜드 왕국 웨식스 가문의 이드기스Eadgyth와 결혼했다.

　오토 1세의 삶은 반란 진압과 확장의 연속이었다. 936년 만장일치로 뽑혀 왕좌에 오른 오토 1세는 교회를 지지하며 귀족을 견제했다. 이에 불만을 품은 작센의 귀족들과 이복형 탕크마르가 연합하여 반란을 일으켰으며, 서프랑크의 루이 4세에게 지원받은 동생 하인리히도 939년과 941년 두 차례 반란을 일으켰지만 모두 제압한다. 한편 오토 1세는 슬라브족을 상대로 착실히 승리를 거두어갔으며 937년 장크트모리츠 수도원과 948년 마그데부르크와 브레멘에 주교관구를 창설하며 세를 확장했고, 950년에는 보헤미아의 항복을 얻어냈다. 또한 이탈리아의 왕후 아델하이트에게 도움을 주어 951년 결혼에 성공하였고, 같은 해 롬바르디아를 동프랑크에 영입했다. 955년에는 아들 리우돌프의 반란을 제압하였고, 8월에는 레히펠트 전투에서 독일을 침공한 마자르족을 격파한다. 960년에 이르러서는 아예 엘베강과 오데르강 지역의 슬라브족들을 모두 복속시킨다.

동로마제국의 교황 요한 12세로부터 구조요청은 필연과 같았다. 오토 1세는 이브레아의 베렝가리오에게 핍박받던 교황 요한 12세의 요청에 응해 961년 이탈리아 원정을 떠나 패권을 확보하였고, 962년 2월 2일 로마에 당도하여 로마제국 황제에 등극한다. 거기서 오토 1세는 교황권을 황제의 보호 아래 둠을 명시하는 '오토의 특권Privilegium Ottonianum'을 체결하였고, 이를 증명하듯 963년 12월 요한 12세를 폐위하고 레오 8세를 교황에 앉힌다.

오토 1세는 눈감는 날까지 독일 왕국의 부흥을 위한 활동을 멈추지 않았다. 처남 루이 4세와 외조카 로타르 3세를 통해 서프랑크 왕국을 견제했으며 학당을 설립하고 시인과 작가들을 지원했다. 965년 레오 8세가 죽자 교황 요한 13세를 반대하는 로마인을 진압하였고, 비잔티움 제국과 협상하여 972년 비잔티움 공주와 아들 오토 2세의 결혼을 성사시키기도 했다. 결과적으로 오토 1세는 무너졌던 교황권의 권위를 바로 세우는 데 공헌함과 동시에, 훗날 군주의 측근이 성직과 성사를 매매하여 교회가 부패하는 원인을 제공하는데 일조하였다.

엘베강 너머 또 다른 유럽, 슬라브족과 마자르족

독일 왕국의 왕이었던 오토 대제가 신성로마제국의 초대 황제로 즉위하여 프랑크 왕국의 샤를마뉴의 뒤를 이었음을 공표하던 10세기 유럽, 엘베강 너머에서는 두 민족이 새로이 국가로서의 기반을 다져가고 있었다. 게르만족의 뒤를 이어 동부 유럽에 자리를 잡은 '슬라브족', 그리고 헝가리 민족의 시조가 된 유목 민족, '마자르족'이다.

슬라브는 '낱말', 또는 '대화'라는 뜻의 원시 슬라브어에서 비롯된 것으로, 이들이 게르만족을 '말하지 않는 자'라는 의미의 녬츠로 부른 것에 비추어 그 의도를 유추할 수 있다. 또한 슬라브족에는 레흐와 체흐, 루스 삼형제라는 3개 슬라브계 민족의 건국 신화가 전해지기도 하는데, 레흐는 북쪽에 가서 폴란드의 조상이, 체흐는 서쪽에 가서 체코의 조상이, 루스는 동쪽에 정착하여 러시아의 조상이 되었다고 한다. 슬라브족은 게르만족에 비해 집단 발전 속도가 저조하여 노르만계 바이킹과 동쪽 유목 세력에 의해 노예가 되는 경우가 잦았는데, 이는 라틴어와 프랑스어를 거쳐 오늘날 영어인 슬레이브Slave에 그 흔적을 찾을 수 있다.

슬라브인의 국가가 본격적으로 세계에 모습을 드러내는 것은 9세기 류리크가 이끈 바이킹 세력이 키예프 지역을 점령하면서부터이다. 키예프 루스 또는 '루스국은 동슬라브족을 공격하며 영토를 확장했고, 10세기에 하자르 칸국의 수도를 함락하여 멸망시키기에 이른다. 다만 아이러니하게도 이후 슬라브 부족 상당수가 루스인에게 투항하면서 키예프 루스는 점차 슬라브화 되었다. 그리고 988년 블라디미르 1세가 그리스 정교의 세례를 받아들이며 유럽 역사에 발을 들이게 된다. 한편 폴란드는 원래 신성로마제국의 동쪽 레히아에서 이교 신앙을 믿던 여러 슬라브 부족 중 하나였는데, 10세기에 이르러 부족 중 하나인 폴족을 중심으로 국가 체계가 갖춰지기 시작하다가 폴족의 추장인 미에슈코 1세가 966년 세례를 받으면서 폴란드 공국이라는 이름으로 유럽 역사에 등장하게 된다.

반면 오늘날 헝가리의 기원이 되는 마자르족은 슬라브족과는 다른 민족으로 구분되는데, 이들이 우랄어계 부족인데다 훈족과 같은 뿌리를 지닌 혼혈 민족으로 평가받기 때문이다. 따라서 오늘날 헝가리인들은 서방의 라틴 문화권 나라 중 하나로 발전했음에도 한편으로는 동방의 유목 민족이라는 정체성도 지니고 있다.

7세기 마자르족은 하자르 칸국에 복속되었다가 830년경 독립하여 민족 대이동과 함께 새로운 세력권을 형성하는데, 9세기 말에는 마자르 대공국 또는 헝가리 대공국이라는 국가를 성립한다. 유목민 공동체의 성격이 강했던 이들은 프랑크 왕국 분열 이후 약해진 서유럽에 원정을 가는 등 악명을 떨치지만, 오토 대제로 인한 원정 실패 후에는 방어를 위한 요새 건설과 슬라브인 원주민과의 동화를 거쳐 푸스타 지역을 중심으로 하는 농업 국가로 거듭나게 된다. 그리고 1000년, 가톨릭 국가로 봉헌하면서 헝가리 왕국으로 유럽 역사에 모습을 드러내게 된다.

3부
게르만을 위한 전쟁
- 983년~1525년 -

The Shortest History of Germany

3자 간의 대립

이후 6세기 동안 독일의 역사는 왕과 귀족, 그리고 교회 3자 간의 팽팽한 시소게임으로 점철되어갔다. 어느 면에서는 프랑스나 영국의 역사와 유사하게 흘러가는 것으로 보였으나 독일의 문제가 조금 더 복잡했다. 바로 왕권이 세습 대신 선거로 선출되는 고유의 전통과 더불어 독일 왕들 스스로 로마의 황제라 믿고, 또 바라게 만드는 치명적 유혹 때문이었다.

왕, 귀족(선제후), 교황은 꾸준히 교체됐지만, 갈등의 근본적인 동인은 수 세기 동안 변함없이 남아 있었다.

모든 왕은 독일 왕권을 세습화하고 로마 황제가 되고 싶어 했다. 또한 귀족과 교황의 지지는 유지하되 그들에게 너무 많은 권한을 양보하지 않기를 바랐다.

모든 귀족은 선출한 왕이 사회질서를 유지하고 나라를 방어할 만큼 충분히 강한 힘을 가지길 원했지만, 한편으로는 선제후들을 제거할 만큼 강하지 않기를 바랐다.

모든 교황은 황제가 교회의 힘을 빌리는 대신 교회를 강하게 보호하기를 원하면서도, 교황권을 제어할 정도로는 강하지 않기를 바랐다.

처음에는 마지막 오토 가문의 왕인 하인리히 2세Henry II가 자손 없이 사망한 후, 군주 콘라트 2세Conrad II가 새로운 잘리어Salian왕조를 성공적으로 설립하면서 완벽하게 권력을 장악해나가는 듯 보였다. 콘라트의 아들 하인리히 3세Heny III 역시 귀족들과 평화로운 관계를 유지하는 동시에 연이어 4명의 순종적인 독일인 교황을 뽑는 데 성공하며 문제없이 왕위를 상속받았다. **그는 대관식에서 프랑크족의 왕이 아닌**

'로마인의 왕'이라는 칭호를 처음 사용하며 왕권이 정점에 있음을 증명한다. 그러나 1056년, 하인리히 3세는 그 어느 중세 왕들도 피하지 못한 치명적인 불행과 마주한다. 향년 38세, 겨우 6살의 외아들을 후계자로 남긴 채 요절한 것이다. 왕위를 이은 어린 하인리히 4세Henry IV를 둔 채 귀족들은 너도나도 다시 권력을 쟁취하고자 눈에 불을 켰다.

이처럼 독일 귀족들이 서로 권력 다툼을 벌이느라 분주한 와중에, 개종한 자신들의 왕을 살해하고 이교도로 회귀한 슬라브족이 엘베강을 건너와 함부르크를 포위했다. 시간이 흘러 무사히 성인이 된 하인리히 4세는 슬라브족을 몰아내 엘베강 국경에 평화를 되찾고 귀족들의 다툼 역시 정리하는 데 성공한다. 이제 이탈리아의 정치적 실권자로 부상한 새 교황 그레고리 7세Gregory VII만이 해결해야 할 숙제로 남았다.

한편 그레고리 7세는 하인리히 4세가 겪고 있는 문제 속에서 왕권으로부터 교황권을 독립시킬 열쇠를 발견했다. 당시 고위 성직자들은 초기 카롤링거 왕조 때부터 이어져 온 왕권-교회 간의 거래를 통해, 황제의 신하라는 높은 지위를 내세워 강력한 속세의 권력을 휘두를 수 있었다. 결국 그레고리 7세는 오직 교황만이 성직자를 선출하고 운용할 수 있다는 개혁안을 선언한다. 이는 세속 군주의 서임권 위기Investiture Crisis로 왕권을 향한 중대한 위협과 다름없었다. 하인리히 4세는 교황이 교황일 수 있는 것은 오로지 독일 왕/로마 황제가 인정했기 때문이라며 반발했지만, 이에 맞서 그레고리 교황은 비장의 무기를 꺼낸다. 하인리히 4세를 파문하고 이전에 교황이 군주에게 했던 충성 서약 전부를 무효로 만든 것이다.

교황의 위협을 견디기에 하인리히의 권력 기반은 너무나 연약했다.

교황이 황제를 파문하자 귀족들은 황제에게 등을 돌리기 시작했다. **결국 하인리히 4세는 '카노사의 굴욕'이라는, 오늘날 중세 시대 군주와 교황 관계를 상징하는 목숨을 건 겨울 여행을 떠나게 된다.**[9] 1077년 1월, 가족과 몇 명의 시종만을 거느린 독일의 왕이자 로마의 황제는 눈 덮인 알프스를 넘어 이탈리아를 향한 고행의 여정에 올랐다. 그리고 그레고리 교황이 마침내 너그러이 파문을 거두어들일 때까지, 맨발에 머리를 풀어 헤친 순례자의 모습으로 카노사성 앞에서 사흘을 추위에 떨며 서 있어야 했다.

카노사의 주인 마틸데에게 간청하는 하인리히 4세

하지만 하인리히 4세는 잠시 숨 고를 틈을 벌었을 뿐이었다. 교황은 반역하는 귀족들을 다시금 지지했다. 이에 하인리히는 이탈리아를 침략했고 심지어 그의 장남 콘라트와도 맞서야 했다. 반교황 그리고 반국왕 선언이 경쟁하듯이 쏘아 올려졌다. 하인리히 4세는 1098년 콘라트를 차기 황제인 독일 왕좌에서 폐위시키고 차남 하인리히 5세를 보위에 올렸다. 그러나 하인리히 5세마저도 반란을 일으키면서 부왕을 감금했다. 1106년 하인리히 4세가 병사한 후 하인리히 5세가 왕위를 지켰으나, 그의 왕권은 취약해질 수밖에 없었다. 황제와 교황, 양측은 언제까지나 이런 경쟁을 계속할 수 없음을 깨달아갔다.

1122년, 신성로마제국 황제 하인리히 5세와 교황 갈리스토 2세 간에 보름스 협약 Concordat of Worms**이 체결된다. 이로써 1076년부터 이어진 서임권 투쟁은 일단락됐다.** 교황과 황제는 새로 고안해 낸 상징적 조건과 더불어 누가 어떻게 추기경들을 임명할지에 대한 형식적인 지침을 세움으로써 금이 간 관계를 메우려고 했다. 결과적으로 수십 년 동안 이어진 논쟁의 진정한 승자는 왕 또는 교황으로부터 그들의 독립권을 강화하기 위해 끈기 있게 기생해 온 고위 귀족들과 독일의 성직자들이었다.

벤트 십자군 전쟁

이처럼 혼란스러운 정치 상황 속에서도 독일의 귀족들, 왕·황제 그리고 교황이 모두 동의할 수 있는 일이 한 가지 있었으니, 바로 십자군 전쟁이었다.[10] 게다가 이번에는 편리하게도 바로 옆 나라에서 전쟁을 할 수 있었다.

혹독했던 10세기 초반과 달리 유럽의 기후는 12세기 초가 되자 상당히 온화해졌다. 오늘날의 지구 온난화에 대해서 어떻게 생각하든 중세온난기Mediaeval Warm period (950~1300)는 북유럽 농부들에게 가뭄 속 단비와 같았고, 해당 지역의 인구는 폭발적으로 증가했다. **엘비아 동쪽, 오스텔비엔 Ostelbien 지역에는 독일인이나 폴란드인이 살지 않는, 슬라브 이교도 부족들이 거주하던 벤트Wends라 불리는 미개척지대가 있었다.** 본래 이곳은 습지와 숲, 그리고 강으로 이루어진 춥고 가혹한 변방이었다. 하지만 농사할 수 있는 계절이 길어지면서 점차 탐욕의 대상으로 변모해 갔고, 몇몇 독일 귀족들은 앞서 그 땅을 조금씩 차지해가는 중이었다.

1147년 교황과 그의 충실한 고문 베르나르도Bernard(후의 성聖 버나드), 그리고 클레르보의 수도원장이 공식적으로 벤트 십자군 전쟁을 선언한다. 교회는 총력전에 임할 자세였다. 개종이 자유 의지로만 이루어져야 한다는 일반적 교리와는 모순됨에도 불구하고 악마의 대리인인 이도교는 기독교와의 성전을 통해 복종시켜야 하는 존재였다. 베르나르도는 '적이든 우군이든 어느 한쪽이 끝장날 때까지' 전투를 멈추지 않겠다고 선언했다.

하지만 상황은 그들의 계획대로 흘러가지 않았다. 이교도들의 저항이 예상외로 매우 거세자, 독일 십자군은 포위된 이교도가 요새 돌담에 황급히 내건 십자가 같이 단순한 위장용 치장마저 개종의 증거로 받아들이고는 전투를 피하기 시작했다. 이에 분노한 교황의 사제들은 독일 귀족들이 교회의 경건한 지침을 따르긴커녕 영지 정복과 공물이라는 세속적 목적만을 추구하고 있다고 보고했다. 성스러운 섬멸전이 될 것이라던 성 버나드의 예상과 달리, 동엘비아 정복은 지역 지도자들과의 임시 거래로 인해 분열된다.

엘베강 너머에 대한 독일의 불완전한 승리는 이 지역의 미래에 지대

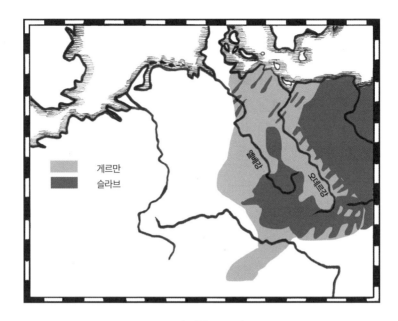

게르만
슬라브

엘베강

오데르강

동쪽의 정착(1200년)

한 영향을 미쳤다. 비록 토지에 굶주린 수많은 독일인이 엘비아 동부에 정착했지만, 옛 슬라브 주민들은 자신들의 언어와 문화를 지닌 채 지역 곳곳에 걸쳐 살아남을 수 있었다. 그들은 이 땅이, 여전히 주변을 맴돌며 언젠가는 공격해 올 타인에 의해 강제로 빼앗긴 식민지라는 사실을 대대로 성실히도 가르쳤다.*

심지어 오늘날까지도 소르브인Sorbs으로 알려진 벤트Wends족의 후손들

---

* 시골의 식민지에서는 식민 지배 당시의 공포와 적대감이 각색된 채 노인들에서 젊은 이들에게로 한 세기를 건너 전해지기도 한다. 1980년대, 남부 아일랜드의 가장 깊은 곳에서는 가톨릭 신자였던 소농이 커다란 개신교 건물을 가리키며 '저 땅은 합법적으로 우리 가족의 것'이라 주장했다. 그의 주장은 마치 아버지 세대에 강도나 사기를 당한 것처럼 생생히 들렸지만, 정작 그 의문 속의 집은 18세기 중반에 지어진 것이었다.

엘베 동쪽의 원형 마을(Rundlings)

은 드레스덴 바로 북쪽에 살고 있다. 정착민들은 주거지를 통로가 있는 원형 형태로 배치하는(아마도 방어를 위한 것으로 추측되는) 독특한 방법을 고안했다. 이런 원형의 마을은 매우 독특한 형태이므로, 독일 고고학자라면 누구나 무작위로 이런 마을이나 도시의 항공사진을 보여주어도 흔적을 통해 그곳이 엘베 동쪽임을 맞출 수 있다. 또한 누군가의 출신지 이름이 베를린Berlin처럼 -인-in으로 끝난다고 했을 때도 마찬가지다. 만약 끝소리가 데사우Teterow처럼 -오우-ow나 -이츠-itz로 끝난다면 거의 확실하다.

이 새로운 독일 식민지역은 1000년간 서유럽 일부로 이미 존재했지만 독일과는 확연하게 다른 곳으로 남게 됐다.

황금기

어찌됐든 한동안은 상황이 그 어느 때보다 나았다. 바르바로사Barbarrossa (붉은 수염)로 알려진 프리드리히 1세Friedrich I가 왕으로 선발된 1152년,

그는 이전과 이후의 수많은 왕이 그러했듯 황제의 자리에 도전하기로 결심했다. 프리드리히 1세는 이탈리아와 시칠리아 황제의 자리를 역임하면서 본질적으로 이중 군주제라 할 수 있는 권력분점 제도를 시행했다. 그는 벤트 십자군 원정 동안 믿음직하게 성장한 사촌 하인리히 사자공Henry the Lion에게 실질적인 독일 통치자 역할을 허용했다.

권력 공유라는 프리드리히 1세의 해결책은 나름의 효과가 있었으며, 이 시기는 후대의 사람들에게 훌륭한 치세 기간으로 인식되고 있다. 독일인들의 마음속에서 바르바로사는 영국인들의 아서 왕King Arthur 같은 존재가 되었다. 독일인들은 언젠가 독일에 그가 필요한 때가 도래하면, 키프하우저 산맥 속의 깊은 잠에서 다시 깨어나 황금기의 위대한 군주로 돌아오리라 믿을 정도로 굳건한 신뢰를 보냈다. 실제로 전쟁에서의 패배가 그의 탓이 아닌 것처럼 보일 정도로, 프리드리히 1세는 당대는 물론 신성 로마제국 역사를 통틀어 가장 강력한 황권을 휘둘렀으며, 그에 걸맞은 위대한 업적을 세운 군주 중 한 명이었다. 그의 치세 중 독일 제국은 높은 경제적 발전을 이룩했고, 1,600개 이상의 영지로 존재했던 독일에 '하나의 독일'이라는 개념과 열망이 생겨났다.

이러한 바르바로사의 아들인 하인리히 6세의 치하에서는 제국의 영광이 새로운 경지에 도달했다. 하인리히 6세가 1193년, 포로였던 영국의 사자심왕 리차드Richard the Lion heart를 붙잡아 영국에 독일 황제를 영주로 인정하게끔 강요한 사실은 유명하다. 하지만 1197년 그가 요절하면서 실권은 독일 귀족들에게 돌아갔고, 그들은 오랫동안 이어져 온 선제후 제도를 단단히 못 박았다.

이후로는 오직 가장 강력한 일곱 명의 영주와 대주교들만이 투표권

일곱 명의 선제후 선거단과 그들의 문장.
세 명의 성직자는 모자를 쓰고 있다

을 갖게 된다. 선제후Prince-Electors로 칭해진 이 일곱 귀족은 이후 오백 년 동안 독일 역사의 중심에 선다. 이 중 세 명은 모두 고위 성직자이 자 황실 대법관이었다. 나머지 네 명은 보헤미아의 왕대시중 the Arch-Cupbearer, 라인의 팔츠 백작the Arch-Steward(대집사) 작센의 공작Arch-Marshall(대장군) 그리고 브란덴부르크 후작the Arch-Camberlain(대시종) 등 권력자들이었다. 세 명의 고위 성직자(마인츠, 트리어, 쾰른)는 대주 교로 모두 옛 로마 시절의 도로가 지나가는 주요 도시에 기반을 두고 있는 반면에, 네 명의 세속 선제후 중 세 명은 독일 본토의 국경지대 또 는 그 너머에 권력 기반을 두고 있었다.

선제후들의 반대 없이 선출된 프리드리히 2세Friedrich II는 권력과 영광 의 정점에 서 있었다. 1229년, 그는 전투도 없이 기독교를 위한 예루살렘 해방을 실현함으로써 신성로마제국 황제이자 독일, 롬바르디아, 시칠리

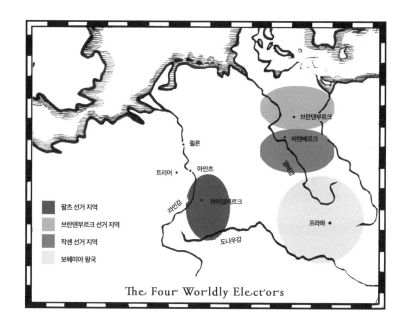

네 선제후 선거단의 권력 기반

아, 부르고뉴와 예루살렘의 왕으로서 세계의 경이적 인물Stupor Mundi로 칭송받았다. 그의 이름에는 온갖 화려한 수식어들이 함께 했지만, 그중 핵심 권력인 알프스 북부의 독일 왕좌는 사실 선제후들이 손에 쥐고 있었다. 1231년 귀족들은 그들이 소유한 땅을 자체적으로 통치할 권리를 보장하는 조약에 서명하도록 프리드리히 2세를 압박했다.

프리드리히 2세는 다양한 분야에 관심을 보였고, 여러 가지 지식과 문물을 습득한 지성인이었다. 이단으로 간주하던 이슬람 세계와의 교류와 종교적 존중에도 앞장섰다. **어떤 역사가는 그를 최초의 '르네상스인'으로 평가하기도 한다. 그러나 시대를 앞서간 개방적 사고는 교회와 보수 귀족들이 그를 불신하게 만들었다.**

황제의 위상은 드높았지만, 명목상의 수장일 뿐 독일과는 먼 곳에서
활동했다. 따라서 귀족들은 흡사 자신들이 독일의 통치자인 양 강력한
영향력을 행사할 수 있었다. 다만 이 시기는 독일의 진정한 황금기였으
므로, 이러한 운영 방식은 효과적이었다고 볼 수도 있다. 어찌 됐든 이 무
렵 독일은 진정한 유럽의 심장이었다. 경제적으로 급성장 중이었고 당시
주요 건물에는 로마네스크 후기의 걸작품들로 장식되었으며, 어느 문명
의 가장 빼어난 작품과 겨루어도 뒤지지 않을 조각 및 미술 공예 작품들
이 탄생했다. 눈 깜짝할 사이에, 전 유럽에서 가장 다양하고 훌륭한 문학
작품들이 탄생해서 매우 다른 세 가지 형식으로 꽃피게 되었다.

마그데부르크의 기마상(1240년).
로마제국 멸망 이후 단독으로 서 있는 최초의 전신 기마상이다

민네징거Minnesingers

민네징거(사랑의 가인)들은 섬세하고 세련된 프랑스의 세속 음유시인인 트루바두르Troubadours의 유행에 맞추어 독일만의 기사문학(궁정문학)을 만들어낸 음유시인Love-singers이다. 그들은 귀부인을 향한 기사들의 구애(나이팅게일)나 실연, 그리고 종교적인 (그러나 신성모독까지는 아닌) 이미지가 녹아든 서정시 및 연애 가곡을 노래했다. 이들의 노래는 오늘날에도 여전히 매력적이다.

'서사민요Folk-epic' – 니벨룽의 노래The Saga of the Nibelungs

독일의 고대 민담이지만 게르만 민족대이동 Völkerwanderungen 과 같은 위대한 역사적인 사건들이 뒤섞여있기에 훈족의 아틸라 Attila 나 테오도리쿠스 같은 역사적인 인물도 등장한다. 전성기를 맞이한 12세기 말~13세기 초, 과거로부터 구전된 이야기들은 바로 이 위대한 니벨룽의 전설을 통해 문학적인 형식을 갖게 되었다.

니벨룽의 노래는 쉽게 말해 세계적인 서사시인 일리아스의 독일판에 해당하며, 무적의 용사인 지크프리트(시구르드)가 어떻게 기사도적인 사랑에 빠지고, 또 어떻게 우아함이 넘치는 음모에 의해 배신당하는지를 노래한다. 그의 사후, 마지막 서사시에서 독일인들은 도나우강 동쪽으로 유인되어 그 어떤 기독교적인 위안이나 구원 없이 아틸라가 이끄는 훈족에 의해 비극적인 파멸을 맞이한다.

궁정 서사시Courtly Epic

궁정 서사시는 프랑스풍 아서왕 전설에서 파생된 문학 형식이다. 예수의 성배聖杯,

사랑과 순결, 종교적이면서도 애욕을 자극하는 원정遠征, 시련과 임무, 그리고 궁정 생활의 영광에 관한 이야기를 긴 호흡으로 묘사한다. 가장 유명한 이야기는 트리스탄과 이졸데, 그리고 파르치팔Parzival이 있으며 훗날 리하르트 바그너가 다양한 오페라의 배경으로써 활용한다.

이 시기, 독일의 패기와 자신감은 서로 결이 다르면서도 인연이 있는 두 모험가 단체를 통해 가장 잘 드러난다. **바로 튜튼 기사단Teutonic Knights과 한자Hansa 동맹이다.**

튜튼 기사단: 프로이센의 기원

기독교화된 폴란드 너머에는 프루시Pruscie족이 살았다. '게르마니'라는 단어처럼 13세기 이전에 만들어진 프루시는 본래 다양한 이교도 부족들을 통칭하는 라틴어였다. 이들은 대략 오늘날의 폴란드 그단스크Gdansk와 리가Riga 사이에 사는 이교도 발트족들이었는데, 당시 신생 폴란드 왕국이 감당하기엔 벅찬 상태였다.

1226년 프리드리히 2세는 북동유럽의 역사에서 중요한 문서 중 하나를 공포하는데, 바로 '리미니의 금인칙서The Golden bull of Rimini'다. 이렇게 불린 이유는 그 문서에 사용된 인장이 순금이었기 때문이다.

이 칙서는 원래 성지 이스라엘의 튜튼 기사단을 위한 것으로, 그들은 원래 거룩한 땅에서의 십자군 전쟁 도중 다친 군인들을 보살피려 했던 론벡과 브레멘 출신의 상인들이었다. 이 문서는 상인들에게 스스로 군사화하여 프루시를 정복하도록 종용했다.[11] 문서에는 만약 수많은 이들이 실패한 그 지역을 성공적으로 점령한다면 정복한 지역을 직접 다스릴

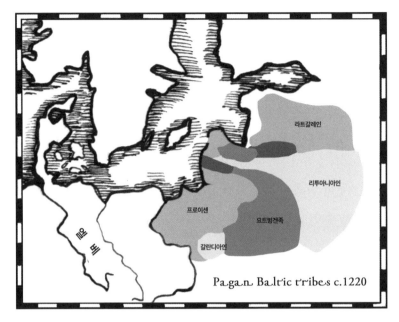

이교도 발트 부족들(1220년)

수 있게 해주고, 그들 위에는 오직 황제만 군림할 것이라고 적혀 있었다.

문맹이자 이교도 야만족으로 취급받았던 '프루시'에게는 어떠한 권리도 없었다. 실제로 프루시족에 대한 튜튼 기사단의 서술은 마치 13세기 전 카이사르가 '게르마니'를 묘사했던 방식을 떠올리게 한다.

프로이센 연대기, 니콜라우스 본 제르소신 (1320)

그들은 하나님을 몰랐기 때문에 어리석게도 모든 만물을 신으로 섬기는 오류를 저지르게 되었다. 번개, 별과 달, 새, 동물과 심지어 두꺼비까지도…하나님에 대한 믿음이 없는 악마를 낳았다…손님에게 최선을 다해 환대하는 것만이 그들이 가진 최고의 덕목이다.

튜튼 기사단은 곧 리미니의 금인칙서에서 명시된 지역을 뛰어넘어, 폴란드가 요청한 범위보다 훨씬 더 멀리까지 진출했다. 1266년 영국의 위대한 수도승이자 학자인 로저 베이컨Roger Bacon은 그들의 극히 세속적인 야심을 비난하기도 했다.

로저 베이컨의 비난 (1266)

프로이센과 독일이 맞닿은 땅에서, 성전기사단Templars과 구호기사단 Hospitallers, 그리고 튜튼 기사단의 형제들은 비기독교인들의 개종을 크게 방해한다. 그들이 항상 전쟁을 시도하고 상대에 대한 완전한 지배를 원하기 때문이다… 이교도 인종들은 여러 번의 설교 이후에 얻은 평화의 은총으로 이미 신앙을 받아들일 준비가 돼 있었지만, 그들을 정복하고 노예로 만들기를 원했던 튜튼 기사단은 이를 바라지 않았다.

그 결과 튜튼 기사단은 기독교 폴란드의 동쪽 지역을 (결코 완전히는 아니었지만) 독일화하는 데 성공했지만, 이 지역들은 물리적으로나 정치적으로 독일의 나머지 지역들과 단절되어 있었다.

마리엔부르크Marienburg에 있는 기사단의 강력한 본부는 지구상에서 가장 큰 성이 되었다. 1413년까지 그들에게는 실제로 맞서 싸울 수 있는 이교도 부족들이 있었으며, 이러한 모험에 목마른 귀족들이 유럽 전역에서 그들을 돕기 위해 찾아왔다. 널리 알려진 초서Chaucer의 『캔터베리 이야기Canterbury Tales, 1380~1400』에 등장하는 기사 파핏 젠틸Parfit Gentil Knight 역시 프루스Pruce에서 십자군으로 종군하기도 했다. **시간이 지나 기사단은 그들이 근절해왔던 바로 그 이교도의 이름으로 알려**

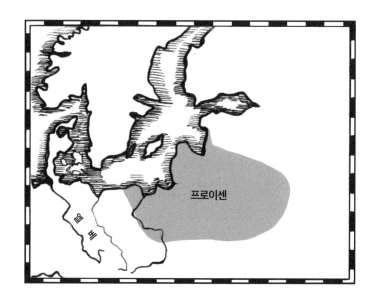

게르만들의 신생 국가 프로이센

지게 되었으며, 얼마 지나지 않아 독일 너머로 게르만들의 신생 국가가
탄생했으니, 바로 '프로이센Prussians(프러시안)'이다.

그들은 한자동맹으로 전혀 기사도적이지 못한 같은 민족의 사람들
과 끈끈한 한통속이 되었다.

한자(Hanseatic): 자유 무역의 전설들

독일 한자 동맹은 두 개의 중심지를 기반으로 하는 상업 도시 간의 연
맹이었다. 뤼벡Lubeck이 발트해 연안 국가들의 움직임을 감독하는 동
안, 쾰른은 영국과 저지대 국가들과 활발한 무역을 펼쳤다.

발트해 내에서 한자와 튜튼 기사단은 매우 밀접한 관계를 맺고 있었으
며, 기사단장the Grand Master은 한자 임원회의 유일한 비非 무역상이었다.

한자와 식민지의 기사들은 함께 북동 유럽의 거친 국경지대의 모피, 호박琥珀, 타르, 지금은 따뜻한 발트해에서 무한정 잡히는 청어와 스웨덴 광물, 그리고 서유럽에서 열광하는 러시아산 목재 등 북동유럽 야생 변방의 귀중품들에 대한 독점권을 누렸다. 이는 '현대의 화폐 경제 문명' 대 '문맹의 이교도 수렵·채취인들' 사이의 마지막 접촉이었다. 신중한 한자 상인들은 무자비한 기사단에 대한 공포로부터 보호받으며 살인을 할 수도 있었다.

거부로 성장한 한자 상인들은 헨리 4세Henry IV의 영국과 같이 큰 나라에도 세금 감면, 독점권 및 독립국에 준하는 거주지 등을 제공받는 조건으로 뇌물을 주거나 대출 또는 로비를 할 수 있게 되었다. 영국인들은 한자 상인들을 그들의 관점에서 동방인Easterings이라고 불렀고, 그들과 주고받은 화폐의 이름은 신뢰할 수 있는 기축통화의 대명사가 되었다. 바로 파운드 스털링Sterling이다.

만약 한자 동맹을 화나게 한다면 어떻게 될까? 한자 상인회에서는 오늘날 굴지의 대기업들조차 꿈도 꿀 수 없는 물리적인 영향력을 행사할 수 있었다. 실제로 1368년 한자는 노르웨이와 덴마크에 전쟁을 선포하여 승리를 거두기도 했다. 유럽에서 국가 기관이 아닌 하나의 단체가 이러한 권력을 휘두른 것은 처음 있는 일이었다.

선거인단, 승리자들

그렇다고 해서 튜튼 기사단과 한자 동맹에 적수가 없는 것도 아니었다. 그들은 유럽 북부 변두리에서 꾸준히 힘을 키웠는데 남동쪽에서 몰려올, 가장 두려운 적들의 침략을 대비해야 했기 때문이다. 바로, 칭기즈

칸의 손자 바투 칸Batu Khan이 이끄는 몽골족 무리이다.

1241년, 몽골군은 이미 러시아에 외적으로나 내적으로나 심각한 상처를 선사한 뒤였다. 독일과 폴란드의 국경 65킬로미터 반경 내의 대유럽 평야를 초토화했고, 러시아(키예프 루스국)에 큰 타격을 주었다. 수많은 역사가는 이 잔인했던 전쟁의 트라우마가 아마도 영원히 잊히지 않을 것이라고 말했다. 1241년 4월 9일, 레그니카 전투The Battle of Legnica에서 그들은 헝가리 공격을 위한 남쪽 진군을 시작하기도 전에 이미 폴란드, 독일, 체코의 연합군 세력을 전멸시켜 버렸다.

알프스 북쪽의 유럽인들에게는 이때가 마치 '종말의 시기'처럼 느껴졌을 것이다. 1250년 신성로마제국의 프리드리히 2세Friedrich II가 사망한 당시의 독일은 완전한 무정부 상태였고, 왕위 경쟁자들은 그 누구라도 자신을 지지하기만 한다면 원하는 모든 것들을 제공하기로 약속했다. 1256년 대립왕(왕권에 대립해 왕권을 주장하는 왕) 빌헬름 2세가 서거하자 제국의 정세는 더더욱 불안정해졌다.

1257년 잉글랜드에서 헨리 3세Henry III의 대대적인 뇌물 공세에 힘입어 동생인 리처드Richard가 새로운 독일 왕으로 선출된다. 프랑스어를 구사하는 이 영국 영주는 자신이 다스리는 독일 영토를 두어 번 찾아왔을 뿐, 1272년 그의 경쟁자 앵글로-노르만 귀족들에게 비참한 포로로 잡혀 마지막 숨을 내쉴 때까지 단 한 번도 라인강 너머를 밟지 않았다. 독일 왕실의 화려한 칭호들은 시답잖은 농담거리가 되었으며 제국의 왕위는 수십 년 동안 공석이 있었다.

그 누구에게도 도전받지 않게 된 선제후단은 차기 왕으로 1273년, 자신들이 마음대로 조종할 수 있는 자를 골라 왕의 자리로 앉히게 되었다.

그들은 자기 힘으로 선제후로 오르기 힘든 나이 많은 독일 귀족 하나를 선택했다. 그의 이름은 루돌프Rudolph, 힘없는 합스부르크가의 백작으로 당시로서는 이미 중년을 한참 넘긴 55세의 나이였다. 훗날 황권과 동의어로 여겨질, 그리고 1918년까지 유럽 역사의 수많은 이야기를 좌지우지했던 가문의 시작이라기엔 참으로 맥이 빠지는 등장이었다.¹²

하지만 반전 없는 역사는 소금이 빠진 양배추절임Sauerkraut(독일식 김치)처럼 매력 없는 법이다. 모두의 예상을 깨고, 루돌프 왕은 독일과 스페인을 넘어 유럽 역사 전체에 커다란 획을 그었다. 루돌프는 1278년 마치펠트Marchfeld에서 일어난 전통적인 중세 기마 전투에서 그의 천적이었던 보헤미아체코의 오토카르Ottokar를 손쉽게 물리침으로써 모두를 놀라게 했다. 그러나 이러한 빛나는 업적에도 불구하고 그는 결국 황제가 되지 못했으며 선제후들은 그의 아들의 왕권 상속 역시 거부했다. 선제후들은 여전히 독일의 실세들이었고 훌륭한 왕을 선택할 뜻이 전혀 없어 보였다. 합스부르크가는 이제 막 밤의 길목을 지나 첫 고비를 넘어섰을 뿐, 그들의 태양은 여전히 어슴푸레 밝아오는 새벽 너머에 숨겨져 있는 듯했다.

황권과 교황권의 결속을 일방적으로 깨뜨릴 준비가 된 선제후들은 3자 간 권력의 시소게임의 꼭대기에 오른 채 기세등등했다. 1338년, 그들은 자신들이 선출한 독일의 왕은 그 누구라도 교황의 승인 유무와 상관없이 자동으로 황제가 된다고 선언하기에 이른다. 선제후단은 그들이 정기적으로 고가에 거래하기까지 했던 선거권이 신성 의지를 결정하는 직접적 도구라 공표했고, 이는 꽤 효과적이었다.

투표권을 사기 위해 막대한 빚을 지게 된 카를 4세Karl IV는 훗날 금인칙서로 불리게 되는 '뉘른베르크의 금인칙서the Golden Bull of

Nuremberg(1356)'를 선포함으로써 혼란한 상황에서 질서를 확립하려 했다. 그 문서는 1806년 무효가 될 때까지 신성로마제국의 헌법을 정의했는데, 표면적으로는 제국의 영광에 관하여 서술하였으므로 단순히 그의 대관식을 멋진 무대로 연출하는 데 일조하는 것처럼 보였다. (보헤미아의 왕이 말에 탄 채 다가오며, 술 시중을 맡은 시종은 손에 은잔이나 12마르크(약 2.55㎏) 무게가 나가는 술잔을 날라야 한다는 등) 하지만 그 칙서에 적힌 깨알 같은 글자들은 결과적으로 선제후들에게 절대적인 법적 권력을 부여했다.

금인칙서 The Golden Bull (1356)에서

이제부터 그 누구도, 우리 또는 우리 후계자인 로마의 황제이자 왕이 승인한 것에 대하여 거부할 수 없다…원했던 바이든 아니든, 어떤 방식으로든 자유, 사법권, 법률, 특권 또는 교회와 교회 소속이 아닌 선제후들의 통치권이 지닌 품위를 떨어뜨릴 수 없다….

황실-제국의 권력은 이제 차마 눈을 뜨고 보기 어려울 정도로 허약해졌다. 카를의 무능한 아들 벤젤Wenzel(1376~1400년)의 치하에서, 귀족들이 서로 음모를 꾸미는 혼돈 가운데 독일은 다시 한번 추락했다. 1400년, 벤젤은 무능함과 게으름, 비열함을 이유로 선제후들에 의해 폐위됐다. 1402년에 즉위한 루퍼트 2세Ruprecht II는 순수한 무력으로 제국의 왕위를 되찾으려고 시도한 마지막 독일의 왕이었다. 하지만 그는 알프스를 종단하던 중 파산했고, 그와 함께 침략의 길에 올랐던 군사들은 불명예스럽게도 하나둘씩 사라져 버렸다.

15세기 초까지 프랑스와 영국에서 중앙집권적인 형태로 이어지던 왕족의 빛은 독일에서 꺼진 듯 보였다. 그들은 자리뿐인 왕을 대표로 세운 채, 더욱 독립적인 왕국이 각 지역을 다스릴 것처럼 보였다. 그러나 그 와 중에도 끝이 없는 권력의 흐름은 엘베강을 따라 유원히 전진하고 있었다.

15세기: 동부의 그림자

15세기가 시작될 무렵에는 독일의 파워가 엘베 분수령과 발트해 연안 전체를 완전히 장악하고 있는 듯 보였다. 북쪽 지방에서 감히 튜튼 기사 단에 반기를 들 상대는 없었다. 당시만 해도 선제후 수장이자 보헤미아 의 왕이 있는 프라하는 쾰른만큼이나 독일 정치의 광활한 무대였다. 지 금은 비록 슬라브족이 반격에 성공했지만 말이다.

일부 사람들은 흑사병Black Deateh(1348~9)으로 인해 슬라브족에게 기 회가 왔다고 강조한다. 단단하게 포장된 벽으로 둘러싸인 안전한 마을에 짐을 풀었던 독일 이주민들은 결과적으로 흑사병에 더 큰 피해를 겪었다 는 것이다. 어쨌든, 독일의 통치는 갑자기 사라질 위기에 놓이게 되었다.

1410년, 새로이 연합된 폴란드-리투아니아 왕국은 탄넨베르크 Tannenberg에서 튜튼 기사단의 위세를 영원히 산산조각 내버렸다(그룬 발트 전투). 폴란드인과 리투아인의 편에서 함께 싸운 용사 중에는 애꾸 눈 얀, 또는 얀 지슈카Jan Zizka로 더 널리 알려진 존 트로츠노브스키John Troznowski도 있었다. 지슈카는 아긴쿠르Agincourt에서 영국의 헨리 5세 를 돕기 위해 잠시 머문 후, 독일의 지배를 위협하는 반란군의 수장으로 활약했다. 보헤미아의 체코인들에 의한 후스the Hussite 봉기는 개혁가 얀 후스의 깃발 아래 일어났다.

후스는 로마 성직자의 특권을 공격한 공으로 오늘날 종교개혁the

Protestant Reformation의 선구자로 불리지만, 사실 이 전투는 슬라브와 게르만 사이에 놓인 엘베강 혹은 체코인들이 여전히 블타바Vltava라 칭하는 강의 통치권을 얻기 위해 오래도록 이어진 전투의 연장전과 다를 바 없었다. 후스의 개혁으로 인해 프라하는 수천 명의 독일 교사와 학자에게 있어 너무나 불쾌한 도시가 되었고, 그 결과 프라하 유명 대학들의 수준이 추락했다. 회유를 거부한 후스가 막대기에 꽂혀 화형당한 뒤, 1419년 지슈카가 분노한 그의 추종자들을 이끌고 반란을 일으켰다. 그들은 숙련된 금속 노동자들로서 야전포의 선구자들이었다. 말도 사람도 총부리 앞에만 서면 치를 떨며 뒷걸음을 치던 시대에서, 그들의 이동식 전투 마차는 거만한 중重 기병대를 모두 추수기의 볏단들처럼 만들어 버리기에 충분했다. 그들은 넷으로 갈라진 제국의 십자군들을 쳐부수고, 계속해서 작센과 프랑켄 지역을 뭉개며 발트 해안까지 도달했다. 전설에 의하면 그들은 독일인이 아니라, 그들 슬라브가 해안의 주인임을 증명하기 위해 각자의 군용 수통에 바닷물을 채웠다고 한다.

하지만 시간이 지나며 분열을 겪은 후스파는 서로 다투기 시작했고, 이는 독일인들에게 회복할 기회를 제공했다. 1436년 온건한 후스파들이 그들의 방식대로 예배할 수 있도록 허가하는 임시방편을 통해 전쟁은 마무리됐다. 하지만 4인의 세속 선제후 중 3인, 즉 '보헤미아의 왕인 지기스문트'와 '브란덴부르크의 변경백인 프리드리히 1세', '작센-비텐베르크 공작인 프리드리히 2세'에게 있어 새로운 슬라브인들의 반격은 그들의 영토에 대한 현실적인 위협으로 인식되기에 충분했다.

이제 선제후들은 강력한 황제를 세움으로써 느끼게 될 위협을 걱정하기보다, 그로 인해 얻을 수 있는 안정을 더 바라게 되었다. 그리하여 선제후들은 1437년 지기스문트 황제Emperor Sigismund가 사망하자 그의 사위 알브레히트 2세Albrecht II가 원활하게 왕위를 이을 수 있게 인가했고, 그의 아들 프리드리히 3세Friedrich III가 뒤를 잇는 것 역시 찬성했다. 이때부터 관념상 선출된 독일 왕좌와 신성로마제국 황좌는 합스부르크가가 세습하게 된다. **슬라브의 부활로 인해 막대한 권력은 다시 왕권과 황권에 돌아갔다. 독일 전역을 다스리게 된 합스부르크가는 마치 타고난 통치 왕조처럼 보였다.**

콜럼버스가 항해를 시작함에 따라 서부와 남부 독일이 프랑스나 이탈리아처럼 서유럽 일부라는 사실이 반박할 여지 하나 없이 명백해졌다. 그러나 엘베강만은 여전히 독일인과 슬라브족의 통렬한 경쟁이 계속되는 식민지 국경지대였으며, 누가 최후의 승자가 될지 확신할 수 없었다.

1400년 동안 굳건히 존재했던 서부 독일, 그리고 지역의 절반가량이 정복된 지 그나마 두 세기 정도가 지난 엘비아 동쪽 사람들의 발전 속도가 비슷할 리 없었다. 분열의 골은 점차 깊어져만 갔다. **식민지로써 고유의 불안정함을 지닌 독일 동부 엘비아의 생태계는 융커Junkers(귀공자)라는 이름의 독특한 귀족 계급을 탄생시켰다.**

융커 계급과 그들의 세상

융커 자체는 본래 단순히 '젊은 영주'를 지칭하는 단어에 불과했다. 그들은 적대적인 엘베강 동부로의 확장을 위해 늘 완전군장 상태를 유지한 채, 목숨 걸고 싸울 준비가 되어 있었던 독일 귀족의 건아들이었다. 융커는 보편적이지 않은 폐쇄적 특권 계급으로, 중세온난기가 다시 소빙하기로 바뀐 이후 황량한 땅이 된, 변방의 고립된 요새에 거주하는 상류층 전사들이었다. 그들은 동부 엘비아의 독특한 관습인 구

츠헤르샤프트Gutsherrschaft(독일식 영주제도) 아래 자신들의 영토를 소유한 독립적인 통치자들이었고, 크게 가난하지 않으면서도 문화적인 '종교적 외국인들(폴란드인, 발트인, 러시아인들)'을 다스리는 영주들이었다. 이는 동부 프로이센 지역에서도 생생한 기억으로 남아 있었다. 정복되지 않은 슬라브족과 여전히 마주해야 했던 이 식민지역에서, 귀족에 속하지 않은 독일인들은 살아남기 위해서라도 군사력을 지닌 융커 영주들에게 어쩔 수 없이 굴종해야 했으며 마치 미국 남부의 가난한 백인들처럼 이방인 하류계급에 대한 두려움 섞인 경멸과 더불어 비굴한 충성심을 지니게 되었다.

15세기의 융커들은 당시의 사람들이 그러했듯이 스스로 게르만족이라는 자각이 없었다. 하지만 변화는 이제 막 시작된 참이었다. 동부 엘비아에서 살아온 이 '또 다른 독일인'들은 변화의 도가니 속에서 차츰자신들만의 고유한 이데올로기를 찾아가고 있었다.

종교개혁

1517년 모든 성인 대축일All Hallows' Day에 엘베강 근처 대학도시 비텐베르크Wittenberg에서 (본인의 간증에 의하면) 계시를 내려받은 저명한 지역 사제가 면죄부 판매 등 부패한 교황제도 중심의 서방교회와 로마 가톨릭을 다양한 관점에서 비판한 항의서를 대성당 문에 못 박았다. 그의 이름은 마르틴 루터Martin Luther로, 오늘날 그가 쓴 95가지 반박문은 프로테스탄트(개신교) 개혁의 시작점으로 평가받는다. 하지만 사실 그의 목표는 그저 기존 교회의 특정한 악습에 항의함으로써 이를 개혁하려는 것뿐이었다.

루터의 생각은 두 가지 원칙을 기반으로 하고 있었다. **첫 번째, 솔라**

마르틴 루터

스크립투라Solar Scriptura**(성서를 통해서만)는 오직 성서 말씀에 기반을
두지 않은 교회의 모든 것들을 정결케 하라는 근본주의적인 요구였다.
이는 전혀 새로운 내용이 아니었다.** 아우구스티누스St. Augustine(성 어
거스틴)도 이러한 원칙을 지지하는 사례로 인용되곤 했다. 루터의 박사
학위 지도교수는 아무리 역사적, 미적 가치가 높아도 모든 우상화된 이
미지와 사원에 적용된 이슬람 양식을 살멸해야 한다고 설교했다.

　루터 사상의 두 번째 큰 지주支柱는 그가 화장실에서 내려받은 것으
로 전해지는 계시, **즉 솔라 피데**Sola Fide**(오직 믿음)였다.** 이는 상당히
급진적인 발상이었다. 그는 사제에게 고해성사하거나 참회하는 일, 심
지어 끝없이 선행을 베푸는 행위로도 천국에는 갈 수 없다고 주장했다.
루터는 오직 불가사의한 순간을 통해 세속적인 모든 것들을 잊고, 악마
들과의 달콤한 관계를 포기하고 진정한 믿음에 모든 것을 양보해야 하
며, 하나님에게서 직접 전달받은 과분한 선물인 믿음에 굴복해야 구원
을 받을 뿐이라는 점을 분명히 했다.

루터가 주장한 이런 원칙들은 서기 754년 이후 교황과 샤를마뉴 대제의 아버지 피핀 사이에 맺어진 밀약협정 이후 서유럽을 정의해온 교회와 국가 권력 사이의 독특한 균형 관계에 도전하는 것이었다. 이제 서유럽은 로마 가톨릭에 충성하는 지역과 교황의 권위를 부인한다는 것 외에는 공통점이 거의 없는, 다채로운 프로테스탄트 주의가 발달하는 지역으로 점차 분열되었다. 하지만 인과 관계를 혼동해서는 안 된다. 루터를 이다지도 강력히 움직이게 한 동인動因은 신학이 아니라 정치였다. 1517년 선제후, 교황, 독일인/황권 간의 낡은 암투가 극단으로 치달으며 발생한 정치적 문제가 원인이었다.

합스부르크가 출신 황제 막시밀리안Maximilian(1493~1519년 통치)은 스페인, 네덜란드, 룩셈부르크, 프랑스와 남부 이탈리아 대부분을 다스렸을 뿐 아니라 신세계 대부분을 통치했다. 이제 숨이 막힐 정도로 거대한 신대륙의 규모와 거기서 파생되는 부는 명백해지고 있었다. 막시밀리안은 그의 손자 카를 5세Karl V(1500~1558)에게 이 모두를 계승시킬 결심을 했다. 반면에 다른 유럽의 통치자들은 사실상 세계의 헤게모니를 좌우할 이 계획을 저지하기 위해 필사적이었다. 프랑스의 프랑수아 1세Francis I와 영국의 헨리 8세Henry VIII는 둘 다 독일 왕좌 후보로 경쟁에 나서겠다고 선언했다. 선제후들은 이번에야말로 합스부르크 왕가로부터 진정 엄청난 반환금과 양여讓與를 흡입해낼 기회라 확신했다.

이런 열띤 계산적 분위기 속에서 새로운 브란덴부르크의 호엔촐레른 공작 알브레히트Albrecht는 마인츠의 추기경 자리를 사기 위해 아우크스부르크의 거부이자 은행가인 야코프 푸거Jakob Fugger의 은행으로부터 막대한 빚을 지게 되었다. 이로써 그는 엄청난 뇌물을 확실하게 받게 될 일곱 명의 선제후 중 하나가 될 수 있었다. 이 새로운 추기경의 승인이 필요한 교황 레오 10세Leo X도 푸거은행에서 신용의 한계까지 막대한 빚을 졌고, 로마를 아름답게 꾸미기 위해 라파엘, 레오나르도와 미켈란젤로를 고용하는 데도 큰 지출을 했다. 레오는 여기서 한발 더 나아가 새로운 성 베드로 성당을 지으려는 꿈을 꾸고 있었다. 그래서 1516년 교황 레오, 알브레히트 공작과 푸거 은행은 삼자 거래를 진행했다. 레오는 알브레히트의 신분 상승을 약속했으며 '새로운 화폐'를 만드는 계획에도 1:1의 비중으로 참여하기로 했다.

레오 10세는 우선 면죄부 설교의 달인인 요하네스 테젤Johannes Tetzel을 고용해 알브레히트의 영지로 불러들인 후 성 베드로 대성당의 면죄부St Peter's Basilica Indulgences라 불리는 '강력한 죄'를 씻는 면죄부를 판매했다. 이른바 죽은 죄인들이 천국에 들어가기 전, 죄를 씻기 위해 연옥의 불길 속에서 보내는 시간을 사하여 준다는 보험상품이었다. 푸거은행 대표자들이 테젤과 함께 이동하며 현금 상자를 면밀히 감시했다. 그리고 1517년, 바로 루터가 설교 중이던 엘베강의 브란덴부르크 근처, 일브레히트의 영지에 면죄부 판매팀이 내려와 팡파르를 울렸다.

루터는 그와 같은 색슨족들이 새로운 면죄부를 구매하기 위해 혈안이 된 채 브란덴부르크로 몰려드는 광경을 보고 경악을 금치 못했다. 설교자인 동시에 변호사로 훈련받았던 그는, 세심하게 주의를 기울여 (당연히 라틴어로) 경건한 신학적 세부 사항을 정리했다. 다음으로 그의 전매특허인 '소박한 까다로움'을 혼합해 공격의 틀을 세웠다. "그들은 상자 안에 돈이 들어가는 순간 연옥에서 영혼들이 날아오른다고 주장한다." 95개의 반박 조항 안에서, 연옥이 그저 만들어낸 허상일 뿐이라고 특정하는 말이나 면죄부 판매는 돈을 벌기 위한 사기라는 말, 또는 교황권 자체가 부패했다는 말은 일절 찾아볼 수 없었다. 하지만 듣는 귀가 있는 사람이라면 누구나 그것이 의미하는 바를 깨달을 수 있었다.

어느 날 갑자기, 라틴어로 가장 공부를 많이 한 신학자들과도 토론할 수 있으면서 평민들에게 천박한 이야기는 물론, 여자와 와인에 대한 우스갯소리를 늘어놓을 수 있는, 즉 부유에도 처할 줄 알고 비천에도 처할 줄 아는 선동가이자 연설가가 등장한 셈이었다. 그의 추종자들은 그의 말을 매우 빠르고 또 널리 퍼뜨리기 위해 인쇄라는 새로운 매체를 활용했다.

만약 95개 조의 반박문을 관통하는 한 가닥의 끈이 있다면 그것은 바로 '돈'이었다. 이 반박 조항들의 많은 부분은 말 그대로 돈에 관한 이야기였으며, 더 많은 부분은 부와 보물과 수입과 지출, 빚, 벌금에 대한 은유였다. 루터의 언어는 그 시대에 가장 적합한 것이었다. **그는 말과 글을 통해 자신의 주장을 현란하게 펼쳤는데, 이는 누가 진정으로 독일을 지배하고 세금을 걷을 것인가를 결정하는 아주 오래된 투쟁을 위한 유용한 무기가 돼 주었다.**

종교개혁, 정치적 수단이 되다

1519년 선제후들은 강력한 푸거 은행의 지원을 받는 카를의 막대한 뇌물에 저항할 수 없다고 결정 내렸고 카를 5세Charles V를 독일 왕으로 선출했다. 그들은 사전에 카를 5세에게 선거 조건부 보장 협약Electoral Capitulation이라 불리는 조건에 동의할 것을 강요했다. 이는 그 어떤 외국 군대도 독일에 주둔하지 않을 것이며, 독일이 독일 사람들 손에 운영될 것임을 보장하는 내용이었다. 하지만 상황은 첨예했다. **카를 5세는**

태양이 지지 않는(이는 훗날의 대영제국이 아니라 원래 그의 통치 시대에 만들어진 문구다) 광활한 세계 제국을 통치했다. 즉, 여기 새로운 샤를마뉴가 되기에 적합한 진정한 권력과 부를 가진 왕이자 황제가 나타난 것이다. 카를이 황제가 되고 나서 그가 독일 군주(선제후)들에게 한 말을 지킬지 누가 알겠는가?

이런 전례 없는 통치자에게 맞설 수 있는 위치를 확보하기 위해서, 독일 귀족들은 자신들의 지위를 보장해줄 새로운 무언가를 찾아내야만 했다. 그들은 자신들의 행위가 국익을 위함임을 주장하며, 귀족이 아닌 독일 평민들에게 이를 지지하고 지원해달라고 요청해야 했다. 1450년 이후 독일에서 최초로 기록된 이 혁신적인 아이디어는 1512년, 막시밀리안이 자신의 왕국을 독일 국가의 신성로마제국Heiliges Romisches Reich Teutscher Nation이라고 칭하고 나서야 공식적으로 명시될 수 있었다.

루터는 이 새로운 발상을 지지하고 실행한 사람이었다. 1520년 그는 성경을 독일어로 번역해 특권층의 전유물인 성서를 일반사람들에게 알리는 작업을 시작했다. **그가 의식적으로 여러 독일어 방언 중 모두에게 통용될 수 있는 말들을 숙고하며 끌어낸 운율과 리듬의 아름다움은 시대를 초월하여 오늘날까지 성경에 남아 있는데, 이는 영어로 쓰인 킹 제임스 성경의 영광과도 비교할 수 없을 정도다.** '하나님의 맷돌은 천천히 갈린다the mills of God grind slowly.'라는 영어 성경 구절은 여전히 멋지지만 Gottes Mühlen mahlen langsam(가뚜스 무울링 말레인 랑삼)이라는 독일어 구절의 운율은 언제나 그 감동을 넘어선다. 루터는 곧 누가 독일을 진정으로 통치했고 그에 따른 세금을 부과했는지를 판단하는 오래된 투쟁에서 자신이 무기가 되었다.

샤를마뉴 생애와 업적(1521년 쾰른). 카를 5세에게 인계하는 모습

「독일 국가의 기독교인 귀족들에게」(1520)에서

프리드리히 1세와 2세, 그리고 수많은 다른 독일 황제들은, 지난 시간 동안, 교황
들에게 처참하게 쫓겨나고 억압당했다… 스스로 눈을 뜨자, 친애하는 독일인들
이여, 사람보다 하나님을 더 두려워하자. 로마주의자들의 부도덕하고 악마적인
정부에 의해 그토록 비참하게 모든 서글픈 영혼들을 잃은 것에 대하여 우리가
책임질 수는 없다.

루터와 그의 지지자들은 최근에 재발견된 게르마니아에 호소했다.
이는 자신들은 타키투스의 '게르마니', 즉 자신들은 단순한 자유와 남자
다운 미덕을 사랑하는 이들로, 사치스럽고 퇴폐적인 로마와 도덕적으
로 대척점에 있음을 의미했다. 고등교육을 받은 성직자인 루터는 기꺼
이 자신이 9년에 로마에 큰 타격을 주었던 이교도족장들과 친족 관계라

고 주장했다. "구약 성경의 <역대기歷代記>에서 (루터가 식탁에 앉아 편히 주고받은 이야기에 따르면) 우리는 특정한 케루스칸Cheruscan(기원전 1세기에 독일 북서부 하노버 지역에 살던 게르만 부족) 왕자, 헤르만(아르미니우스)이라 불리는 하르츠에서 온 한 남자에 대해 읽었다. 그는 로마에 큰 패배를 안기고 로마인 21,000명을 죽였다. 자, 이제 루터라는 하르츠에서 온 케루스칸이 로마를 파멸시키고 있다!"

로마와의 연결을 완화함으로써 내부적으로 돈을 관리하며, 동시에 자신들의 교회를 스스로 통제하고 성직자들 소유의 모든 땅을 나눌 수 있다는 사실은 영국의 헨리 8세처럼 독일 선제후들의 마음도 빼앗았다.

> 작센의 선제후인 프리드리히와 루터를 지지하는 다른 군주들은 교회와 그 땅에 속한 것들을 자신들이 스스로 관리하는 것이 유리하다고 판단했다. 그렇게 그들은 교황과 황제를 희생시킴으로써 자신들의 권력을 강화했고 루터교가 탄생했다.
>
> 존 허스트, 『세상에서 가장 짧은 세계사』

그러나 독일의 통치자들에게도 위험 요소가 있었다. 루터의 근본주의가 백성들을 오히려 급진적으로 물들여 통치자들이 가진 모든 세속적 권위를 부인하게 되지는 않을까?

루터는 곧 이 문제를 해결했다. 1522년 그는 자신을 지지하는 가난한 귀족들이 반란을 일으켰음에도 불구하고, 이들의 반란 행위를 규탄했다. 루터는 모든 통치자에게 하나님의 뜻이 있음을 증명하는 성경 구절을 발견했다고 주장했다. 따라서 사람들은 신과 직접적으로 연결되어 있고 믿음을 통해서만 구원을 받기 때문에, 정치는 세속적인 권력자들에게 오롯이 맡기는 게 마땅하다는 논리였다. 1522년, 그가 쓴 「세속적 권위On Temporal Authority」에는 다음과 같은 문장이 나온다. '참된 그리스도인은 칼의 규칙 아래서 기꺼이 복종하고, 세금을 내며, 권위에 순종하고, 섬기고, 도우며 정부를 더 발전시킬 수 있도록 그가 지원할 수 있는 모든 것을 한다.'

3년 후, 농민들은 루터가 자신들을 지지해줄 거라고 기대하며 일제히 반란을 일으켰다. 하지만 루터는 그들을 지지하는 대신, 기존의 법과 질서를 지키는 세력을 지지하는 행위에 더욱 매진했다. 그들이 누구든, 또 얼마나 가혹하게 행동하든 상관없이 말이다. 그는 1525년 『살인과 도둑질을 일삼는 농민 폭도들에 맞서며Against the Murderous, Thieving Hordes of Peasants』에서 '반란군들은 신앙심이 없고, 위증을 일삼으며, 순종적이지 않고, 반항적인 살인자, 강도, 모독자이며, 따라서 설령 이교도인 통치자일지라도 처벌할 권리와 힘을 가지고 있고… 광견병에 걸린 개를 죽여야 하듯, 비밀리에 공공연히, 누구든 가능한 사람은 그들을 박살 내고, 목을 조르고, 칼로 찔러야 한다.'고 적었다.

개혁적인 성직자들은 군주의 군대를 격려하고 축복하였고, 그들의 손에 의해 수천 명의 농민들은 정당하게 학살되었다. **독일의 통치자들에게 있어 종교개혁은, 그리고 교회의 땅과 돈을 전부 자신들의 손에 넣을 수 있다는 전망은 이제 안전한 것이 되었다.**

로마에서 가장 멀리 떨어져 있는 튜튼 기사단의 기사들이 이 정당한 학살극에 제일 먼저 달려들었다. 그들의 최고 수장인 알브레히트 폰 브란덴부르크-안스바흐는 루터를 만난 뒤, 스스로 더 이상 교황과 황제의 가톨릭적 명령에 복종하지 않고, 스스로 오롯한 권리를 지닌 프로이센의 프로테스탄트 귀족이며, 개념적으로 오직 폴란드의 왕에게 종속되어 있음을 선언했다. **그가 선언을 마친 1525년 4월 10일은 서기 800년부터 1866년 사이 독일 역사에서 가장 중요한 날짜라고 해도 과언이 아니다.** 엘베강 너머, 심지어 폴란드 너머까지, 겨우 한 세기 전만 해도 진짜 이교도들이 살았던 이 기묘한 식민지 지역은 샤를마뉴의 색슨 정복 이후 처음으로, 로마의 교회나 황제에 대한 모든 충성을 거부한 독일인들의 영토가 되었다. 이처럼 프로이센과 정치적 종교개혁은 같은 순간, 서구의 위대한 연속체에 대해 직접적 도전을 하듯 탄생하게 된 것이다.

종교적 암흑기로 불리는 중세 로마 가톨릭교회 시대는 루터의 종교개혁을 통해 막을 내리게 된다. 종교개혁은 중세교회에 만연했던 비성경적인 모든 구성품을 제거하고 성경적 교리, 예배, 교회 질서를 회복하게 했다. 종교개혁을 통해 중세교회의 모든 인간적인 전통과 권위는 사라지고 성경 중심의 신앙과 생활이 교회 안에 회복됐다. 또한 계급 구조 사회에서 성경이 제시하는 평등과 자유의 시대가 도래하게 되었다.

마르틴 루터가 죽은 후에도 그가 일으켰던 신학적 운동은 살아서 퍼져나갔고, 16~17세기 유럽 전역에서 화려하게 꽃을 피웠다. 루터의 신학으로부터 영향을 받은 칼뱅의 교리는 프랑스와 영국, 스위스 전역에 영향을 끼쳤으며, 프랑스의 위그노와 영국 청교도의 시작을 이끌었다. **루터에 의해 시작된 종교개혁은 단지 기독교 역사뿐 아니라 근대 유럽의 정치, 경제, 문화를 아우르는 총체적 변화를 일으키는 촉발제가 됐다.** 즉, 루터의 종교개혁은 중세의 봉건적 잔재를 떨어내고 근세를 구분 짓는 하나의 이정표로서, 또 근대 자본주의의 기반이 되는 사상적 바탕을 제공했다.

성(聖)과 속(俗)의 갈등, 카노사의 굴욕

교회의 성직자 임명권을 둘러싸고 신성로마제국의 왕인 하인리히 4세와 교황 그레고리 7세의 대립은 깊어져만 갔다. 이는 세속 군주가 행사해 오던 로마 가톨릭의 성직자 임명권을 교회가 되찾으려는 과정에서 발생한 권력투쟁인 '서임권 투쟁Investiture Controversy'의 시작이나 다름없었다.

오토 1세로부터 본격적으로 시작된, 왕권과의 결탁과 성직매매 등으로 부패한 로마 가톨릭을 개혁하는 일에 매우 적극적이었던 그레고리오 7세는 강력한 교회 개혁과 쇄신을 위한 운동을 전개했는데, 군주의 성직자 임명권도 그러한 시도 중 하나였다. 물론 하인리히 4세는 이에 반발했으나 교황은 반발하는 왕은 물론 그를 돕는 이들 모두를 파문하겠다며 협박했다. 이미 많은 귀족의 지지를 잃은 하인리히 4세는 역사에 오래도록 기억될 용서를 구하기 위해 먼 길을 떠날 수밖에 없었다. 결국 1077년 1월 28일, 3일간 성문 앞에서 금식하며 교황을 기다리던 하인리히 4세는 교황의 용서를 받아 파문을 피할 수 있었다.

파문에서 사면된 이후 귀환한 하인리히는 슈바벤 공작 루돌프를 황제로 추대하려는 제후들을 상대로 내전을 벌였다. 교황 그레고리오는 이를 중재하기 위해 노력했으나 결과적으로 양측의 비난을 받게 되었고, 1080년 다시 한번 하인리히 4세를 파문하며 폐위를 선언하기에 이른다. 그러나 이번 파문은 지난번과 달리 아무런 효력을 발휘하지 못했다. 하인리히가 내전에서 패배하였지만 루돌프가 전투 중에 입은 부상으로 사망했기 때문이다.

결국 권력을 장악하는 데 성공한 하인리히 4세는 같은 해 이탈리아 원정을 통해 카노사의 성주를 쳐부수었으며, 1081년 로마에 도착한 지 3년 만에 로마 탈환에 성공한다. 그레고리오 7세는 황급히 피신하였고, 1084년 하인리히 4세는 그를 폐위시킨 뒤 신성로마제국 황제로서 대관식을 거행한다. 이후 그레고리오 7세의 요청에 따라 남부 이탈리아의 지배자인 로베르가 로마로 진격해오고, 하인리히 4세는 별다른 저항 없이 신속히 신성로마제국으로 돌아가 버린다.

1084년, 아이러니하게도 노르만족과 사라센인이 다수 포함된 로베르의 군대는 교황 구출에 성공하는 한편 방화와 약탈을 통해 로마에 극심한 피해를 준다. 결국 로마 시민들은 크게 분노하여 교황을 압박하기 시작했고, 1085년 그레고리오 7세는 로베르의 군대와 함께 망명길에 올랐고, 망명지인 살레르노Salerno에서 사망한다.

결과적으로 카노사의 굴욕은 종교에 의한 세속권력의 굴복을 상징하게 되었으며, 이후 서임권 투쟁은 하인리히 5세와 로마 교황들에게 이어져 로마제국 내에 여러 차례 내전을 초래하였다. 이에 따라 점차 왕권은 약해지고 교황권이 상승하였으며, 제176대 교황인 인노첸시오 3세(1198~1216)에 이르러 그 권위는 절정에 이르게 된다.

십자군 전쟁

십자군 전쟁은 로마 가톨릭의 공인을 받은 원정대가 성지 탈환이라는 미명을 내세우며, 레반트Levant 지역의 도시인 예루살렘을 지배하려는 과정에서 발생한 종교 전쟁이다. 하지만 오늘날 그 전쟁을 단순히 기독교와 이슬람의 대립이라 믿는 사람은 거의 없다.

1095년, 교황 우르바노 2세는 셀주크 투르크족의 침략으로 고통받던 동로마제국 황제 알렉시오스 1세의 원조 요청을 받아들이고, 클레르몽 공의회에서 예루살렘과 동방의 교회 탈환을 주장한다. 이 기독교 사상 최초의 십자군은 무슬림 병력을 누르고 1099년 7월 예루살렘 정복에 성공, 예루살렘 왕국을 비롯한 몇몇 십자군 국가를 설립한다. 하지만 1144년, 이슬람 군주 이마드 앗 딘 장기에 의해 에데사 백국이 점령당하며 제2차 십자군이 결성된다.

1147년 결성된 제2차 십자군에는 독일왕 콘라트 3세와 프랑스 루이 7세 등 많은 이들이 참가했으나 결과적으로 실패한 원정이 되었다. 심지어 1187년에는 하틴 전투에서 아이유브 왕조의 살라흐 앗 딘(살라딘)의 손에 예루살렘 왕국이 무너지고 만다. 1189년 예루살렘 재탈환을 위해 시작된 3차 십자군 전쟁에서, 사자심왕 리처드 1세와 살라흐 앗 딘이 일진일퇴의 공방전과 1년 이상의 교섭 결과, 1192년 9월 2일 예루살렘을 이슬람 아래 두되 외부의 왕래를 허용한다는 휴전협정을 맺는다.

이후 1198년 교황 이노켄티우스 3세가 십자군을 소집하여 원정을 이어나간다. 하지만 1202년 4차 원정에서는 베네치아 공화국의 개입으로 약탈 등의 범죄를 일삼은 원정대가 교황에게 파문당하거나, 1204년에는 전쟁을 주도했던 콘스탄티노플을 공격하여 라틴 제국을 세우는 등 점차 십자군 전쟁은 그 의도 자체가 불분명해진다.

'성지 십자군'의 경우 구분에 따라 7~9차까지 나뉘지만 1291년 최후의 기독교 전초기지가 무너진 뒤로는 성지 방면으로 십자군이 결성되지 않게 되었다. 반면 북유럽과 서유럽 내부에서 몇 차례의 원정이 이어지게 되며, 독일 및 북유럽에서는 별개로 기독교를 수호하기 위한 움직임이 일어났다. 북방십자군, 또는 발트십자군은 발트해 부근 비기독교 민족을 점령하고 기독교화하기 위해 일어난 십자군 활동인데, 1147년에는 신성로마제국의 독일 제국에서 조직되어 발트 지역과 독일 내부의 비기독교 부족민들을 가톨릭으로 개종시키기도 했으며, 1230년 튜튼 기사단이 새로운 십자군 국가인 독일기사단국(튜튼기사단국)을 세우기도 한다.

결과적으로 십자군 전쟁은 성지인 예루살렘 탈환에 실패함으로써 패전으로 기록되었다. 전쟁을 주도했던 교황권은 몰락하며 교회의 권위가 떨어지고 말았으며, 동로마제국은 4차 십자군 원정으로 입은 피해로 인해 오랜 암흑기를 겪게 된다. 게다가 정식 십자군보다 앞서 1096년 원정을 떠났던 '군중(민중) 십자군'을 기점으로, 서유럽에서 가까운 이교도인 유대인에 대한 반유대주의가 폭발하면서 뿌리 깊은 박해가 시작되었다.

프로이센 공국의 시초, 튜튼 기사단

화려한 투구 장식과 검은 십자가를 지니고 신의 이름 아래 무기를 휘두르는 흰 갑옷의 기사들… 오늘날 튜튼 기사단을 상징하는 모습이다. 사실 그들은 1190년 3차 십자군 시기, 아크레 공성전에서 상인들이 부상병의 구호를 목적으로 설립한 야전병원이 기원으로, 1198년 기사수도회로 격상하기 전까지 종교적인 군사 행동보다는 구호에 힘쓴 수도자 집단이었다.

튜튼 기사단이 본격적으로 역사에 이름을 남기기 시작한 것은 네 번째 기사단장 헤르만 폰 잘차Hermann von Salza가 기사단의 나라를 세우고자 하는 야망을 드러내면서부터다. 기사단은 투르크계 유목민 쿠만족으로부터 지켜주는 대신 지역을 하사받는 조건으로 1211년 헝가리의 국왕 언드라시 2세와 협약을 맺는다. 그러나 기사단의 영지가 점차 확장하면서 마찰이 발생했고, 1225년 교황의 힘을 빌린 언드라시 2세에게 쫓겨나 방황한다. 결국 그들은 1226년 폴란드 왕국의 콘라드 1세와 계약을 맺으며 발트해 남동쪽 쿨름에 안착할 수 있었다.

기사단은 계약에 따라 원주민인 발트계 프루시족을 막아주었고, 1230년 교황과 신성로마제국의 황제로부터 소유권을 확약받음으로써 (리미니의 금인칙서) 이 지역에 튜튼기사단국(독일기사단국)을 세우게 된다. 그리고 1233년에는 지역 단장인 헤르만 발크가 독일에서 자원한

평신도들로 구성된 군대를 이끌고 프로이센을 공격, 1283년 프루시 정복에 성공하며 프로이센 공국의 기반을 마련한다. 또한 1291년 예루살렘 왕국이 멸망한 후에는 프로이센 지역 영토확장에 집중하여 발트해와 그 연안을 중심으로 리보니아, 에스토니아, 폴란드, 동프로이센 등으로 세를 확장, 14세기까지 황금기를 맞이한다.

하지만 앞서 기사단에 의해 많은 영토를 잃은 리투아니아의 브와디스와프 2세(요가일라) 국왕과 폴란드의 야드비가 여왕이 결혼한 뒤 두 국가를 연합(폴란드-리투아니아 연합왕국)하여 기사단국을 압박하였고, 1410년 그룬발트 전투에서 대패하여 제1차 토룬 조약을 통해 프로이센 공국의 영토를 잃는다. 게다가 1454년부터 벌어진 13년 전쟁에서도 패배하며 제2차 토룬 조약으로 서프로이센 지역과 동프로이센 서부 지역을 잃고, 기사단장은 봉신이 되어 폴란드 왕국의 제후국으로 전락하고 만다.

이후로도 기사단국은 폴란드로부터 여러 차례 독립을 시도하지만, 신성로마제국의 무관심 속에서 1519년부터 1521년까지의 전쟁에서 대패한다. 과거의 영광을 잃어버린 기사단국은 37대 기사단장 알브레히트 폰 호엔촐레른이 신교로 개종하면서 세속화하였고, 1525년 4월 폴란드 국왕에게 충성을 맹세하며 폴란드의 제후국인 프로이센 공국을 수립, 역사 속으로 사라진다. 다만 기사단 자체는 리보니아와 독일 지부로 나뉘어 연명했으며, 이중 독일 지부는 오늘날까지 봉사단체로서 명맥을 유지하고 있다.

제국의 영광, 합스부르크가

합스부르크Haus Habsburg가는 신성로마제국을 시작으로 유럽 역사의 중심에 있던 오스트리아의 왕가다. 1438년부터 1806년까지 신성로마제국의 제위가 모두 합스부르크가에서 나왔으며, 프랑스 왕의 친가를 제외한 거의 모든 유럽의 왕실과 혈연을 맺은 것으로 유명하다.

1250년부터 황제가 없는 대공위 시대가 이어지고, 보헤미아 왕국이 오스트리아 공국을 합병하는 등 크게 성장하자 선제후들은 황제의 필요성을 통감한다. 그렇게 1273년, 오늘날 스위스 및 알프스산맥 지역의 백작 가문이었던 루돌프 1세가 황제로 즉위하며 합스부르크 왕가의 전설이 시작된다. 루돌프 1세는 오스트리아 공국을 점령한 뒤 아들인 알브레히트 1세에게 영지를 맡기는데, 이후 오스트리아 공국과 슈타이어마르크 공국은 합스부르크가의 본거지가 된다.

합스부르크가는 1291년 루돌프 1세 사망 후 왕위를 이은 알브레히트 1세가 암살당하며 1세기 넘게 왕위에서 물러나지만 1438년 알브레히트 5세가 신성로마제국 황제에 오르면서 복권하였고, 알브레히트 5세가 오스만 제국과의 전쟁에서 사망한 뒤에는 친척인 프리드리히 3세가 황제로 선출되며 황제와 독일 왕, 오스트리아 공작의 자리를 이어간다. 프리드리히 3세를 시작으로 합스부르크가는 정략결혼을 통해 우방을 얻고 분쟁을 피하는 전략을 사용했다. 덕분에 합스부르크가는 서유럽에서 영지를 확보하는 것은 물론 스페인 왕가와 그 휘하 아메리카와 아시아의 식민지를 얻었고, 카를 5세에게 유럽 역사상 가장 거대한 영토를 물려줄 수 있었다. 바야흐로 해가 지지 않는 신성로마제국의 전성기가 도래한 것이다.

하지만 그들의 영광도 영원토록 지속되진 못했다. 합스부르크가는 1517년을 기점으로 시작된 마르틴 루터의 종교개혁과 1648년 베스트팔렌 조약, 18세기 프랑스 혁명과 같은 역사적 사건을 겪으며 영향력을 잃어갔고 1806년 신성로마제국의 해체와 함께 끝내 독일에 대한 지배권을 상실하고 만다. 그리고 1914년 6월 28일 사라예보에서 오스트리아-헝가리 제국의 황위 계승자인 프란츠 페르디난트 대공이 암살당하며 발발한 제1차 세계대전에서 패전, 1918년 합스부르크의 시대가 막을 내리게 된다.

이처럼 합스부르크가는 오랜 기간 유럽을 중심으로 세계적인 영향력을 가진 왕가였지만, 정치와 문화에 있어 매우 실리적이고 자유주의적인 면모를 가진 것이 특징이었다. 합병된 소수민족의 문화와 언어를 존중했으며 1848년에는 헝가리의 혁명 세력을 포용하였다. 또한 16세기 페르디난트 2세가 암브라스성에 다양한 수집품을 모아놓으며 박물관의 초석을 다졌고, 1891년에는 황제인 프란츠 요제프 1세의 뜻에 따라 그동안 합스부르크가에서 수집한 예술품과 소장품들을 모아 빈 미술사박물관을 개관하기도 했다.

4부
두 갈래 길로 가는 독일
- 1525년~1924년 -

The Shortest History of Germany

교착 상태

이제 프로이센이 사라진 역사의 무대에 새로운 주인공이 등장한다. 새롭게 프로테스탄트 세력이 된 왕들이 설립한 슈말칼덴 동맹Schmalkaldic League(1531)이다. 이 명칭은 동맹을 체결한 독일 튜빙겐의 도시 슈말칼덴에서 유래했으며 로마 가톨릭교회의 탄압으로부터 종교적 권리를 보호하기 위해 결성되었다. 루터교 통치자들만이 이 동맹에 가입할 자격이 주어졌고 자체적으로 군대를 보유하고 있었다. 완전한 독일, 비非로마 독일이라는 아이디어는 더 강력해지고 있었다. 하지만 이 동맹이 대항해야 하는 상대는 여전히 이 세상의 공중권세를 움켜쥐고 있는 최강의 통치자였다.

1543년 카를 5세[13]는 프랑스에 맞선 치열한 투쟁에서 승리를 거두었고 유럽에서 오스만 제국의 거대한 물살을 막아냈다. 그는 이제 타협할 의사가 없었다. 1547년에는 서기 16년 이후 처음으로 외국인이자 고도의 훈련을 받고 무장한 전문적인 보병부대-무서운 스페인의 테르시오스Tercios가 로마제국과 그 종교의 깃발 아래 마지막 정복을 위해 도나우강을 건너 독일 내부 깊은 곳까지 파고들어 최종 정복에 열을 올렸다. 결정적인 전투는 엘베강 지역인 뮐베르크Muhlberg에서 벌어졌는데 여기서 신성 로마 황제 카를 5세는 작센의 선제후 요한 프리드리히 1세와 헤센의 영주 필립 1세가 지휘하는 슈말칼텐 동맹을 결정적으로 패배시켰다. 다시 한 번 로마제국은 그 강둑에서 승리를 거두었고 게르마니아를 완패시키는 듯 보였다.

독일의 고위 귀족들이 아무리 서로를 싫어했을지언정 자신들만의 고유한 특권을 잃을 만큼은 아니었다. 그렇기에 그들은 프로테스탄트 및

황제 카를 5세. 베네치아 화가 티치아노의 그림.
실제로 그는 통풍으로 극심한 고통을 겪고 있어서
들것에 실려 전장에 나갈 수밖에 없었다

가톨릭과 연합했다. 그들은 카를 5세가 완전히 독일을 지배하게 두느니 차라리 프랑스에 지원을 요청하겠다고 경고했다. 카를 황제는 차츰 아우크스부르크의 화의Peace of Augsburg(1555)를 인정하게 되는데 이는 크든 작든 각 독일 군주는 누구라도 신앙선택권이 있음을 선언하는 화의였다. '군주가 자기 영토의 종교를 결정한다Cuius regio, eius religio.' 그 결과는 처음엔 혼란스러워 보였다. 하지만 이는 오래된 이야기를 품고 있었다.

로마에 충성을 다했던 독일지역은 서기 748년에는 모두 프랑크 왕국 일부였다. 비록 개념적으로 칼뱅주의를 지지했던 뷔르템베르크Württemburg와 팔츠Palatinate의 인구 대부분이 가톨릭이긴 했지만 그렇다고 왕국 전체가 완전히 가톨릭으로 남아 있던 것은 아니었다. 더 큰 관점에서 보면 아마 샤를마뉴 대제(748~814)나 마르쿠스 아우렐리우스

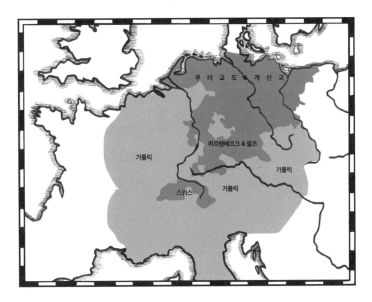

아우크스부르크의 화의[和議, Peace of Augsburg] 이후의 독일(1555년)

황제(121~180)는 로마에 맞서 북쪽과 동쪽에서 반란이 일어나도 전혀 놀라지 않았을 것이다. 위대한 유럽인들의 단층선은 변함없이 태고의 좌표에 자리 잡고 있었지만, 시간 속에서 독일의 위치는 유럽 각국의 역학관계에 따라 유동적으로 변화해 왔다.

독일, 궁지에 몰리다

프로이센에서 태어나 천문학자가 된 수도사 코페르니쿠스Corpernicus가 이 땅이 더 이상 우주의 중심이 아니라고 한 이후, 콜럼버스가 유럽이 더 이상 세상의 중심이 아니라고 한 이후, 역사의 미래는 7대양 위로 확장 이전했다.

새로운 해양 무역로에 지분이 없는 독일은 합스부르크가(오스트리아)와 영국의 엘리자베스 1세 사이의 세계 최초 대륙 횡단에서 벌어지고 있는 제국주의-이데올로기 투쟁과 비교할 때 정치적으로 보잘것없는 위치였다. 한편, 독일의 개신교와 가톨릭 세력은 너무나 날렵하게 균형을 이루고 있었기 때문에 1555년 이후 반세기 동안 어느 쪽도 그러한 평화의 무게 중심을 서로 건드리지 않았다.

1588년 칼레 해전에서 영국에 패한 스페인 무적함대의 재앙 이후 약해진 쪽은 합스부르크 왕가였다.[14] 1595년, 스페인의 국왕 펠리페 2세는 페루와 멕시코에서 유입되는 엄청난 수익에도 불구하고 채무 불이행에 놓이게 되었다. 1618년에는 보헤미아의 새로운 왕이자 황제로 추대되는 열렬한 가톨릭 신자인 페르디난트Ferdinand 2세가 보헤미아 개신교도들과 맺은 약정(아우크스부르크의 화의)을 철회하려 하자 상황이 극도로 악화하기에 이르렀다. 그때 유럽 역사에서 가장 인상적인 그림의 소재가 탄생했다. 바로 보헤미아인들이 프라하에서 페르디난트의 고위 관리들을 창밖으로 내던지고 그를 축출한 사건이다(프라하 창밖 투척사건). 1619년에는 프리드리히 5세를 보헤미아의 새로운 국왕으로 선출했다. 이는 30년 전쟁Thirty Years War(1618~1648)의 치명적인 요인이 되었다.[15]

묵시록

30년 전쟁은 본래 로마의 권력을 중심으로 한 세력이 제대로 독일 전체를 직접 통치할 수 있을지를 두고 벌인 오래된 투쟁의 또 다른 전장이었다. 이번에는 그것이 가톨릭 대 개신교라는 거룩한 새 옷을 입었을 뿐이었다. 처음에는 그랬었다.

1630년에는 틸리 장군과 발렌슈타인 장군의 네덜란드-보헤미안의 연합이 이끄는 제국군들이 거의 승리할 듯 보였었다. 하지만 이제 개신

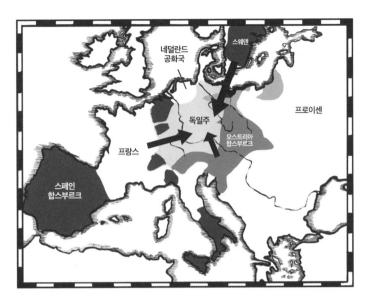

유럽의 킬링필드(1618~48년)

교 스웨덴과 가톨릭 프랑스는 로마제국군의 독일 완전 통치를 두려워
하기 시작했다. 파리의 가톨릭 귀족들은 로마제국에 부족함 없이 맞서
도록 루터파인 스웨덴에 보조금을 지급했다. 처음으로 고도로 훈련된
보병 화력 부대를 이끈 스웨덴의 유능한 지휘관이자 왕인 구스타브 2세
아돌프Gustavus II Adolphus는 1631년 브레이텐펠트Breitenfeld에서 완승을
거둔 뒤, 군대를 돌려 바이에른을 흔적도 없이 불어버리도록 지시했다.
이듬해 그가 뤼첸 전투Battle of Lützen에서 전사했을 때 프랑스는 스스로
이 분쟁에 뛰어들었다.

　이제 스페인 합스부르크가와 프랑스 부르봉Bourbons가 사이의 전투
였다. 분열된 작은 독일 왕국들은 강하고 중앙 집권화된 국가를 위한 전
장에 놓인 장기의 말들에 불과했다. 이 시기에는, 한 세대에 걸쳐 구성

전쟁의 비참과 불행. 자크 칼로의 동판화(1633년)

원들이 상업이나 농사 등의 생업을 포기할 정도였다. 언제든 거대하고 굶주린 또 다른 군대가 지나가면 역병과 시체만 남기고 모든 것이 잿더미가 될 수 있기 때문이다. 1648년 '베스트팔렌' 조약으로 화평을 이끌기 직전까지 독일의 상태는 성경의 말세 말고는 다른 수식어를 떠올리기 힘들 정도였다. 오늘날 시리아의 상태가 그 당시 독일의 미니어처나 맛보기 수준이라고 생각하면 될 것 같다. 최소한 독일 전체 인구의 1/3이, 일부 지역에서는 그보다 월등히 높은 비율의 수많은 사람이 무참히 땅 위에서 목숨을 빼앗겼다.

엘베강의 마그데부르크Magdeburg는 오토 대왕이 가장 선호하는 도시로 1613년 당시 인구는 20,000명이 넘었다. 그러나 30년 후인 1649년, 450명이 전부였다. 나머지는 대부분 거리에서 무참히 학살당했다. 심지어 오늘날까지도 독일 어린이들은 종종 "무당벌레야, 무당벌레야, 어서 날아 집에서 도망가거라."라는 가사의 노래를 부른다. 하지만 노래에 나오는 불에 타는 집은 사실 포메른Pommern이다. 30년 전쟁 시기에 황제 페르디난트 2세와 스웨덴 왕 구스타브 2세 아돌프의 전장이 된 포메른은 피비린내가 끝없이 진동하는 희생제의 앞뜰이었다. 전쟁 후의 혼란의 결과로 얼마나 많은 작은 영지들이 그러한 상태가 되었는지는 아무도 정확히 가늠할 수 없다. 일부 추정에 따르면 1,800개 이상이라고 한다. 그리고 50개의 자유 도시와 60개의 기독교 공국도 잊어서는 안 된다. 어떤 지도도 주변 나라들과 따로 떼어놓고서는 이해할 수가 없다. 이 절망적으로 파괴된 독일은 과연 '무엇'이 될 수 있겠는가? 좋든 나쁘든 그 해답은 동쪽에 있었다.

동쪽으로의 탈출

30년 전쟁 후, 유럽에는 새로운 패권국 후보가 떠올랐다. 만약 현재 유럽의 각국의 인구 비율이 1660년과 같다면 프랑스 인구는 2억 명을 넘겼을 것이다. 이 광대한 국가는 당시 통일됐고 태양왕 루이 14세Louis XIV는 놀랍게도 72년간(1643~1715년)이나 통치했다. 프랑스에 가까운 나라는 모두 그의 강력한 그림자 아래에 엎드려 있었고, 무수한 서부와 남부 독일의 작은 주들이 프랑스와 매우 근접해 있었다.

세 개의 큰 독일 왕조는 젠트리피케이션Gentrification(낙후 지역이 활성화됨에 따라 원주민이 쫓겨나는 현상)의 최대 수혜자였다. 이 세 왕조는 오스트리아-헝가리 제국의 합스부르크, 새롭게 등장한 작센의 베틴Wettins 그리고 1415년 이후 변경백에 불과했던 호엔촐레른Hohenzollerns이

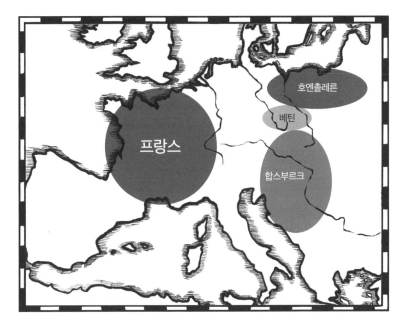

독일의 운 좋은 세 왕조

다. 이들은 그들의 핵심 영지와 라인강을 마주하는 프랑스 알자스 지역 사이의 물리적 거리, 그리고 완충지역이라는 상당한 이점을 가지고 있었다. 다시 한 번 지리적 조건은 운명처럼 작용했다.

프리드리히 빌헬름 Friedrich Wilhelm**, 1618년에 합쳐진 브란덴부르크-프로이센을 지배한 호엔촐레른**Hohenzollern**의 새로운 통치자인 그는 개념적으로는 단지 폴란드 왕가의 공작일 뿐이었다.** 폴란드, 스웨덴 그리고 러시아는 모두 프로이센을 대수롭지 않게 여겼다. 또 다른 누군가와 맞서 싸우게 된다면 서로 잠재적 동맹국이 되겠지만 그 외에는 쓸모가 없다고 생각했다. **1657년, 프리드리히 빌헬름은 이들을 영리하게 조종해 완전한 독립 군주로서의 권리를 가질 수 있었다.** 그리고 조용히 전문화된 군대를 키워나갔다. 그는 그동안 무적이던 스웨덴이 등을 돌릴 때, 1675년 6월 18일 베를린 근처의 페르벨린Fehrbellin 전투에서 작은 규모지만 장엄한 승리를 거두어 유럽 전역을 경탄케 했다. 대선제후로만 알려졌던 그가 진정한 권력자로 등극하는 순간이었다. 그는 비록 브란덴부르크의 후작으로서 권위를 가진 선제후이고 개념상으로는 폴란드의 영주였지만, 프로이센의 공작으로 신성로마제국의 지배를 벗어난 독립적인 통치자였다.

같은 시기, 오스트리아 합스부르크 가문은 군사적으로 새로운 정점에 도달했다. 첫째, 그들은 1683년 연합군을 조직해 비엔나의 성문에서 투르크(터키족)을 몰아내고, 1697년 사보이의 유진Eugene 군주가 젠타Zenta에서 오스만 군대를 섬멸시켰으며, 오늘날보다 훨씬 더 규모가 컸던 헝가리 왕국 전체를 상대로 한판승을 거두었다.

맨손으로 말발굽을 구부리고, 300명이 넘는 후손을 가졌다고 전해지는 작센의 통치자 베틴의 강건왕 아우구스투스 또한 동쪽으로 관심을 돌렸다. 그는 1697년 가톨릭으로 개종했으며 폴란드 귀족들을 매수했다. 이후 러시아 표트르 대왕의 지지에 힘입어 스스로 폴란드 군주가 됐다.

동쪽의 선제후들이 승승장구하는 동안 분열된 서쪽은 전투력의 협화를 도모했다. 위텔스바흐 가의 두 분파가 바이에른Bavaria과 라인란트 팔츠Rhineland Palatinate를 지배했다. 이들은 이제 트리어, 마인츠, 쾰른의 선제후단과 협력해 프랑스의 손을 잡았다. **이는 평화와 독일 법을 보존하기 위함이라기보다는 기독교 세계를 위한 것이었다. 이 새로운 가톨릭 단체는 최초의 라인 동맹이 되었다.** 남부와 서부 독일은 동쪽의 연대 지역으로부터 자유로웠으며 라인강 지역에서 서로 단결했다.

문제는 프랑스가 너무도 강력해서 연맹이 그저 프랑스의 정책 도구로 전락했다는 점이다. 유행이 돌고 돌 듯, 이 딜레마는 마치 로마 또는 샤를마뉴 치하에서 벌어졌던 문제의 각본을 표절한 드라마와 같았다. 이러한 상황은 1945년 초기의 2차 대전 이후 미국의 독일 점령 치하의 전조이기도 했다. 독일은 여전히 진정한 서구에 속하면서도 국가로 남아 있을 수 있을까?

그러나 라인 지역이 프랑스의 지배하에 서쪽으로 너무 멀리 있는 듯하다면, 작센, 브란덴부르크-프로이센, 오스트리아는 너무 동쪽에 있는 것은 아닐까? 이들 왕국 모두는 엘베강이나 도나우강 너머에 권력 기반이 있었다. 그들 중 누가 샤를마뉴의 상속인이라고 감히 주장할 수 있을까? 그렇다면 진짜 독일은 어디에 있었을까? 프랑스의 태양 루이 14세가 더 높이 떠오를수록 답안의 작성이 시급해졌다.

프랑스의 계절

유럽의 18세기는 프랑스가 그 모든 정신을 지배했다. 독일 전역에서 매우 고가의 베르사유 레플리카Replica(모조품, 유사품)가 쏟아져 나왔고, 금박으로 장식된 방 안에서 독일 통치자들은 저마다 아첨하는 가신 무리를 거느리고 프랑스어를 사용하는 등 모두 프랑스 빛으로 물들었다. 18세기 중반에는 이 유행이 서민들에게까지 퍼져나가 독일은 1066년 노르만의 잉글랜드 정복 이후의 영국처럼 되어가는 중이었다. 이 시기에 로망스(프랑스어)에 영향을 받은 독일어 어휘는 톱-다운 방식으로 만들어졌다. 몇몇 차용어들을 보면 특징이 확연히 드러난다. Champignon champignon (샹피뇽, 유럽 송이 버섯), Kostüm costume (코스튐, 정

독일의 프랑스화, 상수시 궁전

장), Parfüm perfume(파피늄, 향수), Polizei police(폴리짜이, 경찰), Toilette toilet (토일레테, 화장실), Omlett omelet(오믈렛, 오믈렛), Serviette Napkin(세비에테, 냅킨), Etikette etiquette(에티케테, 에티켓), Charme charm(샴, 매력), Salon salon(살롱), Eleganz elegance(엘레간츠, 우아), Kompliment compliment (콤플리멘트, 찬사), Promenade promenade(포미나데, 산책), Sofa sofa(소파), Balkon balcony(발콘, 발코니), Onkel uncle(온클, 삼촌), Tante aunt(탄트, 이모), Armee army(아미, 군대)….

　이제 프로이센을 완전히 장악한 프리드리히 대왕(1712~1786)은 독일어의 반은 야만인들의 언어며, 어떤 문학적인 천재도 이를 가지고 훌륭한 글을 창작할 수 없다고 썼다. 따라서 그는 프랑스어를 프로이센 예술 아카데미의 공식 언어로 만들었다. 심지어 베를린 바로 외곽에 있는 자신의 새로운 쾌락궁전에도 상수시 Sans Souci(낙천가)라는 프랑스 이름을 붙였다.

독일의 애국자들은 사그러지는 나랏말 사태의 수습에 필사적이었다. 새로운 세대의 작가들은 셰익스피어를 흠모하고, 자연을 사랑했으며, 프랑스식 합리주의를 경멸했다. 오직 감성만이 진정으로 모든 것을 알 수 있는 유일한 방법이라고 선언했다. 그중에도 가장 위대한 인물, 요한 볼프강 괴테Johann Wolfgang Goethe(1749~1832년)는 이런 글을 남겼다. 감정이 그 무엇보다 중요하다!(Feelings are all that matters!)

문학 장르를 창조해 낸 천재성

독일인에게 괴테는 셰익스피어, 디킨슨 그리고 키이츠가 하나로 합쳐진 그런 위대한 존재다. 1773년 그가 24살이었을 때 활기 넘치는 셰익스피어적 비극 작품인 『괴츠 폰 베를리힝겐Gotz von Berlichingen』은 프랑스적인 연출법들을 날려 보냈다. 일 년 뒤 범유럽적 베스트셀러가 된 젊은이의 낭만적인 자살을 그린 『젊은 베르테르의 고뇌』로 그때까지의 계몽주의적 문학적 취향을 단숨에 박살내 버린다. 이 책은 젊은 나폴레옹이 가장 좋아한 책이었으며, 『프랑켄슈타인』 속 '괴물' 역시 이 책을 읽고 인간성에 대해 배운다. 개인적 감정에 대한 "낭만적인" 숭배는 자연과 사랑에 대한 범신론적 갈망의 아름다움에 비할 바 없이 괴테의 초기 서정시의 원동력이 된다. 그의 발라드는 그 어느 자의식적 시인들이 쓴 작품 중에서도 매우 드물게 보이는 작품들이며 마치 기묘한 옛날 민요처럼 느껴진다. 그는 이후에 현대소설과 성인소설 장르를 창조했다. 그가 쓴 가장 위대한 작품은 바로 세기의 희곡 『파우스트』다. 젊음, 섹스, 권력을 대가로 악마에게 자신의 영혼을 판 중년 지식인의 이야기다. 20세기 초 젊은 프란츠 카프카Franz Kafka는 독일 작가들이 괴테의 절대적인 위대함으로 여전히 불구가 됐다고 썼다. 오늘날까지도 독일 지식인들은 대화 속에서 괴테의 말을 즐겨 인용하고 있다.

바야흐로 독일 문화가 제자리로 돌아왔고 영원히 규칙을 바꾸려 들었다. 보편주의-모든 곳, 모든 사람에게 똑같은 문화적 표준을 적용한다는 이 사상은 프랑스 군림을 위한 포장지라며 비난받았다. 대신 모든 사람에게는 자신들만의 독특한 문화적 오솔길이 있다는 개념이 싹트기 시작했다. 독일 엘리트들의 프랑스화 이후, 진정한 독일성이 살아있는 장소는 볼크Volk(민중)와 그들의 고대 설화 속에만 여전히 배태되어 있을 것이라는 깨달음이 일부 사람들 사이에 자리 잡았다. 이들 중 가장 유명한 인물이 서문에서 언급한 그림Grimm 형제로 모두 언어학을 전공했고, 함께 『백설공주』 등 여러 유명한 그림동화를 썼다. 그림 형제는 1000마르크 지폐에 그들의 초상을 등재할 정도로 독일의 유명 인사로, 독일어의 음운 변화에 관한 법칙을 정립하기도 했다. 그들은 독일의 깊은 고유성을 지리적 특성과 언어의 독특성, 신화와 이야기의 깊은 과거에서 찾을 수 있다고 선언했다. 이 개념은 오늘날 너무도 광범위하게 받아들여져, 많은 이들은 그것이 거대한 프랑스의 입술에 빨려 들어가는 듯 보였던 독일 문화를 건져낸 최후의 구조선이었다는 점을 잊어버리곤 한다.

진정한 독일의 정체성을 찾으려는 이 환상적인 여정은, 많은 독일 애국자가 프로이센이 독일의 원형을 계승한다고 여기는 설명에 주석을 달아준다.

융커국

1750년, 프로이센의 궁정은 프랑스의 계절이었을 뿐 아니라, 어쩌면 더 난폭한 군국주의적 약탈 국가라는 악명도 높았다. 이는 예상 밖의 결과처럼 보였다.

독일 역사상 가장 훌륭했던 왕으로 평가되는 프리드리히 대왕은 짐

승처럼 무시무시한 아버지에게서 유능한 관료제와 지나치게 큰 군대를 물려받았다. 프리드리히 2세의 궁정에서 한때 총애를 받았던 프랑스의 권위자 볼테르는 유명한 말을 남겼다. '다른 나라는 군대를 가지고 있지만 프로이센에서는 군대가 나라를 가지고 있다'. 프리드리히 2세가 물려받은 또 다른 주요 유산은, 가장 친한 친구였던 옛 연인의 참수 장면을 직접 지켜보도록 강요받은 트라우마였다. 이 세 가지 유산의 조합은 유럽에서 가장 효율적인 군대를 지휘하면서도 명백히 사이코패스 경향을 가진 한 남자를 조각했다. 그의 조카 프리드리히 빌헬름 2세(재위: 1786~1797)는 큰아버지를 '신의 분노로 지옥이 뱉어낸 하나님의 재앙'이라고 묘사했다.

프로이센군의 뿌리는 프리드리히 2세의 아버지 빌헬름 1세와 융커 가의 한 거래에서 기원한다. 당시 융커 지위에 있던 이들은 대부분의 서유럽 귀족들보다 훨씬 가난했다. 그들의 소유권은 모든 자손과 자손들의 남자 자손들에게 상속되었지만, 많은 헐벗은 가문의 영지는 그중 한 아들에게만 신탁됐기 때문이다. 법은 융커의 재산이 비융커에게 판매되는 것을 금지했지만, 이는 또한 나아지기 위한 수탁권이 없다는 것을 의미했다. 그 결과 군사 교육과 반식민지적 규정들을 교육받은, 가난하지만 자만심 가득한 수많은 청년들이 탄생했다. 심지어 모두 돈으로 살 수 없다는 의미의 폰von이라는 귀한 작위를 가지고 있었다. **프로이센의 폰 작위를 가진 이들은 부와 지위에 큰 차이가 있어도 여전히 하나의 고귀한 공동체로 여기며, 작위를 잃는 것보다 죽음을 선택했다.**

이 청년들은 나중에 훌륭한 장교가 됐다. 그들은 왕을 포함한 모든 이들에게 폰을 배타적 특권 계급으로 인정받는 한, 프로이센 군주제를 위해 포화 속으로 기꺼이 걸어 들어갔고, 부하들 또한 그렇게 이끌었다. 프리드리히 2세는 거래에서 자신이 약속한 바를 지켰다. 국가 소유 영지는 농노제를 폐지했지만, 융커들의 영지에는 계속 유지하도록 허용했다. 자신의 통치 기간 내내 제대로 된 혈통을 가진 귀족들만 군대에서 장교가 될 수 있도록 개인적으로 세밀하게 신경 썼다. **프리드리히의 프로이센을 독특하게 만든 것은 바로 왕과 융커들 사이의 이런 독특한 거래였다.**

프리드리히 대왕은 1740년 권좌에 오른 순간부터 자신의 엄청난 규모의 군대를 이용해 실레지아Silesia지방의 오스트리아를 강탈했고, 동유럽의 두 주요 세력인 오스트리아와 프로이센이 독일을 두고 벌인 125년 전쟁을 시작했다. 전투는 1741년 몰비츠Mollwitz에서부터 1866년 쾨니그그라츠Königgratz에 이르기까지 전적으로 엘베강 주변에서 치러졌다.

오스트리아는 프로이센에 맞서 프랑스와 러시아와의 대연정을 통해 7년 전쟁(1756~63)에서 거의 승리했었다. 전쟁이 시작되었을 때 대부분의 독일인들은 프로이센을 마치 고대 그리스인들이 스파르타를 대하듯 취급했다. 필요에 의해 키운 사나운 군인들로 가득한 냉혹한 땅으로 말이다. 그러다 스파르타가 테르모필레Thermopylae에서 그리스의 구세주가 된 것처럼, 프로이센은 1757년 로스바흐Rossbach에서 더 큰 프랑스 군대를 쓸어버림으로써 거의 숭배에 가까운 존경을 받기까지 했다.

문화적 절망 속에서 수많은 독일인들은, 설령 그것이 매력적이지 않다 하더라도 유럽의 패권국에 실제로 맞설 수 있는 독일의 힘을 보여주는 프로이센을 차마 거부할 수 없었다. 프리드리히 대왕에 대한 숭배는 (비록 그 자신도 온통 프랑스를 애호하느라 정신이 없었지만) 계속해서 프로이센을 지나 널리 흘러넘치고 있었다.

프로이센을 위해 죽은 융커 숭배 문화.
프리드리히 대왕(오른쪽 두 번째)이 쿠너스도르프 전투에서
죽은 총애하던 젊은이의 죽음에 비통해하고 있다

프로이센군의 무적 신화는 7년 전쟁에서 빚어진다. 이후 프로이센-독일 역사학자들은 프로이센군과 융커 장교들이 모두 신의로 불굴의 의지를 보여준 왕을 위해 목숨을 바친 동시에 독창적인 훈련을 받은 덕분에 모든 침입자를 섬멸했다고 주장했다. 하지만 사실은 프리드리히 대왕도 러시아와 오스트리아에 여러 번 가격 당하고, 고통을 겪었다. 쿠너스도르프Kunersdorf(1759)에서의 완패 이후, 전장에서 그는 베를린으로 '모든 것을 잃었다'며 절망하는 편지를 직접 써서 보내기도 했다(당연하게도 프랑스어로). '나는 조국의 파멸 속에서 살아남을 수 없을 것이다. 영원히 안녕!

프로이센은 순전히 영국과 러시아 덕분에 살아남았다. 프랑스와 대규모 세계전을 벌이던 영국이 베를린에 막대한 보조금을 투입했다. 프

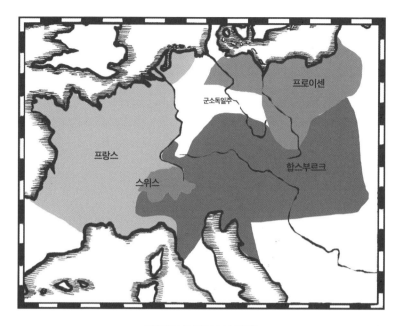

압착된 서부(1800년 독일)

리드리히 2세를 혐오했던 러시아의 옐리자베타 여제가 죽고 난 뒤, 그를 숭배했던 표트르 3세(재위: 1762년 1월 5일-1762년 7월 9일)가 왕위를 이어받은 은총으로 프로이센은 살아남을 수 있었다! 프리드리히 대왕 스스로 이를 브란덴부르크 궁정의 기적Miracle of the House of Brandenburg이라 불렀다. **후에 프로이센군을 미화한 자들은 편리하게도 이러한 상황에서의 탈출이 얼마나 기적적인 것인지, 그리고 강한 군사력과는 거의 상관없는 일이었는지를 새까맣게 잊어버리고 말았다.**

프리드리히는 곧 폴란드 영토를 이기적으로 분할하는 과정(1772~1795)에서 이전 적들인 러시아, 오스트리아와의 사이에 합의점을 찾았다. 다음 세기와 그 이후까지도 폴란드의 존재를 부인하는 것은 프로이센과 러시아가 서로 맹렬히 대치하는 위태한 살얼음판에서 서로를 지키는 활동이었다.

　18세기가 막바지에 가까워지면서 독일 서부는 라인강 너머의 강력한 프랑스와 동쪽의 절대적인 두 세력, 오스트리아와 프로이센 사이에 끼어 있었다. 둘 다 독일의 그 어떤 역사적 한계에서 벗어나 있었고, 수많은 비독일인을 통치하고 있었으며 러시아 영토와 직접적으로 국경을 접하고 있는 상황이기도 했다.

　만약 독일 서부가 적어도 자신들만의 정통성을 세웠었더라면 유일한 균형추가 될 자격이 충분했을 것이다. 그리고 일부 사람들은 이를 시도하고 있었다. 그들 중 주요 인물은 고대 로마 도시 트리어Trier의 대주교이자 선제후인 칼 폰 달베르크Karl von Dalberg(1744~1817)였다. 그는 소규모 독일 왕국들이 연합할 수 있다는 소위 제3의 독일Third Germany 또는 Trias 사상을 주창한 인물이다.

　실제로 달베르크는 한동안 모든 서부 독일의 대주교 군주Prince-primate의 지위에 오르기도 했지만, 결과적으로 그가 가진 모든 생각이 신뢰를 얻지 못했다. 카이사르가 게르마니아라는 개념을 만들어낸 것처럼, 제3의 독일이라는 개념은 많은 사람이 '새로운 카이사르'일 것이라 기대해 마지않던 한 남자에 의해 탄생하게 된다. 바로 프랑스의 나폴레옹 보나파르트Napoleon Bonaparte였다.[16]

프랑스 최후의 날갯짓

1789년, 프랑스 대혁명에 뒤이은 전쟁 기간 동안 유럽 대부분 나라들은 군주가 없는 공화제를 채택한 새로운 프랑스를 파괴하려고 시도했지만 실패했다. 반면 프로이센은 1792년 발미Valmy에서 융커 병사들의 무적 군대가 취약해졌다는 사실이 분명해지자, 최초로 대열에서 빠져나와 혁명 후의 프랑스와 손을 맞댔다. 바젤평화조약Treaty of Basel(1795)에서 라인강 동쪽 제방에 대한 프랑스의 보상 약속에 대한 대가로, 프랑스는 비밀리에 라인강 서부의 유일한 강대국으로 인정받았다. (프로이센의 호엔촐레른가는 1615년부터 클레베스Cleves에 발판을 마련하고 작은 영지를 소유하고 있었다.)

이 같은 편파적 합의는 오스트리아 주도의 신성로마제국과의 공개적 단절을 의미했다. **프로이센은 중립적인 북부 독일에서 독립적으로 최고 위치가 되고자 노력하고 있었다.** 이는 1804년 라인란트의 가톨릭 추기경단이 샤를마뉴를 염두에 둔 초대 집정관 보나파르트의 아헨 방문을 환영하고, 그야말로 '야만인들을 몰아내기 위해 라인강을 건넌 자신들의 첫 번째 군주'라고 선언한 이유를 설명한다. 라인란트의 가톨릭 신자들이 프랑스인들을 정복자가 아닌 해방자로 보게 될 것이라는 명백한 암시였다.

곧 나폴레옹은 제3의 독일을 현실로 만들었다. 혁명의 영웅은 곧 황제가 됐고, 1805년 그는 아우스터리츠Austerlitz에서 러시아와 오스트리아를 무너뜨려 유럽에서 전능한 존재가 됐다. 프로이센은 나폴레옹 군대가 자신의 영토를 행진하도록 허락했고, 이제 그는 신성로마제국을 해체하려는 움직임을 보이면서 북부 독일의 공식적 대군주 자리를 희망했다. **나폴레옹은 실제로 오스트리아 황제 프란츠(프란시스) 2세 Frances II를 강제로 퇴위시키고 신성로마제국을 영원히 잠재웠다.** 그러나 프로이센에게는 매우 원통하게도 나폴레옹은 바이에른Bavaria, 뷔르템부르크Württemburg, 작센Saxony이 이제 자유 왕국이며 프로이센과 동등하다고 공표했다. 그가 라인 동맹Confederation of the Rhine을 소집한 것은 프로이센이 이미 받은 모욕의 상처에 소금을 뿌리기 위해서였다.

나폴레옹은 고전과 역사를 폭넓게 읽었다. 그의 모든 행동의 근저에 제국이라는 개념을 부여한 영웅이 자리 잡고 있다면 그는 바로 '샤를마뉴'였다. 그리고 그의 권력의 절정에는 중세 로타링기아 왕국을 중심으로 하는 그의 새로운 대륙 제국인 '유럽'의 도입이라는 명제가 있었다.

앨런 포레스트Alan Forrest

많은 독일인은 프랑스의 지배권과 그에 수반되는 나폴레옹의 개혁을 환영했다. 개혁은 오래된 귀족들의 특권 철폐와 유대인을 포함한 모든 사람은 법 앞에서 평등하다는 내용이었다. 괴테도 이에 찬성하는 한 명이었고, 자신이 공개적으로 '나의 황제'라 불렀던 나폴레옹이 개인적으로 수여한 레지

나폴레옹, 프로이센을 좌절시키다: 라인동맹(1806년)

옹 도뇌르Legion d'honneur(명예 군단 훈장)를 자랑스럽게 착용하고 다녔다.

그러나 통일된 서쪽 독일은 곧 프로이센의 북부 패권 계획의 종말을 의미했다. 전쟁의 열풍이 베를린을 휩쓸었다. 불을 뿜는 듯 위협적인 융커 장교들은 프랑스 대사관의 계단 위에서 자신들의 군도를 날카롭게 갈았다. 프리드리히 빌헬름 3세는 그의 믿음을 프로이센 군대의 신화에 뒀다. 러시아의 원조 약속, 그리고 겨울에 가까워진 계절, 모두가 그해에는 프랑스의 공격이 불가능하리라 예상했다. 1806년 9월 26일. 그는 나폴레옹에게 라인 동맹을 해체하라는 최후통첩을 보냈다. 그 통첩은 독일을 프로이센으로부터 영원히 구원했어야 했다. 나폴레옹은 러시아가 전쟁준비를 하기 전인 가을 우기 이전을 틈타 기습했다. 1806년 10월 14일 프로이센 군대는 나폴레옹이 지휘하는 8만 명의 군단에 맞서 10만 명의 병력을 전장에 투입했지만 예나-아우어스타트Jena-Auerstadt 이중 전투에서 궤멸당했다.

예나 전투 이후 프로이센의 왕후 루이제가 자녀들에게

어느 날 운명은 위대한 사람들이 두 세기에 걸쳐 일으켜 세운 나라를 단숨에 파괴했다. 프로이센 국가와 군대는 사라졌고 국가의 영광도 이제 더 이상 남아 있지 않다.

나폴레옹에게 번번이 패배했지만 지속적으로 반격했던 오스트리아와는 달리 프로이센은 그대로 주저앉았다. 아마도 볼테르가 옳았던 듯 싶다. '군대 없는 프로이센은 아무 것도 아니다.' 나폴레옹은 아무런 저지도 받지 않고 베를린에 입성했다. 프로이센은 여전히 러시아로부터 비구름이 몰려와 은혜의 폭우가 내리기를 바라는 백일몽에 취해 있었다. 그러나 1807년 6월 현대의 칼리닌그라드Kaliningrad 가까이에 있는 프리틀란트(구프로이센의 쾨니히스베르크, 칸트의 고향)에서 프랑스 군대에게 처참히 패배하면서 모든 게임은 끝났다. 나폴레옹과 차르 알렉산더는 동프로이센과 리투아니아 사이의 고대 국경인 메멜강 가운데 띄운 특별히 만든 바지선 위에서 만났다. 프리드리히 빌헬름 3세는 강둑 위에서 쏟아지는 폭우 아래 방치된 채 자신의 운명을 기다리고 있었다.

나폴레옹은 프로이센 왕가의 존속에 대해 다소 심각하게 고민했다. 그러나 그는 차르와의 평화를 간절히 원했고 심지어 그들의 왕족과 결혼을 바라기까지 했다. 그래서 그는 이미 확립된 왕족들에게 지나친 경멸을 드러내는 것만은 피했다. 결국 프로이센이 생존하는 데 동의했지만, 어디까지나 엘베강 동쪽 지역에 대한 러시아 총독 관할구로써만이었다.

틸지트 조약Treaty of Tilsit(1807)에서 프로이센은 엘베 서쪽의 모든 영토를 잃었다. 1525년에 프로이센이 시작됐던 지점으로 되돌아갔다. 카이사르 아우구스투스와 샤를마뉴가 서유럽의 자연적 국경이라고 생각한 지점 너머의 소국에 불과했던 그때로! 심지어는 엘베강 동쪽에서도 증오하는 이웃이자 라이벌 작센에 영토를 양도하면서 프로이센은 더욱 쪼그라들었다. 하지만 그중에서도 최악은 폴란드 영토의 대부분을 포기하고 폴란드인들이 바르샤바 대공국에서 독립된 민족 국가로 재건되는 광경을 지켜볼 수밖에 없었다는 점이다. 1808년 즈음, '라인 동맹'은 잘못 지어진 이름이 됐는데, 아우구스투스가 게르마니아라고 불렀던 모든 땅을 포함하고 엘베강 너머까지 뻗어나갔기 때문이다.

결국 오스트리아의 치명적 오산으로 프로이센은 자신의 역량이 아닌 오직 은혜로만 구원받게 됐다-그리고 게르마니아를 멸망시켰다.

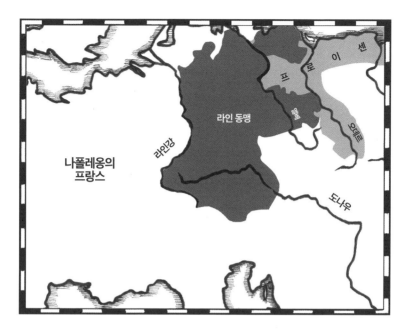

궁지에 몰린 프로이센: 라인 동맹과 바르샤바 대공국(1812년)

끝없는 세금 징수와 징병 요구, 라인란트와 영국과의 수익성 좋은 무역 금지 등을 추진한 나폴레옹 군사정권의 열정은, 프랑스 패권에 도전하는 서부 독일의 열망을 산산이 부쉈다. 그러나 여느 때와 다름없이 분열된 상태에서는, 멍에를 벗을 방법이 없었다. 프로이센 또한 순종적인 행동을 취했다. 이들은 1809년 프랑스에 맞선 앵글로-오스트리안 전쟁 Anglo-Austrian war 동안 나폴레옹에게 충성을 바쳤다. 1812년 나폴레옹이 러시아를 침공할 때는 안전 기지로 프로이센 영토를 기꺼이 내줬고, 1812년 10월에 러시아와 손잡고 반프랑스 동맹을 제안하는 오스트리아를 거절했다. **심지어 나폴레옹이 모스크바에서 위대한 프랑스군이 파괴되고 치명적인 후퇴를 하면서 러시아에 쫓겨 동프로이센 국경까지 퇴각했을**

때도 왕은 기꺼이 나폴레옹에게 충성했다. 더욱이 1812년 12월 30일, 일방적으로 중립을 취할 것이라고 선언한 자신들의 장군 요크Work를 국법 회의에 넘기겠다고까지 했다. 요컨대 프로이센은 나폴레옹이 완전하게 패배하고 러시아가 바로 옆에까지 진군하기 전에는 공개적으로 나폴레옹에게 맞서지 않았다. 영웅적인 전설 같은 일은 결코 없었다.

그러던 와중에 이제 '위대한 합스부르크가의 실수'가 도래한다. 이전의 많은 황제처럼 오스트리아의 프란치스코 2세Francis II는 숙명적으로 독일 이외의 것들에 눈길을 돌리게 된다. 갑자기 그와 그의 훌륭한 장관 메테르니히Metternich는 프랑스보다 러시아가 더 위협적 상대라는 결정을 내린다. 이는 역사상 가장 최악의 상황파악 중 하나였다. 프로이센의 호엔촐레른 가문이 나폴레옹에게 고개를 숙이는 동안, 합스부르크 왕가는 너무 오랫동안 나폴레옹과 전투를 벌였지만, 러시아가 승자가 될까 두려운 마음에 쓰러지기 직전이었던 보나파르트에 대항하기를 주저했었다. 1916년 솜Somme강 전투 첫날의 영국군보다 양측이 더 많은 군사를 잃은, 50만 명 이상이 동원된 라이프치히 전투Battle of Leipzig (1813)에 오스트리아는 때맞춰 편승하기는 했지만, 합스부르크는 애국적 환승 기회를 놓쳐 버렸다. 프로이센-오스트리아 연합군은 물론 나폴레옹 휘하에도 라인 동맹Confederation of the Rhine에서 차출된 독일 병사들이 많은 부분을 차지했기에 이 전투는 사실상 독일군끼리 벌인 동족상잔의 비극이었다. 지금도 라이프치히에는 91m 높이의 커슐라흐트덴크말Völkerschlachtdenkmal(제국민 전 기념비)에 당시의 전투 과정이 흉터로 남아 있고, 주변에는 프랑스와 연합군의 주요 부대를 추모하는 45개의 아펠 스톤Apel-stones이 있다. 독일은 이제 프랑스의 그늘을 벗어났지만, 그 해방의 여정에서 오스트리아의 활약은 미미해 보였다.

제3의 독일은 프랑스 지배를 위한 도구라는 인식과 오스트리아의 심각한 계산 착오 덕분에, 이제 프로이센은 독일의 타고난 통치자처럼 존재해 모든 현실에 맞서는 것이 가능했다.

프로이센의 폭식

1814년 나폴레옹의 첫 패배 이후, 영국과 러시아 사이는 1945년 이후의 미국과 러시아보다 신속하게 멀어졌다. 이 상황 속에서 최고의 수혜자는 프로이센이었다.

1814년 빈 의회에서 프로이센은 나폴레옹과의 대결에서 승리한 보상으로 (비록 늦기는 했어도) 작센 전역을 요구했다. 러시아인들은 프로이센을 순전히 우군으로 여겼기 때문에 그들의 주장을 지지했다. 오스트리아군은 반발했고 영국군은 오스트리아에 동의했다. 나폴레옹이 퇴위 후 엘바섬으로 유배된 지 고작 6개월 뒤, 영국은 러시아와 프로이센에 대항해 필요하면 전쟁을 불사할 각오로 프랑스와 오스트리아와 손을 잡았다. 러시아가 물러났기 때문에 프로이센은 격노했다. 그리고 영국이 제안했던 위로의 포상, 즉 작센의 절반과 라인란트의 방대한 부분의 할양을 받아들일 수밖에 없었다.

런던은 큰 그림을 그리고 있었다. 일부 적당한 규모의 독일 전력이 라인강 주변의 요지를 부여받아 미래의 프랑스 팽창에 대한 자연스러운 방어 수단이 되어주어야 했다. 물론 바이에른과 오스트리아, 심지어 영토를 받게 될 프로이센까지 아무도 그것을 원하지 않았다. 그 위대한 바보짓이 그들 모두를 사선死線에 놓을 것이기 때문이었다. 프로이센은

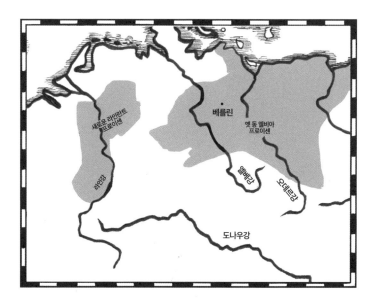

영국의 잘못된 판단: 프로이센, 라인란트를 차지하다(1814년)

그들과 상반된 사회·법률적 전통을 지닌 완전한 가톨릭 기반의 땅을 새로운 영토로 흡수해야 한다는 점을 특히나 반기지 않았다. 하지만 당시에는 유일하게 제공되는 포상이었기에 받아들일 수밖에 없었다.

물론 라인란트와는 아무런 상의도 없었다. 그나마 프로이센에게 우선적인 위로가 되는 이유는 라인란트가 아마도 영국 자체를 제외하면 세계에서 가장 발전된 상업과 산업 분야를 보유한 지역이었기 때문이다. 1815년은 프로이센에게 더 운 좋은 해였다. 나폴레옹이 유배지에서 돌아왔고 러시아, 오스트리아, 프로이센과 영국은 다시 그에게 대항하면서, 그의 유일한 기회는 바로 그들 중 한둘을 이기는 것이었다. 북쪽에서 전투를 시도함으로써, 그는 영국과 프로이센을 먼저 만나는 길을 선택했다. 워털루Waterloo 전투(1815년)에서 나폴레옹에게 영원한 종말을 안겨주게 된 영광은 영국의 웰링턴 공작과 독일해방전쟁 기간(1813~1815)에 프로이센군의 총사령관이었던 블뤼허Blücher 장군에게 돌아갔다. 후에 영국과 독일 역사가들은 이 전투의 진정한 승자가 누구인지에 대해 격렬한 논쟁을 벌였지만, 그 당시에는 아무도 개의치 않았다. 프로이센은 이제 강력한 영국의 총아였다. 블뤼허(1742~1819)가 공동 승자로 환영받기 위해 런던에 왔을 때, 그는 그곳에서 펼쳐진 환상적인 부를 목격하고는 속으로 부르짖었다. '약탈하기에 얼마나 멋진 도시인가!'

워털루 이후의 독일: 겨울의 땅

워털루 이후, 빈 의회에서 승리한 세력들은 모두 프랑스 혁명 이전으로 시계를 되돌리고 싶어 했다. 프랑스에서 이는 명백하게 군주제의 복원을 뜻했다. 하지만 신성로마제국은 1806년 아무도 애도하지 않는 가운데 이미 사망한 상황이었다. 그 자리에는 더 단순화되고 현대화된 버전이 자리를 잡았다. 후에 독일 제국의 모태 역할을 한 독일 연방German Confederation의 상임의장국은 오스트리아였다. 그러나 독일 연맹은 실제로 독일이 아니었고, 만약 연방이 동등한 국가들의 연합을 의미하는 것이라면 심지어는 연맹조차 아니었다. 38개의 회원국에는 덴마크와 네덜란드의 왕(유전적으로 홀스타인과 룩셈부르크 공작 자리를 상속받은) 그리고 두 강대국이자 국외의 거대한 영토를 통치하고 있는 프로이센과 오스트리아도 포함돼 있었다.

　그 후 50년 동안 독일 정치는 프로이센과 오스트리아 간의 경쟁과 함께 작은 국가들이 고대로부터 내려온 각자의 개별주의Particularism를 포기하고 효과적인 연합을 구축할 수 있는 충분한 공통점을 찾지 못한 채 표류했다.

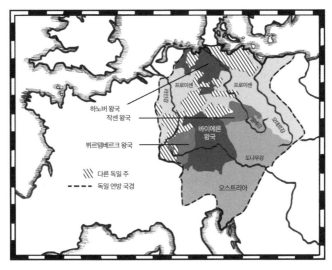

워털루 전투 이후의 독일 연방(1815년)

　오스트리아와 프로이센의 왕권을 하나로 묶고, 또 양쪽 모두 유럽의 다른 왕과 군주들을 하나로 묶은 매개체는 바로 독일 민족주의Nationalism에 대한 반감이었다. 이 시대에는 국가주의가 진취적이고 정치적으로 자유민주주의적인 듯 보였다. 민족주의는 인종적으로 정의된 국민이 권좌를 물려받은 왕에게 통치되는 것이 아니라 스스로 통치해야 한다고 요구했기 때문이다. 당연히 유럽 전역의 세습 통치자들은 민족주의를 혐오하고 두려워했다.

　초반의 프로이센과 오스트리아 사이의 경쟁은 이러한 공동의 관심사에 의해 위장됐다. 그들은 강력한 이웃인 러시아와 함께 신성 동맹Holy Alliance(1815년 9월 26일)을 만들어 유럽 독재정치를 안전하게 지키려 했다. 또한 독일 연방의 더 작은 국가들을 카를스바트 선언문 Carlsbad Decrees(1819)에 따라 대대적으로 단속했다. 이는 진보적/민족주의적 정서를 내포할 수 있는 것이라면 그 무엇일지라도 불법임을 선포한 것이었다. 심지어 스포츠클럽이나 대학의 강사들조차 불온하거나 선동적이지는 않은지 엄격한 검열의 대상이 되었다.

이제 숨 막힐 듯한 사회적, 정치적, 관료적 순응주의가 독일 전체에 퍼졌다. 가장 기억에 남는 묘사는 하인리히 하이네Heinrich Heine(1797~1856)의 위대한 연작시 『독일: 어느 겨울 동화Germany: A Winter's Tale』이다. 시 속에서 독일을 탈출했다가 낭만적 생각으로 가득 차 돌아온 시인이 있다. 그는 라인란트를 지배하고 있는 프로이센 병사들과 마주하게 된다.

> 아직도 여전한 그 오래된 나무 벽창호 (Still the same old wooden pedants)
> 아직도 여전히 오직 움직일 수밖에 없는 그 나라 (A nation that can still only move)
> 수직으로, 얼어붙은 찌푸린 얼굴들 (At right angles, faces frozen)
> 그 오래된 오만함 속에 (In that old arrogance)

이러한 독일에서는 사회적 이동성이 존재할 수 없었다. 높은 공직이나 군 복무는 귀족들을 위한 자리였고 적극적인 정치활동은 금지됐다. 여전히 반짝이는 커리어를 만들어 갈 수 있는 유일한 방법은 대학에 가서 언어, 역사, 신학, 철학, 음악, 과학 등 무엇이든 뚜렷하게 비정치적인 내용을 수학하는 것이었다. 그 결과 중산층의 내적 성찰Innerlichkeit에 대한 숭배와 문화적 교육Bildung이 생겨났다. 독일의 대학들은 사회적 야망을 위한 유일한 출구로써 급속하게 성장해 세상의 놀라움 그 자체가 되었다. 진정한 정치적 논의가 금지되면서 독일 대학의 철학자들은 자유, 책임, 소속감 등 추상적 개념들을 희롱하는 달인이 됐다. 이런 사상가들 중에서 가장 영향력이 있는 이가 바로 '헤겔'이다. 그는 여전히 많은 학자의 연구 대상이다.

헤겔: 모든 악의 근원?

G.W.F. 헤겔Hegel(1770~1831)

헤겔은 자신의 생각들을 무분별하고 무의미한 언어의 거미줄(쇼펜하우어)로 가려 두었기 때문에 그가 진정 의미하는 바가 무엇이었는지를 알아내기란 거의 불가능에 가깝다. 그러나 그 심장부에는 역사에 대한 그의 변증법적 이론이 자리하고 있다. 그의 이론은 개념들이 항상 개방된 혹은 비밀스러운 갈등 속에 있다고 명시한다. 이런 갈등들은 점진적 전개가 아니라 예측불허의 갑작스러운 큰 격변(예: 프랑스 혁명을 통한 나폴레옹의 부상)에 의해 변화를 산출한다. 이는 정말 급진적인 생각들이었고 그의 청중들은 새로운 역사 이론에 매우 열광했다. 그러나 헤겔은 그러한 변화가 무작위적인 과정이라고 생각하지 않았다. 그는 세계 정신der Weltgeist 이 모든 것을 항상 완벽하게 합리적인 쪽으로 이끌어간다고 믿었다. 그는 이 완벽하게 합리적인 상태는 아직 존재하지 않는다고 말했지만 프로이센은 (종종 서유럽에서 가장 억압적이고 군사적인 국가라는 믿음으로) 그것에 가장 가까이 다가가고 있다고 말했다. 19세기 독일 사상 그리고 오늘날의 일부 사상가들에 이르기까지 헤겔이 끼친 영향은 헤아릴 수 없을 정도로 치명적이다.

가난하고 억압받는 독일의 국정 상황에 대한 비판적인 말이나 글을 쓰고 싶다면, 간편한 선택지가 하나 있었다. 이곳에서 나가는 것이었다.

LONDON, SATURDAY, MARCH 14, 1840.

A SHOWER OF GERMAN PAUPERS,
OR BAD WEATHER FOR JOHN BULL.

<페니 풍자가(The Penny Satirist)>(1840년 3월)
"쏟아지는 독일 빈민들"
-존 불에게 괴로운 날씨-

세계의 공방인 영국에는 노동력에 대한 무한한 수요와 함께 완전히 방치된 제한과 거주 등록조차 없는 국경, 어떠한 이유 혹은 타국 세력도 첨예한 집게발로 집어내지 않는 관용적인 정책이 있었다. 그래서 런던은 당시 독일 망명자들이 가장 선호하는 목적지였다. 정치적이건 단순히 경제적인 이유의 이민이건 상관 없었다.

그곳에서는 많은 이들이 그랬듯 훨씬 더 큰 자유를 위해 미국으로도 나아갈 수 있었다. 자유로운 영-미로의 동경과 꿈은 러시아의 지원을 받는 프로이센과 오스트리아 경찰국에 대한 대안을 간절히 원하는 자유주의 독일인들에게 자연스러운 미래상이 됐다.

영국의 자연스러운 동맹

한편, 일부 독일인들은 영국으로 달아나는 대신 영국과의 특별한 관계를 추구했다.

19세기 앵글로색슨 자유주의

영국의 명성과 권력은 그 어느 때보다 더 높았다. 어디에서든 정치적 자유주의자들은 영국의 입헌 통치, 작은 정부, 자유무역을 누릴 수 있었다. 그 어느 때보다 증가하는 부와 거의 무제한에 가까운 개인의 자유는 단지 이상적인 영국·미국의 이야기가 아니라, 실제로 그 세계 자체의 자연스러운 방식이었다. 모든 나라는 점차 이 앵글로색슨의 길을 따라가게 된다. 정말 필요한 경우에는 신속한 군사적인 설득이 어느 정도 동반됐다. 걸프전을 기획한 딕 체니Dick Cheney 같은 미국의 신보수주의자들이 바로 이 이데올로기의 대사제로서의 마지막 생존자들이다.

완전히 새로운 언어학 분야는 유럽에 독특한 언어 집단이 있다는 사실을 밝혀냈다. 영어는 명백하게 게르만 계통에 속했기 때문에 독일어와 영어는 매우 밀접한 관련이 존재한다고 주장했다. 19세기 초반의 3/4에 해당하는 시기에는 영어와 독일어가 혼용되어 서로 사촌이나 다름없었다. 이로 인해 일부 독일인들은 앵글로색슨의 자유사상이 실제로는 고대 게르만으로부터 유래된 사상이라고 믿게 되었다. 즉 프랑스인(실제로는 로마인)이 독일지역에 정착을 시도했던 것과 같은 외부로부터의 강압 때문에 들어온 것이 아니라는 것이다.

헤겔은 게르만의 북유럽주의에 의해 세계사에서 해상으로 향하는 식민지 게르만 제국Reich der Germane이 부상하게 될 가능성에 대해 숙고했다. 식민지 게르만 제국이라 함은 당연히 프로이센과 영국이 주도한 워털루 전투 이후의 프로테스탄트 독일 연맹을 의미했다.

이는 그저 한 철학자의 꿈에 그치지 않고 지구상에서 가장 강력한 정치적 영향력이 있는 게르만 한 명을 사로잡았다. 바로 영국 빅토리아 여왕(그녀도 물론 독일계였다)의 부군인 작센-코부르크의 앨버트Coburg Albert 공이다. 그는 끊임없이 코부르크 플랜Coburg Plan을 추구했다. 특히 벨기에의 레오폴드Leopold왕의 지원을 받아 앨버트와 그의 독일인 고문들은, 프로이센이 먼저 영국 헌법에 따라 개혁하고 나서 독일 전체를 통합해야 한다고 제안했다. 빅토리아가 말했듯이 그 과정에서 영국의 가장 유용한 동맹국이 될 것이라는 주장을 펼쳤다.

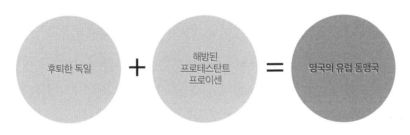

앨버트 공의 코부르크 플랜

실패한 혁명

1848년은 무르익은 시기인 듯했다. 유럽 전역의 혁명의 물결이 휩쓴 모든 지역에서는 농산물을 수확하는 데 실패했다. 프랑스 혁명에 직접적으로 고무된 독일, 시위자들이 라인강변 만하임에서 실질적인 요구사항의 체계를 정하기 위해 모였을 때, 그들이 가져온 안건들은 앵글로-아메리칸Anglo-American선언문에 기반을 두고 있었다. (앵글로보다는 오히려 미국적인)

독일 혁명의 요구사항

1 자유롭게 선출된 장교로 무장한 민병대

2 언론의 무조건적 자유

3 영국 모델에 따른 배심원 제도

4 전 독일 의회의 즉각적인 창설

5 시민을 위한 권리 장전

6 합의된 헌법제정

3월의 요구, 1848년 2월 27일

1848년 3월 18일, 베를린 거리에서 300명의 시위자들이 군대에 맞서 싸우다가 사망했다. 오늘날 브란덴부르크 문 앞의 광장이 '3월 18일 광장'이라 명명된 이유다. 프리드리히 빌헬름 4세는 이 사망자 수에 기가 죽어서, 사라진 혁명가들에게 고개를 숙이고 공개적으로 그들의 흑-적-금색기를 국기로 채택했으며, 그 순간부터 프로이센은 해체되어 독일로 남을 것이라고 약속했다.

이는 자유 민족주의 혁명가들의 승리로 보였다. 프로이센 자체는 이제 표면적으로는 완화된 왕권과 선출된 의회Landtag를 갖게 됐다. 한편 프랑크푸르트에서는 독일 통일의 형태를 논의하기 위해 더 큰 규모의 제국의회가 개최됐다. 대독일 해결책(오스트리아 포함) 또는 소독일 해결책(오스트리아 제외, 프로이센 주도)중 어느 것이 될 것인가?

그 어느 쪽도 아니었다. 1849년 4월 3일 프랑쿠프르트 의회가 모든 독일을 대표하는 왕관을 프로이센의 프리드리히 빌헬름 4세Frederick Wilhelm IV에게 제안했을 때는 이미 상황이 바뀐 터라 그는 그 제안을 경멸스럽다는 듯이 거절했다. 오스트리아와 프로이센은 강력한 검은 에이스 카드를 가지고 있었기 때문이다. 바로 러시아였다. 그들은 자유사상에 물들지 않은 충성스러운 농민들로 구성된 차르의 막강한 군대 소집이 가능하다는 점을 알고 있었다. 이처럼 무기고가 굳건히 건재했기 때문에, 1848~9년의 서방 혁명은 붕괴하고 독일의 전제정치는 다시 완전한 권력을 회복했다.

이제 남은 문제는 프로이센과 오스트리아 중 어느 쪽이 자연스러운 러시아의 승인을 받아 독일 통치의 키를 잡을지 결정하는 것에 불과했다. 프로이센은 재빠르게 움직여 다른 거대 북부 독일 왕국들, 작센과 하노버를 강요해 에르푸르트 연합Erfurt Union에 끌어들이려 했다. 그러나 오스트리아는 싸울 준비가 되어 있었고, 양측 모두 동원령을 선포했다. 하지만 전능한 차르 니콜라이 2세는 현상 유지를 지지했다. 결국 프로이센은 올뮈츠의 굴욕Humiliation of Olmutz에서 뒤로 물러나 여전히 오스트리아가 주재하는 1815년 독일 연방의 복원을 받아들여야만 했다.

서구, 맹위를 떨치다

1850년, 독일은 1815년 당시의 상황으로 돌아갔다. 오스트리아와 프로이센이 단단히 대립했고 러시아는 양쪽 모두를 위협하고 있었다. 독일인들은 망명을 선택했다. 경제적, 정치적 이유로 런던으로 이주했다. 그 중 정치적 망명 신청자 하나가 런던에 자리를 잡고 책을 썼다. 단지 세상을 이해하기 위해서가 아니라, 세상을 완전히 바꾸기 위해서였다.

칼 마르크스Karl Marx

마르크스는 위트가 넘쳤고 술 마시기 시합을 즐기는, 겁이 없는 급진적 기자이자 신문 발행인으로서 명성을 떨쳤다. 『공산주의 선언Communist manifesto』에서 그와 그의 동료 라인 지방의 프레드리히 엥겔스Fredrich Engels는 '모든 역사를 지배한 진정한 전투는 계급투쟁'이라는 헤겔의 '갈등을 통한 진보'의 교리를 받아들였다. 이 계급투쟁Class struggle은 프롤레타리아 독재와 함께 헤겔의 '이성적rational' 국가에 대한 '마르크스 이론'이 도래할 때까지 계속될 것이다. 모든 충돌이 끝나면 앵글로색슨 모델의 소위 '자유'라고 하는 것의 반대 의미인 '진정한 자유'는 보편적일 것이며, 역사는 끝날 것이다. 나중에 마르크스는 스스로를 논객이 아닌 자신의 역사적 계급투쟁을 위한 자연과학의 기초를 제공했다고 여기며 크게 존경한 다윈 같은 과학자라 여겼다. 그는 방대한 자신의 저서 『자본론Das Kapital』을 통해 자본주의가 격렬하게 붕괴하는 것은 과학을 통해 필연적임을 증명했다고 주장했다. 이 모든 필연적, 역사, 진정한 자유, 투쟁의 이야기 등에 대한 구세주적인 사상은 매우 명확하며, 이 사상으로 마르크스의 사상은 끔찍한 독재자와 살인자들을 정당화하는 데 널리 사용되기도 했다. 아마도 마르크스는 자신의 과거와 현재에 대해서는 놀랄만한 통찰력을 가진 최고 수준의 저널리스트였을지 모르지만, 자신의 미래에 대해서는 거의 대부분의 경우 완전히 틀렸었다고 하는 것이 최선의 평이다.

하지만 그 후 유럽의 세력 균형에 큰 변화가 찾아왔다. 1853년 서구 열강Westmachte이라는 용어가 독일어에 등장한다. 프랑스와 영국은 크림전쟁Crimean War(1853~56)을 통해 러시아의 흑해 진출을 막기 위해 연합했다. 그들은 이를 자유주의 대 절대주의라는 사상적 갈등으로 여겼다. 차르의 군대는 자국 영토에서 패배해 러시아의 권력과 명성에 타격을 입혔다. 직후에 영국은 인도 반란Indian Mutiny(1857)을 진압했다. 영국이 세계적 승리를 거두고 미국인들이 아직 남북전쟁에서 헤어 나오지 못한 상황에서,

1850년대 후반의 미래는 뚜렷하게 앵글로색슨의 것으로 보였다.

1856년 빅토리아 여왕과 앨버트 경의 딸 빅토리아 아델라이드 메리 루이즈 공주가 프로이센의 왕위 서열 2위인 프리드리히 3세Friedrich III와 약혼을 하면서 독일에서 영국 숭배는 새로운 고지에 도달했다. 융커 출신 변호사로 비교적 유명하지 않았던 정치가 오토 본 비스마르크Otto von Bismarck는 이런 영국 숭배 경향에 혐오감을 표하며 친구에게 이런 편지를 썼다.[17]

비스마르크가 영국 숭배에 격분하다 (1856)

영국 귀족과 영국 기니금화에 대한 일반 독일인들이 보여주는 어리석은 추앙, 영국에 미친 의회와 언론들, 스포츠맨들, 지주들, 판사들….

지금도 모든 베를린 사람들은 만약 진짜 영국 기수가 그에게 말이라도 걸거나, 혹은 여왕의 대수롭지 않은 영어 한마디라도 쥐어 짜낼 기회를 준다면 자기가 고상해지기라도 한 듯 느낄 걸세. 그런데 심지어 영국 여자가 이 땅의 영부인the First Lady, 왕비 Queen가 되면 대체 얼마나 더 심해지겠는가?

1856년 5월 2~4일의 편지

만약 베를린 자체가 영국에 우호적이었다면 (1815년 이후) 프로이센이 통치하는 라인란트에서는 그 느낌이 더 강했을 것이다. 쾰른에 기반을 둔 독일 국가연합Nationalverein은 구 프로이센-러시아 축과는 전적으로 별개의 노선을 채택하여 새로운 해양 지도 위에서 영-미-독 세계 패권에서 그 미래를 보았다.

게르만 민족은 숙명적으로 세계를 지배할 운명에 처해있다. 그녀(빅토리아가 독일 계이므로)는 신체적으로나 정신적으로나 모든 다른 인종들보다 뛰어나며 지구의 절반은 사실상 그녀에게 종속돼 있다. 영국, 미국 그리고 독일. 이들 모두는 강력한 게르만 나무의 세 가지다.

민족주의 주간신문Wochen-Blatt des Nationalvereins, 1865년 9월 7일

라인란트는 서구적으로 보였다. 프로이센에 대한 러시아의 영향력은 쇠퇴하고 있었다. 지난 50년 동안 러시아의 종속국에 불과했던 프로이센은 더 이상 천하무적이라 느껴지지 않았다.

엘베 동쪽의 옛 프로이센과 새로운 식민지 라인란트 간에 내재됐던 긴장이 표면 위로 떠올랐다. 분쟁의 중심에는 돈이 있었다. 라인란트는 돈의 대부분을 프로이센에 퍼부었고, 베를린 궁정에서 이렇게 모인 세금을 어디에 쓸지 결정했다. 하지만 산업 호황이 대규모 인구 증가로 이어지면서 프로이센 의회의 하원의원 수는 점점 더 늘어났다. 나아가 베를린에서 필요한 재원은 점점 더 서쪽 지역에서 충당되었다. 권력 투쟁의 중심에 프로이센 군자금 문제가 있었다. 1849년 자유주의가 무너진 후에도 프로이센 의회가 유지했던, 거의 유일한 실제적 영향력은 여전히 국가 예산을 승인하거나 거부할 수 있다는 것이었다. 라인란트의 의원들과 베를린의 자유당 소속 진보 의원들은 이제 군대가 임명한 장교들과 함께 인민 민병대가 될 경우에만 더 큰 예산에 투표할 것이라 주장했다. 이는 왕과 융커들에게 완전히 저주였다.

1862년이 되자 자유주의적 압박이 너무 커져서 빌헬름 1세Wilhelm I는 그의 아들에게 양위를 진지하게 고려했다. 그렇게 된다면 개혁을 선호하는 것으로 알려진 빅토리아의 사랑하는 사위 프리드리히 3세가 프로이센의 왕좌에 오르게 된다. 이후에는 빌헬름 주변의 반동적인 패거리는 끝장이라

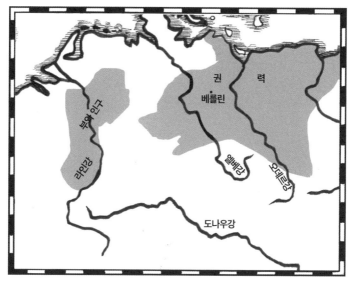

프로이센과 라인란트의 갈등

고 보았다. 그들은 빌헬름에게 마지막으로 주사위를 던져 승부수를 두라고 제안했다. 서쪽 성향의 하원의원들과 대결할 진정한 동부 엘베 융커를 임명해보라는 것이었다. 그들은 이미 한 후보자를 염두에 두고 있었다.

철혈재상의 등장

오토 폰 비스마르크Otto von Bismarck(1815~1898)는 다른 융커들처럼 자신이 충성을 다해온 프로이센을 지키고자 하는 강력한 의지가 있었다. 한편으로 그의 성공은 '프로이센의 보존'이라는 야심을 독특하며 무자비하게 추구한 덕분이기도 하다. 그는 다른 한편으로는 자유민족주의 물결의 방향을 특정 대상으로 향하게 할 수는 있어도 이것에 저항할 수는 없다는 점을 알고 있었다. 그는 프로이센 재상으로 취임하기도 전인 1862년 6월, 이미 미래의 영국 총리가 될 벤자민 디즈레일리Benjamin Disraeli에게 어떻게 프로이센을 이끌지 자신의 의도를 말했다. 이때 디즈레일리는 비스마르크가 얼마나 드러내 놓고 발언했는지 자신의 일기에 모든 내용을 적어 두었다가 오스트리아 사람들에게 이렇게 경고했다. '이 남자를 주의하라. 그의 말은 진심이다!'

비스마르크가 직접 답하다(1862)

나는 곧 프로이센 정부를 지휘해야만 한다… 군대가 국민의 존경을 불러일으킬 정도가 된다면 오스트리아에 선전 포고를 하고, 독일 연방을 해체하고, 소수 국가들을 제압하고, 프로이센의 리더십 아래 독일에 국가 통합을 제시할 수 있는 가장 좋은 구실을 만들 것이다.

'프로이센의 리더십 아래'는 반드시 필요한 단어들이었다. 비스마르크는 독일에 의한 국가통합처럼 보이도록 했지만, 실제로는 프로이센의 지배를 의미했다. 많은 독일인이 지금 통일을 간절히 원하고 있어서 실제로는 그것이 프로이센 왕실의 점령이라는 사실을 눈치 채지 못하거나 개의치 않을 것이라는 것에 걸었다.

그는 곧 독일 민족주의자들에게 서방이 아니라 프로이센이 그들의 진정한 친구라고 설득할 기회를 얻었다. 1863년 말 덴마크는 슐레스비히-홀슈타인Schleswig-Holstein이라는 쌍둥이 공국을 완전히 통합하려는 듯 보였는데, 이 공국은 왕이 통치하고 있었고 대부분의 사람들이 독일어를 사용했다. 독일 연방은 하노버와 작센의 군대를 동원하여 침공을 시도했지만 거의 성공하지 못했다. 이어진 교착 상태에서 영국은 전쟁이 재개되면 덴마크를 되찾아오겠다고 호언장담했다.

애국적인 분노가 독일을 휩쓸었다. 그리스와 이탈리아의 민족주의를 옹호한 영국인들이 왜 독일과의 관계에선 그러지 않는가? 비스마르크는 영국에 엄포를 놓고 동시에 분쟁의 기회를 제공할 수밖에 없는 오스트리아를 끌어들여 공동 대응하고자 했다. 그는 겉으로는 독일 연방의 이름으로 프로이센의 군대를 보낼 생각이었다. 오스트리아는 선택의 여지가 거의 없이 선례를 따르거나 그들의 형식적 리더십을 독일에 양보해야만 했다. 덴마크는 빠른 속도로 무너졌고 약속했던 영국 해군은 전혀 나타나지 않았다.

비스마르크는 지구상에서 가장 부유한 나라가 싸울 준비가 되어 있지 않음을 간파했다. 1864년 이후 많은 독일 민족주의자는 영국을 퇴폐적이고 초라한 늙은 사자로 취급했고, 그들이 은행 계좌에만 신경 쓰는 모습을 보며 영국에 대한 옛 존경심을 잃었다. 비스마르크는 영리하게도 민족적-자유주의적 열망을 교묘하게 이용했지만, 결코 그들을 다스린 적은 없었다. 프로이센 군대 개혁이나 자금조달을 둘러싼 베를린 의회의 갈등은 점점 더 심해졌다. 1865년 6월 의회에서 비스마르크는 위대한 자유주의 리더이자 세포생물학의 아버지인 루돌프 피르호Rudolf Virchow 박사에게 격렬하게 맞서 결투를 신청했다. 피르호 박사는 칼이나 총을 든 거대하고 사나운 융커에 맞서 싸워봤자 소용이 없다는 것을 알았다. 그는 자신의 무기로 독일식 소시지인 브라트부어스트bratwurst 두 개를 골라, 그중 하나에 독을 넣은 뒤 비스마르크에게 먼저 하나를 집어먹을 권리를 주었다. 그 결투는 결국 이루어지지 않았지만 이런 일들이 계속될 수는 없었고 비스마르크도 그 사실을 잘 알았다. 이제 1862년에 디즈레일리Disraeli에게 그토록 대담하게 털어놓았던 그 계획을 실행할 시간이었다.

"사자 가죽을 입은 루펠, 두려워 마라"
1864년 영국의 허약함. <클라데라다치(Kladderadatsch)>에서 풍자되다
'루펠, 걱정 마. 내가 도와줄게. 하지만 먼저 그들에게 맞서.
어쩌면 아무것도 안할지도 몰라.'

프로이센, 독일을 격파하다

비스마르크는 1866년 6월 9일 홀스타인Holstein으로 행군했다. 그의 계획은 프로이센 군대의 무적 신화에 의존하지 않았다. 그보다는 사전에 완벽하게 계산된 외교적인 조율에 전력을 다했다. 6월 16일 전투가 시작됐을 때 러시아와 프랑스는 중립을 유지했고 이탈리아는 베네치아에 있는 오스트리아 소유 지역에 공격을 감행했다. 혹독하게도 합스부르크는 두 전선에서 전쟁을 치러야만 했다.

독립된 왕국(바이에른, 하노버, 작센, 뷔르템부르크) 전부와 독일 대부분 지역에서는 오스트리아를 지지했다. 그러나 프로이센과는 달리 그들은 전쟁을 계획하고 있지 않았기 때문에 완전히 무방비 상태

였다. 그래도 그들은 열심히 싸웠다. 6월 27일 하노버군은 랑엔잘차 Langensalza에서 프로이센을 무찔렀다. 다른 실패한 군대들이 그렇듯 프로이센군일지라도 성급하게 전투를 벌이고 수적으로 열세하면 패배했다. 하지만 결국엔 모든 것이 오스트리아에 달려 있었다.

이전의 수많은 친로마 독일 제국처럼 오스트리아의 합스부르크가는 독일의 상황에 최우선적으로 집중할 수 없었고 그것은 치명적인 약점이었다. 그들은 이탈리아가 베니스를 취하게 하고 프로이센과 전면전을 벌일 수도 있었다. 대신 그들은 병력을 거의 정확하게 반으로 나누었다. 1866년 7월 3일 쾨니그그라츠Königgratz(현재의 체코 흐라데크 크라로베공화국Hradec Králové)의 엘베 강둑에서 결정적인 전투가 벌어졌을 때, 오스트리아의 병력은 전군의 절반밖에 없었기에 숫자로 보면 양국의 병력은 거의 동일했다.

하지만 무기는 그렇지 못했다. 라인란트에서 쌓은 부 덕분에 프로이센 군대는 후장식 총으로 막 업그레이드를 마친 상태였다. 반면 오스트리아는 후장식 총으로 무장하는 방안을 생각해보지 않은 것은 아니었지만 막대한 비용 때문에 실행에 옮기지 못했다. 유럽의 다른 모든 군대처럼 그들은 여전히 전장포만을 사용했다. 프로이센 보병들은 현대의 군대처럼 무릎을 꿇은 자세나 엎드린 자세에서도 반복적으로 총을 쏠 수 있었다. 반면에 오스트리아 군대는 반세기 전에 워털루에서 다른 군대들이 그랬던 것처럼 여전히 서서 총을 재장전해야 했다. 후장식 총과 전장포의 살상 비율이 4:1인 상황에서 동일한 수의 병력이 대적했다. 전투의 승리를 예상하는 데에는 별다른 천재성이 필요하지 않았다. 오스트리아 병력은 프로이센에 일방적으로 살육당했고 참패했다.

바이에른이 이끄는 남부 주들이 3주 동안 프로이센과 소규모 전투를 벌였지만, 오스트리아가 패배한 상황에서 희망이라곤 없었다. 프로이센은 슐레스비히 홀슈타인Schleswig –Holstein, 헤세 카셀Hesse-Kassel, 프랑크푸르트Frankfurt 그리고 나소Nassau 공국을 합병했다. 가장 저항이 심했던 하노버에서는 유럽에서 가장 오래된 군주국인 구엘프Guelph 가문을 폐위시켰다. 왕국은 프로이센의 한 주로 축소되었고 거대한 금광은 약탈당했다. 참으로 순수하고 단순한 정복이었다.

이제 모든 독일의 운명은 프로이센의 자비에 달려 있었다. 왕은 빈으로 진군을 원했고, 군대도 이를 완전히 지지했다. 그러나 비스마르크는 독일의 안전한 프로이센화 이외에는 더 바라는 바가 없었기에 이를 중단시켰다. 이제 프로이센이 엄청난 이득을 소화할 시간이었다.

북독일 연방Norddeutscher Bund이 설립되고 프로이센의 패권을 헌법이라는 허울로 눈가림했다. 연방 정부는 개념적으로는 개별 회원의 독립성과 자유 선거를 보장했지만 프로이센의 왕이 언제나 연방의 수장이었으며 프로이센의 대표가 언제나 연방의 수상이었다. 또한 인구 및 영토의 80% 이상이 프로이센이었다.

작센은 강제로 연맹에 가입했지만 강 남쪽의 나라들인 바이에른Bavaria, 뷔르템베르크Württemburg, 바덴Baden, 헤센 다름슈타트Hessen-Darmstadt는 자유 지역으로 남았다. 비스마르크는 이제 베를린에서 의회Zollparlament 선거를 실시했다. 그는 대중적 민족주의 정서가 자연스럽게 정착되고 나면 여전히 자유 지역으로 남은 곳들의 군주들이 프로이센 치하의 연방을 수용하도록 자극을 받을 것으로 기대했다. 하지만 그는 이내 실망하였다. 네 명의 남서부 유권자들 모두 단호하게 반프로

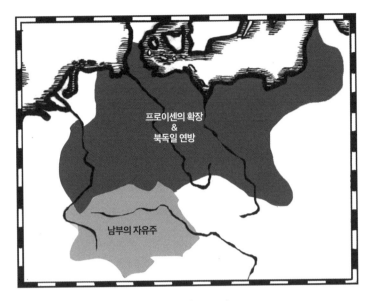

프로이센의 확장
&
북독일 연방

남부의 자유주

북독일 연방(1867년)

이센 후보에게 투표했다. 그들은 독일 통일과 프로이센화의 차이를 분명하게 구분했다. 불과 2년 전에 프로이센과 맞서 싸웠었기 때문에 이는 전혀 놀라운 일이 아니었다.

주사위는 아직 던져지지 않았다. 1862년 비스마르크는 소국들을 정복하겠다는 원대한 계획을 완성하기 위해 프랑스가 프로이센을 공격해주길 바랐다. 이는 프로이센이 정복자가 아니라 서부 독일의 수호자 역할을 할 수 있는 오직 한 가지 방법이었다. 이미 노쇠한 나폴레옹 3세는 비참한 말년에 더없는 낭패를 겪으면서도 비스마르크의 예상대로 의무를 다했다. 1870년 7월 13일 비스마르크의 융커식 강도질과 모더니즘의 이해타산이 맞물려 완전히 새로운 괴물이 탄생한다. 바로 매스미디어가 주도하는 전쟁이었다. 그는 스스로 프로이센의 왕 빌헬름이 프랑스 대사를 모욕한 것처럼 보이도록 특별한 외교 문서인 엠스 전보The Ems Telegram를 감쪽같이 조작했다.[18] 그런 다음 프랑스 혁명 기념일에 대중 여론을 최대한 자극하기 위해 그 내용을 신문에 공개했다. 당시 나폴레 옹 3세는 꺼져가는 인기를 회복할 기회를 찾는 중이었고, 군대가 준비되 었다는 장군들의 보고를 받자마자 전쟁을 선포했다.

비스마르크의 계획을 전혀 알지 못한 세계는 완전히 속아 넘어갔고, 오직 무자비한 프랑스군의 공격만 목격하게 된다. 칼 마르크스는 보나 파르트의 침략에 맞서 방어 전쟁을 벌이는 독일(프로이센뿐만 아니라) 이 프랑스 전쟁 음모에 대항해 일주일간 적대행위를 해야 한다고 주장 했다. 대부분의 사람들은 프랑스의 직업군이 프로이센의 징집병을 쳐 부술 가능성이 높은 독일 지역에서의 장기 전투를 예상했다. 런던에서 는 사람들이 <라인강 너머를 바라보라The Watch o'er the Rhine>를 노래 했고, 오스트리아는 프로이센이 패하면 1866년의 복수를 할 생각에 손 바닥을 맞대고 비볐다.

비스마르크와 프로이센의 헬무트 폰 몰트케Helmuth von Moltke 휘하 의 장군들이 몇 년 동안이나 이 전쟁을 계획해 왔다는 사실을 아무도 몰랐다. 비스마르크는 신중하게 러시아의 중립성을 확보해 두었기에 동쪽에 남아 있을 필요가 없었다. 몰트케는 철도를 이용해 상상을 초월 하는 속도로 신속하게 군대를 전방에 배치하였다. 군사기술에서 큰 발 전을 이룬 프로이센은 크루프Krupp가 1815년 영국이 운명적으로 프로 이센에게 넘겨준 산업 지역에서 주조한 새로운 선조線條를 새긴 철로 만든 후장식 대포로 무장했다. 무계획적이고 모든 전투에서 수적으로 열세했으며 파괴적 화력에 밀린 프랑스군에게 승산은 없었다.

이는 동시대인들에게 상당히 충격적인 일이었다. 수 세기 동안 지속된 프랑스 패권의 그림자가 사라지면서 민족주의 열풍이 독일을 휩쓸었다. 파리 자체가 포위됐고 행복감 또는 과대망상에 빠진 프로이센 군대는 비스마르크의 초기 반대에 맞서 알자스와 로렌 지역의 점령이 군사적으로 필요하다고 주장했다. 이곳은 여러 세대에 걸쳐 프랑스에 속해 있었고 그들 대부분이 독일어 방언을 사용하긴 했지만 (그다음 20년간의 투표 경향으로 판단하건대) 대부분이 프랑스로 남기를 원할 것이 당연했다. 이 점령은 프랑스와 독일 관계에 있어 움직일 수 없는 장애물이 되었다.

자신들이 이러한 놀라운 승리의 일부임을 알게 된 남독일 왕국은 비록 자신들의 자치성을 보호하기 위한 조항들을 내세우긴 했지만 그래도 이제 북독일 연맹과 협상에 돌입했다. 1870년 12월 10일 갑자기 북독일 연방은 자신들을 제국으로, 프로이센의 왕은 황제라고 선포했다. 비스마르크는 남서부가 더 이상 뒤로 빠질 수 없다는 점을 분명히 했다. 1871년 1월 18일 아침 베르사유의 거울의 방에서 비스마르크와 빌헬름 1세는 밤새도록 빌헬름을 게르만 황제German Enperor라고 불러야 할지 독일의 황제Emperor of Germany라고 불러야 할지 탁자까지 내리치는 격렬한 토론을 마치고 매우 예민해진 모습으로 나타났다. 정작 이 문제는 바덴의 대공이 **"빌헬름 황제 만세!"**라고 외침으로써 간단히 해결되었다. 엄격한 법률적 의미에서 그날은 베를린 장벽이 무너진 날보다 더 중요한 날은 분명 아니었지만, 역사는 늘 그렇게 엄격한 법적 정의로만 작동하지 않는다. **바로 두 번째 독일 제국이 현실이 되는 날이었다.**

서기 100년부터 계속해서 서부 유럽이었던 독일의 남서부지역은, 생긴 지 불과 3.5세기 밖에 안되는 엘베 너머 권력의 손아귀에 완전히 들어갔다. 유럽의 무게 중심은 극적으로 동쪽으로 움직였다. 영국의 디즈레일리는 바로 이 순간을 지난 세기 프랑스 혁명보다도 더 위대한 정치적 사건이라 직감했다.

새로운 패러다임

승리의 축제 분위기 속에 새로운 독일 제국이 세워졌다. 점령한 프랑스 지역에서 철도를 이용해 무료로 공급된 막대한 양의 금괴로 경제는 즉시 호황을 누렸다. 시작부터 새로운 독일 제국은 분명히 묘한 존재였다. 오스트리아, 보헤미아 그리고 모라비아Moravia에서 1871년까지 자신들을 독일인이라 생각했던 8백만 명 이상의 사람들은 독일 제국에서 제외됐다. 하지만, 300만의 대규모 폴란드인들과 최근 정복된 슐레스비히-홀슈타인과 프랑스의 알자스-로렌 지역에 사는 덴마크와 프랑스의 소수민족들은 독일 제국에 포함됐다.

　이런 모습의 독일은 상상조차 할 수 없을 정도였다. 수년 동안 외국의 관찰자들은 이 나라를 자주 프로이센-독일 또는 간단하게 프로이센이라고 칭했다. 이 제국은 비스마르크 외에는 아무도 다스릴 수 없도록 완벽하게 설계된 것처럼 보였다. 베를린의 독일제국의회Reichstag뿐만 아니라 모든 주에도 자체 주 의회Landtag가 있었다. 그러나 이제 매우 거대해진 프로이센의 주 의회Prussian Landtag가 베를린에서 실질적으로 전체 제국 행정의 2/3를 장악하고 있었다. 독일 제국의 선거는 독특한 3계층의 제도였는데, 시민 한 명의 투표권의 무게가 그 시민이 세금을 얼마 내느냐에 따라 결정됐다. 일반적으로 넓은 사유지를 가진 엘베 동쪽 지역에는 중산층이 거의 없고 순종적인 농민들이 많이 살고 있었다. 따라서 융커 지

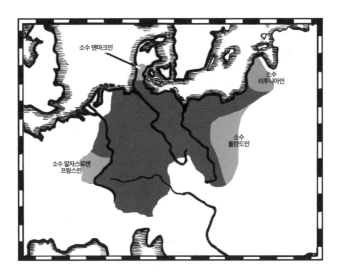

소수 덴마크인

소수 리투아니아인

소수 폴란드인

소수 알자스로렌 프랑스인

1871년에서 1914년의 독일 제국. 소수 집단을 보여주고 있다

주들이 사실상 자신들이 지지하는 보수당 연방하원의원을 뽑았다.

제국의회는 보편적 남성 참정권으로 선출됐다. 하지만 의원들은 수상을 해임할 권한이 없었고 오직 황제만이 불신임권不信任權 집행이 가능했다. 비스마르크가 빌헬름 황제의 신임을 유지하는 한 하원의원이 할 수 있는 일이라곤 그의 병폐나 예산을 거부하고 새로운 선거를 밀어붙이는 것뿐이었다. 하지만 비스마르크는 만약 그런 일이 발생한다면 얼굴에 흉터가 있는 융커 무사들과 야만적으로 훈련된 농장 소년들을 풀어줄 수도 있다고 자주 암시하곤 했다.

논쟁이 끝나고 투표가 막 시작되려고 할 때… 문이 열리면 군주 비스마르크가 거대한 승마용 전투화를 신고 바닥을 따라 찰카닥거리는 비정상적으로 큰 검을 끌면서, 흉갑기병 제복을 입고 성큼성큼 큰 걸음으로 들어온다. 의회는 이 군사 정치가

가 총검으로 복종을 강요할 군대가 그들 뒤에 연대를 준비한 듯한 태도에서 흘러나
오는 카리스마에 기세가 눌렸다.

헨리 비즈텔리, 『새로운 제국 아래의 베를린』
1878년 런던

비스마르크는 실제로 그에게만 충성하는 독일 제국의회의 큰 정당이
있었기 때문에 겉으로나마 민주적인 모습을 보여줄 수 있었다. 이는 국민
자유당the National Liberals으로 그들의 권력 기반은 프로이센과 소규모 개신
교 국가들이었다. 그들은 1871년 이후 독일 정치사의 중심에 있었다.

국민 자유당은 1866년의 전쟁 이후 옛 진보주의자들과 갈라섰고, 자
신들만의 독특한 방향으로 빅토리아시대의 자유주의 사상을 발전시켜
나갔다. 그들은 물론 진보와 자유를 믿었지만 다소 새로운 방식이었다.
그들에게는 진보가 더 많이 얻고, 골치 아프고, 개인주의적인, 소위 자
유라 부르는 무언가를 의미하지 않았다. 인류의 진정한 자유(헤겔의 주
장처럼)는 새로운 프로이센 독일 제국에서처럼 원활하게 작동하는 국
가에 속해 있었다. 물론 아직 완벽하지는 않았지만, 전쟁에서는 성공적
이었고, 사업에서도 그것이 잘 작동하고 있다는 다윈의 진화론을 뒷받
침했다. 따라서 그렇게 국가 자유주의 논리는 전개되어 갔다. 비스마르
크는 끝까지 지지받아야 마땅했다. 비스마르크의 새로운 제국과 '갈등
을 통한 진보'라는 이데올로기 사이의 이러한 연합에서 현대의 완전한
독재 정권의 거대한 기둥의 초기 배아 형태를 찾을 수 있다.

독재 정권의 씨앗

진보의 신, 실패하다

비스마르크는 즉시 문화 투쟁Kulturkampf으로 알려진 가톨릭교회의 사회적, 정치적 영향력에 대항해 전쟁을 선포하고[19] 교회가 프로이센 정부에 예속되도록 조치했다. 학교는 교회의 영향권에서 벗어났고 종교의식이 없는 일반 결혼이 허용됐다. 사제들에게 어떤 형태든 정치적 반대와 관련된 행위에의 참석에는 금지령이 내려졌다.

해외 관측통들은 당황했다. 이제 막 병합된 남부 독일과 프로이센의 폴란드 소수 민족과의 불필요한 싸움은 새로운 제국을 통일하는 방법 치고는 이상하게 보였다. 하지만 비스마르크는 진정한 통일을 원한 것이 아니었다. 그는 프로이센화를 원했고 그의 핵심 동맹인 국민 자유당은 진보를 원했다. 가톨릭교회와의 싸움은 이런 정치적 요소들을 확실하게 관련짓는 한 통로였다.

그러나 곧 이 기묘한 '새로운 제국' 프로젝트는 완전한 혼란 상태에 빠지고 만다. 약탈해온 프랑스의 황금으로 이룩한 빛나는 번영은 황금의 공급이 차단되자 곧장 엄청난 추락으로 이어졌다. 베를린 증권 거래소가 1872년 말의 호황으로 되돌아가기까지 40년이 걸렸다. 이 경험은 창업 시대Gründerjahre(1871년 이후·독일의 경제 호황기)라는 용어로 남았다. 이는 새로운 제국의 창립자들이 아니라 모호한 투기성의 회사 설립자를 뜻하는 신조어였다.

경제가 침체되는 동안 가톨릭 인구와 교회는 '문화 투쟁'에 맞서면서 견뎠다. 국가의 탄압이 너무 가혹해져 심지어 프로이센의 보수주의자들조차 지지를 거부했다. 결국 비스마르크가 성취한 것이라고는 '중앙당Centre Party'의 지원이 전부였다. 이 당은 이후 20년이 넘는 세월 동안 독일 제국 의회에서 가장 큰 단일 정당이 되었다. 한편, 독일 사회주의자들은 1875년 마르크스의 깃발 아래 단결했고, 그들의 경쟁자인 -세계혁명World Revolution의 천년 왕국 시절에 말로를 맞은 진보와 통합하여 선거 무대에서의 성공을 거두기 시작했다.

비스마르크는 자신의 통치를 강화하기 위한 또 다른 전쟁을 고려했다. 1875년, 그는 자신이 길들인 언론을 통해서 프랑스에 대한 새로운 공격이 임박했음을 내비쳤다. '눈앞의 전쟁'은 추정상 불가능한 일이 됐다. 영국과 러시아는 프로이센-독일에 맞서 프랑스와 동맹을 맺었다. 비스마르크는 황급히 퇴각해야 했다. 그는 '영국인 왕세자비(프리드리히 3세 부인)' 때문에 빅토리아 여왕이 자신을 배신했다며 광적으로 비판했다.

새로운 프로이센 독일에서는 아무것도 제대로 풀리지 않았다. 상황은 점점 더 악화되어만 갔다.

비스마르크, 독일의 종말을 유발하다

1876년부터 여전히 터키 오스만 제국 치하에 있던 유럽 남동부에 범슬라브 민족주의 물결이 휩쓸었다. 러시아는 1877년 투르크(튀르키예) 공격에 성공했고, 이제 자신들이 모든 슬라브인의 수호자인 듯 행동했다. 이는 합스부르크의 오스트리아-헝가리 제국에 잠재적으로 치명적일 수 있었다. 합스부르크 제국은 1866년 프로이센에 패한 후 거의 종말이 임박한 듯 위태로웠다. 이제 러시아의 지원으로 폴란드, 슬로베니아, 세르비아, 크로아티아와 체코가 봉기한다면 몰락까지도 충분히 가능한 상태였다. 지배계층인 독일 민족은 새로운 독일 제국으로의 도피를 당연히 원할 것이고, 모든 독일인은 그들의 입국을 당연히 요구할 것이다.

그렇게 된다면 비스마르크에게 재앙이 될 터였다. 그가 원한 것은 '프로이센 독일'이지 결코 '통일 독일'이 아니었다. 만일 제국이 8백만 명 이상의 가톨릭 독일인들을 수용한다면, 만일 비엔나가 베를린의 균형추를 뮌헨과 슈투르가트에 합류시킨다면, 그리고 함부르크 왕이 거기에 승선한다면 프로이센의 게임은 끝날 판이었다. 프로이센의 독일 지배가 계속되려면 다국적 오스트리아-헝가리 제국이 어떤 대가를 치르더라도 존속되어야만 했다. 비스마르크는 1878년 6월 17일 영국의 디즈레일리를 인정했기에, 오스트리아 문제에 운신의 폭이 없었다.

이 상황에서 비스마르크는 갑작스러운 유턴으로 세계를 깜짝 놀라게 했다. 그는 문화 투쟁을 끝내고 진보주의자들과 결별하고 자유무역을 포기했다. 그리고 1879년 10월, 그의 가장 오랜 적수인 가톨릭 오스트리아와 반反러시아 방어 동맹을 맺는다.

1879년의 독오동맹The Dual Alliance은 독일에게 끔찍한 거래였다. 러시아가 독일을 공격하게 할 외교적 구실은 아무것도 없었지만, 발칸반도에서 러시아와 오스트리아-헝가리 사이의 마찰은 매우 현실적이었다. 지금 만약 합스부르크가 러시아를 자극해 먼저 전쟁에 끌어들일 수 있다면, 그들은 도나우 너머의 모험에서 통일 독일의 모든 힘을 갖게 될 것이다.

1815년과 1850년, 비엔나는 독일 왕조 제국의 일부일 뿐이면서도, 모

프로이센 독일의 위기

든 독일의 정책의 결정권을 움켜쥐고 두 마리 토끼를 잡길 원했다. 비엔나는 1879년에 이 둘의 사냥에 정확히 성공했다. 1866년 프로이센에게 호되게 당한 역사를 회고한다면 이는 실로 놀라운 복귀였다. 제정신인 독일 정치인이라면 절대 그러한 상황에 동의할 수 없었을 것이다.

비스마르크는 물론 제정신이었지만, 그렇다고 '진짜 독일인'도 아니었다. 그는 프로이센인이었다. 독일을 통치하는 프로이센의 통치권 보전을 위해 그는 '발칸반도의 몇몇 빌어먹을 명청한 것Some damn stupid thing in the Balkans'(그가 말한 그대로)이 러시아와의 전쟁으로 독일 전체를 비난할 수 있다는 것을 간파하고 오스트리아와 군사 동맹을 맺었다.

이제 독일의 옛 서부 지향 왕국들과 공국들은, 프로이센에 의해 그들과 아무 관련이 없었던 독일 사람들과 슬라브족 사이의 발칸 투쟁 안으로 끌려가야 하는 상황에 직면해 있었다.

어둠의 현로顯露

1879년에 있었던 비스마르크의 노선 변경은 너무 급격해서 역사가들은 독일 제국의 두 번째 설립이라 할 정도였다. 이는 독일에 있는 한 특정 집단을 허우적거리게 했다. 바로 스스로 프로테스탄트 독일인이라 정의한 사람들이었다. 그들은 대부분 북부나 동부에 있었지만, 다른 어딘 가의 루터 기반 통치자들의 지역이나 프로이센 치하의 요새들처럼 뒤늦게 발달한 소도시들에 지방 권력을 기반으로 하고 있었다. 가톨릭에 대항하는 국가 지원 문화 투쟁이 그들을 급진화시켰지만, 1879년 비스마르크가 가톨릭과 보수당과의 거래에 찬성해 자신들이 버려졌다는 것을 깨달았다. 격분한 진보의 추종자들은 이제 외국인이 없는 독일다운 Deutschtum 프로테스탄트 독일을 새로운 종교의 대용품으로 만들었다. 반가톨릭주의는 그들에게 제2의 천성이었지만, 치명적 골자는 완전히 새로운 종류의 반유대주의였다.

반유대주의의 위대한 선언자는 프로이센주 역사학 관료인 하인리히 폰 트라이치케Heinrich von Treitschke였다. 국가 자유당의 정신적 지주인 그의 명성은 위대했고, 한 미국인 관측자의 설명에 의하면 '북을 울리는 듯한 절규'로 종종 제국주의자들을 매료시켰다. 트라이치케의 기사 <우리의 정당, Unsere Aussichten(1879)>은 함축본인 1880년의 『우리 유대인에 대한 단어』로 더 잘 알려져 있다. 이는 현대 정치적 반유대주의의 기초를 세운 문서다. 이 시점부터, 반유대주의는 단순한 유대인 혐오가 아니었다. 어떤 다른 인종주의와는 확연히 다른, 온전히 확립된 하나의 '이념'이었다.

트라이치케에게 유대인들은 '우리들의 불행'이었다. 그들은 그가 오랫동안 격노해왔던 영국계 사람들과 깊고 불가사의한 관계를 맺고 있었다. 영국인들과 마찬가지로 그들은 개인적으로 타락했고 비겁했으며, 영웅보다는 상점 주인 같은 정신을 지녔지만, 어찌 된 영문인지 (모든 진정한 진보와 모순되게!) 세계를 지배했다. 무자비하고 세계화되었으며 문화가 없는, 금융이 주도하는 근대성이야말로 앵글로-유대족들의 큰 그림이었다. 독일처럼 더 건강한, 그러나 단순한 국가들은 그들 손아귀의 반죽 덩어리였다. 트라이치케가 이 음모론을 주창한 이후 (오늘날의 반유대주의자들이 뉴욕을 주욕Jew York이라 하듯) 카이저 빌헬름 2세Kaiser Wilhelm II는 영국을 쥬댕글랜드Judaengland라고 칭했다.

트라이치케는 여기에 독자들을 위해 추가로 프로이센식 표현을 더했다. 매년 폴란드의 지칠 줄 모르는 컨베이어 벨트를 타고 야심에 찬 젊은 유대인 장사꾼들 무리가 몰려오고 있으며, 그 자녀와 손자손녀들이 언론과 증권가를 통치할 것이라 주장했다. 그는 이른바 유대인/앵글로색슨 근대성의 공포에, 폴란드에 대한 고대 프로이센의 식민지 공포와 혐오감을 솜씨 있게 연결 지었다. 유대인들은 국제주의자, 빈곤한 영국 본토인들, 그리고 빠르게 늘어나는 폴란드 이민자들로 그려졌고 이들은 모두 하나로 합쳐졌다.

이제부터 급진적인 개신교인들은 유대인들을 마치 프로이센 독일의 이물질로 여기며 가톨릭교회와의 어두운 연합에 합류했다. 이런 부르짖음의 소리는 커져만 갔다. '유대인 없이, 로마 없이, 우리는 게르마니아의 성당을 구축할 것이다Ohne Juda, ohne Rom, bauen wir Germanias Dom.'

나아가 이 새로운 독일식 대성당 그 어디에도 구 융커 귀족을 위한 좌석은 없었다. 1887년 과격한 젊은 사서 오토 뵈켈Otto Böckel 박사는 "유대인, 융커 그리고 사제들은 모두 한패다Jude, Junker und Pfaffen gehören in einen Topf."라는 쉬운 슬로건으로 보수당에서 독일 국회의 의원 자리를 얻었다. 그의 지지자들은 세미-고타Semi-Gotha라고 불린 악명 높은 지침서를 작성했는데, 여기에는 유대인 혈통으로 오염됐다고 주장하는 모든 귀족이 나열돼 있었다.

이 새로운 반유대주의는 급진적인 사회운동이었다. 그들은 진정한 독일다움에 필요한 것은 가족이 아니라 인종에 따른 새로운 귀족이라고 주장했다. 반유대인민당, 독일사회반유대인당, 범 독일 연맹, 독일 개혁당 등의 지도자들은 종종 자신에게 작위를 만들어 부여했고, 1908년에는 한 가짜 귀족 란츠 '폰' 리벤펠스Lanz von Liebenfels는 이미 자신의 성에 스와스티카Swastika: 卐(右卐, 좌만), 십자가를 꺾은 상징, 유대 이도교에서 유래한 깃발을 휘날리고 있었다. 역사가들이 흔히 부르듯 민족 개신교National Protestantism는 종종 순수한 게르만적 이교도로 실족했다.

국가–개신교 비전(1902)

게르만 민족의 신앙은 종교개혁 이후의 개신교다. 개신교 신앙은 힘과 저항으로 가득 찬 게르만의 본성을 파괴하지 않고 오히려 그것을 펼치게 한다…개신교 사상은 굳건한 게르만 인종의 독일인 문화가 세워진 반석이다. 개신교주의는 그 정치적 힘, 도덕적 미덕, 대담하고 승리하는 과학에 대한 완강함의 유희이다.

C. 베르크샤겐, 『말과 그림으로 보는 19세기 말 개신교Der Protestantismus am Ende des XIX Jahrhundert in Wort und Bild』, 베를린, 1902

1893년 반유대주의를 그들의 주 강령으로 삼은 후보자들(그들 중 절반은 실제로 투표용지에 스스로 반유대주의자라고 표기했다) 모두 농업지역, 개신교 프로이센, 작센 그리고 헤센에서 승리해 독일 의회의 의석 16자리를 차지했다. 이어서 요란하며 급진적이기도 한 소수 민족이 있는 모든 국가들에게 교훈이 되는 결과가 뒤따랐다.

이 16개의 의석은 그 자체로는 별 의미가 없었다. 그러나 프로이센 융커 왕국의 정치파인 보수당은 자신들의 권력 기반에 대한 어떠한 침투에도 공황 상태에 빠졌다. 1892년 티볼리 강령Tivoli Programme은 공식적으로 국민의 삶에 자주 거슬리고 부식적인 유대인의 영향을 반대하는 보수주의 정책을 골자로 삼았다.

노골적인 반유대주의가 이제 최고의 자리에서 사회적인 인정을 받고 있었다.

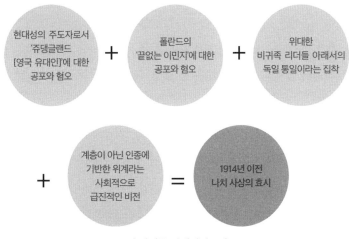

누가 나치를 탄생시켰는가?

비스마르크, 영국혐오의 고삐를 놓다

이 운동이 탄생하고 있을 무렵, 비스마르크는 스스로 영국 유대인들이 러시아와의 전쟁에서 프로이센 제국을 구할 수 있기를 바랐다. 그는 영국이 마침내 벤자민 디즈레일리Benjamin Disraeli라는, 다시 러시아에 맞설 진정한 지도자를 얻었다고 확신했다. 비스마르크의 눈앞에 세계적 독일-영국 연맹이라는 웅장한 비전이 떠올랐다. 그리고 영국 보수당은 핵심을 재빠르게 파악했다.

그것은 지정학상 논리에서 탄생한 청혼이었다. 러시아는 인도에서 영국을, 발칸반도에서는 오스트리아를 그리고 발트해에서는 프로이센을 위협하고 있었다. 이 세 국가가 함께라면 지구상의 그 어떤 나라라도 맞설 수 있었다.

하지만 1880년 4월 총선에서 영국은 디즈레일리를 퇴각시키고 비스

<타임지(The Times)>(1879년 10월 19일)

이후 총리가 된 솔즈베리 경은 당시 외무부 장관이었다.

영국, 오스트리아, 그리고 독일 (자체 특파원 제공) 비엔나, 10월 18일 오후 8시

"금요일 맨체스터에서 있었던 솔즈베리 경의 연설은 영국, 오스트리아, 독일 간의 완전한 이해를 보증하는 것으로, 이곳에서 큰 만족으로 받아들여진다."

프로이센과 오스트리아, 영국의 밀월 계획

마르크와 첨예한 대립각을 세우는 윌리엄 글래드스톤William Gladstone에게 권력을 넘겨줌으로써 빅토리아 여왕을 포함한 모두를 충격에 빠트렸다.

비스마르크의 계획은 산산조각이 났다. 영국의 선거 결과가 알려진 바로 그날, 그는 필사적인 피해 대비 방편으로 사절들을 상트페테르부르크로 급파했다. 그는 급히 의도적인 영국 혐오적 식민주의Anglophobic colonialism 정책으로 전환했다. 이러한 접근으로 오랫동안 식민지를 요

1884년 제국의회 선거 직전.
선원으로 묘사된 비스마르크가 존 불(영국의 의인화)에 힘을 실어주려 한다

구했던 국민 자유당의 일부를 달래 줄 것이었다. 비스마르크는 그의 유럽 체스 게임을 뒤엎을 분쟁에 대한 공포로 과거에는 그들에게 늘 'No'라고 대답해 왔었다.

이제 그는 'Yes'라고 말했다. 왜냐하면 지금은, 영국과의 확실한 거리 두기만이 그가 원하는 것이었기 때문이다. 황태자, 연합된 자유주의 신진 야당-그들은 선거기간에 외딴 친영파로 여겨지는 독일의 누구일지라도 괴롭힐 것이 분명했다. 비스마르크는 그의 정치적인 교활함에 놀라워하는 러시아 차르에게 이 전술을 직접 설명했다. 그렇게 그는 게르만 식민지 운동의 문을 활짝 열었고 영국이 자신들의 땅이라고 간주해 오던 아프리카와 남태평양을 식민지의 첫 표적으로 삼았다.

여기에는 또 다른 저의도 있었다. 비스마르크는 프랑스와 러시아가 영국의 희생을 위한 지정학적 구동장치에 가담해 알자스-로렌과 발칸반도를 새

비스마르크가 희망하는 탈출구.
영국 사자(글래드스톤)을 괴롭히는 프랑스와 러시아에 가담하는 독일

로운 지정학적 분쟁지로 만들려는 복수심에 찬 계획을 포기하기를 바랐다.

비스마르크는 1884년 독일 의회 선거에서 실제로 승리했다. 하지만 그 어떤 것도 프랑스와 러시아를 밀접하게 만드는 논리를 깰 수 없었다. 1885~6년 프랑스는 독일 보복 정책에 다시 초점을 맞췄고 러시아의 정책은 다시 발칸을 향하면서 오스트리아를 위협했다. 한편, 비스마르크의 영국혐오 정책에 따른 대가는 컸다. 영미 해군이 자연스럽게 남태평양에서 독일의 확장에 맞서는 공동의 명분을 만들었다. 1889년 사모아에서는 총격전 직전까지 갔다. 이는 미국과 영국 간의 특별한 관계가 싹트는 계기가 되었다.

발칸반도에서 제정 러시아의 야망과 1870년의 복수를 원하는 공화정 프랑스 사이에는 자연스러운 연결고리가 전혀 없었다. 그러나 비스마르크 자신이 1879년 오스트리아-헝가리와 이중 동맹을 맺은 연유로,

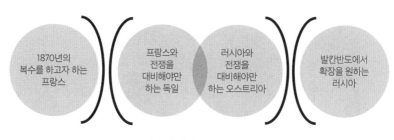

네 국가의 기묘한 역학관계

프랑스와 러시아는 매우 명백한 공동 관심사를 가지기 시작했다

1887년 새해 첫날에 제1차 세계대전을 초래할 수 있는 징조가 이미 보였다. 프로이센 군대의 수장인 몰트케의 명백한 후계자 발더제Waldersee는 일기장에 이제 프랑스와의 전쟁은 '불가피'하며 어쩌면 '세계대전Weltkrieg'이 될 수도 있다고 적었다. 그는 프랑스와 러시아에 맞서기 위한 양면 전쟁을 계획하기 시작했다.

한편 비스마르크는 이를 피하기 위해 필사적으로 음모를 구상했다. 그는 1864년(덴마크), 1866년(오스트리아), 1870년(프랑스 전쟁)에서 프로이센의 승리는 어디까지나 자신의 외교술에 의한 작품이었다는 점을 알고 있었다. 프로이센의 독일 통치를 위해 그는 1879년의 오스트리아 동맹 협정을 깨지 못했다. 그래서 오스트리아가 러시아를 공격하는 경우, 독일의 중립을 약속한 러시아와의 비밀 보장 조약(1887)에서 이를 교묘하게 처리하려 했었다. 그는 이런 일이 절대 발생하지 않으리라는 것을 완벽하게 예상하고 있었다. 그 조약은 단지 전쟁이 일어날 경우, 물을 흐리게 만들어 프랑스가 패배할 때까지 '6주나 8주 동안 러시아를 독일의 목에서 떼어내기'(비스마르크의 아들인 외무장관이 표현한 것처럼)위한 시도에 불과했다.

그러나 프로이센의 참모부는 점차 자신들이 만들어낸 선전을 믿게 되었다. 그들은 전적으로 프로이센의 군사적 천재성과 의지력으로 전쟁에서 승리했다고 생각했다. 대부분의 젊은 프로이센 외교관들은 이런 신화를 받아들이고 러시아와의 결전을 원했다. 아래의 구절은 어떤 무능한 괴짜의 말이 아니라, **미래의 독일 제국 총리가 전쟁이 일어날 것 같았던 시기에 상트페테르부르크 대사관에서 베를린 외무부의 2인자에게 쓴 글이다.**

동부 유럽을 재계획하는 프로이센 지도자들(1887.12)

우리는 러시아인들이 25년 동안 두 다리로 설 수 없을 정도로 피 흘리도록 해야만 한다. 곡창 지방을 황폐하게 만들고 해안 마을을 폭격해 러시아의 산업과 상업을 최대한 파괴함으로써 앞으로 몇 년 동안 러시아의 자원생산을 막아야 한다. 마지막으로 러시아가 세계에서 지금의 위치를 차지할 수 있도록 기반이 된 두 바다 (흑해와 발칸해)에서 그들을 몰아내야 한다. 만약 러시아가 오네가만부터 발다이 언덕을 지나 드네프르까지 서쪽 영토를 할양한다면 그들이 진정 영구적으로 약해졌음을 확신할 수 있을 것이다. 그러한 평화는 (전쟁으로 러시아가 완전히 내부적으로 붕괴되지 않는 한) 오직 우리가 볼가 강둑에 우뚝 서야만 얻을 수 있다. 우리는 다음과 같은 기회를 포착해야 한다. 또한 전쟁으로 우리에게 주어진 기회를 포착해야 한다. 폴란드 지역에서 폴란드군을 몰아내기 위한 전쟁… 그는 계속해서 폴란드/우크라이나의 새롭고 더 동쪽에 있는 완충 국가에 대해 설명한다. 이 국가는 독일이 가톨릭과 정교회 주민들의 균형을 유지해 분리하고 통치하도록 의도적으로 건설된다

베른하르트 폰 뷔로우Bernhard Von Bülow가 프리드리히 폰 홀스타인 Friedrich von Holstein에게

1887년 12월 10일

오직 먼 옛날 빌헬름 1세의, 차르와 왕가 사이의 형제애에 호소한 눈물겨운 요청만이 거대한 전쟁에서 곧바로 유럽을 지켜낼 수 있었다. 하지만 그조차 1888년 초에 세상을 떠났고 이미 치명적인 병에 걸렸던 자유주의자들의 큰 희망인 프리드리히 3세가 마침내 왕위를 계승했다. 한 해 동안 두 명의 황제가 죽고 세 번째 황제가 세워졌던 그 세 명의 카이저의 해(1888년)가 끝날 무렵, 그 역시 눈을 감는다. 뒤를 이어 호전적이고 군대를 사랑하는 젊은 황제인 빌헬름 2세Wilhelm II가 왕위에 올랐다.

비스마르크는 어디까지나 자신을 내칠 수 있는 유일한 사람인 황제로부터 신뢰를 받는 한 전능한 인물이었다. 이제까지 그는 독일 의회의 모든 정당들과 권력 게임을 했고 그 누구에게도 충실하지 않았다. 만약 언젠가 그가 황실의 신망을 잃는다면 그를 지지해 줄 누구도 기대할 수 없었다. 비장의 무기는 바로 사임 카드로 황제를 위협하는 것이었다. 1890년 진정한 군주로 통치하고자 결연했던 혈기 넘치는 젊은 빌헬름 2세는, 비스마르크의 허세Bismarck's bluf라 부르며 그의 엄포를 받아들이고 그의 사임을 수용했다. 독일에 이제 더 이상 프로이센의 작전 참모부의 계획에 도전하거나 의문을 제기할 민간인은 없었다.

비스마르크 이후의 독일: 호황, 그러나 균열

비스마르크는 사라졌지만, 그는 산업 호황이 예정된 독일을 남겼다. 1880년 이후 그가 채택한 관세 장벽은 외국과의 경쟁에서 자국의 성장산업을 보호했다. 예를 들면 대규모 공공자금이 들어간 철도 투자(1913년까지 프로이센 국영 철도 기관은 지구상에서 최대 단일 고용주였다)는 독일 기업에만 특혜가 주어졌다. 국가 정책과 민간 산업 간의 긴밀한 관계는 독일 기업들에 지대한 안정감을 주었다. 그리고 현대의 외국 관측통들이 지적한 것처럼 앵글로-아메리칸의 철도 사업 모델과는 매우 다른 장기적 관점을 구축하는 데 도움을 주었다.

> [1] For example, one Rhenish ironworks makes it a rule, whatever its profits, not to pay a higher dividend than 5 per cent. The rest goes into a reserve fund, and a fund for the purchase of fresh and improved plant and machinery.

어니스트 에드윈 윌리엄스가 쓴 『독일제』(1896년)에서.
"예를 들어 라인 지방의 한 철공소에서는 수익과 상관없이 5% 이상의 배당금은 지급하지 않는 것을 원칙으로 한다. 나머지 수익은 준비금 및 새로운 설비 및 기계를 구입하기 위해 사용한다."

독일에 대한 재투자를 그토록 매력적으로 만든 것 중의 하나는 고등교육을 받았지만 저렴한 노동력이었다. 독일의 문해력 비율은 영국이나 프랑스보다 훨씬 높았고, 노동계급은 군대같은 규율과 낮은 임금에 익숙해 있었다. 1902년 한 미국인 관찰자의 말은 누군가 오늘날 중국의 성공을 설명하는 바와 매우 유사하게 들린다.

아마도 세계에서 어떤 문명화된 노동자도 독일과 겨룰 수는 없다. 독일인처럼 더 낮은 임금에 더 오래 일하고, 더 거칠고 값싼 음식을 먹고, 더 비좁은 집에 사는 경우도 드물다. 그리고 이들보다 더 끝없는 규칙과 규율로 제동을 걸고 언론의 자유를 제한하는 정부에 더 많은 시간과 물질을 제공하는 이들은 아무도 없을 것이다… 여기 조선소에서 목수는 하루에 11시간을 일한 대가로 약 90센트를 받는다. 하지만 미국에서는 목수들이 일반적으로 8시간의 노동에 2.5달러에서 3달러의 임금을 기대한다.

R.S. 베이커, 『독일에서 본 것』, 뉴욕, 1902년

저임금, 낮은 국내 소비, 국가 규율, 국가 원조, 관세 보호 경제를 유지하기 위해서는 자체적인 관세 장벽 없이 독일의 수출품을 구매하는 두텁고 부유한 소비경제의 나라가 필요했다. 1890년대에 이 조건을 충족할 위대한 소비 시장은 바로 영국이었다. 그러나 그런 일방적인 무역 관계는 마치 지금의 미국과 중국 관계처럼 마찰을 일으키기 쉽다. 영국에게는 '독일산'이라는 마크가 이미 경제위협의 차가운 경고를 담고 있었고, 이 최초의 대규모 유권자의 시대에서 대중적인 감정이 국가 간 관계를 결정하기 시작했다.

저임금, 수출 중심 경제의 또 다른 문제는 자국의 노동계급은 트리클다운trickledown(사회의 최고 부유층이 더 부유해지면, 더 많은 일자리 창출 등을 통해, 그 부가 서민들이나 그 아래층으로도 확산된다고 보는 낙수 이론)효과에서 어떤 희망도 가질 수 없는 경우, 필연적으로 급진화되기 쉽다. 1890년대 독일은 사회주의의 위대한 보루가 되었다. 사회민주당은 에르푸르트 강령Erfurt Programme(1891)을 통해 '자연의 법칙naturnotwendig'으로 불가피한 마르크스주의 투쟁에 노동자들을 하나로 연합하고자 했었다. 그들은 주요 선거에서 성공을 거두기 시작했고, 전 세계의 혁명가들은 공산주의자들의 천 년이 머지않아 도약할 곳으로 독일을 주목했다.

정부가 노동계급을 만족시키는 고전적인 수법 중 하나는 낮은 물가의 유지다. 수출 주도적인 독일 산업이 경기 호황을 누리기 위한 분명한 답은 미국 평원이나 러시아의 곡창지대(흑토지대)에서 저렴한 곡물을 수입하는 방법이다. 독일의 산업가들은 완벽하게 온전한 정신이었기에 실제로 이것이 정확히 그들이 원하던 바였다. 그러나 그들은 권한이 없었다. 지금 아무리 부유한들 세상을 움직이는 집단은 따로 있었기 때문이다. 그들은

THE ALIEN PAUPER QUESTION.
FOREIGN PRODUCE—"MADE IN GERMANY."

엘베의 동쪽, 바로 프로이센 융커들이었다. 융커들은 프로이센 의회에 지배력과 고위공무원 자리를 보장받았고 강력한 군대를 가지고 있었다.

동부 엘비아 융커가 여전히 지배력을 가지다

총리 아니 심지어 카이저도 농촌 부문의 특권에 쓸데없이 참견하려고 시도하는 경우, 요란하고 잘 조직된 반대를 감수해야 한다…3계층 시스템은 동과 서의 분열을 조장해 정치적으로 급진적인 산업, 상업화된 도시 그리고 실질적으로 가톨릭인 서부와 프로이센 동부 엘비아 즉, '아시아의 대초원' 간의 감정적인 거리를 넓혀놓았다.

크리스토퍼 클라크, 『강철왕국 프로이센』, pp. 561~563

융커들은 자신들의 재산에 손해를 가져올 것이라는 두려움으로, 이 정치적 영향력 행사를 통한 저가 식품 수입 허용을 정면으로 거부했다. 이는 독일 제국의 중심에 자리 잡고 있는 치명적 이중성을 보여준다.

독일은 통일되지 않았다

19세기 말까지, 영국과 독일은 누가 20세기의 위대한 세계문화의 주역이 될 것인지 엎치락뒤치락하는 것처럼 보였다. 독일은 최신 기술로 세계를 선도했다. 심지어 영국 해군조차 이제 크루프 특허Krupp's Patent (에센 왕조에서 비롯된 가족 기업, 20세기 초 유럽 최고 기업이자 독일 최고 무기 제조업체) 갑옷으로 무장하고 있었다. 라인에서 드네프르Dnieper까지, 발칸에서 흑해까지 독일어는 상업, 학문 그리고 과학의 언어였다. 그러나 어떻게 한 것인지 비스마르크의 후계자들은 그 모든 것을 날려버렸다.

1897년부터의 독일 외교는 너무도 비이성적이었기에, 위대한 역사가들은 수년 동안 원본 문서들을 샅샅이 조사하다가 손을 들어버리고 심리학으로 후퇴하곤 했다.

> 독일 제국의 외교 및 안보 정책은 이미 프랑스와 러시아의 적대감으로 인해 무거운 부담 이상의 것을 감수하고 있었다. 그럼에도 해군 무장 프로그램은 이제 영국에서 적어도 잠재적인 새로운 적을 찾아 만들고 있다. 계산된 대외 정책의 관점에서 보면 합리적으로 이해할 수 없다.
>
> 토마스 니퍼데이, 『독일 역사 Deutsche Geschichte』, 1866년-1918년

하지만 1871년 독일이 통일되었다는 프로이센의 신화를 버리는 순간, 사태는 완벽하게 합리적으로 설명될 수 있었다. 즉, 독일은 통일되지 않았다.

프로이센 신화: 하나의 제국, 하나의 국민, 하나의 신

실제로 모든 독일 제국의 금융 시스템은 단지 독일 남서부의 카톨릭 자유주의자들의 부를 가져다가 옛 1815년 이전 프로이센의 동부 엘비아 융커 귀족들의 창고에 이전시키는 거대한 기계장치에 불과했다. 서부 독일 산업가들이 내는 세금과 서부 독일 산업 노동자들이 구입한 값비싼 빵 덩어리는 정작 다른 이들을 멸시했던 동부 엘비아 융커들의 군대 일자리와 농경지를 보조하는 데 쓰였다.

1898년부터 이 두 게르마니들은 완전히 다른 역사, 사회구조, 경제 및 종교 방식을 지닌 채 별도의 외교 정책을 펼치기에 이르렀다.

이제 배의 키를 잡게 된 남자이자 영국인 혼혈의 황제 빌헬름 2세는 완벽하게 표에 기록된 내용을 실현했다. 프로이센의 왕으로서 그는 자신의 군대를 사랑했다. 그래서 슬라브인들을 두려워하며 동유럽에서

	독일	동부 엘비아
경제	최고의 자신감, 호황, 수출주도	제2차 산업 혁명 기술의 세계적인 리더. 1913년에는 전 세계의 전자 제품의 50%가 독일에서 만들어짐
정치 모든 독일 의회 선거의 일관됨 1890~1912	가톨릭 중심당이 항상 다수 차지	보수당이 항상 다수 차지
가장 큰 두려움	앵글로색슨. 질투심을 가진 영국인들이 미국과 암묵적인 글로벌 반독일 연맹을 맺음. 앵글로색슨들의 해상력이 독일 선단, 수출 그리고 식민지를 하루 아침에 쓸어버릴 수 있음	슬라브족. 독일인들이 서쪽으로 이주하면서 동부 시골 엘비아의 폴란드화. 인구와 산업에 있어 어느 때보다 강력해지고 있는 국경 지역의 러시아 파워
군사적 논리	영국이 어쩔 수 없이 독일을 세계의 공동 통치국으로 받아들이도록 강력한 함대를 구축 또는 공격	너무 늦기 전에 러시아의 타파를 위해 독일의 맨파워를 총력 동원하여 대규모로 공격함
사회 주도 그룹	프로이센 융커에게 경의를 표하는 것에 지쳐버린 부유한 시민들	국가의 고위공무원직과 군대에 매달려 있는 시골 융커들
미래 전망	제국적, 산업적, 식민지적으로 밝은 미래를 꿈꾸며 들떠 있는 조증 상태. 만약 모든 일이 융커 집단에 의해서가 아니라 제대로, 현대적으로 진행된다면 독일의 세기가 도래한다!	예고된 파멸. 위대한 동부 프로이센 융커들이 저택의 골목길에 가로수를 심지 않은 이유는 백년 후면 모두 러시아의 땅이 될 테니까
종교	가톨릭과 개신교가 행복하게 공존하지만 상호 간의 혼인은 여전히 드묾	줄어드는 독일 인구는 거의 전부 개신교. 늘어나는 폴란드 소수 민족은 전부 가톨릭

하나의 독일이라는 허상

부상하는 인종 투쟁*의 관점에서 사물을 보는 경향이 점점 더 강해졌다. 그러나 아직까지는 독일 황제 권한으로 새롭고도 거대한 함대 구축에 중요한 역할을 했다. 그의 즉각적 통제는 오직 영국을 겨냥해 발효發效될 것임을 누구나 알 수 있었다.

1897년 황제의 지원과 최신 미디어 기술로 무장한 티르피츠Tirpitz 제독의 홍보 담당자들이 독일 투어를 시작했을 때(그들은 초기 형태의 영화로 만들어 일부를 대중들에게 보여주었다) 수백만 명의 사람들이 강력한 함대 구축 아이디어에 완전히 매료되고 만다. 근본적인 이유는 간단했다. '제국의 해군은 프로이센 육군과 정반대의 효력을 가지게 될 것이다.'

	의존대상	보호 대상	운영	응답하는 대상	목표
해군	신 산업	무역 및 식민지	현대적인 테크노크라트	제국	영국
육군	지방에서 모집	국경	전통적인 융커들	프로이센	러시아

프로이센 육군과 제국의 해군

이는 제국 해군이 어떻게 절묘한 통합 효과를 발휘했는지 설명해준다. 자유당, 가톨릭당, 국민 자유당, 범 독일당 그리고 심지어 사회주의자들까지도 독일인으로서 애국심을 증명하면서 동시에 여전히 함대를 지지해 프로이센 융커들의 통치에 반대하는 투표를 할 수 있었다. 그렇

* 독일 해운 거물, 알버트 발린, 12월 5일 편지에서

게 함으로써 프로이센 군대의 세금 일부를 독일 서부의 제철소나 실험실 및 조선소 같은 다른 곳에 대신 사용할 수 있었다.

따라서 함대를 지지하는 운동은 좌파와 우파 양쪽에서 모두 급진적이고 현대적이며 반응커적인 모든 이슈를 부각시키는 선거 유세차량 역할을 했다.

> 해양의 이권과 농촌의 야망은 다시 한번 서로에 대한 반목을 초래할 수 있다… 산업과 농업 측 각각이 벌이는 로비 간의 모순은 그 어느 때보다 날카롭다… 궁극적으로 현재 직면한 여러 조건의 압박에 대응해 산업적 방향이 승리할 것이다.
>
> 오거스트 본 헤링겐August von Heeringen, 1900년

이는 마르크스주의자인 교수가 농업 기반인 융커들을 역사의 쓰레기통으로 비난하는 것 같지만 사실 헤링겐 대위(나중에 제독)는 당시 독일 제국 해군의 홍보부서의 책임자였다.

1898년 3월 26일 최초의 대함대 법이 독일 의회를 통과했고 그날부터 프로이센-독일 제국은 완전히 상충하는 두 개의 전쟁을 동시에 준비함으로써 스스로 파멸적 운명으로 빠져들어 갔다. 해군은 1911년의 노랫말에 나오듯 영국에 맞서기로 한 날에 축배를 들었다. 육군은 프랑스를 상대로 신속한 승리를 거두고 러시아를 총공격할 생각이었다. 1904년 4월 영국과 프랑스는 평화협정Entente Cordiale에서 견해 차이를 묻어두고 아프리카와 남동 아시아에서의 식민지 분쟁을 끝내기로 했다. 곧양 진영의 장군들은 대화를 시작했다. 이러한 상황에도 불구하고, 러시아 진격의 교두보로써 프랑스를 먼저 신속히 정복하겠다는 슐리펜 계획Schlieffen Plan에서 프로이센 작전 참모들의 놀라울 만큼 치밀한 시간

표는 하루 정도 일정 변경 외에는 거의 수정되지 않았다.

지금조차도 크림전쟁 이후 냉전 상태에 있던 러시아와 영국이 진정한 군사 동맹국이 된다는 것은 불가능한 일처럼 보인다. 하지만 독일이 합리적인 외교를 했다면 여전히 프랑스와 러시아 중 한쪽과 의기투합해서 다른 편에 맞설 수도 있었다. 그러나 러시아에 총을 겨눈 프로이센과 영국을 추격하는 독일이었다. 이 두 최강 제국을 아무도 통제할 수 없는 상태에서 1908년 런던과 모스크바 사이에 그 불가능하게 보였던 동맹 협정이 이루어지고 만다.

세계대전을 만들어 낸 명백한 군사 외교적 불합리성은 당시 통일 독일이 아닌 프로이센 치하의 독일을 지향한 결과물이었다.

두 갈래 길의 독일

열강 또는 몰락

비스마르크의 사망 10주년을 맞이한 1908년부터 프로이센 왕실과 융커 정권은 논리적으로 무적인 영국, 프랑스 및 러시아 연합을 마주해야 했을 뿐 아니라 사실상 내부의 포위를 받고 있었다.

좌파에서는 사회민주당이 여론전에서 승리하며 자신만만하게 레닌을 포함한 모든 사람이 곧 독일이 시작하게 될 사회주의자들의 새천년을 기다리고 있었다.

제복 정장에 무장을 하고 다니며 중산층 신사가 자신을 오래 쳐다보

로사 룩셈부르크, 독일 사회주의 지도자 중 한 명(1910년).
현대 문화 사상가들을 위한 글. 급진주의자였던 그녀는 존경받는 여성으로서
모자에 당연히 부착되어 있었던 베일을 공공장소에서 담대히 걷어 올렸다

았다는 이유만으로 일방적인 결투를 신청하거나, 아니면 아예 그렇게 결
투를 신청할 가치도 없다고 여기는 상대는 어쩌다가 부딪히기만 해도
주저 없이 베어버리는 융커들의 만행에 모두 진저리를 치고 있었다. 심
지어 나이가 많고 온건한 진보주의자들조차도 이렇게 포악한 융커들에
게 세금으로 보조금을 지급해야 한다는 것에 인내심의 한계를 느꼈다.

그리고 융커들은 프로이센 군대의 장교들로서 항상 자신들의 동료
에 의해서만 재판을 받았기 때문에 그런 만행을 저지르고서도 늘 유유
히 빠져나갔다. 위대한 진보주의자 중 한 명인 변호사이자 정치가 휴고
프레우스Hugo Preuss는 독일이 진정 서구화되려면 이 융커 문제에 대한
결정적인 해결책이 필요하다고 적었다.

우파이며 비스마르크의 오랜 지지자들인 개신교 중산층의 당, 국가
자유당 또한 반융커주의이기는 했지만 이유는 달랐다. 그들은 사람들
이 무엇을 원하는지 알고 있는 비왕실 지도자가 이끄는 서구 모델이 아
닌 현대적이고 효율적인 국가를 원했다. 비왕실 지도자 민주당원은 그

33미터 높이의 명백히 근대주의자였던 비스마르크의 거대한 모습이
함부르크를 내려다보고 있다(1906년)

들의 정신적 지주인 사회주의의 창시자 '막스 베버'에게 말했다. 눈살을
찌푸리게 하는 철혈재상의 기념상이 독일 전역에 솟아올랐다. 그중에
여전히 함부르크를 노려보고 있는 가장 큰 기념상은 이미 새로운 그리
고 더 어두운 시대가 왔음을 보여주는 것 같았다.

1908년 카이저 빌헬름의 가장 내밀한 융커 결사가 올해로 49세가 된
자신들의 게이 군주를 은밀하게 리틀 달링das Liebchen이라고 불렀다는 선
정적인 이야기를 퍼트린 이는 급진적인 근대화 운동가 막시밀리안 하든
Maximilian Harden이었다. 하든은 자신이 그렇게 한 이유가 이 비인간적인
프로이센 귀족 패거리들이 영국의 에드워드 7세 (지금은 독일에서 '포위
자 에드워드Edward the Encircler'로 알려져 있다) 같은 교활한 현대 정치가에
맞서 독일의 이익을 지켜주리라 신뢰할 수 없었기 때문이라 주장했다.

빌헬름의 개인적 정권은 흔들리고 있었다. 비스마르크식 민족주의자를

현대화함으로써 정치적 우파에 압도당했고, 자신이 동성애자들에 둘러싸여 있다는 혐의로 공개 비난받았다. 붉은 혁명을 두려워한 그였기에 점점 더 프로이센적이고 군국주의적인 방향을 추구함으로써 위기를 모면하려고 했다.

모든 것이 한계에 다다랐다. 이 시대의 독일 문학의 색채는, 해방을 향한 광적인 갈망과 임박한 재앙에 대한 기시감으로 팽팽한 긴장감과 오싹함, 전율로 가득 차 있었다.

예술의 지진계(1908~1914)

시각예술 분야에서, 드레스덴의 다이 브뤼케Die Brücke(다리)와 뮌헨의 더 블라우 레이터Der Blaue Reiter그룹은 베를린에 있는 프로이센 학술 예술 기관에 맞서 싸운 사람들에게 집을 제공했다(따라서 분리주의자로 명칭). 황제는 그들의 작품을 '시궁창예술Gossenkunst'이라 불렀다. 극작가들은 엄격한 검열의 한계를 뛰어 넘었다. 구스타프 말러와 리처드 스트라우스 같은 작곡가들, 리처드 바그너는 운명에 지배당하는 게르만 오페라의 막강한 영향력을 극복하기 위해 〈부활〉 또는 〈죽음〉과 〈변용〉같은 제목의 대작을 창조해냈다. 토머스와 하인리히 만, 로버트 무실, 프란츠 카프카, 라이너 마리에 릴케, 스테판 게오르그 같은 이 시대의 가장 위대한 작가 등 이들은 대부분 모든 가치의 재평가와 다가올 '초인Übermensch'을 예측한 프리드리히 니체Nietzsche의 희열이 넘치는 글에서 영감을 받았다. 그들의 주인공들은 토마스 만이 『베네치아의 죽음』(1912)에서 그려냈듯이 종종 '완벽한 몰락Raserei des Unterganges'의 광란에 사로잡혀 있었다.

프로이센 융커들 또한 그것을 느꼈다. 전쟁만이 지배력을 지키는 방법이었다. 그들에게 남은 선택지는 프로이센 기병대장 베른하르디에의

Bedeutsames vom englischen Besuch

„Was haft du denn da in deiner Tasche, lieber Onkel?"
„Europa, lieber Neffe!" —

황제의 프로이센 봉건 정권은 에드워드 7세의 세련된 민간적 현대성과는 비교가 되지 않는다. '친애하는 삼촌, 주머니에 뭐가 있나요?'라고 불운한 빌헬름 2세가 물었다. "유럽이지, 친애하는 조카야" 눈을 반쯤 감은 에드워드가 대답했다

1912년 베스트셀러의 제목, 『열강 아니면 몰락Weltmacht oder Untergang』**이었다. 1912년 12월 8일의 악명 높은 전쟁 평의회에서 폰 몰트케 장군은 최대한 신속한 전쟁의 시작을 간청했지만, 그는 러시아에 대한 프로이센의 전쟁을 독일 국민들에게 팔아야만 한다는 점을 알고 있었다.

1912년의 전쟁 위원회

폰 몰트케 장군: "전쟁은 불가피하다고 생각한다. 빠르면 빠를수록 좋다, 카이저의 발언에 따르면 러시아와의 전쟁을 위해 우리는 대중의 지지를 얻도록 더 노력해야 한다." 몰트케는 이 전쟁을 승인하고 국무장관에게 언론을 활용해 여론을 호도할 것을 요청했다.

독일인을 선천적으로 호전적인 민족으로 생각하는 사람이라면, 1914년까지 프로이센-독일이 유일한 대륙 강대국이었음을 기억해야 한다. 사람들은 이런 상황과 싸우기를 거부했을지도 모르지만 말이다.

몰트케가 반복해서 말했던 주문이 마지막으로 기록된 것은 '빠르면 빠를수록 좋은' 1914년 6월 1일이었다. 6월 28일 사라예보에서 소식이 전해졌다. '합스부르크 제국의 후계자 프란츠 페르디난트 대공, 세르비아 민족주의자에 의해 암살당하다.' 1914년 7월 5일 황제 빌헬름 2세는 오스트리아-헝가리의 작전 참모들에게 그들이 1879년부터 기다려온 전쟁 백지수표를 전했다. 슬라브 문제 해결을 위한 그들의 모든 선택에 대한 프로이센의 완전한 군사 지원이었다.

오스트리아는 러시아가 물러날 것으로 생각했다. 하지만 그들은 그

** 독일어 Untergang의 완벽한 강도를 전달할 수 있는 영어 단어는 없는 것 같다

러지 않았다. 그리고 나머지 일들이 뒤따랐다. 카이저는 마지막 순간까지 어떻게든 전쟁을 막아보려 했지만, 몰트케는 신경질적으로 그에게 프로이센 작전 참모들의 신성한 계획표에 대한 어떠한 변경도 치명적인 결과를 가져올 것이라고 말했다. 그렇게 비스마르크가 예언한 대로 스스로 조건들을 창조하며 **어리석은 사건이 발칸반도의 동부 지향 독일인들과 슬라브족들 사이에서 제1차 세계대전을 촉발했다.**[20, 21]

분열되는 국가

독일은 전쟁에서 이겼어야만 했다. 독일의 산업은 연합국, 특히 최첨단 분야에서 중요한 우위를 점했다. 영국이 1916년 말 탱크를 사용하기까지 카이저의 병력은 독가스, 화염 방사기, 초대형 대포, 장거리 중폭격기(제플린), 아주 효과적인 잠수함, 항공기 프로펠러를 통해 발사할 수 있는 기관단총에 이르기까지 언제나 새로운 전쟁 기술을 가장 먼저 적용했다. 하지만 연합군이 기술적으로 따라잡는 동안, 끔찍한 리더십은 1914~15년 그들에게 유혈 참사의 재앙을 연이어 일으켰다.

1915년 가을에 프로이센-독일과 오스트리아-헝가리는 실제로 승리할 준비가 된 것처럼 보였다. 러시아로부터 막대한 이익을 얻는다는 것은 이제 동부 최고사령부Ober ost가 자체 식민지를 갖게 되었고, 화폐와 언론국을 직접 지배하고 민간의 통제를 완전히 벗어났다는 것을 의미했다.

동쪽에서 프로이센 정책의 궁극적인 목표는 1887년 뷔로우가 홀스타인에게 보낸 편지 이후로 28년간 변하지 않았다. 한때 폴란드령(당시 러시아령)이었던 영토를 프로이센에 직접 병합하고, 현재 러시아가 지배하는 다른 지역에 새로운 폴란드를 만들고, 프로이센의 모든 폴란드

동부 최고사령부(오베르 오스트)의 선전 포스터
(위에서부터 아래로 '쿠를란트', '리라우', '비아위스토크-그로드노')와 동전

인들을 추방한다. 발트해에서 흑해에 이르기까지, 모든 지역이 폐쇄되거나 사실상 독일의 지배를 받을 것이다-그렇다기 보다는, 프로이센의 지배를 받게 된다. 총리의 가장 가까운 고문이 작성한 메모는 세계 제1차대전의 제국 엘리트들이 여전히 얼마나 자신들이 독일인이 아닌 프로이센인이라고 생각했는지 잘 보여준다. (<205페이지 **동부 유럽을 재계획하는 프로이센 지도자들**> 참조)

우리는 생각해야 한다. 프로이센의 과점주인 유한회사로서 독일 제국에 대해. 제

국의 모든 신규 주주들은 제국이 의존하고 있는 프로이센 패권의 우월적 힘을 감소시킨다. 그러므로 프로이센이 제국 내에서 그러하듯이, 우리는 독일 제국 주변에 제국이 과반수 지분을 보유하고 있는 국가 연맹을 구성해야 한다. 그렇게 하면 이 연맹 내에서도 프로이센이 실질적인 리더십을 갖게 될 것이다.

쿠르트 리즐러 Kurt Riezler, 1915년 4월 18일

1916년 말, 러시아는 오스트리아-헝가리와의 힘든 대결로 지칠대로 지쳐가는 중이었고, 종전을 바라는 바였다. 한때 경멸받던 영국군은 솜Somme전투에서의 몸부림으로 독일군에 막대한 충격을 선사했다. 그리고 지금은 가장 경계해야 할 상대 1순위가 됐다. 따라서 러시아와의 신속한 평화 제안은 아슬아슬한 기회였다. 총리 베스만 홀웨그와 카이저 스스로도 그 논리를 이해했고, 기회가 있다면 그것을 원했다. 다만 러시아가 단 한 가지 결코 받아들일 수 없었던 점은, 독일의 속국 폴란드에 대한 오베르 오스트Ober Ost(동부 독일군 사령부)의 계획이었다.

이즈음의 진정한 통치자는 1914년 러시아의 동프로이센 침공을 격파한 국가적 영웅 파울 폰 힌덴부르크 육군 원수Field-Mar-shall Paul von Hindenburg와 에리히 루덴도르프 장군General Erich Ludendorff이었다. 미국의 탁월한 중립파 취재기자인 H.L 멘켄H.L. Mencken은 대중과 군대 사이에서 그들의 상징적 지위를 목격했다. '힌덴부르크는 국가적 영웅이자 최고의 이상으로 남아 있다. 아니 거의 국가의 메시아다…빌헬름의 초상화가 하나 팔릴 때 그의 초상화는 10개씩 팔린다…루덴도르프의 초상화는 모든 식당에 걸려 있다. 그는 젊은 부관들에게는 신이나 다름없다.' 두 사람 모두 프로이센에서 가장 폴란드적인 지역 중 하나인 포젠/포즈난

1916년 독일의 진정한 통치자들. 힌덴부르크[좌] 및 루덴도르프[우]

Posen/Poznań 출신이었다. 그들에게 전쟁의 이유는 폴란드인들의 문제를 해결하는 것이었다. 그들은 그저 계획들을 진행했을 뿐이었다. 러시아와 연락을 끊고, 1916년 12월 5일에 꼭두각시 국가로 알려진 이념상의 독일 섭정 아래 폴란드 왕국을 설립했다. 러시아는 격노했다. 그리고 1916년 12월 14일, 공개 발표에서 독일이 폴란드의 허울뿐인 독립을 선언하고 전쟁을 계속하겠다고 한 사실을 알렸다. 독일 최고 사령부는 오랫동안 추구해온 프로이센의 새로운 동유럽 설계계획의 포기나 지연을 거부함으로써 진정한 승리의 기회를 내던져 버렸다.

일 년 후, 심각하게 잘못된 결정이 다시 일어났다. 독일은 서쪽에서의 끔찍한 의사결정을 통해 또 다른 불필요한 적을 만들었다. 잠수함U-boats으로 미국의 대서양 상선을 연속해서 표적으로 삼은 독일 해군이 미국의 여론을 격분시켰다. 프로이센의 외교부장관 아서 치머만Arthur

Zimmerman의 무능함은 타오르고 있는 과열된 여론에 기름을 퍼부어 이를 완성시켰다. **그는 멕시코에 접근해 거의 극단적인 반미 동맹을 제안했다. 영국 정보부가 이를 포착해서 의기양양하게 워싱턴에 보고했다. 이렇게 해서 미국은 수많은 시민과 정치인들이 기꺼이 한발 비켜서고자 했던 전쟁 속으로 끌려 들어가게 된다.**

그러나 동쪽 전선에서는 독일의 상황이 꽤 좋아 보였다. 루덴도르프는 러시아를 혁명으로 감염시키고자 희망하며, 의도적으로 레닌이 독일을 통과해서 러시아로 갈 수 있게 허용했다. 결과는 대성공이었다. 1917년 10월 레닌의 볼셰비키들이 국가 권력을 장악하고 러시아의 새로운 지도자들은 자신들이 얻은 권력을 통합할 수 있도록 평화를 요구했다. 적어도 지각 있는 독일 지도자가 즉시 합리적인 협상을 했어야만 했다. 그랬다면 서부 전선을 위해 동부전선에서 50개 이상의 사단 확보가 가능했을 것이다.

그러나 루덴도르프는 그저 러시아에 대항해 싸우는 것만으로는 만족할 수 없었다. 1918년 2월 13일, 현기증이 날 정도로 야심차고 거대한 새로운 계획을 발표했다. 그것은 바로 새로운 볼셰비키 정권을 분쇄하고 로마노프 차르를 단순히 러시아의 프로이센 대리인으로 복귀시킨다는 계획이었다. 그 50개 이상의 사단은 다시 동쪽으로 동원됐고 엘베강 너머의 고대 독일과 슬라브의 분쟁에서 끝내 승리한다는 천년의 환상을 쫓고 만다. 이미 수천의 미국 병사들이 서부 전선에 도착하기 시작한 상황에서도 말이다.

지도상으로 그것은 거대한 승리처럼 보였기에, 그들은 독일 국민에게 그렇게 대대적 승전보를 알렸다. 하지만 아무 의미도 없는 일이었다.

프로이센이 동부를 새로 만들다. 브레스트 리토브스크 조약(1918년 3월 3일)

1918년 8월 8일 영국 군대가 단호하게 프랑스에서 독일 전선을 무너뜨렸을 때 동쪽에서는 여전히 백만 명이 남아 광활하지만 쓸데없는 정복지의 치안을 관리하고 있었던 것이다.

1918년 8월 8일, 아미엔Amiens 전투의 힌덴부르크

강력한 영국의 탱크 공격은 즉각적인 성공을 거두었다. 탱크는 지금까지의 그 어떤 것보다 빨랐다. 영국군 본부의 참모들조차 놀라게 했고 독일군이 최전선과 통신하는 전화선을 차단해버렸다…흉흉한 소문이 돌기 시작했다. 영국 기병대가 이미 독일군 최전선 후방에 있었다고 한다. 일부 병사들은 이성을 잃었다… 나는 8월 8일의 패배에 따른 정치적 영향에 대한 환상 따위는 가지고 있지 않았다.

전쟁에서의 패배는 프로이센의 전략 문제였다. 앵글로색슨의 군사력을 무시하고 유럽 북동부를 개조하겠다는 헛된 집착은, 독일이 서부에서 패배하는 데 있어 저주로 작용했다.

독일은 왜 패배할 수밖에 없었나?

프로이센-독일의 종말

힌덴부르크가 우려한 정치적 영향은 실로 처참했다. 이제 영국의 대륙 봉쇄는 끔찍한 흉작 및 추수 인력 부족 등의 상황들이 겹쳐 수많은 독일인을 고사 지경까지 내몰았다.

베를린 교사 연합에 소속된 학교 관리 위원회에서 발간한 '기아라는 제목의 한 보고서에 따르면, 많은 경우 인간의 윤리 의식은 생존을 위한 동물적인 투쟁 속에서 메마르게 된다. 육체적 고통, 굶주림과 갈증, 신체적 피로와 쇠약은 거의 모든 감각을 지배하고 종종 나쁜 욕망과 행동에 영향을 미쳤다.' 식량이 점점 부족해지면서 독일 시민들은 먹는다는 원시적인 본능에 따라 행동하기 시작했고 대부분 이 필요성이 삶 전부를 지배했다. 위의 리포트에 의하면 수백만 명의 사람들이 자신과 가족의 단순한 생존을 위해 필요한 것을 찾아 헤매게 되면서 윤리, 문화적 규범과 법은 노골적으로 무시됐다. 이는 종종 이런 상황이 아니라면 법을 준수했을 시민들이, 먹기 위한 끝없는 탐색적 상황에서 도난, 사기 또는 타인을 폭행하는 등 불법적인 행동을 하는 원인이 되었다.

<제1차 세계대전 중 영국의 봉쇄, 박탈이라는 무기>
데이비드 A. 자니키, 2014 조사, Vol.6

사람들을 버티게 해준 한 가지는 결국은 승리하리라는 희망이었다. 1918년 8월에는 대부분의 독일인이 여전히 진심으로 전쟁에서의 승리를 믿고 있었다. 그 해 9월까지도 제국 정부는 변함없이 자신들을 신뢰하는 국민들을 상대로 고금리 전쟁 채권을 판매해 전쟁 비용의 대부분을 감당할 수 있었다. 일반 독일인들은 동쪽 엘비안 융커들을 확실히 좋아하지 않았을지 모르지만, 엄격한 검열로 인해 그들에게 허용된 실상만 알 수 있었고 여전히 그들의 군주들이 전투에서는 무적이라고 믿고 있었다.***

진실이 드러났을 때, 독일 군대의 사기도 루벤도르프의 뻔뻔스러움도 모두 종막을 고했다. **청천벽력이 따로 없었다. 1918년 9월 29일 루벤도르**

*** 당시에 정부가 여전히 신문과 뉴스영화로만 구성된 미디어를 통제하는 것이 얼마나 쉬웠는지를 오늘날 떠올리기는 꽤 어려울 것이다.

프는 갑자기 황제에게 더 이상 군사적 재앙을 연장할 수 없으니 새로운 정부를 구성해야 한다고 말했다. 1918년 10월 3일 힌덴부르크는 충격에 빠진 독일 의회에 이를 확인시켜 주었다. 비로소, 상당히 의도적으로 지난 2년 동안 독일을 통치했던 장군들이 권력을 민간인에게 넘겨주었다. 루덴도르프가 말했듯이 '수프를 퍼줄 때, 책임져야 할 때'에 딱 맞춰서 말이다.

무적의 프로이센 군대라는 신화가 무너지자 독일인들이 들고 일어났다. 폭력적인 반란과 폭동이 나라를 뒤흔들었다. 가장 유명한 사건은 11월 3~4일 킬Kiel에 있는 선원들이 자살이나 다름없는 영국 해군과의 마지막 전투에 나서는 항해를 거부한 사건이었다.

11월 9일 황제는 나라를 떠났다. 마지막 총리 막시밀리안 폰 바덴Prince Maximilian von Baden는 아무런 적법한 절차 없이 (전쟁 노선을 지원했던) 온건파 사회민주당의 지도자인 프리드리히 에버트Ebert에게 그저 자리를

킬Kiel(1918년 11월 3일). 사회주의 공화국을 불러온 선원들의 반란

넘겼다. 같은 날 독일 국회의사당의 발코니에서 공화국이 선포됐고, 그 다음엔 또 루스트가르덴 공원의 트럭 뒤에서 소위 스파르타크스 주의자 Spartacists이자 좌파 사회민주당의 리더인 칼 리브크네흐트가 경쟁 연설을 하며 다시금 공화국을 선포했다. 그는 러시아 혁명에서 영감을 얻었다.

이 혼란 속에서 확실한 것은 오직 한 가지뿐이었다. 1871년 시작된 독일 제국은 채 50년이 되기 전에 역사 속으로 영원히 사라졌다는 것이다.

비운의 공화국

새로운 총리 에버트는 20년 전에 융커 문제의 명확한 해결책과 독일을 위한 새로운 헌법제정을 국회에 촉구했던 휴고 프로이스Hugo Preuss를 국회 개원 전에 기용했다. 프로이스는 서양 헌법 전통을 심도 있게 검토했다. 의회(독일제국의회)와 대통령은 서로 힘의 균형을 맞춰야 했고, 미국 모델에 따라 전 국민(남자와 여자)의 직접적인 투표를 통해서 각각 별개의 선거를 통해 선출되도록 했다. 프로이스는 또한 프로이센을 새로운 독일에서 완전히 분리해낼 계획이었다. 1919년 1월, 이 새로운 헌법의 동의를 얻기 위한 국회의원 선거가 있었다. 베를린이 시가전으로 시달리고 있는지라, 국회는 180마일 남쪽에 떨어진 문화도시로 유명한 바이마르 Weimar의 국립극장에서 '바이마르 공화국'의 이름으로 소집됐다.

프로이스는 그저 패배한 독일에 평화협정 문제가 수면 위로 올라오기 이전에 헌법 초안에 대한 동의를 얻기 위해 필사적으로 일했다. 만약 연합국이 새로운 국가체제를 강요한 것으로 보인다면 체계의 정당성에 치명적인 손상을 입게 될 것임을 알고 있었다. 이 긴급함 때문에 그는 프로이센 분할 계획을 포기하기에 이르렀다. 하지만 이런 그의 노력은 헛수고였다. 1919년 6월 28일 헌법심의가 완료되기도 전에, 독일을 압박하는 '베르사유 조약'이 체결되었다.

베르사유 조약 The Treaty of Versailles

이 방대하고 복잡한 조약의 핵심은 다음과 같다.

(i) 독일은 전쟁을 시작한 책임을 받아들여야 한다. (ii) 독일은 동맹국들에게 막대한 배상을 지불해야 한다. (iii) 독일은 유럽 밖의 식민지들을 모두 포기해야 한다. (iv) 독일은 다양한 이웃 국가들에게 각지의 영토들을 넘겨주어야 한다. (V) 독일은 다시는 누구도 위협할 수 없도록 군대의 규모를 제한해야 한다.

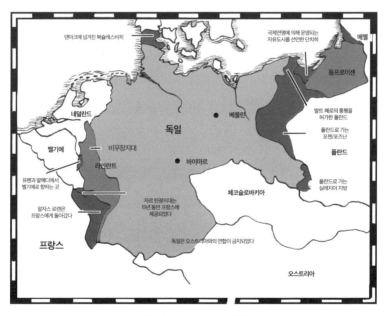

베르사유 조약 이후의 독일

8월 15일 에버트가 프로이스의 새로운 헌법에 서명할 무렵, 군주주의자들과 군국주의자들의 입장에서 (그들이 즉시 그렇게 했던 것처럼) 민주주의 바이마르 공화국이 단지 이 조약의 다른 국면일 뿐이라고 주장하기란 너무 쉬웠다. 즉, 다른 서구의 세력들이 총구를 들이대고 독일에 강제하는 그런 타국의 방식이라는 것이었다. 프로이스가 유대인이라는 사실은 그와 그의 업적을 무너뜨리기 쉽게 만들었다.

프로이스는 1848년의 진보주의자들처럼 독일 내의 프로이센을 서구화하려고 단단히 마음먹고 있었지만, 일부 서부 독일인들은 프로이센에는 희망이 없다고 여기고 그들과 완전히 분리되기를 원했다. 가톨릭 중앙당의 쾰른 시장 콘라트 아데나워Konrad Adenauer는 공식적으로 프로이센 정권의 종식을 요구했다.

> 프로이센은 독일을 지배하고 서독일 민족을 통치했다. 서독일인들은 본질적으로 앙탕트 Entente지역 사람들과 공감하는 사고방식을 가지고 있다. 만약 프로이센이 분리되고 독일의 서부지역이 연합해야한다면 독일을 동부의 정신으로 지배하기는 불가능할 것이다.
>
> 1919년 2월 1일 콘라드 아데나워Konrad Adenauer

아데나워는 1923년 10월에 다시 그가 붙인 호칭대로 서독 연합을 만들기 위해 프랑스의 지지를 촉구하며 최고위층에 로비를 벌였다. 1804년에 야만족들을 몰아내려고 나폴레옹을 기꺼이 초대해 라인강을 건너도록 한 대주교들처럼, 그는 자신의 독일이 프로이센보다는 프랑스와 공통점을 더 많이 가지고 있다는 점을 절대 의심하지 않았다.

궁지에 몰린 프로이센

프로이센은 항상 남달랐으나 이번에는 과격해졌다. 프로이센은 자신들이 경멸했던 폴란드에 벨기에 크기의 땅을 빼앗겼다. 그들은 또한 심리적인 중심추도 잃었다.

이 국경 지역에서의 삶은 1525년부터 불변의 원칙에 따라 통치돼왔다. 프로이센의 통치는 절대적이었고 융커는 실질적인 프로이센의 부관이자 영주들이었다. 이 땅의 주인은 주변의 폴란드인 가톨릭 신도들로부터 그의 사람들을 보호하는 속세의 보호자들처럼, 그 거룩한 교회의 정신적 우두머리이기도 했다. 그 모든 것들이 사라져버렸다. 이제 누가 그들을 보호하고 인도할 것인가? 신을 믿지 않는 사회주의자들의 지도자인 에버트 대통령은, 남·서부 파시스트들의 지지를 받으며 이미 프로이센의 많은 부분을 폴란드에 양도하는 데 서명하지 않았는가?

융커의 종말이 다가온 듯 보였다. 수 세대에 걸쳐 국가와 군대에서 융커에게 최고위직을 보장했던 프로이센 왕조는 사라졌다. 군대도 사라졌다. 그리고 그들이 프로이센 의회를 지배할 수 있게 해준 세 층의 선거인단의 게리맨더링gerrymandering(선거구의 불공평한 구분) 또한 사라졌다. 이제 그들의 투표권은 농민 수준의 가치에 불과했고, 그들의 직함은 공식적으로 아무 의미도 없었다. 일부 융커는 전쟁 전에는 시끄러운 쓰레기라 경멸했던 반유대주의 선동가들과 공동의 대의를 만들 준비가 되어 있었다. 그들 중 대다수는 단순히 그 전투를 계속했다.

동부 엘비아에서의 전쟁은 아직 끝나지 않았다. 그곳은 언제나 그랬듯이 아주 달랐다. 베르사유 조약이 체결되는 동안에도 그 후에도 전투는 지속됐다. 포병대를 포함한 자유군단The Free Corps의 모든 구성원들

"(폴란드와 사회주의자들로부터) 동부를 구원하라"

이 폴란드군과 함께 포젠/포즈난, 실레지아에 맞서 싸웠다. 실상 그들은 발트해 국가들을 정복하려고 노력했다. 그들의 지도자 중 하나인 핫소 폰 만토이펠Hans von Manteuffel은 1919년 자유군단에 합류해, 5월 '리가의 태풍(리가 전투)' 동안 모든 것을 초토화시켰다. 새로 구성된 독일 국가 인민당German National People's Party, DNVP의 선전 문구와도 같이, 사망한 그의 장례는 노골적으로 튜튼 기사단을 상기시켰다.

DNVP는 1919년 융커가 이끌던 보수당이나 군대가 지원하는 조국당의 전 당원들, 범독일당, 반유대주의자들 같은 이들을 아우르는 포괄적인 단체로 설립됐다.

그들은 유대인의 출입을 허가하지 않았다. 완전히 동부 엘비아 기반을 둔 군주제였고, 거의 한결같이 개신교였다.

그들이 적으로 상정한 정치인들은 유대인들 또는 가톨릭의 이익을 위해 보수를 지급한 배신자라는 혹독한 공개적 비난을 받았다. 몇몇은 DNVP와 확실히 관련이 있는 자에게 암살당했다. 1924년 DNVP는 제국의회에서 두 번째로 큰 정당이 되었다. 그러나 그들에게 투표한 전국의 지

DNVP 전당대회(1924년 12월)

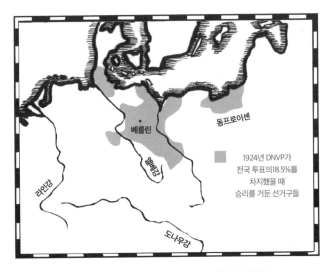

1924년 전국 투표에서 DNVP를 지지한 선거구들

지자들 중 거의 5분의 1이 압도적으로 동부 엘비아 프로이센에서 나왔다.

1871년 버전의 독일이 단일 국가로 남아 있는 한 동쪽 엘비아의 단일 문화적 이질성은 모든 것을 왜곡했다. 아데나워가 서부 독일을 갈라놓지 못한 채 엘베를 가로질러 동쪽으로 지나갈 때마다 자신의 기차 칸 커튼을 닫아버리고 "또 아시아다Schon wieder Asien"라고 중얼거린 것은 이상하게 여길 일이 아니다.

프로이센과 러시아: 비밀스러운 형제애

베르사유 조약으로 독일 군대는 평시 병력이 10만 이하로 제한됐다. 하지만 결정적으로 누가 그들을 선발하는지는 바뀌지 않았다.

지휘권을 맡게 된 좌파 한스 폰 젝트Hans von Seeckt 장군은 융커 수장이었고 (그의 아버지는 지금은 잃어버린 포젠/포즈난을 통치했었다) 남아 있는 수천 명의 장교직에 적절한 사람이 배치되도록 힘썼다. 모든 내부자들은 그렇게 되리라고 알고 있었다. 예를 들어, 악의 없는 현대적인 9사단이 스스로 배타적인 프로이센 제국 근위대Prussian Imperial Guard의 계승자라고 여기는 것처럼 말이다.

그 결과 1919년 이후의 독일군, 즉 독일 국방군Reichswehr은, 군대가 다시 크게 성장하지 않는 한 절대 승진하지 못할 고대의 군명을 가진 훈장을 받은 하급 장교들로 빽빽이 들어찼다. 즉, 1914년 이전보다 훨씬 더 프로이센의 융커같았다. 그들은 사랑하는 프로이센이 공화정으로 바뀌고 그들의 옛 부하였던 폴란드인들에게 유리하게 절단되는 것을 눈앞에서 지켜봐야 했다. 제1차 세계대전의 연기가 걷히기도 전에 그들의 지도자 젝트Seeckt 장군은 이런 잘못을 바로잡을 날을 기대하고 있었다.

그의 구제책은 옛 프로이센-러시아 축의 부활이었다. 군국주의자들인 융커 장교들이 러시아 볼셰비키들과 어떤 합의에 도달할 가능성은 매우 낮아 보일 수 있다. 하지만 실제로 그들은 서로의 피상적인 이념적 차이 기저에 심오한 문화적 친밀감을 공유했다. 바로 서구 민주주의와 그것의 순수하고 맹목적 힘에 대한 숭배, 군사화된 국가 권력 숭배다. 그리고 무엇보다도 다시 태어난 폴란드를 강하게 혐오했다.

1920년 4월, 베를린에서 레닌의 외교관 중 한 명은 이미 독일과 러시아 붉은 군단 연합군의 대폴란드전에 대한 가능성을 시사하고 있었다. 폰 젝트는 열정적이었다. 그에게는 군주제든 소비에트 공화국이든 여전히 러시아였다. 그리고 그는 러시아와 프로이센은 19세기 내내 그랬듯이 반폴란드 연맹 속에 그들의 차이점을 묻어버릴 수 있다고 믿었다.

폴란드의 존재는 견딜 수 없고 독일의 중대한 관심사들과 양립이 불가하다. 폴란드는 반드시 사라져야 하며 자체적 약점 및 러시아와 우리를 통해 그렇게 될 것이다. 심지어 러시아에게는 폴란드가 더 견딜 수 없는 존재이다. 이 목표의 달성은 반드시 독일 정책의 가장 확고한 지침이 되어야 하며, 러시아 자체 혹은, '폴란드의 도움'으로 달성할 수 있을 만큼 이루어질 것이다.

한스 폰 젝트, 1922년

레닌은 1차 대전 후의 급진화된 융커들이 새로운 종류의 동물이라는 것을 깨달았다. 그는 이들을 호기심 많은 유형의 반동 혁명가라고 불렀고 그들과 사업하는 것에 만족했다. 1992년 라팔로Rapallo에서 바이마르 독일과 소비에트 러시아는 공개적으로 배상에 합의했다. 그러나 알려지지 않

서방에 대항하기 위한 연합.
모스크바 동쪽 200마일 지점 카잔의 비밀 카마(Kama) 훈련소에서
소비에트-독일 합동으로 시험중인 초기 독일제 전차.
많은 독일 장교들은 붉은 군단의 규율과 사기, 그리고 새로운 소비에트 국가에서의
중심적 지위에 깊은 감명을 받았다. 1920년대 중반부터 독일군 지도자들은
군국주의적 사회 이념을 개발하고 전파했으며, 군대와 민간 부문의 융합,
궁극적으로 전체주의 군사 국가[에버하르트 콜브(Eberhard Kolb)]를 지향했다

은 세상, 라이히스웨어Reichswehr와 붉은 군단은 서양인의 눈을 의심하기는커녕, 젝트의 부하들에게 러시아 깊숙한 곳에 있는 다양한 훈련 캠프를 임대하는 거래를 했다. 이 비밀 시설에서 양측 군대는 현대적인 무기, 특히 베르사유 조약에 의해 독일에 금지된 전차의 사용법 등을 훈련했다.

극우파들이 서구 스타일의 공화국에 대립해 모스크바와 음모를 꾸미는 것처럼 극좌파들도 마찬가지였다. 기아와 실업이 만연하고, 도처에 퇴역군인들이 널리자, 독일 공산주의자들은 1919년 1월 스파르타크

'우리의 철모 위 스와스티카/우리의 깃발엔 흑-백-적/
우리는 에르하르트 여단/에르하르트 여단/만나는 모든 적을 산산조각 낸다/
너에게 화가 있으리 진저 노동자 쓰레기여'
이 노래는 나중에 수많은 에른하르트 회원들과 마찬가지로 나치에 의해 대체됐다.
그들은 단지 '에르하르트 여단'을 '히틀러의 돌격부대'로 바꿔 불렀을 뿐이다

봉기와 1920년 3월 레닌의 쿠데타를 모방한 행위를 도모했다.

새로운 독일 정부는 아직 자체적으로 신뢰할만한 병력이 없었기 때문에 프로이센 장군들이 이끄는 자유군단에 의지해야 했다. 자유군단은 붉은 폭도들을 진압했지만, 1920년 3월 이른바 카프 반란을 통해 스스로 정권을 잡으려고 했다(최근 연구에 의하면 무명 공무원에서 언론인으로 변신한 볼프강 카프는 실제로는 루덴도르프 전 장군의 자발적 앞잡이일 뿐이었다고 한다). 카프 반란을 주도한 에르하르트 여단은, 이미 철모에 스와스티카5를 표기하고 있었다.

카프 반란은 총동맹파업과 장교들의 참여 거부로 실패한다. 하지만 이 평화롭고 민주적인 저항은 공산주의자들에 의해 또 다른 무장 좌익

봉기로 바뀐다. 이번 반란은 루르Ruhr의 산업 중심지에서 일어난다. 정부는 더 많은 자유군단을 이용해 이를 진압했다.

소위 바이마르 연합(기본적으로 사회 민주당과 가톨릭 중앙당을 의미하는)의 온건파들은 이처럼 처음부터 극우와 극좌 세력 사이에 갇혀 있었다. 양쪽 세력 모두 물리적인 힘으로 새로운 민주주의를 타도하기를 원했다. 공화국은 필사적으로 견고하고 중심적이며 평화로운 시민층이 절실했다. 그러나 불행하게도, 바로 그 그룹은 이제 새로운 트라우마의 직격탄을 맞는다.

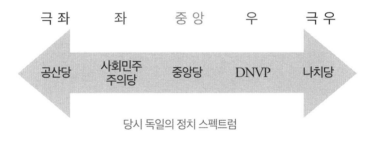

당시 독일의 정치 스펙트럼

화폐의 죽음

1921년부터 1923년까지 극단적 규모의 초인플레이션이 발생해 수백만 명의 삶의 기반을 앗아갔다. 독일 제국이 전쟁 자금을 마련하기 위해 발행했던 채권이 근본적인 원인이었다. 본래 정부는 자국민들에게 비현실적으로 높은 금리로 돈을 빌렸다. 이 채권은 사실상 정복한 사람들을 수탈해서 갚을 계획이었지만 이제 그것은 불가능했다.

따라서 새로운 바이마르 공화국은 탄생의 순간부터 2013년 그리스의 부채와 비례하는 빚더미 위에 앉아 있었다(GDP의 약 175%). 그러나 그것을 구제할 이는 아무도 없었다. 연합군은 새로운 독일을 원했지만, 동시에 구독일이 전쟁의 대가를 치러야 한다고 주장했다. 그 엄청난 상속 부채 외에도, 공화국은 이제 경화硬貨로 치러야 할, 승전국들로부터의 막대한 배상 청구서를 가지고 있었다.

독일은 대규모 세금 인상을 선택하기엔 정치적으로 너무나 취약했다. 그 어떤 국가적, 애국적 호소의 기회를 잡을 방법도 없었다. 그래서 정부는 라이히스마르크Reichsmarks(독일에서 사용하던 마르크화, 1925~48)를 마구 찍어대기 시작했다. 자국민에게 빚을 갚기 위함과 동시에 외화를 사들이기 위해서였다. 화폐를 더 많이 찍어낼수록 라이히스마르크의 구매력은 떨어졌고, 더 많이 인쇄해야 했으며, 화폐가치는 더욱 떨어졌다….

외환에서 확산된 재앙적인 인플레이션이 독일 거리로 퍼져나갔다. 1914년 1달러는 4.2라이히스마르크였다. 하지만 1921년 1월에는 191.80 라이히스마르크였다. 이 위태위태하던 통화를 한계선 너머로 기울인 마지막 타격의 때가 도래했다. 1923년 1월, 배상금을 석탄으로 차압하기 위해 프랑스가 주산업지역인 루르밸리Ruhr Valley 지역을 점령했던 것이다. 베를린 정부가 파업은 애국적 행위임을 선언하고 파업 노동자들의 임금 보장을 약속함으로 소극적 저항을 조장했다. 이는 산업 생산(그에 따른 세금 징수)이 제대로 기능을 못하게 된 것처럼 훨씬 더 많은 지폐의 인쇄를 의미했다. 1923년 11월 경에는 개념적으로 1달러가 4.2 조 라이히스마르크Reichsmarks의 가치로 환산된다.

1924년에 실물자산이 뒷받침된 새로운 통화 렌텐마르크Rentenmark의 도입으로 상황이 안정됐다. 그러나 그때까지 열심히 저축하고 정부를 신뢰했던 수백만의 중산층 독일인들은 평생 저축한 돈(주철로 추정

독일의 라이히스마르크 1923년 1달러당 4.2조까지 가치 환산되었다

되는 국가 지원 전쟁 채권을 포함)이 완전히 사라지는 것을 목격했다. 만약 당시에 농부 혹은 집주인이나 산업가였다면 자산의 근본 가치는 최종적으로 영향을 받지 않았을 것이다. 일용직으로 저축이 없는 상태라면 역시나 아무것도 변하지 않았을 것이다. 하지만 만약, 한때는 번영했던 수많은 중산층, 즉 실물자산은 없었지만 언제나 열심히 저축하고 나라를 신뢰했던 공무원, 의사, 교사, 화이트칼라 노동자, 상점주인, 대학 강사 등이었다면 새로운 공화국으로부터 버려졌다는 느낌을 받지 않는 것이 오히려 이상했다.

뮌헨에서는 아돌프 히틀러Adolf Hitler라는 이름의 전前 상병이 처음에는 좌익의 전前 동료들을 선동하기 위한 비밀 군사 자금을 받고 있었다. 이제 그는 자신이, 새로운 정부에게 배반당했다고 믿는 사람들의 감정을 대신 표출하는 데 특별한 재능이 있음을 깨닫는다.

위대한 상속자, 카를 5세

해가 지지 않는 제국의 주인, 유럽 역사상 가장 넓은 영토를 물려받았으며 긴 세월 유럽 패권국 자리를 지킨 합스부르크 가문의 수장, 국경을 초월하여 수많은 직함과 별명을 지녔던 인물이 바로 카를 5세이다. 1500년, 카를 5세는 신성로마제국의 황제인 막시밀리안 1세의 후계자이자 부르고뉴 공국의 공작이었던 필리프, 그리고 스페인 왕국 후아나 공주 사이에서 태어난다. 고모의 보살핌 속에서 모자람 없이 성장한 그는 부르고뉴 공국을 물려받아 1515년부터 직접 통치했고 2년 뒤 스페인을 다스리는 국왕이 되었다. 그 후 1519년 1월 21일 신성로마제국의 황제였던 조부 막시밀리안 1세가 사망하면서 카를 5세는 프랑수아 1세와 함께 계승 후보로 참가, 고모인 마르가레타가 독일의 푸거 가문과 벨저 가문에 총 85만 두카트를 빌려 선제후들을 매수함으로써 만장일치로 황제에 당선될 수 있었다.

신성로마제국의 황제가 된 카를 5세에게는 각국 여러 지방의 통치 문제를 해결하기 위해 동생 페르디난트에게 독일 통치를 맡긴다. 이후 그는 프랑수아 1세의 프랑스군을 격퇴하여 이탈리아 북부를 정복하고, 교황 클레멘스 7세를 무력으로 포섭하거나, 자신에게 반발했던 루터교 영주들의 군사동맹인 슈말칼덴 동맹을 무찌르는 등 전성기를 구가한다. 무소불위의 권력을 쥔 카를 5세를 한평생 괴롭힌 것은 아이러니하게도 개신교와의 종교갈등이었다.

독실한 가톨릭 신자였던 카를 5세는 1521년 보름스 회의에서 마르틴 루터와의 대립을 시작으로 1526년과 1529년 슈파이어 제국회의로 개신교와 갈등을 빚었고, 1530년 아우크스부르크 제국회의에서 개신교를 가톨릭에 흡수시키려 했다. 1531년에는 개신교 측 제후 및 제국 도시들의 군사동맹인 슈말칼덴 동맹이 결성되어 그 갈등이 극에 달했다. 이후 1544년과 1545년 각각 프랑스와 오스만 제국과의 분쟁을 끝낸 카를 5세는 1547년 슈말칼덴 전쟁으로 개신교 제후들을 굴복시키는 데 성공한다.

하지만 이후 아군으로 가담했던 작센 선제후 모리츠와의 약속 불이행, 1550년 4월 29일 공표한 피의 칙령, 아들 펠리페 2세를 위해 동생인 페르디난트 1세를 토사구팽하려는 시도 등 카를 5세의 여러 패착이 누적되었고, 결국 1555년 9월 25일 신교도 제후들의 종교적 자유를 허용하는 아우크스부르크 화의가 페르디난트 1세에 의해 체결된다. 카를 5세는 극도의 분노와 무력감을 품은 채 스페인에 있는 유스테 수도원에 입소했고 1558년 조용히 눈을 감는다.

"저 너머 더 멀리(PLVS VLTRA)"라는 그의 격언에 걸맞게, 카를 5세는 유럽에서 가장 넓은 영토를 지배했으며 5개 국어를 구사했고, 그의 스페인 군대는 유럽사에서 총을 도입하여 냉병기冷兵器의 몰락을 불러왔다. 종교개혁, 르네상스와 더불어 그는 중세에서 근대로 전환되는 시기, 16세기 전반기의 유럽사에서 빠질 수 없는 굵직한 역사적 사건과 함께한 '위대한 상속자'였다.

무적함대의 몰락, 칼레 해전

'무적함대(Armada Invencible)'라는 별칭으로 더 널리 알려진 스페인 해군은 16세기 지중해와 대서양을 누비며 그 명성을 떨쳤다. 하지만 식민지였던 네덜란드의 독립을 지원하고, 또 스페인 선박을 약탈하던 해적들을 국가적으로 공인한 영국과 마찰을 빚는다. 결국 1588년 8월, 스페인 해군은 엘리자베스 1세가 이끄는 영국과의 해전에서 패배한다. 이것이 바로 칼레 앞바다(또는 도버 해협)에서 일어났으며 세계 3대 해전 중 하나로 불리는 '칼레 해전'이다.

구교를 지지하는 스페인과 신교를 지지하던 영국은 종교적 갈등 외에도 다양한 문제로 인해 사이가 좋지 않았다. 당시 스페인 국왕이었던 펠리페 2세의 청혼을 엘리자베스 1세가 거절한 일, 영국이 지원한 해적들이 스페인 선박을 약탈한 일, 펠리페 2세의 경쟁자를 영국이 지원한 일 등이 겹쳐 전쟁을 눈앞에 둔 상황이었다. 하지만 당시 스페인은 무적함대로 불릴 정도로 막강한 해군 병력을 보유했으며 육군 또한 영국군에 비할 수 없을 정도로 막강했다. 영국은 배 위에서의 백병전은 물론, 1만 9천의 보병을 실은 130여 척의 스페인 함대가 영국 본토에 상륙한다면 도저히 당해낼 수 없다고 판단했다.

따라서 엘리자베스 1세는 프랜시스 드레이크와 영국 최초의 노예무역상이기도 한 존 호킨스에게 실질적인 지휘권을 주었고, 함선끼리의 백병전보다는 포격을 중시하기 위해 청동 대포보다 저렴한 대신 성능이 떨어지는 주철 대포를 개량하여 배에 실었다. 또한 전쟁에서 배 8척에 화약을 잔뜩 실은 뒤 스페인 함대에 보내는 화공을 시도하기도 했다.

한편 스페인은 막강한 해군 전력과 함께 네덜란드에 집결해 둔 스페인 육군 전력을 영국에 상륙시킴으로써 전쟁에서 승리한다는 계획이었다. 하지만 승리를 과신한 펠리페 2세는 이 작전 계획서를 출판해서 판매함으로써 영국이 전쟁에 대비하게 하는 악수를 두었다. 설상가상으로 스페인의 무적함대는 네덜란드 독립군의 방해로 인한 물자와 육군 수송 문제, 총지휘관의 사망, 수송 문제로 인한 보급품의 부패 등 수많은 전투 외적인 문제를 겪는다.

1588년 8월 8일, 우여곡절 끝에 함포전을 시작으로 4일간 전쟁이 지속되지만 이로 인한 무적함대의 피해는 경미했다. 하지만 영국의 화공이 시작됨과 동시에 북풍으로 바뀌자 스페인 함대는 예상 밖의 상황에 당황하며 닻을 끊고 북해로 도망쳤고, 진영이 무너지며 차츰 영국의 함선에 손실을 당한다. 게다가 때마침 몰아친 태풍에 의해 앞선 화공으로 닻을 잃은 함선들이 난파되었고, 결정적으로 영국의 해적을 피해 북해를 거쳐 본국으로 귀환하려던 무적함대는 특유의 태풍을 두 차례 마주하고 만다.

결국 스페인 해군은 칼레 해전을 통해 80여 척의 함대와 함께 2만 명에 육박하는 병력을 잃었는데, 정작 전투로 잃은 함선은 3척에 불과했다. 이후 재건에 성공한 스페인 함대는 1596년과 1597년 두 차례 영국을 공격하지만 이마저도 폭풍으로 인해 무너지며 무적함대의 전설은 막을 내리게 된다.

종교적 갈등이 낳은 대재앙, 30년 전쟁

30년 전쟁은 1618년부터 1648년까지 신성로마제국을 비롯해 덴마크와 스웨덴, 프랑스 등 여러 유럽국이 참전한 국가 전쟁이다. 표면적으로는 신성로마제국 내 제국보수파인 가톨릭과 루터교를 지지한 자유도시파로 대표되는 개신교 사이의 종교 갈등으로 보이지만, 그 내면에는 신성로마제국과 개신교 군주들의 이권 다툼이 숨겨져 있었다. 여기에 다양한 이유로 참전한 유럽 국가들로 인해 합스부르크 가문과 프랑스 사이의 전쟁으로 변모하기에 이른다.

전쟁의 발단은 1555년 체결했던 종교 협약인 아우크스부르크 화의의 위기였다. 1577년 신성로마제국 황제 루돌프 2세가 개신교 교회와 학교를 폐쇄하였고, 의도적으로 개신교 영주들을 정치에서 배제한다. 결정적으로 1618년 신성로마제국 황제인 마티아스와 그의 후계자 페르디난트 2세가 개신교 탄압을 더욱 강화한다. 이에 반발한 보헤미아 왕국의 귀족들이 왕의 대리인과 관리를 창밖에 집어 던지는 '프라하 창문 밖 투척 사건'이 발생, 30년 전쟁의 막이 오른다.

전쟁 초기에는 프리드리히 5세가 이끄는 보헤미아 왕국 측이 우세했으나, 개신교 내부의 갈등과 신성로마제국의 반격으로 이내 수세에 몰리게 되었다. 팔츠로 도망친 프리드리히 5세는 주변국들에 지원을 요청했고, 신성로마제국에 반감을 지녔던 덴마크의 크리스티안 4세가 병력을 소집해 인근 독일 지역을 공격한다.

1625년, 신성로마제국의 장군이 된 알브레히트 폰 발렌슈타인은 이 듬해 크리스티안 4세의 군대를 물리쳤고, 1627년에는 그를 덴마크 지역 으로 몰아내기에 이른다. 그러나 승리를 확신한 페르디난트 2세가 1555 년 이후 개신교 영주들이 획득한 교회 및 모든 관련 자산을 몰수한다는 칙령을 발표하면서 상황이 급변한다. 개신교 진영은 스웨덴의 왕 구스 타브 2세 아래 일치단결해 발렌슈타인의 부대를 상대로 선전했고, 극심 한 수탈과 약탈로 원망받던 발렌슈타인 장군은 개신교 측과 멋대로 휴 전을 진행했다는 이유로 1634년 처형당한다.

뒤를 이어 총사령관이 된 페르디난트 3세는 영토를 상당수 복구하며 선전하지만, 여전히 전쟁이 끝날 기미는 보이지 않았다. 설상가상으로 프랑스가 본격적으로 전쟁에 참전하자, 황제에 오른 페르디난트 3세의 고민은 더욱 깊어졌다. 결국 그는 스웨덴과 프랑스를 포함하여 16개 유 럽국과 협상을 진행했고, 1648년 베스트팔렌 조약을 통해 전쟁을 종결 짓는다. 이 조약으로 인해 개인의 종교의 자유가 공표되었고, 네덜란드 와 스위스는 독립국의 지위를 얻었다. 프랑스와 스웨덴은 유럽의 강대 국으로 부상했으며 합스부르크 가문은 추락한다.

사실 이 전쟁에서 그 누구보다 고통받은 것은 독일인들이었다. 지독 한 약탈과 살인, 방화, 기근과 전염병으로 인해 약 800만 명이 사망하고 보헤미아 지방의 마을 중 단 6천 개만이 파괴를 면했으며 굶주림이 극 에 달해 식인까지 발생했다. 이는 인구 대비로는 2차 세계대전보다 더 큰 인명 피해를 낳았다.

나폴레옹과 독일의 악연

1789년 프랑스 혁명의 불길은 독일 프로이센을 비롯한 군주제 국가를 자극하기 충분했다. 군주들은 1793년 동맹을 맺고 프랑스 혁명 정부와의 전쟁을 선포한다. 이때 코르시카의 하급 귀족 출신인 나폴레옹 보나파르트Napoleon Bonaparte는 1799년 무력해진 혁명 정부에 쿠데타를 감행, 오백인회를 해산시킨 후 1800년 국민 투표를 통해 30세의 나이에 프랑스 정권을 손에 넣었으며, 1802년에는 아미앵 조약을 체결하여 전쟁을 일시중단 하였다. 하지만 영국은 곧 아미앵 조약을 파기, 오스트리아, 러시아와 연합하여 1805년 제3차 대프랑스 동맹을 결성한다. 당시 프로이센은 중립을 택했고, 프랑스는 영국에게서 빼앗은 하노버를 프로이센에 양도하기로 약속한다. 그러나 1806년 7월, 프랑스가 오스트리아를 제압하는 과정에서 신성로마제국 산하의 독일 지역 일부가 프랑스의 속국인 라인 동맹으로 창설되며 제국은 최후를 맞이한다.

신성로마제국의 붕괴를 지켜본 프로이센에서는 프랑스에 대한 여론이 급속도로 나빠지기 시작했다. 특히 1806년 8월 뷔르템베르크의 한 서점에서 나폴레옹을 비난하는 서적이 출간되어 서점 주인이 처형당하자 분노는 극에 달했다. 결국 같은 해 10월 9일 프로이센이 프랑스를 향해 선전포고를 내리면서 영국, 러시아, 프로이센 중심의 제4차 연합 전쟁이 시작된다. 하지만 프로이센은 단 보름 만에 프랑스군에게 수도인 베를린을 점령당했고, 1807년 틸지트Tilsit 평화 조약에 앞서 전쟁에 대한 보상으로 프로이센 영토의 절반을 빼앗겨버린다.

그러나 복수의 기회는 생각보다 빨리 찾아왔다. 1812년, 러시아를 응징하기 위해 60만 대군을 이끌고 원정을 떠났던 나폴레옹은 고작 10만의 병력만을 남긴 채 퇴각했고, 이 기회를 놓치지 않고 제6차 대프랑스 동맹을 결성한 프로이센, 오스트리아, 러시아, 스웨덴 등의 동맹군에 의해 대파된 뒤 1814년 엘바섬으로 추방당한다. 이때 프로이센은 비록 1814년 빈 회의에서 1803년 당시의 영토를 거의 회복했으며, 그 외에도 작센과 베스트팔렌 지방, 라인강 유역의 영토를 추가로 보상받았다. 1년 뒤, 엘바섬을 탈출한 나폴레옹은 워털루에서 최후의 복수전을 감행하나 이내 영국과 프로이센군에 패배, 1803년부터 이어진 나폴레옹 전쟁은 그 막을 내린다. 결국 나폴레옹은 남대서양 한가운데 위치한 세인트 헬레나섬에 유배되었으며 1821년 5월 5일 눈을 감는다.

이처럼 프로이센과 프랑스의 관계는 프랑스 혁명과 프랑스 혁명전쟁을 거치며 권력자들 간의 다툼에서 '민족 대 민족'의 갈등으로 심화한다. 특히 나폴레옹이 신성로마제국을 무너뜨리고 라인 동맹을 결성하면서 자존심에 상처를 입은 독일 내부에서 민족주의의 싹이 자라나게 된다. 무너졌던 독일의 자존심은 빈 회의에서 어느 정도 복구되지만, 이후로도 독일과 프랑스 사이에는 오랜 기간 쌓인 앙금이 남게 된다.

철의 수상 비스마르크

독일 제국 통일의 주역, 철의 수상Eiserner Kanzler, 외교의 달인으로 알려진 오토 에두아르트 레오폴트 폰 비스마르크Otto Eduard Leopold Fürst von Bismarck는 독일의 역사에서 결코 빼놓을 수 없는 인물이다. 1815년 작센 쇤하우젠의 융커 집안에서 태어난 그는 지방의회 의원과 독일연방의회 프로이센 공사를 거쳐, 1862년 왕위에 오른 빌헬름 1세의 지명으로 수상에 취임했다. 비스마르크는 취임 연설에서 '이 시대의 중요한 문제는 연설이나 다수결이 아닌 철과 피에 의해 결정된다'는 <철혈정책>을 내세우며 큰 반향을 일으켰다.

수상이 된 그는 의회의 반대에도 불구하고 군비확장을 통해 1864년과 1868년 덴마크와 오스트리아를 제압하였으며, 1870년에는 엠스 전보 사건으로 촉발된 프랑스-프로이센 전쟁에서 승리 후 1871년 독일 제국을 선포하며 본인의 뜻대로 통일을 이룩한다. 독일을 통일하는 데 성공한 비스마르크는 독일 제국 내 산업혁명의 기반을 마련하는 데 매진한다. 상업법과 관세법 등 경제 법령을 공포하였으며, 철도망 건설, 광산업 등을 발전시킨다. 또한 노동자 보호법이나 건강 의료 보험과 같은 오늘날 사회보장제도의 기반을 마련하여 다방면으로 독일 제국의 기틀을 다졌다.

그러나 이러한 비스마르크의 정책은 어디까지나 빌헬름 1세의 비호 아래 가능한 것이었다. 1888년 빌헬름 1세 사망 이후 비스마르크는 제국주의적인 빌헬름 2세의 정치 방향과 충돌하며 입지가 흔들리기 시작했으며 독일 국민에게도 차츰 인기를 잃어갔다. 결국 1890년 총선에서 주요 정당인 국민자유당이 절반 이상의 의석을 잃고 대패하면서 비스마르크는 수상직에서 해임되고 만다. 해임 후에도 비스마르크는 지방신문 정치 사설에 다양한 의견을 제시하는 등의 활동을 이어가다가 1898년 7월 30일 사망한다.

철의 수상이라는 어감이 주는 강인함과 냉혹한 이미지와는 달리 비스마르크는 전쟁을 최후의 수단으로 여기는 평화주의자였다. 그는 국가 간의 균형을 중시하여 외교에 힘썼으며, 설령 전쟁이 필요할 경우라도 단기간 내에 승리를 거두고, 또 필요 이상의 배상을 받아내거나 굴욕을 주는 행위를 지양했다. 그러나 비스마르크는 자신이 설정한 다양한 목표를 달성하는 과정에서 헌법적 규범과 의회의 의사를 무시하였고, 결과적으로 독단적인 정치지도자로서 오랜 시간 활동하며 독일 내 민주주의를 후퇴시켰다고 비판받기도 한다. 또한 복수를 막기 위해서라고는 하나 외교적으로 철저히 프랑스를 고립시키려 함으로써 훗날 제1차 세계대전의 불씨를 남기고 말았다.

최초의 미디어 전쟁, 보불전쟁

전보를 통해 전해진 메시지의 (다소 의도된) 혼선으로 인해 발발한 전쟁이 있었다. 독일의 통일을 이룩하려는 프로이센과 이를 막으려는 프랑스 간에 벌어진 프로이센-프랑스 전쟁(보불전쟁)이다. 이 전쟁의 시작에는 프로이센과 프랑스, 그리고 스페인의 이해관계가 얽힌 '엠스 전보 사건'이 있다.

1868년 여왕 이사벨 2세를 축출하며 들어선 스페인 혁명 정부는 빌헬름 1세에게 그의 친척인 호엔촐레른가의 레오폴트 공을 왕위에 앉히자고 제안한다. 하지만 스페인과 프로이센 사이에 포위될 것을 걱정한 프랑스의 나폴레옹 3세가 이를 격렬하게 반대하고, 심지어 레오폴트를 왕위에 앉히지 않겠다고 증명하는 각서를 빌헬름 1세에게 요구하면서 문제가 발생한다. 마침 프랑스와의 전쟁 기회를 엿보고 있던 비스마르크는 이 문제를 활용하기로 한다.

비스마르크는 빌헬름 1세가 보낸 전보의 내용을 축약하여 프랑스의 대사가 무례한 점을 조금 더 부각한 다음 해당 내용을 언론에 공개하였다. 게다가 이 내용이 프랑스 통신사에 의해 마치 프로이센의 하급 관리가 프랑스 대사에게 무례를 저지른 것처럼 오역되면서 양국의 악감정이 극대화한다. 사실 빌헬름 1세와 레오폴트 공은 스페인 왕위 계승에 회의적이었고, 각서를 요구한 나폴레옹 3세 역시 전쟁에는 부정적이었다. 그러나 이미 프로이센과 프랑스 모두 서로에게 감정이 상할 대로 상한 뒤였다.

1870년 7월 19일, 프랑스의 선전포고로 보불전쟁이 시작된다. 사실 프로이센은 이미 남부 독일 국가들과 비밀리에 체결한 동맹에 따라 군사 지원을 받았고, 러시아 제국을 비롯한 유럽 국가들로부터 중립을 약속받아 만반의 준비를 마친 상태였다. 반면에 외교적으로 고립된 데다 전쟁 준비가 충분하지 않았던 프랑스는 프로이센을 상태로 마르스라투르 Mars-la-Tour 전투와 그라블로트Gravelotte 전투에서 참패하였고, 스당Sedan전투에서 나폴레옹 3세가 포로로 붙잡히고 만다.

1870년 8월 7일, 프랑스군의 패전 소식을 들은 공화주의자들은 제3공화국을 선포하였고, 프랑스 시민들은 파리에서 항쟁을 이어갔다. 하지만 프로이센군에 의해 포위당한 그들은 약 4개월 넘게 보급이 차단되며 끝내는 동물원의 동물들까지 잡아먹는 지경에 이른다. 결국 국민방위 정부가 평화를 제의, 1871년 1월 18일 베르사유 궁전에서 독일 제국의 수립이 선포된다. 1871년 5월 10일 프랑크푸르트 조약 체결과 함께 독일은 알자스-로렌 지방과 함께 50억 프랑의 전쟁 배상금을 받으며 유럽 최강의 군사 강국으로 거듭난다. 반면 프랑스는 배상금을 1년 8개월 만에 갚지만, 이를 포함한 여러 이유로 1873년 대불황을 겪게 된다. 이러한 독일과 프랑스의 악연은 제2차 세계대전이 끝난 직후까지 이어지게 된다.

독일판 카노사의 굴욕, 문화투쟁

문화투쟁, 또는 쿨투어캄프Kulturkampf는 넓게 보자면 근대 이후 성립된 세속 국가들이 정교분리를 내세우기 시작하면서 종교의 영향력에서 벗어나기 위해 벌인 정치적 알력을 일컫는다. 하지만 일반적으로는 1871년부터 1878년에 걸쳐 오토 폰 비스마르크가 이끄는 프로이센이 제국 내 가톨릭교회의 역할과 영향력을 약화하기 위해 주도한 일련의 정책을 뜻한다.

비스마르크는 보불전쟁 이후 프로이센 주도 아래 독일 제국을 건설하는 데 성공했지만, 정작 바이에른 왕국이나 라인란트 등 가톨릭이 우세한 지역에서는 이러한 제국의 모습에 대한 불만의 목소리가 새어 나오고 있었다. 이들은 기세를 타고 가톨릭 중앙당의 세력을 늘렸으며 교황 비오 9세 역시 '진보, 자유주의, 근대 문명과의 타협을 거부할 것'을 신자들에게 지시하며 교회에 대한 간섭 철회를 요구했다. 하지만 가톨릭은 물론이거니와 프로테스탄트 신앙 역시 제국의 통제 아래 놓으려 했던 비스마르크는 과감히 투쟁의 길을 선택한다.

비스마르크는 자신의 정치적 지지층인 프로이센 왕실 및 융커를 등에 업고, 비오 9세가 이끄는 가톨릭에 대한 강경 대응을 차례차례 전개해나갔다. 1871년 7월 프로이센 문화부의 가톨릭과 폐지를 시작으로, 같은 해 10월 제국의회에서 가톨릭 성직자들에 대한 정부 감독을 강화하고 국가 질서를 위해 그들의 언동을 금지케 할 수 있는 법을 통과시킨다. 1872년에는 교회의 교육 활동을 금지하고 예수회법에 의한 전교 활동을 규제하는 법이 통과되었으며 성직자의 학교 감독권을 박탈했다. 또한 예수회 수도사들의 활동을 금지하는 법력을 발효하여 이들의 체류권을 제한했으며, 주교를 포함하여 신부 수백 명을 감옥에 가두고 신학교들을 폐쇄한다.

특히 1873년에는 가톨릭교회를 국가에 귀속시키기 위한 5월법Mai Gesetz을 선포했는데, 이는 프로이센 내부에서 가톨릭 성직자들의 교육과 임용을 국가가 통제하며 예수회 등 모든 수도회 활동을 금지하고 재산 역시 압수하는 것이었다. 1874년에는 종교 교육을 오로지 국가에 의해서만 실시될 수 있도록 했고 칠성사의 주관까지도 막아버린다. 1875년에 이르러서는 독일 내 거의 모든 수도원을 폐지했으며, 교황령 내 독일 제국 외교관까지 철수한다.

하지만 이러한 강경한 프로이센의 대응은 결과적으로 역효과를 낳았다. 독일 제국 내 가톨릭 중앙당의 세력은 더욱 막강해졌으며, 여기에 프로테스탄트와 자유주의 좌파까지 가톨릭 세력에 합세하면서 문화투쟁에 반발하는 목소리가 더욱 거세졌다. 결국 1877년 비스마르크가 5월법을 주도했던 교육부 장관을 해임하고, 새로 즉위한 교황 레오 13세와 2차례 회담을 거친 뒤 반가톨릭 법안을 폐지하면서 문화투쟁은 끝을 맺는다. 하지만 앞선 비스마르크의 의도와 달리 가톨릭 중앙당은 독일 제국 내 주요 정당으로 확고히 자리 잡게 된다.

가깝고도 먼, 오스트리아

독일어를 사용하며 민족 또한 같은 오스트리아. 그들은 오래전부터 독일과 역사와 문화를 공유해왔지만, 합스부르크가의 동유럽 진출과 크고 작은 다툼, 그리고 비스마르크 수상 이후 통일된 프로이센과의 괴리를 통해 비슷하면서도 다른 성향을 지니게 되었다. 오스트리아는 996년 동프랑크의 문서에서 최초로 등장한다. 이후 1156년 신성로마제국의 프리드리히 1세에 의한 공작령 승격, 1192년 바벤부르크 가문의 공작위 획득을 통해 그 세력이 점차 강해진다. 그리고 신성로마제국의 대공위시대를 끝내고 합스부르크 왕가의 시작을 알린 루돌프 1세의 등장과 함께 오스트리아의 이름을 널리 알리게 된다.

이러한 오스트리아와 프로이센의 다툼은 1740년 12월 16일, 신성로마제국의 황제인 카를 6세가 딸 마리아 테레지아에게 황위를 물려주려함으로써 시작된다. 유럽 주요 국가들이 참전한, 오늘날 '오스트리아 왕위 계승 전쟁'으로 불리는 차기 왕위 계승권을 두고 영유권을 노린 프로이센은 호엔촐레른 가문에게 슐레지엔의 계승권이 있다고 주장하며 오스트리아를 침공한다. 우여곡절 끝에 슐레지엔을 잃은 대신 황위를 차지한 마리아 테레지아는 복수를 위해 1756년 프로이센을 상대로 7년 전쟁을 일으킨다. 하지만 초반 오스트리아와 그 동맹국에 유리하게 흘러가던 전쟁은 점차 기울었고, 결국 프로이센과 휴전협정을 맺게 된다.

또 다른 싸움의 불씨는 신성로마제국의 멸망과 함께 생겨났다. 1806년 프랑스에 의해 무너진 신성로마제국 대신 막대한 영토를 잃고 배상금을 갚아야 했던 오스트리아 제국은, 그러나 1815년 나폴레옹의 몰락 이후 빈 의회에서 독일 연방의 결성을 주도하며 회복에 성공한다. 하지만 이후 50년이 넘게 계속되는 오스트리아의 간섭에 불만을 품은 프로이센이 1866년 비스마르크의 지휘 아래 전쟁을 일으켰고, 고작 몇 주 만에 승리하며 독일 통일의 주도권을 쥔다. 반면 오스트리아는 오랜 우방국이었던 바이에른 왕국과 결별하며 독일 내 영향력이 더욱 축소되고 만다.

정부가 힘을 잃자 동부 헝가리 지방에서 독립주의자들의 목소리가 점차 커지게 되었다. 오스트리아 정부는 이중 정부를 제안했고, 1867년 오스트리아-헝가리 제국이 설립된다. 하지만 오스트리아는 시작부터 슬라브 계열 민족을 포함해 무수한 민족이 섞여 있는 다민족 제국이었기에 유달리 민족주의 열풍에 취약했고, 특히 내부의 범독일주의 세력이 이러한 갈등을 주도하며 오스트리아-헝가리 제국의 붕괴와 독일로의 합류를 열망했다.

결과적으로 이들의 바람은 1918년 11월 제1차 세계대전에서 패배한 오스트리아-헝가리 제국이 해체되면서 어느 정도 이루어진다. 1938년 3월 14일, 오스트리아 출신의 아돌프 히틀러 총통에 의해 나치 독일에 강제로 합병되며 완전해진 것이다.

독일과 1차 세계대전

1914년 7월 28일, 오스트리아-헝가리 제국의 세르비아 침공과 함께 제1차 세계대전의 막이 오른다. 직접적인 전쟁 발발 원인은 같은 해 6월 28일 사라예보에서 오스트리아-헝가리 제국의 프란츠 페르디난트 대공이 암살당한 '사라예보 사건'이다. 하지만 사실 그 이전부터, 신제국주의를 기반으로 당시 세계 최강국이었던 영국과 식민지를 확장하려던 독일은 서로를 견제하며 날을 세우고 있었다.

비스마르크 수상의 퇴임 이후 공격적인 식민지 확장 정책을 펼치기 시작한 빌헬름 2세는 곧 영국과 프랑스, 러시아의 견제를 받는다. 당시 독일의 확장세는 유럽 내에서 막강한 경제력과 무력을 보유하고 있던 영국을 위협했으며, 1903년에 이르러서는 영국의 경제력을 추월하며 유럽 내 패권국으로 자리잡을 정도였다. 독일은 급격한 경제 성장과 내수 확장, 그리고 식민지 확장 정책을 펼치기 위해 1898년 해군법을 통과시켜 영국에 대적할 전함을 건조하기 시작했다. 이를 계기로 오늘날 제1차 세계대전의 주요 원인 중 하나로 평가받는 독일과 영국의 무제한 전함 건조 경쟁이 시작된다.

전쟁이 시작되자 독일은 중립국인 룩셈부르크와 벨기에를 침공하며 프랑스로 진격했다. 이에 영국이 독일에 선전포고했고 진격을 멈춘 독일군과 프랑스, 벨기에에 서부 전선이 펼쳐지며 전쟁은 소모전 양상으로 굳어진다. 전쟁이 단기간 내에 끝날 것이라 여겼던 독일 제국의 예상과 달리, 오스만제국과 불가리아 왕국이 동맹국에, 이탈리아 왕국, 일본, 미국 등이 연합군에 참전하며 전쟁의 양상이 점차 커지게 되었고 사상자 또한 증가하였다.

1917년, 러시아에서 10월 혁명으로 소비에트 정권이 들어서자 이에 자극받은 다수의 독일 국민이 반란에 합세, 1918년 11월 9일 '독일 11월 혁명'이 발생한다. 4년 넘게 이어진 전쟁과 연이은 패배, 권력층에 대한 불신이 쌓인 결과였다. 결국 빌헬름 2세가 네덜란드로 망명하며 독일의 제정이 무너지고 공화국이 출범, 프리드리히 에베르트를 정부 수반으로 하는 바이마르 공화국이 세워진다. 같은 해 11월 11일, 독일 임시정부가 연합국에 무조건 항복을 선언하며 제1차 세계대전이 끝난다.

패전 이후 성립 된 바이마르 공화국은 베르사유 조약을 거쳐 적지 않은 영토와 소유했던 모든 식민지를 할양해야 했으며 전쟁 배상금인 1,320억 마르크도 갚아야 했다. 실업자가 넘쳐나게 되었고 파업이 끊이질 않았다. 배상금 지불을 위해 끊임없이 지폐를 발행한 덕분에 극심한 인플레이션 현상이 나타났으며 국민의 불만 역시 나날이 늘어만 갔다. 그리고 1919년 1월 5일, 안톤 드렉슬러를 중심으로 베르사유 조약에 반대하는 이들이 새로운 당을 결성한다. '국가사회주의 독일 노동자당 Nationalsozialistische Deutsche Arbeiterpartei', 바로 '나치'다.

5부
독일, 유럽의 미래
-1924년~현재-

The Shortest History of Germany

나치의 부상

뮌헨의 남쪽 도시는, 비록 마지막 자유선거에서 히틀러의 득표율이 25%의 벽을 넘지 못했지만 (앞으로 보게 될 것처럼) 나치와 불가분의 관계에 있었다. 그러나 세계 제1차 대전 이후 독특한 상황들의 조합이 이 바바리안의 수도를 잠깐 극우파들의 천국으로 만들었다.

뮌헨을 순찰하는 혁명군(1919년)

1919년의 다섯 달 동안 소비에트 스타일의 공화국이 뮌헨의 중산층 주민들을 겁에 질리게 했다. 이전에 평화로웠던 도시는 공산당이 지배하는 공장들과 군인 위원회에 의해 급진화됐다. 이런 상황들은 레닌에게 직접 도움을 요청하게 했고, 결국 우익 자유군단들에 의해 악랄하게 진압되기 전에 스파이 혐의자들을 재판 없이 처형하기에 이르렀다. 가혹하게 변한 도시에서 프로이센에 대한 오래된 증오가 당시는 붉은 베를린이라고 불리는 좌익 수도에 대한 혐오로 변모했다. 1920년에서 1924년까지 뮌헨 당국의 일부는 완전한 독립을 원했고 매번 붉은 베를린을 좌절시키려고 단단히 마음을 먹었다. 설령 그것이 베를린에서 도망친 정치적인 살인자들에 대한 인도의 거부를 의미한다고 해도 그랬다.

이것이 히틀러가 정치에 입문했을 때의 분위기였다. 젊은 나치당은 (히틀러는 설립자가 아니었다) 1920년 뮌헨에 있던 수십 개의 강경한 극우 단체 중 하나에 불과했다. 나치당의 정책은, 언어나 심지어 깃발도 1914년 이전의 범 독일/국민 개신교 잔당들의 단순한 재조합에 지나지 않았다. 히틀러가 재빠르게 사실상의 지도자가 되면서 스스로 눈에 띄게 만든 요소는 길거리 투쟁 스타일의 의도적 모방과, 새로운 레닌으로부터 영감을 얻은 좌파가 사용한 현대적으로 보이는 정치공작이었다.

히틀러와 레닌: 다크 모더니즘

패배로 급진화된 폰 젝트Von Seeckt의 프로이센 융커 군대가 붉은 군대와 많은 공감대를 찾은 것처럼, 히틀러의 사상은 그 어떤 전통적인 유럽 보수주의보다는 레닌의 사상에 더 가까웠다. 레닌과 히틀러 둘 다 (헤겔, 마르크스, 다윈에게서 볼 수 있듯) 위대한 19세기의 자유주의 이념의 왜곡된 버전, 즉 투쟁을 통한 유토피아로의 진보라는 이념에 호소했다. 이것은 근본적으로 보수적 개념과 상충된다. 레닌주의와 나치즘 모두 1914년 이전의 이데올로기적 DNA가 제1차 세계대전의 산업 분야에 대한 학살로 인해 변형되고 굳어져 있었다. 히틀러와 레닌은 제1차 세계대전의 장군처럼 개개인의 운명에는 무심했다. 그들은 오로지 대중의 관점에서 진보를 정의했고, 노동자와 독일 민족 할 것 없이 그 진보를 방해하는 사람들이면 누구든 형벌의 대상이 되었다. 말 그대로 죽음을 선고해 버렸다.

두 사람 모두 첨단 기술 전문가를 중심으로 한 기계화된 근대성의 권위자인 새로운 생산 라인 시대를 이끈 헨리 포드Henry Ford의 사상*Fordism에 매료된 것은 우연이 아니다.

그러나 동시에 히틀러는 그가 진정으로 원하는 바는 지난 호시절을 다시 되살리는 일이라고 사람들을 설득하는 데 성공했다. 아마도 나치즘의 핵심인 이러한 류의 거짓말을 보여주는 가장 효과적인 방법은 건축을 통해서일 것이다. 아래는 유명한 1925년의 바우하우스Bauhaus 건물이다. 이는 비인격적이고 산업적이며, 공장 형식의 삶이 민중들의 삶을 개선할 것이라 주장하는 급진적 좌익 건축가들에 의해 세워진 모더니즘의 종교적 찬미다.

바우하우스(1925년)

---

* 포드 그 자신은 젊은 나치당의 자금 지원을 실제로 도왔던 광적인 반유대주의자였다. 감사와 선망으로, 히틀러는 1922년부터 24년까지 자신의 집무실에 그의 초상화를 걸어두었다

다음 사진은 십 년 후의 나치독일항공부Nazis' Reich Aviation 사무실이다. 바우하우스와 같이 공장처럼 느껴지는 건물로 보이는 선과 현대적인 재료인 강철과 콘크리트를 사용했지만, 전통적인 모습에 향수를 느끼도록 한 내부의 세부 디자인으로 그럴듯한 장식만을 위해 꾸몄을 뿐이다.

나치독일항공부(1935년)

히틀러 역시 그의 급진적인 모더니즘에 표면적인 보수주의를 덧씌움으로써 만인에게 모든 것을 보여줄 수 있었다. 자신은 과거 독일의 영광을 회복하고 싶을 뿐이라고 주장했지만, 그의 부하들은 공산주의자들처럼 행동했고 스스로 조직적 활동이라 칭하며, 극우파들에게 분노를 쏟아부었다. 질주하는 화물차에서 전단을 뿌리고 거리에서 싸움을 걸었다.

나치당은 곧 에른스트 룀Ernst Röhm 대위의 눈에 띄었다. 그는 전쟁에서 부상을 입은 육군 참모 장교로, 뮌헨에서 그의 별명은 기관총 왕The Machine-gun King 이었다. 그가 바이에른 군대의 비밀 무기 폐기장의 출입 통제를 담당하고 있었기 때문이다. 그는 이 새로운 작은 당이 너무 마음에 들었기에 결국 합류했다. 그리고 준군사조직인 나치 돌격대 Sturmabteilung, 즉 S.A(강습 사단)의 책임자가 됐다.

룀Röhm은 옛 프로이센의 엘리트들과의 연락책으로도 매우 중요한 역할을 했다. 이 또한 나치 성공의 핵심 요인이었다. 1922~24년의 히틀러는, 1917~18년의 실질적인 독일의 지배자였던 루덴도르프Ludendorff 장군의 오른팔이었다. 루덴도르프의 측근으로 존립함으로써 히틀러는 '값으로 따질 수 없는' 상당한 지위를 얻게 되었고, 후원을 자처하는 부유한 자들이 줄을 서서 대기할 정도였다. 이러한 상황이 주는 달콤함이 운명적으로 히틀러 본인의 사상을 바꿔놓았다. 이때에 이르러서야, 동부 식민지 생활 공간Lebensraum의 고위 프로이센인들이 히틀러 사상의 중심에 자리 잡았다. 이는 1920년 나치 선언 원문에는 전혀 언급되지 않았다.

나치 사상의 탄생

1923년 11월 9일, 히틀러와 루덴도르프는 뮌헨에서 쿠데타The Beer Hall Putsch(비어홀 폭동)를 일으키고 이후에 베를린까지 행진하려고 시도했지만, 히틀러의 커리어를 거기에서 끝장내야 마땅했던 대실패를 기록한다. 그러나 바이에른의 반베를린 판사들은, 그에게 무장 반역자에 어울리는 처벌 대신 1년간의 요새 구속형을 선고했다. 이는 일반적으로 민간의 법을 어겼더라도 군의 명예 규약은 어기지 않은 장교들에게 주는 처벌이었다. 이 같은 비상식적 선고는 이전에 상등병이었던 히틀러에게 주어진 차별이었지, 전혀 처벌이 아니었다.

그러나 당시만 해도, 그에게는 그것이 끝인 것처럼 보였다. 화폐개혁으로 초인플레이션이 억제됐다. 새로운 공화국에 기회를 줄 준비가 된 이들에 의해 21세기 초의 EU의 구제금융과 같이 도스 플랜Dawes Plan이라는 미국 차관이 제공되었다. DNVPDeutschnationale Volkspartei(독일국가인민당)조차도 종국에는 연립 여당에 참여했다. 이때, 바이마르 공화국은 유럽의 지적이며 예술적인 강국이 됐다.

<메트로폴리스(Metropolis)>(1927년), <노스페라투(Nosferatu)>(1922년),
<푸른 천사(The Blue Angel)>(1930년)

바이마르 문화

1819년 이래 처음으로, 독일 문화는 프로이센의 절대주의로부터 벗어났다. 또한 오스트리아의 무능력한 빅터 아들러Victor Adler로 인해 개선된 전제정치로부터도 자유로워졌다. 이제야 아무도 징집되지 않고, 여성들이 투표할 수 있고, 게이들의 밤 문화가 공공연하게 번창할 수 있는, 적어도 서구식 국가가 됐다. 유대인들도 마침내 대학과 정치에서 어느 자리를 차지할 수 있었다. 미국 문화를 기꺼이 수용했고 또 진화시켰다. 브레히트와 웨일Brecht and Weill의 <서푼짜리 오페라>와 <마하고니Mahagonny>는 재즈 음악을 새로운 극형식 속에서 접근하기 쉬운 느낌으로 만들어 인기를 끌었다. 시각예술도 포스터와 거리의 모습에서 영감을 얻었다. 알프레드 되블린의 『베를린 알렉산더 광장』(1929) 같은 소설들은 대도시의 생활을 찬미했으며 그 멋진 리듬을 모방하려고 애썼다. 무엇보다 독일 영화는 신비하고, 에로틱하며 풍부한 상상력으로 할리우드의 수준을 훨씬 능가했다.

서방의 군사적, 정치적 승리 덕분에 프로이센의 그늘에서 해방된 독일은 다시 한번 모든 것의 중심에 섰다.

당시에 이러한 흥분된 상황이 베를린의 대도시 엘리트에 국한되어 있거나, 아마도 다른 이들은 여전히 억압했을 것이라 가정하기 쉬울 수 있다. 그러나 역사는 다르게 말하고 있다. 1928년 독일 제국 의회 선거는 중도좌파인 사회민주당에게 1919년 이래 최고의 결과를 안겨줬다. 새로운 공화국과 가장 밀접한 관계를 맺고 기존의 거대 정당을 훨씬 앞질렀다. 미국화와 자유주의에 반대한 분노와 선동적 항의를 하던 소도시의 당인 나치는 2.8%라는 미미한 점수를 받았다.

그러나 고작 2년 만에, 나치당은 가장 큰 단일 정당이 되었고, 1933년에는 기꺼이 권력을 잡았다. 의문은 어떻게 이 숫자가 5년 만에

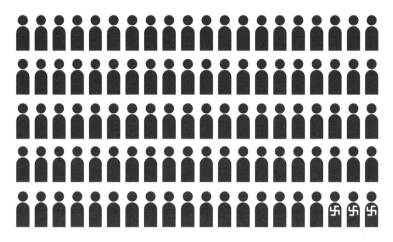

1928년

다음과 같이 바뀌었느냐이다.

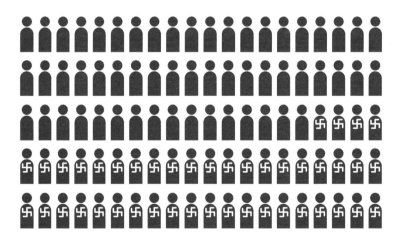

1933년

나치의 돌파구

분명한 점은, 1929년 대공황이 미국 경제를 얼어붙게 했고, 따라서 독일에 대한 미국의 중요한 신용상의 연계도 매우 경직됐다는 사실이다. 실업자는 160만 명(1931년 11월)에서 6백만 명(1933년 1월)으로 치솟았다. 국가 시스템이 붕괴하고 있었다. 그러나 히틀러만은 대공황으로 많은 혜택을 얻을 수 있었다. 그는 이미 독특한 국가적 평판을 부여받고 있었기 때문이다.

그를 만든 것은 DNVP였다. 이 당은 자랑스러운 옛 이름들과 부유한 기부자들의 지지를 받을 수 있었지만, 독일 다른 지역 우익 유권자에게 는 전혀 매력적이지 않았던 명백한 '프로이센'이었다. 게다가 개신교 기반이었다. 새로운 지도자인 미디어계의 거물이자 크루프사Krupp의 이사회 임원으로 재직했던 알프레드 후겐베르크Alfred Hugenberg는 나치를 그저 풀뿌리 행동주의자들이라는 쓸만한 강경파 집단, 즉 더 작고 간단한 버전의 DNVP쯤으로 취급했다. 폭력배들, 그렇다. 하지만 '우리'의 폭력배들이었다. 만약 동부 엘비아의 진정한 통치자들처럼 타고난 지배자들인 DNVP를 이 땅의 진정한 권력으로 남겨둔 채, 거칠고 현대적으로 보이지만 본질적으로 보수적인 갈색셔츠 나치 돌격대(창설 당시 히틀러의 개인 친위대)들이 독일의 나머지 지역에서 표를 얻을 수 있다면 어떨까? 이런 망상은 1933년 1월 4일 히틀러 이전의 마지막 수상인 프란츠 폰 파펜Franz von Papen이 동료들에게 "우리가 히틀러를 고용했다"라는 유명한 마지막 말을 남긴 날까지 지속됐다.

1928년 DNVP-나치 연맹은 히틀러에게 굉장한 선물이었다. 왜냐하면 후겐베르크Hugenberg는 신문과 거의 모든 영화 뉴스의 거대한 부문을 통제했기 때문이다. 히틀러는 대중 매체 시대에 단순한 이미지가 가진 힘을 이해했고, 모든 뉴스 릴Newsreel에 어울리는 모습을 연기했다. 미디어에 익숙하지 않은 황실 제복을 입은 고위직 노인들은 수다를 떨고 손을 흔드는 모습을 보였지만, 히틀러는 강렬한 눈빛을 하고 엄격한 태도를 취하는 '신인'으로 카메라에 비쳤다. 1929년 미국 월스트리트가 대폭락할 무렵, 그는 이미 전국구 인물이 되어있었다. 하지만 결정적으로, 융커들이나 그 체제와는 구별된 인물이었다.

대공황이 닥쳤을 때, 독일인들 중 일부는 모든 스크린 위에 등장했던, 열정적이고 충성스러운 추종자들을 거느린 카리스마적 외모에다가 기존 정부에 의해 오점이 생기지 않은, 당장 실현이 가능한 단순한 것

십자 표시는 국민사회주의 독일 노동자당에 투표한 것[히틀러 운동]

들을 약속한 '그 사람'을 선택했다. 그들에게 중요한 조건은 사람이었지 당파가 아니었다. 독특하게도, 나치는 1928년부터 당수의 이름을 독일 의회 투표용지에 개인적인 부제副題처럼 이렇게 넣었다. 히틀러 운동 Hitlerbewegung. 선거의 결과는 매우 빈번하게도, 여전히 그 나라를 양분하고 있는 종교 및 지형학적 구분선에서 찾을 수 있다.

히틀러를 뽑은 사람들

누가 사진의 텅 빈 뒷면을 보여준다고 상상해 보자. 1928년 투표권이 있는 연령대의 독일인을 무작위로 택한 사진이다. 사진 속의 사람이 1933년 나치로 전환할 것인지 아닌지를 맞추면 아주 큰 상을 주는 게임이다. 단순히 아니라고 답하면 50%보다 약간 더 나은 확률로 맞춘다. 왜냐하면 1933년에 나치의 득표율이 43.9%였기 때문이다. 하지만 확률을 높이기 위해 '예/아니오'로 답할 수 있는 질문 하나를 할 수 있다.

자, 그럼 당신은 어떤 질문을 할 것인가? 그들의 나이, 계급, 성별, 교육이나 직업 등으로 선택의 폭을 줄이려 할 것인가?

여기, 진정 도움이 될 단 하나의 질문에 대해, 숱한 통계와 도표를 통한 분석 후 결론에 이른 독일의 위대한 현대 선거학자가 있다. 그 답은 그를 매우 놀라게 한 듯 보인다. 왜냐하면 답이 너무 간단했기 때문이다.

물어볼 가치가 있는 유일한 질문

바이마르 독일에서 나치 득표율을 구성하는 핵심적인 예측 지표는, 지역주민의 '개신교 비율'임이 확실하다…히틀러의 본거지는 명백히 루터교 신자가 많은 시골에 있었다. 가장 큰 요인은 거의 언제나 가톨릭 유권자들의 비율에 의해 측정된 선거구의 신앙 구조이다…신앙 요인은 놀랍도록 견고하고, 상대적으로 불변적임을 입증했다. 그것은 계급의 다양한 지표들보다 독일 영지의 마을과 공동체의 선거 결과에 더욱 상당한 파급력을 미친 것으로 보인다.

위르겐 W. 팔터, 1932/33년에 대한 고찰Die Wahlen des Jahres 1932/33

독일의 가장 큰 뉴스 잡지는 다음과 같이 요약했다.

1932년 7월, 나치에게 투표한 유권자의 17%만이 주로 가톨릭 지역에 속한다.

〈슈피겔(Der Spiegel)〉(2008년 1월 29일)

이 점은 강조할 가치가 있다. 만약 1928년 무작위 독일 유권자의 표가 히틀러로 바뀔지 예측하려 한다면, 그들이 부자인지 가난한지, 도시에 사는지 시골에 사는지, 교육을 받았는지 아닌지, 남자인지 여자인지 등의 정보는 거의 도움이 되지 못한다. 정말 물어볼 가치가 있는 유일한 질문은 '그들이 가톨릭 신자인가 개신교 신자인가'였다.

이는 1871년 독일 통합에 관한 프로이센 신화에 도전하는 핵심적인 이유다. 왜냐하면 독일에는 가톨릭과 개신교가 균등하게 분포되어 있지 않았기 때문이다. 독일에서 종교는 단지 개인적인 선호도나 신학적인 신념이 아니다. 어느 역사적인 기반의 독일에서 왔는지를 보여주는 표식이다. 따라서 나치의 돌파구(또는 결핍)를 추적하는 데 유일하게 의미 있는 방법은 바로 지도에 있다.

지도는 1930년 나치의 득표율 분포이다. 나치의 득표율은 전국적으로 2.8%였다가 갑자기 18.3%로 치솟아 제2의 정당이 됐고 모든 언론의

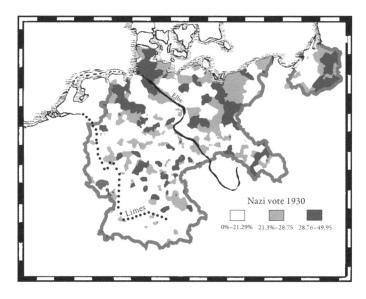

Nazi vote 1930

0%-21.29% | 21.3%-28.75 | 28.76-49.95

출처: 바이마르 독일의 선거 지형/존 오룰린 교수, 콜로라도 행동과학 대학

헤드라인을 독차지했다. 하지만 정확하게 어디서 이러한 놀라운 부상이 시작됐을까?

이 그림을 가로질러 리메스Roman limes(로마국경점선)를 그려 넣고 엘베의 선을 그려보면, 서기 100년의 로마제국 내에서는 사실상 나치가 20%를 돌파한 곳이 없고, 대부분 지역에서도 15%에 달하지 못했다. 바이에른이 나치의 고향이라는 생각이 무색하게도. 이를 확장해 서기 940년 오토 대왕의 신성로마제국 국경선에서 사회 지리학자들이 중부 독일이라 부르는 지역을 포함하면, 나치가 진지하게 여긴 몇몇 지역을 찾을 수 있다. 하지만 그중 많은 곳에서 나치는 아주 적은 지지율을 얻었을 뿐이다. 그리고 동부 엘비아에는 1930년 이미 나치당이 30% 이상을 득표한 견고한 선거구가 있다. 전국적인 수준에서 나치의 위대한 약진

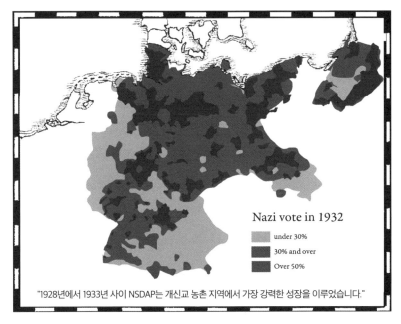

"1928년에서 1933년 사이 NSDAP는 개신교 농촌 지역에서 가장 강력한 성장을 이루었습니다."

1932년 나치의 투표

은 동부 엘비아 유권자들의 압도적인 지지에 의한 것이었다.

2년 후인 1932년 7월, 나치당이 순수한 자유선거에서 가장 높은 득표율을 얻고 손쉽게 독일 의회의 가장 큰 단일 정당이 되었을 때도 이야기는 같았다. 비록 전체 과반수는 아니었지만 말이다.

1932년 7월 거의 모든 동부 엘비아는 40% 이상이 히틀러에게 투표했고, 그중 상당수는 그에게 50% 이상의 지지율을 보였다. 가톨릭 인구가 표시된 지도와 나란히 놓고 보면 거의 정확하게 반대 이미지로, 그 확연함에 아연실색할 정도다.

그 다음에 1933년 운명적인 최후의 선거가 돌아왔다. 히틀러는 이미 권력을 가지고 있었다. 폰 힌덴부르크 대통령의 동프로이센 사유지에

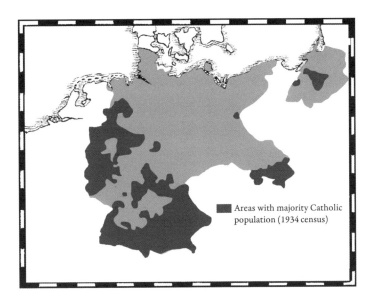

짙은색: 카톨릭 인구 비율이 100%에 가까운 지역(1934년 인구조사)

서의 음모 이후, 그는 1933년 1월 30일 수상이 됐다. 그는 히틀러를 통제할 수 있다고 약속했던 부수상 폰 파펜이 이끄는 DNVP와 개념상으로 연합했다. (이제 그들 중 5만 명이 정부에서 월급을 받고 있는) 나치돌격대 폭력배들이 좌파와 우파 모두에게 정상적인 선거가 거의 불가능하게 만들었다. 그들은 모든 정부 기구를 배후에 두고, 중심부를 향한 과반수 공략에 매진했다.

새로 부각된 큰 주제는 히틀러의 위대함이었다. 결국, 오랫동안 사랑받아온 전사 힌덴부르크Hindenburg는 독일의 어려운 시간에 히틀러에게로 몸을 돌렸다!

캠페인이 최고조에 다다랐던 2월 27일, 네덜란드인 공산주의자 마리누스 판 더 루베Marinus van der Lubbe가 독일 의회에 방화放火를 저질렀

나치 선거 포스터(1933년)
좌: "당신들이 단결하고 충성하는 한, 국가는 절대로 무너지지 않을 것이다."
(이 문구는 1897년 세워진 빌헬름 1세의 유명한 동상에서 따왔다)
우: "육군 원수와 상등병: 평화와 동등한 권리를 위해 우리와 함께 싸우자."

다. 판 더 루베가 네덜란드 공산주의자들의 지시를 받았는지, 정신 병력이 있는 급진적인 외로운 늑대였는지, 또는 나치의 음모에 빠진 사람이었는지에 대해서는 여전히 역사학자들의 논란이 이어지고 있다. 그러나 방화의 이유를 떠나서 이 사건은 히틀러를 크게 부상시켰다.

그리고 1933년 3월 5일의 선거일이 다가온다. 히틀러는 나치가 실제로는 전통적인 우익의 그저 조금 거친 버전일 뿐이며, 공산주의자들의 득세를 막기 위해 강경해야 한다고 주장했다. 유권자들이 그의 논리를 받아들이기에 이보다 더 유혹적인 시기는 없었다. 지금까지의 모든 바이마르 제국 의회 선거에는 교활한 흥정과 정치상의 연합이 뒤따랐다. 하지만 1933년 3월 5일은 직접적인 국민투표나 대통령 선거에 더 가까웠다. 왜냐하면 이번에는 모든 사람이 자신들의 표가 무엇을 의미하는지 미리 정확

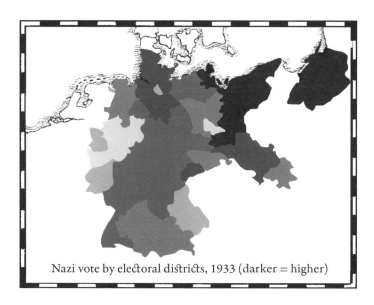

Nazi vote by electoral districts, 1933 (darker = higher)

선거구별 나치 득표 분포(1933년). 어두운 색일수록 득표율이 더 높다

하게 알고 있기 때문이다. 나치 또는 DNVP에게 십자 표식은 '그래. 나는 히틀러가 권력을 가지길 원한다'라는 의미였고, 다른 누군가에게는 '아니, 나는 히틀러가 물러나길 원한다'였다. 선택의 시간이었다.

서기 100년 전 로마 국경 내에 속했던 많은 지역에서는, 이 단계에서도 히틀러의 지지율이 35%를 넘지 못했다. 그 지역에서 전반적인 평균 지지율은 40%를 훨씬 밑돌았다. 심지어 모든 국가 기구를 등에 업고, 힌덴부르크의 축복과 의회 방화 사건 후의 강력한 공포 캠페인, 나아가 가능한 한 히틀러가 정상적으로 보이도록 한 선거유세 이후에도 독일 남부와 서부 점령에는 실패했던 것이다. 실제로 서기 940년의 오토 대왕 시기의 제국 국경 안에 속했던 두 선거구인 오스트-하노버Ost-Hanover와 켐니츠 츠위카우Chemnitz- Zwickau만이 히틀러에게 과반수의 표를 주었고, 두 지역 모두 엘베의 바로 서쪽 강둑, 동쪽 경계에 있었다.

그 엘베강은 언제나처럼, 독일 역사의 거대한 단층선이었다. 지난 천년 동안 그랬듯이 강 너머 동쪽의 사정은 같지 않았다. 여기에서, 히틀러는 (언제나 동쪽 엘비아 내의 정치적 섬인) 베를린 외곽에서 완전한 승리를 거둔다. 독일 전체에서 유일하게 나치가 55% 이상을 차지한 세 선거구 모두 여기에 있다. 히틀러는 분명히 서쪽에서 과반수를 득표하는 데 실패했지만, 이 거대한 동부 엘비아 사람들의 표가 그의 전국적 지지율을 43.9%로 끌어 올렸다.

히틀러는 여전히 융커의 무리인 DNVP가 필요했다. 그들은 7.9% 득표율을 가져다주었다. 이들은 지금까지와 같이, 불균형적으로 투표하는 동부 엘비아로부터 왔다. 만약 나치와 DNVP의 지지율을 합하면 베를린 외곽의 동부 엘비아에서의 히틀러 연합 득표율은 60%나 된다. 이것은 유일한 지역적 이례성으로, 나치와 DNVP 연합으로 독일 의회의 과반수를 차지하게 한 민낯은 51.9%였다.

즉시 히틀러는 전권 위임법(또는 수권법授權法, Ermächtigungsgesetz)을 의회에 요청했다. 이는 바이마르법을 무력화시키는 조항으로 위기 상황에서 총리가 의회 없이 통치할 수 있는 규정이다. 히틀러는 합법적인 허구를 유지하기 위해 66%의 압도적 다수가 필요했다. 1933년 3월 23일, 의회에 입장한 반대파 하원 의원들은 제복 차림의 나치 폭력배들에게 야유를 퍼부었다. 사회민주당은 용감하게 반대표를 던졌다. 중앙당은 고뇌에 찬 논쟁 후 찬성표를 던졌다. 51.9%를 얻은 국가 위임 통치안에 반대할 경우, 독일의 가톨릭 신자들이 다시 한번 국민의 뜻을 거스르는 배신자로 몰리고, 사악한 문화 투쟁Kulturkampf의 고통을 받을 것을 우려했기 때문이다. 히틀러는 과반수를 얻었고 독일의 민주주의는 끝났다.

정확하게 누가 독일의 민주주의를 죽였는가? **만약 모든 독일이 1928-1933년 사이의 라인란트, 슈바벤, 바이에른처럼 투표했다면 히틀러는 결코 독재자는커녕 총리도 못했을 것이다.** 1930년의 동부 엘비아의 투표는 그에게 획기적인 돌파구가 되어 주었고, 1933년에는 입지를 굳게 했다. 동부 엘비아가 없다면 히틀러 총통도 없었다. 참으로 단순한 이치였다.

영국이 1814년 라인란트를 프로이센에게 넘겨준 후, 독일 전체는 서서히 동부 엘비아의 계획표대로 이끌려왔고 변형됐다. 1933년에 패배했고 절단됐지만 완전히 죽지 않은 동부 엘비아는, 마침내 독일 전체를 혼돈으로 몰아넣었다.

히틀러의 조심스러운 날들

처음에 히틀러는 프로이센의 전통 안에서 전형적인 지도자의 모습으로 보이기 위해 극히 조심했다.

막대한 위험은 그 자신의 급진적인 예하隸下로부터 비롯됐다. 당장 독일 사회에 진정한 나치 혁명을 원했던 수백만 명의 강력한 나치 돌격대의 수장이면서 히틀러의 전 상관이자 오랜 동지인 에른스트 룀Ernst Röhm이었다. 특히, 그는 1920년 나치 프로그램의 22항에 명시된 보수적인 엘리트 군대를 흡수할 계획을 세웠다.

이에 보수적인 군대는 격분했다. 이 군대의 수장인 융커 국방장관 베르너 폰 블롬베르크Werner von Blomberg 장군은 전적으로 나치 지지자였다. 1934년 2월, 그는 개인적으로 유대 혈통의 모두 기독교인인 소수의 국방군 장교들의 해임을 보증했다. 그러나 그는 융커 부대가 나치 돌격

Was der König – der Fürst – der Feldmarschall – rettete und einigte
eroberte,   formte,   verteidigte,   der Soldat.

왕이 정복한 것-왕자가 형성한 것-육군 원수가 방어한 것-군인이 구원하고 단결한 것

대의 폭력배들에게 종속되는 상황은 받아들이지 않았다.

히틀러는 양측 모두에게 간청하고 무마하려했지만, 어느 쪽도 양보하지 않았다. 마침내 그는, 87세로 빠르게 쇠퇴하고 있지만, 여전히 총리 해임권을 가지고 있던 힌덴부르크 독일 제국 대통령에게 직접 상황을 정리하라는 명령을 받았다. 1934년 4월 9일, 신축 전함 도이칠란트 Deutschland의 갑판 위에서 히틀러는 블롬베르크Blomberg와 거래를 했다. 장군들이 힌덴부르크 사후 자신을 독일의 완전한 최고 지도자로 인정하겠다고 약속한다면, 나치 돌격대를 길들이고 군대를 대폭 강화시켜 주겠다. 이 거래의 성사를 위해 룀Röhm을 비롯해 150명에서 200명 사이의 나치 돌격대 지도자들이 장검의 밤the Night of the Long Knives (1934년 6월 30일 아돌프 히틀러가 돌격대 참모장 에른스트 룀과 반히틀러 세력을 숙청한 사건)에 죽임을 당했다.

힌덴부르크 대통령은 공개적으로 그의 수상에게 축하를 건넸다. 히

틀러는 이 위기의 시간이 전적으로 장군들의 손에 있었다는 점을 알았다. 그래서 서둘러서 공개적으로 그들에게 치사致詞 했다. 그는 군대가 이 땅의 유일한 무기 보유지가 될 것이라 선언했으며, 개개의 군인들이 자신들을 지지하지 않더라도 상관없다고까지 했다. 이는 나치당에 가입하지 않아도 많은 사람이 그랬듯 여전히 공식적으로 군대에서 출세할 수 있다는 의미였다. 이것은 특별한 양보였고, 독일 군대의 고위 간부들이 여전히 정치라는 비열한 일을 어떻게든 초월하고 있다고 스스로 착각하게 만들 수 있었다.

융커 장교 계층에서는 이 거래에 기뻐했다. 알고 보니 히틀러는 1919년 이래로 그들이 거의 공개적으로 오랫동안 갈망해왔던, 그야말로 안성맞춤인 민간인 지도자였다. 블롬베르크는 늙은 힌덴부르크가 사망한 날인 1934년 8월 2일, 심지어 히틀러의 부탁을 받지도 않았는데 개의치도 않고 새로운 서약을 발표했다. '바야흐로 군인들은 독일 제국과 인민의 총통인 아돌프 히틀러에게 무조건적으로 충성을 맹세한다.'

융커와 나치의 만남

1871년과 1918년 사이에 프로이센은 전 독일에 자신들의 뛰어난 특성을 부여하려 했다. 군사화된 사회, 국가 숭배, 좀비와 같은 무조건적 복종Cadavergehörsam 그러나 흉터 있는 얼굴의 무장한 젊은 융커들이 제복을 입고 으스대며(실제로는 위법 행위를 일삼으며) 해결할 문제들을 찾던 이러한 노력은 거의 성공하지 못했었다. 하지만 1934년 이후의 나치 정부는 그것을 훨씬 더 잘 해냈다.

스스로 새로운 엘리트 종족이라 여겼던 이들은 의도적으로 융커들을 모방했다. 거만함, 짤막한 연병장식 말투, 만약 거슬릴 경우 개인적 폭력을 사용하는 유희 등. 사람들은 나치 친위대SS, Schützstaffel가 세운 생도 훈련장을 SS 융커 사관학교라고 불렀다. 그곳에서 사용되는 교과 서 중 하나는, 나이프와 포크는 손 전체가 아니라 손가락만으로 잡아 야 한다고 가르쳤다. 이러한 시도는 사회적 급진주의였다. 그래서 아리 안 증명서Aryan Certificate(여권)는 가계도를 귀족 혈통으로 대체하는 출 세의 수단이었다. 오래된 작위를 가지고 있다 하더라도 가족 중에 유대 인이 있으면 곤경에 처했다. 반면, 닭을 키우는 농부나 은행 서기라 해 도 적절한 독일 혈통에 당원증만 가지고 있다면 융커가 늘 하던 방식으 로 행동하도록 초대받았다. 말 근처에 가본 적이 없던 나치 친위대 고관 들은 옛 기병 연대의 승마용 바지를 흉내냈다. 그들의(종종 휴고 보스 Hugo Boss가 자랑스럽게 맞춤 제작하는) 검은 제복과 모자에 단 두개골 모양 장식은 제1 제국 후사르 근위병Hussar Life Guards(나폴레옹의 독특 한 경기병) 연대에서 전용으로 사용했던 것들이다.

해골 후사르(토텐코프 후사르)의 유니폼을 입고 있는 카이저 빌헬름[좌].
친위대(SS) 대장 하인리히 힘러와 황제의 장남 빌헬름[우]

이 새로운 귀족이 될 지망생들은 그들의 필요에 따라 간단히 법을 만들었고 급진적인 한, 그들이 표현했듯 총통Führer(독재자)을 향해 가는 것을 자신만만하게 여겼다. 그러나 귀족이라면 의당 그들 위에 군림할 군주를 필요로 했다. 모든 소위 '순혈' 독일인들은 이제 동등한 민속 공동체Folk-Community의 일원이라 일컬어졌다. 물론 좌파와 진보주의자 같은 국민을 배신한 자들이 있었다. 그러나 그들이 투옥 또는 추방되거나, 공포에 질려 침묵하면서, 나치는 독일에서 비독일인을 찾거나 새로 만들어낼 필요가 있었다. 만약 소외된 유대인들이 없었다면 나치는 1939년까지 지배 인종Herrenrasse 행세를 하지 못했을 것이다. **반유대주의는 프로이센의 급진주의자들에 의해 정치적 운동으로 만들어졌다.** 그리고 프로이센 보수주의자들에 의해 존중받기까지 했고, 평화 시 나치 국가를 위한 강력한 접착제가 됐다.

무적의 히틀러

이 비열한 정권이 살아남아 성장할 수 있었던 이유는 순전히 다른 정치 세력들이 줏대가 없었기 때문이다.

1919년 이후, 미국은 명백히 지구상의 가장 강력한 국가였다. 만약 미국이 세계에서 적극적 역할에 전념했다면, 어떤 독일의 지도자도 무력으로 제1차 세계대전의 결과를 수정할 수 있다고 믿지 않았을 것이다. 그러나 미국은 고립주의를 선택하면서 국제 무대에 오르는 데 실패했다. 러시아는 혁명과 기근으로 큰 충격을 받아 왔고, 이제는 스탈린이 펼친 살인적인 대공포의 손아귀에 잡혀 있었다. 스탈린은 언젠가는 독일이 다시 공격해 오리라는 생각에 괜히 나서서 자극하는 꼴이 될 것을 두려워했다. 1938년까지 지쳐있던 영국으로서는 그냥 독일이 또 다른 전쟁을 원하리라고 믿을 수 없었다. 독일 지도자들은 영국이 독일을 공평하고 관대하게 대한다면 히틀러가 만족할 것이라는 우둔한 신념에 머물러 있었다. 프랑스는 전쟁의 상처가 더 컸고, 많은 프랑스인이 자국 공산주의자들보다 독일군을 덜 두려워했다는 점에서 내부적 정치 갈등이 심했다. 제대로 된 항전으로 히틀러를 제지했어야 함에도 그렇게 하지 못했기에, 그에게 연승행진의 기회를 허용하게 됐다.

'한 사람, 한 제국, 한 잔'
1936년까지 나치 국가는 수용 가능한 파트너로 인식되었다

라인란트의 재군사화 및 베를린 올림픽(1936)

1차 대전 후 1919년 베르사유 조약에 따라 독일군은 라인란트에 주둔할 수 없었다. 하지만 히틀러는 이를 무시한 채 군대를 파견했다. 그는 당시 독일 군대가 아직 어떤 전투에도 나설 준비가 완전히 되지 않았다는 점을 인정했다. 만약 이때 프랑스나 영국이 아주 작은 군사적인 대항

이라도 했었다면 히틀러를 말릴 수 있었을 것이다. 그러나 영국과 프랑스는 아무 조치도 취하지 않았고 독일에서 히틀러의 인기는 새로운 전성기를 맞았다. 1936년 히틀러는 베를린 올림픽에서 나치 국가의 탁월성을 전 세계에 보여주기 위해 유대인에 대한 폭력을 잠시 중단하도록 명령했다. 이 순간이 나치 정권이 국제적인 인식을 최고점으로 높일 때였다.

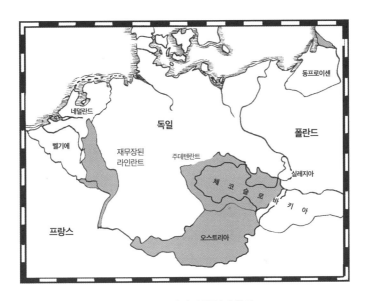

1935~1939년 사이 독일의 확장

오스트리아 병합Anschluss(1938)

1919년, 승리한 연합군은 폴란드나 체코 같은 국가들이 통일된 민족으로서 살 권리가 있다고 선언했다. 히틀러는 불만이었다. 그럼 왜 독일은 안되는가? 1938년 3월 12일 독일 국방군이 오스트리아로 진군했을 때, 국제적으로 아무런 반대가 없었다. 히틀러는 빈에서 황홀한 대접을 받았다. 그의 인기는 더 높이 치솟았다. 독일은 짧은 기간에 내각을 포함한 빈의 대다수 의석을 차지했다. 1938년 4월 10일에 실시된 국민투표에서 오스트리아는 독일에 병합되어 오스트마르크 주로 격하됐다. 히틀러는 나치 당원으로 입당한 아르투어 자이스잉크바르트를 오스트리아 관리인으로 임명했다.

뮌헨 협정(1938)

1919년까지 오스트리아의 통치 아래 있던 보헤미아체코 왕국의 고대 독일 소수 민족은 늘 새로운 체코슬로바키아(1918년 10월 18일 시작)를 떠나 독일에 합류하기를 원했다. 이제 히틀러가 이 독일어를 구사하는 주데텐란트Sudetenland 지역과 조국과의 통일을 요구했다. 체코는 전쟁할 준비가 되어 있었다. 그들은 독일과 접한 지역의 산들을 최고의 요새로 만들어 탱크 및 대전차용 총들로 채웠다. 수많은 독일 장군이 만약 프랑스와 영국이 체코를 지지한다면 독일은 확실히 패배하리라 믿었다. 그들 중 일부는 나치 독일에 패배가 확실한 전쟁을 하느니 히틀러를 죽이는 쪽을 선택하려고 결심했고, 실제로 영국에 그런 의사를 전하기도 했다. 그러나 영국은 독일의 무적인 공군력을 너무 두려워했다. 악명 높은 뮌헨 협정(1938년 9월 30일)에서 영국의 총리 네빌 체임벌린Neville Chamberlain은 평화를 위해서라며 체코슬로바키아를 나치 독일에 팔아넘겼다. 전쟁도 없이 그저 주데텐란트를 포기한 것이다.[22] 루스벨트 대통령은 네빌 체임벌린 총리에게 이런 전신문을 보냈다. "잘했군Good man"

히틀러는 전쟁 없이 모든 독일인의 완전한 통일을 이뤘다. 그는 이제 국민 사이에서 그리고 하급 장교들 사이에서도 범접할 수 없는 존재감을 자랑했다. 독일 장군들은 히틀러를 제지하려던 계획을 포기했다.

히틀러, 가면을 벗다

뮌헨 협정 이후, 히틀러는 마침내 자신이 원하는 바는 무엇이든 마음대로 할 수 있다는 자유를 느꼈다. 그는 더 이상 보수적인 가면을 쓸 필요가 없었다. 그가 진짜로 원하는 것이 무엇인지 1938년 11월 10일 루터 Luther의 생일 전야에 분명히 드러났다. 수정水晶의 밤Kristallnacht 학살에서 히틀러는 나치 폭력배들을 풀어 독일 전역에서 유대인 부지와 회당을 부수고 불을 질렀다. 나치의 선전 장관 요제프 괴벨스Josef Goebbels는 급진적인 견해가 승리를 거두었다며 환호했다.

이 급진적 견해는 1939년 1월 18일 독일 제국에 대한 히틀러의 대단한 연설에 가득 담겨 있었다. 이 연설은 유럽에서 유대인 인종의 절멸 Vernichtung을 예언한 것으로 당연히 악명이 높다. 또한 히틀러는 자신에게 맞서는 사제들도 전부 절멸시키겠다고 맹세했다. 그러나 그가 권력을 잡도록 도왔던 융커들에게는 계급을 공고히 해주고, 누구도 그것을 혁파해서 분열시킬 수 없도록 보장했다.

이제 누구라도 나치즘이 전통적인 보수주의와는 아무 관련이 없다는 사실을 알 수 있었다. 나치 독일의 급진화는 흔히 전쟁 자체의 본질 때문이라는 주장이 제기되곤 한다. (이는 그 어떤 전쟁도 원치 않는 평화주의자들과 나치즘 옹호자들을 단결시킨다.) 그러나 진실은 오히려 반대다. 히틀러는 스스로가 그렇게 여러 번 언급한 것처럼, 어떤 반대 의견도 즉시 묵살할 수 있는 전쟁이라는 조건으로만 진정한 급진을 이룰 수 있다는 사실을 잘 알고 있었다.

1939년 3월, 그는 모든 가면을 벗고 체코슬로바키아의 남은 지역을 침입했다. 그리고 반쯤은 독일이나 마찬가지인 리투아니아의 한쪽 지역을 동프로이센에 추가했다. 이어서 세계를 대단히 놀라게 한 나치-소비에트 조약으로 폴란드를 분할하게 된다.

히틀러와 스탈린의 연합은 실로 믿을 수 없는 조합이었다. 사실상 폴란드 붕괴가 19세기 내내 프로이센과 프로이센-독일의 기본 목표점이었고, 이를 무너뜨리는 공동의 소망 안에서만 러시아와의 접점을 찾을 수 있었다. 실제로 그 당시, 폰 젝트Von Seeckt와 볼셰비키 사이에 비밀 군사 협정이 있었다. 러시아 영토 수복을 위해 폴란드를 분할함으로 히틀러는 프리드리히 대제 이후의 모든 프로이센 지도자처럼 행세했다.

러시아와 함께라면 그는 주저 없이 전쟁을 벌일 수 있었다. 이는 마침내 진정으로 급진적인 행동이 가능해졌다는 의미였다. 1939년 9월 1일, 그는 두 가지 명령을 내렸다. 하나는 폴란드 공격이었고 또 하나는 독일 인종의 정화를 위한 비밀 프로그램 실행의 허가였다.[23] 히틀러가 개인적으로 이 프로그램의 실행을 명령했다는 점은 의심의 여지가 없다. 그는 이것을 매우 중요시했고, 또한 공식적인 살인 권한을 허가한다는 비상식적인 행동이 매우 급진적이라는 사실을 분명히 인지하고 있었다.

홀로코스트

이 페이지 전체를 그냥 짙은 검은색으로 인쇄해 버리고 축복받은 영국 정원 어딘가에 앉아 미텔유로파Mitteleuropa, 중부 유럽의 철로변과 자작나무 숲 사이에서 그때 있었던 일을 모두 잊어버리려 애쓰는 편이 훨씬 고상한 선택일지 모르겠다.

여기 어딘가에 그런 악랄한 곳이 있다면, 이성적인 토론이나 이해를 하기에는 너무나 끔찍한 일이 아닐 수 없다. 그러나 그 사건을 그냥 묻어둘 수는 없는 일이다.

가스실에서의 죽음

먼저, 일부 희생자들은 정말로 그저 샤워하러 간다고 믿었던 것 같다. 다른 일부는 마지막 순간에 무슨 일이 벌어졌는지를 깨닫고 저항하고 소리를 지르기 시작했다‥조금 간격을 두고 방독면을 쓴 진행요원들이 문을 열었다. 대개는 끔찍한 광경이 그들을 맞이했다‥때로 버너라고도 불리는 화장터에 참여했던 요원들은, 그 시체들을 소각장으로 가져가는 책임도 맡고 있었다‥금니가 있는 환자들은 그들의 이름에 반하는 십자가로 식별됐고, 금니들은 뽑혀 순금으로 추출하기 위해 관리자들에게 전달됐다.

바덴 뷔르템베르크 주 정치교육센터, 2000년

위에 묘사된 사람들은 아우슈비츠의 유대인이 아니라, 1939년 말에서 1941년 8월까지 이른바 T4 작전T4 Aktion에서 살해된 장애나 정신질환이 있는 독일인들이다.

이 기간에 폴란드와 1941년 6월부터 점령된 러시아에서 총과 총검에 의한 학살이 일어나기는 했지만, 독일 내 유대인들은 아직 체계적으로 학살되지 않았다. 그리고 그들을 학살하기 위한 특별한 시설도 제대로 건설되지 않은 상황이었다. 홀로코스트의 독특한 특징은 어디까지나 이전에 가치 없는 생명Lebensunwert이라 여겨진 독일인들에 대한 '청소 개념'에서 발전했다.

아우슈비츠로 향하는 이 속편은 나치 독일에 남아 있던 서구 문명의, 마지막 양심의 흔적인 가톨릭 교회에 의해 중단됐다. 나치 독일의 국가 비밀경찰Gestapo 장관이었던 하인리히 힘러Himmle는 독일 내에서 살인을 비밀로 유지하기가 불가능하다고 불평했다. 1939년 6월 6일 나치 친위대 본부가 발표한 것처럼, 루터교도들이 가톨릭교도들보다 나치 친위대의 투쟁과 임무에 대해 더 잘 이해하고 있다고 단언할 수 있었다. 가톨릭 교회에는 넘지 못할(넘을 생각도 없는) 선이 여전히 남아 있었다.

1941년 8월 3일, 뮌스터 추기경 폰 갈렌은 자신의 설교를 통해 T4 작전에 대해 공개적으로 강력하게 반대했다. 후에 그의 설교문이 인쇄되었고 영국 RAF가 독일 도시에 전단으로 뿌렸다.

> 양심의 신성한 의무들은 아무도 우리를 구원할 힘이 없다 해도, 우리의 목숨을 앗아간다 해도 그것을 성취해야 하는 것이다…사람들이 소위 가치 없는 삶은 파괴할 수 있다는 정책에 따르고 있다. 그것은, 훗날 그들의 목숨이 국가와 국민에게 더 이상 가치가 없다고 간주함으로 무고한 사람들을 희생시키는 것이다.
>
> 클레멘스 아우구스트 그라프 폰 갈렌Clemens August Graf von Galen 추기경

그것은 비범하고 용기 있는 행동이었다. 폰 갈렌은 전쟁이 끝날 때까지 가택 연금을 당했지만, 참수당한 그의 세 사제와는 달리 살아남을 수 있었다. 왜냐하면, 이 시기에도 나치는 독일의 가장 나치화되지 않은 지역에서 온 명망 있는 가톨릭의 유명 인사들을 살해하기 전에 적어도 두 번은 생각해 보아야 했기 때문이었다.

"만약 주교에 반대하는 어떤 조치를 한다면" 괴벨스는 분명히 말했다, "뮌스터 주민과 베스트팔렌 전체 인구는 전쟁 기간 동안 감소 될 수도 있다." 히틀러는 전쟁이 끝난 후 갈렌 추기경의 목을 베겠다고 개인적으로 맹세했지만, 그 당시에는 휴지기休止期를 갖는 것이 가장 현명한 방법이라는 것에 동의했다.

니콜라스 스타가드Nicholas Stargardt, 『독일 전쟁』

갈렌 주교의 신성한 용기와 가톨릭 지역에서의 나치에 대한 대중적인 인식은, 1941년 8월 장애인들에 대한 대량 학살의 중단을 의미했다.

그때까지 10만 명에서 20만 명의 독일 남녀와 어린이들이 이미 살해됐다. 그들 중 대다수는 단체로 가스에 희생된 후 특수 시설에서 화장됐다. 모든 것이 유대인들을 대상으로 준비된 것이었다. 하지만 T4 작전은 나치에게 전시 상황에도 독일 내에서 사람들을 마음대로 대량 학살할 수 없다는 점을 보여줬다.

나치 친위대는 '불온한' 사제들이 방해하지 않는 곳, 유럽 문명이 이미 존재하지 않게 된 그들의 작업이 비밀로 유지될 수 있는 곳을 필요로 했다. 1941년 말에 폴란드와 서부 러시아의 상당 부분을 손에 넣게 되자, 그들은 딱 맞는 장소를 갖게 됐다. 1942년 1월 20일, 나치 선임 장교들이 유럽의 유대인 박멸, 소위 마지막 해결책 Endlösung(유대인 말살계획)을 위한 전략을 수립하기 위해 모였다(이른바 최종 해결책). 반제 회의 Wannsee Conference에서 나치 친위대의 2인자, 라인하르트 하이드리히는 동부의 새로운 풍경에 대해 중점을 두고 말했다. 정복당하고 산산조각이 난 황무지에서는 아무도 '청소'를 반대하지 않을 거라고 그는 함축했다.

이미 1941년 말에 군대의 완전한 협조로 끔찍한 유대인 학살들이 일

어둠의 집: 반제 회의가 '마지막 해결책'을 결정했던 별장.
누군가가 끔찍한 꿈에서 깨어난 것 같은 안도감과 함께 당신은 박물관을 떠난다.
그리고 나서는 그 모든 것이 사실이었다는 점을 회상하게 된다

어났기에 하이드리히는 자신감을 가질 수 있었다. 이어진 명령은 나치 친위대가 아니라 귀족적인 프로이센 육군 원수로부터 그의 휘하에 있는 모든 장병에게 내려졌다.

> 동부 극장에서… 병사들은 유대인이라는 인간 이하의 종들에게 가해야 하는 가혹하지만 정당한 보복의 필요성을 충분히 인식하는 법을 배워야 한다… 이것이 우리가 유대인-아시아의 위협으로부터 독일 국민을 완전히 해방하려는 역사적 사명에 충실할 수 있는 유일한 방법이다.
>
> 육군 원수 발터 폰 이케나우Walter von Reichenau
> 1941년 10월 10일 육군 6사단에 대한 일반 명령

이 지역은 우리가 보아 왔듯이, 책략적인 프로이센 군국주의자들이

수십 년 동안 미래의 식민지로서 표기해 뒀던 곳이다. 급진적인 나치즘을 더하면, 자기충족적 예언을 하게 된다. 첫째, 이 동쪽 땅이 원래 국가도 문화도 없는 곳이었다고 주장한다. 편리하게도, 프로이센이 폴란드 왕실 밑에서 태어나고 자랐으며, 1907년 나폴레옹의 손에 사라질 위기에 처했을 때 러시아가 구해주었다는 점은 잊어버린다. 그런 다음 체계적으로 모든 지역 기관을 철거하고, 잠재적인 지도자들을 살해하고, 비인간적이고 잔인한 방식의 무력으로 다스려서 정말 그렇게 만들어 버린다. 그 결과, 지역민들 사이에서 최악의 요소들이 자연스럽게 증가하는 끔찍한 식민지적 혼란을 만들게 된다. 비로소 나치 급진주의를 진정 펼치게 될 적당한 환경이 조성됐다.

> 동유럽을 정복한 후에야 히틀러는 추방, 살인과 몰살이 무제한으로 실행될 수 있는 진정한 무정부 사회를 만들 기회를 갖게 됐다‥나치의 대량 학살이 다른 국가에 끼친 영향은 주로 국가와 그 기관들이 생존을 위해 어떻게 그럭저럭 꾸려나갔는가에 달려 있었다. 독일 치하에서 군주제로 남아 있던 벨기에와 덴마크의 지역 곳곳에 남아있던 대부분의 유대인들은 살해위협에서 벗어났다‥마찬가지로, 비시 정권 Vichy regime(2차 대전 중 남부 프랑스를 1940년부터 1944년까지 통치함)의 반유대주의에도 불구하고, 프랑스 유대인 대다수는 전쟁에서 살아남았다.
>
> 리처드 J. 에반스, 티모시 스나이더의 리뷰
> 『블랙 어스』, 〈가디언〉, 2015년 9월

나치가 동프로이센 너머에 만들어낸 종말론적 세계에서는 아무런 제지도 없었다. 그렇게 T4 작전은 이제 독일에서 완전히 검증을 마친

후 수출됐다. 동일한 담당자들, 동일한 살인 기술, 동일한 관료주의적 완곡 화법, 동일한 비밀주의, 심지어 동일한 돈벌이 계획들까지 말이다. 아우슈비츠, 트레블링카, 마이다네크, 소비보르의 유대인들은 독일 장애인들과 같이, 하지만 훨씬 더 많은 수의 사람들이 진보라는 이름으로 멸절되어야 하는 '다윈의 반물질'로 취급됐다.

오늘날 베를린 브란덴부르크 게이트 옆에 있는 홀로코스트 추모관

홀로코스트는 그 시기에 벌어진 '암흑의 모더니즘'을 온전히 표현하는 단어일 것이다. 그 이론은 가치의 편협한 범주 안에서 사람들을 오로지 한 덩어리로 만들고, 서구 문명이 억압해왔고 한정 짓던 개인적 야만성을 배제하려고 신중하게 건설된 모든 장벽을 폐지한 관행법을 제정했다. 그것은 과장된 부과나 경감이 필요하지 않았다.

이른바 한 인종 전체가 해충으로 분류되는 최악의 상황은 그들이 저질렀다고 주장한 어떤 것 때문이 아니라, 그들이 피할 수 없는 것이라고 주장했던 것 때문이었다. 스탈린과 마오쩌둥의 참혹한 범죄에도 불구하고, 홀로코스트는 무엇과도 필적할 수 없는 크나큰 범죄였다.

나치는 왜 가망이 없었나

1940년 6월 히틀러에게는, 유럽이나 독일 내에 남아 있는 도전자가 없었다. 스탈린은 그의 폭력배들의 골목 안에 있었고, 무너뜨리지도 조약을 체결하지도 못했지만, 영국은 공격력이 거의 없는 상황이었다. 히틀러는 주변국의 적극적 개입 없이 유럽 전역에 대한 지배력을 쉽게 강화할 수 있었다. 그러나 그러는 대신, 그는 러시아를 공격했다.

그는 이 공격의 당위성에 대해 구구절절한 구실을 내밀었다. '영국으로부터 마지막 희망을 빼앗을 것이다', '유전을 쟁취하는 데 성공할 것이다', '만약 히틀러가 그렇게 하지 않으면 러시아가 먼저 공격할 것이다' 등. 가장 그럴듯한 억측이라고 한다면 그에게는 진정으로 '루벤도르프Ludendorff 장군이 했던 1918년의 손쉬운 동쪽 진출의 되풀이라는 순수한 신념'이 있었다는 점이다. 다만, 이번에는 일을 망칠 서부 전선이 없었다. 히틀러는 1914-1918년의 프로이센 지도자들처럼 전면전이 정말로 동부의 모든 것들의 식민지화를 한 번에 성취하는 길이라 생각했다. 1941년 몇몇 독일 장군들은(대부분이 제1차 세계대전 당시 하급 장교로서 자유군단Freikorps과 함께 동부전선에서 싸웠었다) 그들이 승리하리라는 사실에 의구심을 가졌다. 러시아에 대한 공격은 전적으로 프로이센식 결정이었다.

그 결과, 1941년 말까지 독일 국방군은 수적으로 우세한 붉은 군대와 치명적 소모전에 빠져들었다. 한편으로는 아프리카 군단이 이집트에서 명백히 무패인 대영제국과 정면으로 맞서고 있었다. **그럼에도 히틀러는 1941년 12월 11일에 미국에 불필요한 전쟁을 선포했다. 그의 의사결정 방법은 어쩌면 익숙하게 보일지도 모른다.**

히틀러의 의사결정 방식

1941년 말부터 헤닝 폰 트레스코프Henning von Tresckow가 이끄는 몇몇 장교들은 히틀러를 전복시킬 계획을 세우고 있었다. 트레스코프는 1943년 히틀러의 비행기에 폭탄을 설치했지만, 불발로 인해 그의 암살 시도는 아슬아슬한 실패로 끝났다. 그렇지만 권력의 정점에 있던 히틀러에 대항하려던 음모는 진정 영웅적이었다.

곧이어, 히틀러에 대한 반대는 어느 순간부터 그저 당연한 상식처럼 보이기 시작했다. 1943년 1월 스탈린그라드에서의 놀라운 패배로 인해 히틀러는 대형 승전보를 절실히 원하게 되었다. 앵글로색슨 민주주의에 대한 그의 경멸은, 그가 영국이나 북아프리카에서 아직 검증되지 않은 미군에 맞서 최소 하나의 전투에서 승리할 수 있다고 믿게 만들었다. 최고 참모인 롬멜Rommel 장군의 간청을 무시한 채, 그는 튀니지에 최상급 정예부대원들을 투입했다. 1943년 5월의 패배는 독일군의 관점에서 스탈린그라드 그 자체만큼이나 심각했다.** 1943년 7월의 쿠르스크에서의 거대한 전차 전투에서 러시아군이 승리했을 때, 눈 있는 자는 누구든 보란 듯이 벽에 붙여 놓은 글이 있었다. 히틀러에 대한 비밀스러운 반대는, 카리스마 넘치는 리더 클라우스 폰 스타우펜베르크Klaus von Stauffenberg에 의해 급속도로 늘어나고 있었다.

음모자들 중에는 의심할 여지 없이 용감하고 도덕적인 의도를 가진 사람들이 많았지만, 그들 중 뛰어난 이들조차도 '만약 히틀러가 계속 승리했다면 행동하지 않았을 것'이라 비난받았다. 많은 이들이 동쪽에서 계속 싸우기 위해서만 서쪽에서의 평화를 원했다. 심지어 스타우펜베르크처럼 진정 이상주의적인 사람들조차 이미 독일이 얼마나 철저히 패배당했는지를, 또는 다른 나라들이 좋은 융커와 나쁜 나치***사이의 차이점을 찾는 것이 얼마나 어려울지를 실감하는 데 곤란을 겪었다. 좋은 융커 혹은 나쁜 나치 조직에게는 더 이상 희망이 보이지 않았다. 미래의 총리 콘라트 아데나워Konrad Adenauer는 언제나 여우 같은 인물이었기에 '한 번이라도 영리한 지휘관을 만나본 적이 있느냐'며 그들과 합류하기를 거부했다.

1944년 7월 20일, 늑대 소굴Wolfsschanze인 동프로이센 사령부에서,

** 이 전투는 스탈린그라드만큼 독일의 국가적 기억에 남아있지는 않다. 영미권에 투항한 13만 명의 사람들은 모두 살아남았고, 반면 러시아인들에게 붙잡힌 9만명은 거의 모두 사망했기 때문이다.

*** 그러나 탈나치화된 독일이 스탈린에 맞서 싸울 수도 있다는 생각이 완전히 억지는 아니었다. 1944년 말, 처칠은 1945년의 러시아에 대한 영·미 합동 기습공격 방안의 가능성을 조사하기 위해 상상을 초월하는 작전을 의뢰했다. 그 보고서는 영미인들이 독일군의 지원을 받을 것이라 가정하도록 명령받았다. 영국군은 가능성이 없는 가설이라고 선언했다.

스타우펜베르크는 거의 믿기 힘들 정도의 극단적 압박감에 눌린 상태로, 마지막 순간에 히틀러 바로 옆에 폭탄이 든 서류 가방을 놓고 핑계를 대며 회의 자리를 떠났다. 늑대 소굴을 떠나기 위한 보안 해제 후, 그는 폭탄이 터지는 소리를 들었고 독재자가 죽었다고 확신했다.

그럼에도 모의자들은 자신들의 정당성에 대한 자긍심이 없었다. 그들은 세상에 자신들이 한 일과 이유를 말하는 대신, 기괴하게도 히틀러가 배신자 나치 친위대에게 살해당했기 때문에 자신들이 권력을 탈환했다고 발표했다.

사실 히틀러는 살아남았다. 폭탄은 원래 계획했던 것보다 절반 정도의 위력으로 터졌고, 그는 거대한 떡갈나무 회의용 탁자에 의해 보호됐다. 모의자들이 늑대 소굴과 베를린 사이의 통신선을 차단하거나 확보하는 것을 빠뜨렸기 때문에, 히틀러는 즉시 모든 모의자를 체포한 육군 소령 오토 에른스트 레메르에게 개인적으로 이야기할 수 있었다. 스타우펜베르크Stauffenberg와 그의 동료들이 모두 무장했음에도, 심지어 자신들의 파멸될 운명을 깨달았을 때조차도 그 일로 공개적으로 싸우려 하는 것을 영 내켜 하지 않았다. 불가해하게도 이 귀족 군인들의 모반謀反은, 평범한 베를린 시민들에게는 아무 큰일도 일어나지 않고 있다는 인상을 주기 위해 총 한 발 쏘지 않고 조용히 진압됐다.

히틀러는 누구든 음모와 연관된 사람들에게 끔찍하게 복수했다. 아우슈비츠는 계속해서 돌아갔다. 독일군은 노르망디와 러시아에서 궤멸당했다. 독일의 도시들은 거의 무방비로 USAF(미국공군)와 RAF(영국공군)에 의해 폭격당했다. 그러나 1944년 8월 산업은 전쟁 물자 생산만으로도 최고점에 이르렀다. 히틀러는 여전히 자원을 소유하고 있었고, 여전히 넓

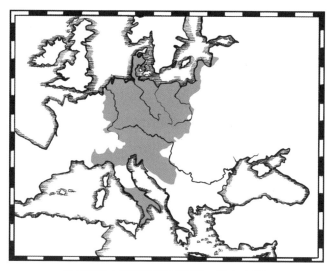

<figure><figcaption>1944년 말, 여전히 독일이 차지하고 있던 지역들</figcaption></figure>

은 지역을 통제했다.

히틀러는 자신이 인간 이하라 여기는 슬라브들의 침략에서 독일을 구하기 위해 러시아와의 전쟁에 모든 것을 다 걸 수도 있었다. 그러나 그는 여전히 독일에 불리한 모든 증거를 거부했다. 충분히 공격한다면 제멋대로이고 민주적인 앵글로색슨을 균열시킬 것이라고 믿는 프로이센의 전통을 철저히 따른 것이었다. 마지막 걸작품들은 러시아가 아니라 런던에 보내졌다. 이 V-무기들은 세계 최초의 대형 군사용 로켓이었고, 연합군이 보유한 그 어떤 무기보다 탁월했다.

그러나 총력전의 가혹한 방정식 속에서, 무기들이 상당히 고가였음에도 불구하고 고작 한 개당 한 명 미만의 사람들을 처리했을 뿐이었다. 영국에 발사된 9,000대의 V-Is와 1,100대의 V-2s는 모두 재사용이 불가능한 최첨단 기술로 가득 차 있었다.

세계 최초의 탄도 미사일, V-2 발사

　그럭저럭하는 사이에, 루프트바페Luftwaffe(제2차 세계대전 당시 독일 국방군의 공중전 담당 군대)가 남긴 모든 것을 지원받은 1,000대 이상의 탱크와 기관총으로 무장한 40만 명 이상의 진정 효과적인 히틀러 최후의 기동 타격대는 미국 육군을 향해 돌진했다. 1944년 12월에서 1945년 1월 사이의 프랑스-독일 국경의 벌지 전투Battle of the bulge에서 이 모든 것은 허사로 변했다.

　수적으로도 열세였던 미군은 기습을 받자 항복하는 수밖에 없었지만, 바스토뉴Bastogne같은 핵심적인 도시에서, 증원군 투입을 기다리며 대규모 공군이 독일군을 저지할 때까지 버티고 있었다. 만약 이 도박이 실패한다면 러시아를 제지할 방법이 없었다. 그들은 복수심으로 가득차 북유럽 평원을 가로질러 독일로 돌진했다. 히틀러는 그 어떤 피난 계획도 금지했고, '역사상 전무후무한 집단 강간(앤서니 비보르Anthony Beevor)'으로 동부 엘비아와 베를린의 여성 피해자 수천 명을 자살로 이끌었다는 비난을 여전히 받고 있다.

러시아와 미국 병력이 엘베강에서 만났다. (동부와 서부 중 또 어느 다른 곳에서 만날 수 있단 말인가?) 4월 30일 히틀러는 총으로 정부情婦와 자신을 쏘고 사망했다. **1945년 5월 8일 유럽의 전쟁은 끝났다.**

옛 국경선의 복원

독일군이 끝까지 격렬하게 저항했었기 때문에, 연합군은 당연히 전쟁이 끝난 후에는 독일의 저항 운동으로 문제가 발생할 수 있다고 예상했다. 그러나 그들은 하룻밤 사이에 국가의 전체 시스템이 붕괴되어버린 땅에 있는 자신들을 발견했다.

독일의 가장 위대한 현대 작가 중 한 명은 이렇게 회상한다.

바로 이틀 전까지는 모두가 두려워하고 깊은 존경심을 담아 인사했던 지역의 나치 우두머리인 페이그트마이어Feigtmaier, 그는 이제 갈색 제복을 입고 서서 거리를 청소하고 다녔다. 지프가 아슬아슬하게 그를 지나며 먼지를 뿌리면, 포장도로 위로 뛰어올랐다‥남자들은 승리자인 영국 군인들에게 모자를 벗어들거나 신사모를 치켜들어야 했다‥바로 얼마 전까지 그 남자는 우레와 같이 명령을 내렸었고, 절도 있는 구호로 환영받았었는데, 이제 세상은 갑자기 그것에 대해 아무것도 몰랐다고 속삭이는 듯했다.

우베 팀Uwe Timm, 『내 형제의 모범』

이 시기는 독일 역사책 속에 '제로 아워Die Stunde Null'로 기록됐다. 그 순간에 모든 것이 멈췄고 상처로부터 다시 시작해야만 했다.

승리자들은 서부 프로이센을 폴란드에 인도했고, 동프로이센을 폴란드와 러시아 사이에 분할했다. 알자스-로렌은 프랑스에 반환되고, 나머

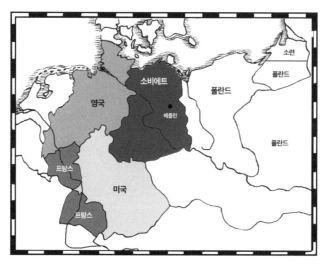

연합국에 분할된 독일

지 독일을 사전에 합의된 군사 통치 구역으로 분할했다.

오데르강 동쪽의 독일은 영원히 사라졌지만, 아무도 오랫동안 그곳을 분단된 채로 두려고 의도하지는 않았다. 1945년 7월 8일 포츠담에서, 연합군은 독일의 부분적 탈공업화와 비非나치화 목표를 발표했다. 그리고 나서 민주주의 기반의 독일 정치 재건과 국제 관계에서의 궁극적 평화 협력을 준비해 나갈 것이라 공표했다. 이를 위해, 집회와 공개토론권이 보장된 모든 민주 정당이 독일 전역에서 허용되고 장려되어야 했다.

러시아가 자신들만의 방식대로 처리할 것이 명백해졌다. 히틀러가 자살한 바로 그날, 스탈린은 모스크바에서 순종적인 독일 공산주의자들로 이미 갖춰져 있던 위임정부에 도착했다. 이때 그는 독일을 분할할 계획이 없었다. 다만 영구적으로 가난하고 약한 상태의 독일을 원했다. 따라서 그는 배상금으로 산업용 공장과 원자재 압류의 속행을 강요하려 했고, 독일 산업의 대부분이 집중된 영국 점유지역의 이권을 나누길 원했다.

하지만 영국은 독일 재건에 필사적이었다. 자국민뿐 아니라 멈추어 선 산업지역인 라인/루르 지역을 부양할 여유가 없었기 때문이다. 1946년까지 영국은 각 가정에서 빵을 배급받아야 했는데, 이는 전시戰時에도 일어나지 않았던 일이다. 파산 상태인데다가 생존에 필사적이었던 영국은 미국 점유지역과의 연합을 구걸하다시피 했다. 미국 또한 독일이 다시 시작할 수 있도록 해야 한다고 결정했다. 그들은 독일을 가난한 상태로 유지하려는 스탈린의 계획은 단지 공산주의 집권의 전주곡에 불과하다고 믿었다. 최선의 안전장치는 바로 자본주의적 번영이었다. **1919년과는 달리 이제는 미국이 앞장서 개입하게 됐다.**

우리는 유럽의 전쟁에 휘말리지 않을 수 있다고 생각했고, 유럽 문제에는 관심이 없었다. 그럼에도 우리가 제2차 세계대전에 이끌려가는 상황을 막지 못했다. 다시는 그런 실수를 반복하지 않을 것이다…미국은 독일의 다른 일부 또는 모든 지역과 경제를 통합할 의사가 있음을 공식적으로 발표했다. 현시점까지는 오직 영국 정부만이 관할구역의 참여에 동의했다. 우리는 그들의 협력에 깊이 감사한다.

제임스 번스 미 국무장관 US Secretary of State James Byrnes, Stuttgart

1946년 9월 6일

이전 연합군들이 라이벌인 영미나 러시아 진영에 줄을 서면서, 상황은 의도치 않게 스스로 추진력을 가지게 됐다. 처칠은 1946년 '철의 장막'을 연설했다. 트루먼 독트린(1947년 3월 12일)은 무장한 소수 민족이나 외부의 압력에 의한 정복 시도에 저항하는 자유민들을 지지하는 것

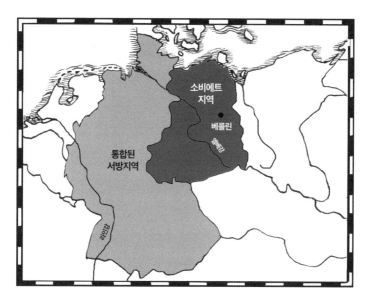

"세계 제2차 대전이 끝나고 유럽 전역에 경계선이 그려졌을 때,
마치 스탈린, 처칠, 루스벨트가 샤를마뉴 사망 1130년 주기를 맞아 당시 상황을 신중하게
연구해 연출한 것과도 같이 보였다." 안드레 군더 프랑크(Andre Gunder Frank).
<주간 경제 정치(Economic and Political Weekly)>(1992년 11월 14일)

이 미국의 정책이어야 한다고 발표했다. 1947년 6월, 미국과 영국 관할
지역의 기관들이 베를린의 고대 대안 수도인 프랑크푸르트에서 공식적
으로 통합하고 양국 공동 통치 기구인 비조네Bizone를 만들었다.

같은 달에 유럽 재건을 위한 '마셜 계획'(혹은 유럽부흥계획European
Recovery Program, ERP)이 공표됐는데, 이에 따라 유럽 경제 재건을 목표
로 대규모 미국 차관이 제공되었고 유럽의 미국 제품 구매력이 향상되
었다. 러시아는 이 제안을 거부했다. 프랑스는 이를 수락해 그들의 독
일관할 지역을 미국/영국 비조네에 합쳐 삼국 공동 통치지구 트리조네
Trizone를 만들었다.

갑자기, 그 누구도 의도하지 않았는데 유럽은 기괴하게도 서기 814년 샤를마뉴 사망 당시로 돌아간 것처럼 보였다. 엘베강 북부를 국경으로 하는 (거의 정확하게 샤를마뉴의 리메스 색소니아가 있었던 자리를 따라) 슬라브 문화가 지배적이었던 그 너머, 심지어 엘베강 남쪽으로 더 뻗어 서쪽에 도달했다. [24]

서방의 최우선 과제는 독일 일부를 다시 잘 작동하게 만드는 것이었다. 구 마르크화RM는 이제 담뱃잎을 말아 피우는 용도로 전락할 정도로 신뢰를 잃었다. 제대로 작동하는 통화 없이는 경제회복이 불가능했다.

1947년 말, 버드독 작전Operation Bird Dog에 따라 미국에서 새로운 지폐가 비밀리에 인쇄됐다. 1948년 2월에서 4월 사이에 2만 3천 개의 위장 표기된 상자들이 독일로 운송됐다. 그리고 프랑크푸르트의 옛 제국은행Reichsbank 지하 창고에 숨겨졌다. 문제는 어떻게 이 최신 화폐를 통용시킬지에 대한 의견일치를 볼 수 없었다는 점이다. 미국인들은 필사적으로 독일 경제와 국민을 진정으로 이해할 만한 이들에게 의지했다. 바로 독일인 그 자체였다. 알고 보니, 그들은 이미 소매를 걷어붙이고 계획을 실행할 준비가 되어 있었다.

기적이라 할 수 없는 독일 경제

1943년에 나치 친위대 총사령관 하인리히 히믈러는 비밀리에 친위대 최상급 지도자SS Gruppenführer인 오토 올렌도르프Otto Ohlendorf(죽음의 분대를 이끌었다는 이유로 훗날 연합군이 교수형에 처했다) 휘하의 전문가 패널에게 전쟁에서 승리하면 정상적인 자유 시장 규칙으로의 복귀를 준비하도록 지시했다. 올렌도르프의 패널에는 자유 시장 이론가이자, 미래의 서독 총리(1963~66년) 루트비히 에르하르트Ludwig Erhard, 그리고 최고의 은행가이자 훗날 분데스

방크의 총재(1958-69)가 되는 칼 블레싱Karl Blessing이 포함됐다.

그들은 곧 나치 경제가 오직 무자비한 화폐의 인쇄로 운영되고 있음을 알게 됐다. 전쟁 내내 독일 상점에서는 사치품 같은 것은 살 수도 없었고, 생필품 가격과 공급은 엄격히 통제됐다. 따라서 모든 여유 자금은 개인들의 은행 계좌에서 안전하게 동결되어 있었다. 독일인들은 실제로 그들이 원하든 원하지 않든 거의 10년 동안 열심히 저축하도록 강요받았다. 하지만 통제가 사라지면 어떤 일이 벌어질까? 에르하르트, 블레싱 그리고 그들의 동료들은 그 해답을 의심하지 않았다. 만약 1940~44년 프랑스가 그러했듯이, 총구를 겨누고 과대 평가된 독일 화폐 Reichsmarks를 소화하라고 강요할 속국이 없다면, 피할 수 없는 인플레이션을 맞이할 것이었다.

에르하르트의 해결책은 급진적이었다. 그는 개인 저축가들을 위해 15:1의 비율로 완전히 새로운(독일 마르크Deutsche Mark, DM라 불리게 될) 화폐를 도입해 과잉 발행된 라이히스마르크를 다 쓸어내자고 제안했다. 그러나 사업 자산은 1:1로 환전되고 공평하게 보이기 위해 순수하게 허울뿐인 자본과세를 부과해서 감액시키자고 했다. 따라서 시민들의 골치 아픈 현금 저축은 실질적으로 소멸해 버리겠지만 비즈니스 자본은 존속될 것이었다.

이 모든 아이디어는 최종적으로 성공하지 않을 수도 있다는 배신적 가설을 기반으로 했기 때문에, 1944년 조용히 보류됐다. 그러나 1948년, 서방 동맹국들이 다시금 간절히 독일 경제에 시동을 걸려고 하면서 수확의 시기가 도래했다.

1948년에 실행된 1944년의 계획

에른하르트와 그의 동료들은 오래된 계획을 서랍 속에서 다시 꺼냈다…1948년 4월 20일, 불투명한 창문의 버스가 삼엄한 경호를 받으며 카렐Kalle 근처의 로스 배스 엔Rothwesten의 공군기지로 그들을 데려갔다. 그곳에서 몇 주간의 설득 끝에, 독일 전문가들은 자신들의 개념을 연합군 대표들에게 설득한다. 1948년 6월 20일, 소액의 저축자들은 거의 모든 돈을 잃게 되는 반면, 주식과 물질적인 상품 소유자들은 거의 아무것도 잃지 않았다…에른하르트의 정책은 오직 하나의 목표만을 가지고 있었다. 즉, 기업들이 자본을 축적하도록 지원하는 것이다. 그는 이것을 역동적인 성장으로 가는 길이라 보았다.

〈헨델스블라트Handelsblatt〉 2006년 6월 25일

프랑스나 영국 같은 자유 경쟁 경제 체제에서는 그토록 극단적인 친기업적 해결책은 감히 꿈도 꿀 수 없었다. 국민이 절대로 가만있지 않을 터였다. 오로지 1948년의 독일에서만 가능했다. 시민들에게는 주변의 전쟁 잔해 외에는 아무것도 보이지 않았고, 단지 살아 있고 자유롭다는 것만으로도 기뻐했기 때문이다.

전쟁으로 생긴 끝없는 잔해는 기업이 아니라 대부분 부동산이라는 점을 깨달았던 사람은 거의 없었다. 1945년 5월 당시의 영미 연합군의 독일 도시 폭격으로 수십만 명의 민간인이 사망했으며, 그들 중 대다수는 독일에서도 나치가 가장 적은 곳에서 발생했다. 그러나 공장 기계는 단지 6.5%만이 손실됐다. 독일 산업 자체는 여전히 거대했고, 신속하게 난세에 잘 적응했다. 1948년에는 독일 산업을 그저 잠에서 깨워주기만 하면 됐었다.

연합군의 허가를 기다리지 않고, 에른하르트는 이제 자유 시장을 완

전히 장악하고 모든 배급과 가격 통제를 폐지했다. 미국 당국과의 협의는 이제 전설로 남게 되었다.

> **미군 대령**: 식량 부족이 아직 만연한데, 어떻게 감히 배급 시스템을 완화할 수 있나요?
>
> **에르하르트**: 하지만 헤르 대령, 나는 배급 시스템을 완화하지 않았습니다. 그것을 폐지했어요! 이제 사람들에게 필요한 유일한 쿠폰은 독일 마르크입니다. 또한 그들은 독일 마르크를 조금이라도 더 벌기 위해 열심히 일할 겁니다. 일단 두고 보시죠!

그 방법은 효과적이었다. 이 세대의 모든 독일인은 하룻밤 사이 상점에 물건이 다시 가득 차고 공장들이 가동됐던 순간을 기억한다.

이 외관상의 기적은 일반적인 종류의 기적이 아니었다. 이제 삼국공동통치지구Trizone는 고정환율로 매우 유리한 경화를 보유하고 있었다. 에른하르트의 계획에 따라 사업 자본은 보존됐다. 동부 엘비아와 주데텐란트Sudetenland에서 온 즉시 적응 가능한 수백만의 난민은 숙련되고 교육 수준이 높은 노동자들이었다. 그들은 살아남은 사실에 그저 감사하며 낮은 임금으로도 기꺼이 일할 준비가 되어 있었다. 대부분의 기계는 여전히 작동했고, 또한 마샬 에이드Marshall Aid(미국의 대(對) 유럽 원조 프로그램)가 곧 시작될 것이었다. 이 모든 것에, 어느 때보다도 위대하고 사업 친화적인 구제 금융이 더해졌다.

> 이것이 핵심이다. 1944년 독일의 공공 부채 규모는 3,790억 라이히스마르크로, 대략 독일의 1938년 GDP의 4배에 달했고, 1948년 미 육군의 지원으로 화폐 개혁을 단행해 이 부채를 0으로 없앴다…1947년에서 1952년까지 미국의 마샬 플랜은 서

부 독일의 외채 상환 유예를 허락했다…이는 청산된 부채로부터 4,650억 라이히스 마르크/독일 마르크를 만들지만, 이연移延 이자 지불을 포함하지 않는다…그리스 구제 금융보다 더 큰 혜택이었을까? 당연히 그렇다.

2012년 6월 25일 〈이코노미스트〉, 앨버트 리슐Albert Ritschl 교수

이러한 매우 유리한 조건에서 서독의 기업가들이 신속하게 다시 재화를 축적할 준비가 된 것은 '경제적 기적Wirtschaftswunder'은 말할 것도 없고 정말 놀라운 일도 아니라고 봐야 한다.

진정한 통일 - 베를린과의 이별?

모두의 시선이 갑자기 미래로 집중됐다. 하지만 적어도 모든 기업이 나치 정권과 평화를 이루어야 했을텐데 어떻게 이 나라가 도덕적으로나 정치적으로 진보할 수 있겠는가? 의사의 절반이 나치 당원이었던 국가를 어떻게 치료할 수 있겠는가? 10년 동안 모든 대학 교수가 나치의 '인종 이론'을 가르치는 동료들과 함께 일했던 나라를 어떻게 재교육할 수 있겠는가? 트루먼이든 스탈린이든 대답은 간단했다. 최악의 전범들을 제외한 모든 사람에게 '망각의 베일'이 드리워졌다.

콘라트 아데나워는, 모든 일을 빨리 처리하기로 굳건히 마음먹었다. 1948년 6월, 러시아는 서베를린을 봉쇄함으로써 에른하르트의 새로운 독일 마르크 정책에 대응했다. 그리고 연합군은 거의 1년 동안 비행기로 도시에 생필품을 제공하도록 강요받았다. 아데나워는 그들 사이의 (전쟁상태라 해도 과언이 아닌) 적대감을 '진정한 서구 지향의 독일'이라는, 일생의 야망을 실현할 수 있는 장으로 이를 활용했다. 1949년 5월 24

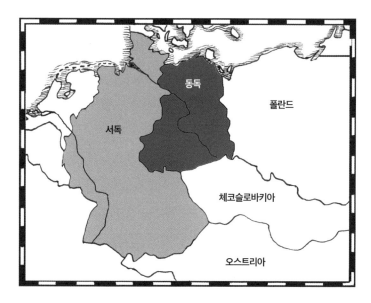

서독, 동독, 폴란드, 체코슬로바키아, 오스트리아

일, 본Bonn은 프랑크푸르트를 제치고 임시 수도로 간신히 선택됐고 기본법이 공포됐다. 1949년 8월 14일, 73세의 아데나워는 독일연방공화국 Bundesrepublik의 초대 총리가 됐다. 1963년까지 그가 지배했던 기간은 '아데나워의 시대The Adenauer Era'로 알려지게 된다.

아데나워의 독일은 명시된 로만 게르마니아, 샤를마뉴의 독일 제국, 그리고 나폴레옹의 라인 동맹과 매우 흡사했다. 연방공화국은 폴란드와 완충지대가 있었고, 러시아와의 접점이 없었으며, 체코와는 국경 일부만 맞닿아 있었다.

소위 1871년과 같은 독일 통일은 마침내, 제국주의가 아닌 엘베강 서쪽의 거의 모든 독일의 연합에 의해 이루어졌다.

아데나워는 서방진영과의 통합을 자신의 정치적 초석으로 삼았다. 이 점에 관해서는 너무도 절대적이라, 1949년 11월에 한 유명한 토론회에서 사회민주당은 그를 '연합군의 장관'이라고 소리치며 깎아내렸을 정도였다. 그들이 아데나워의 본심을 알았더라면 더 크게 소리 질렀을 것이다. 1955년 12월 1일, 독일 주재 영국 고등판무관인 아이본 커크패트릭Ivone Kirkpatrick경은 총리에게 국가 최고 기밀 문서를 보냈다.

콘라트 아데나워가 정말로 원했던 것

독일 대사가 어제 나에게 특별히 은밀하게 통신하고 싶다고 말했다…아데나워 박사는 독일 국민을 신뢰하지 않았다. 그는 자신이 정계에서 사라지고 나면, 미래의 독일이, 스스로 값을 치러야 하는 러시아와 거래를 할지도 모른다고 두려워했다. 따라서 그는 서부 독일과 서방 국가와의 통합이 독일 내의 통일보다 더 중요하다고 여겼다. 그는 이를 달성하기 위해 자신이 할 수 있는 모든 노력을 다하리라는 점을 우리가 알아주기를 바랐다…물론 그가 나에게 말한 이런 솔직한 견해가 독일에서 알려지면 그의 정치적 입지에 상당한 재앙이 될 것이다.

다른 말로 하면, 아데나워는 서구와의 연결고리를 유지하기 위한(그가 항상 혐오했던 동부 엘비아를 포함한) 재통일된 독일에 대한 신뢰가 없었다.

그가 통치한 서부 독일은 정말이지 매끄럽게 조화를 이루고 있었다. 서독은 1954년 축구 월드컵에서 우승했다. 1955년, 재정비를 마친 후 미국이 주도하는 서방 군사 동맹국인 북대서양조약기구NATO의 회원국이 되었다. 1957년에 체결된 로마 조약은 아데나워의 혈맹이자 변호사이며 외교관인 월터 홀스타인Walter Hallstein을 초대 회장으로 한 EU의 원형인 EEC를 창설했다. 그 당시 한 위대한 미국 사회학자가 지적했듯이, 독일의 국경은 '미래로의 회귀Back to the future'가 정확한 표현이었다.

적절한 지도들을 비교하면 서기 814년경 샤를마뉴 제국이 지배했던 영역과 현재 EEC에 속한 6개국의 영역이 거의 동일하다는 점을 알 수 있다…이런 높은 유사성은 단지 소름 끼치는 우연으로 치부할 수만은 없다.

휴고 O. 엥겔만

『유럽제국: 샤를마뉴에서부터 현재 시장에 이르기까지 사회적 세력들』

1962년 5월 Vol.14, p.297

기회가 주어졌다면 아데나워가 얼마나 멀리 갔을지는 최근에서야 드러났다. 베를린은 1945년 별도의 구역들로 분리돼 연합국들이 각각 점유하게 됐다. 1949년 러시아가 동독GDR(독일 민주주의 공화국)이라고 이름 붙인 자신들의 괴뢰 국가를 세웠을 때, 베를린의 서쪽 세 구역은 동부 깊숙한 곳의 엄격하게 요새화된 서부의 변칙 주둔지 형상이었다. 1961년, 베를린 장벽을 건설하는 위기의 기간 동안 아데나워는 미국인들에게 극비 제안을 했다. 그들이 서베를린을 방어하기보다는 옛 프로이센에 있는 서방의 유일한 발판을 거리낌 없이 단념해야 한다고 주장했다.

아데나워는 미국이 비밀 교섭을 통해 소련에게 교환을 제안하기를 원했다. 바로 튀링겐과 작센 그리고 메클렌부르크의 일부까지 포함한 지역을 서베를린과 맞바꾸는 것이다. 그는 베를린 장벽이 건설되기 며칠 전에 러스크 국무장관에게 이러한 제안을 했다…미국 행정부는 그 제안에 대해 진지하게 수용했다.

〈슈피겔 온라인Der Spiegel〉 2011년 8월 15일

그러나 지금은 상황이 너무 고착됐다. 베를린 장벽이 올라갔고 동독

독일 민주 공화국Deutsche Demokratische Republik은 기정사실로 받아들여졌다. 이제 거기서 무슨 일이 진행되었는지 살펴보는 게 좋겠다.

동독 또는 동부 엘비아의 가장 짧은 역사

동독은 1945년~1989년의 러시아의 점령을 이유로 달라지지 않았다. 러시아인들은 동독이 항상 달랐기 때문에 그들을 점령했다.

　오토 대왕은 서기 935년에 엘베강을 건너가 침공했다. 슬라브족은 서기 982년에 독일인들을 다시 몰아냈다. 독일인들은 1127년 다시 공격을 시도했고 그다음 2세기 동안 슬라브족을 오데르강까지 크게(하지만 결코 완전하지는 못하게) 몰아내는 데 성공했다. 튜튼 기사단은 1410년에 폴란드가 그들을 박살 내기까지 계속 뻗어나갔다. **프로이센은 1525년 로마에 대한 반란행위로 폴란드 영주의 통치 아래에서 다시 태어났고, 스웨덴과의 전쟁에서 명성을 얻었으며, 엘베강과 오데르강 사이에서 거둔 일련의 승리로 강대국이 됐다.** 그리고 나서 1807년에는 차르에 의한 몰락으로부터도 구원받았다. 서부 독일인들이 서로 연합하지 못한다는 치명적인 무능력은 1866년 엘베강에서 단 한 차례의 큰 전투(보오전쟁의 쾨니히그레츠 전투)를 통해 프로이센이 이 지역을 정복할 수 있도록 이끌었다. 프로이센은 1870년 프랑스를 산산조각냈다. 그 후 독일군은 슬라브족과 지난 1000년간의 투쟁을 해결하기 위해 인력과 자금을 퍼부었다. 이러한 발버둥은 허망하게도 1945년 동부 엘비아의 일부를 영원히 잃고, 엘베강과 오데르강 사이의 남은 땅이 러시아의 무력한 식민지가 되고 나서야 끝났다.

　동독GDR이 탄생하면서 이 동부 엘비아는 공식적으로 그래왔듯 슬라브 동유럽에 살면서 독일어를 하는 이상한 사람으로 남게 됐다. 1961

년 베를린 장벽이 세워질 때까지 동독인, 특히 젊고 교육받은 사람들은 매년 평균 약 20만 명이 새로운 동유럽의 난민이 되어 서독으로 향했다. 1850년대 이후의 이주민들과 거의 같은 비율이다. 러시아의 의뢰인들이 그동안 도망자들을 막을 수 있는 지독한 장벽을 세우고 유지하지 않았다면 1989년까지 엘베강 너머에 남아있는 독일인은 없었을 것이다.

동독에 머물렀던 사람들에게는 슈타지Stasi(비밀경찰) 기관의 자비에 운명이 달려 있었다. 슈타지는 9만 명의 상근직뿐 아니라, 필요시에는 20만 명의 소위 비공식 동료직원들을 호출할 수 있었다. 그러나 슈타지를 나치의 게슈타포Gestapo보다 더 널리 침투하게 만든 것은, 보잘것 없는 보상에도 기꺼이 헌신한 사회 도처의 하위 정보원 시스템에 있었다. 그들은 친구 동료, 팀원 심지어 가족들을 고발했다. 누군가의 말 한마디로 경력을 망치거나 대학 진학을 막아버리고, 또는 감옥에 갇히거나 자녀를 잃게 만들 수 있었다.

동독의 비밀경찰 슈타지는 세계에서 가장 억압적이고 효과적인 국가 보안 조직으로 널리 알려졌으며, 일부 동독인들은 씁쓸한 유머로 이를 다루곤 했다. 어떤 농담에서는 모사드, CIA 그리고 슈타지가 모두 유해를 식별하는 임무를 맡았는데, 오직 슈타지만이 성공한다. 유골에서 자백을 받아냄으로써 말이다. 슈타지는 빌리 브란트 사무실에 스파이를 배치하는 등 방첩 활동에도 탁월했는데, 1974년 이들이 발각됨으로써 서독 총리 브란트의 사임을 야기했다. 그러나 동독의 모든 기관과 마찬가지로 슈타지는 소련 거물들의 지배를 받았고, 베를린 장벽이 무너졌을 때 다른 모든 것들과 함께 그들도 무너졌다.

폴 오도허티 Pól Ó Dochartaigh,
『홀로코스트 이후의 독일인과 유대인들』의 저자

자유주의 서독인들과 수많은 유럽과 영국의 좌파들은, 동독의 현실을 외면하려 결심한 듯 보였다. 다른 분별력 있는 경제학자들은 GDP의 노골적인 조작을 그대로 받아들였다. 선의의 정치인들은 동독 통치자들의 선한 목적에 대한 증거를 열심히 찾았다. 꽤 지적인 사회학자들은 비록 태생적으로 완벽한 것은 아니지만 동독이 서독보다 덜 물질적이고 더 공동체적인 국가라고 주장했다.

만성적 근시안

〈가디언〉지의 저널리스트 조나단 스틸은 1977년에 독일 민주공화국 동독을 "현재 동유럽 국가들이 그렇게 된 권위주의적 복지 국가들의 전형적 모델"이라고 결론을 지었다. 자칭 '현실주의' 보수주의자들조차도 공산주의 동독에 대해 오늘날 그들이 채택하는 것과는 매우 다른 논조로 이야기한다. 그 당시에는 '슈타지'라는 단어가 그들의 입에 거의 오르내리지 않았다.

티모시 가르통 애쉬, 〈뉴욕 리뷰 오브 북스〉 2007

특히, 문화 비평가들은 노골적인 정부의 선전물 외에는 아무것도 생산하지 않는 동독 예술가들이 천재성을 가진 것처럼 상당히 조심스레 취급했다.

서독 비평가의 당혹스러운 회상

갑자기 수년간 성공적으로 취급된 동독의 문헌이 대체로 별 가치가 없다는 사실을 깨달았다…아, 이제와 생각해 보니, '왜 내가 동독 문학에 관심이 없었는지에 대한 짧은 에세이 한 편이라도 썼더라면 좋았을 텐데'라는 아쉬움이 남는다. 하지만 나는 그러한 각성에 대한 묘사에 무능력한 자일 뿐. 동독 작가들이 서독에서 상을 받았을 때

우리는 그저 미소를 지으며 말했다. '오 그렇지, GDR 보너스지. 당연하지.'

요제프 폰 베스트팔렌Josef von Westphalen, 『독일 폭식증』에서, 1990

마지막 몇 해 동안 동독은 자신이 진짜 독일이라고 주장하려고 애썼다. 마르틴 루터의 기억을 농락했고, 만약 융커 군국주의를 빼면 프로이센의 고결함이 미국의 전쟁을 부추기는 코카-콜로니알리즘Coca-colonialism(코카콜라처럼 전 세계로 퍼지는 미국 문화와 제품)의 긍정적인 대안이 될 것이라고 제시했다. 이것은 실제로 독일의 강경한 좌파들, 즉 동부 엘비아의 매우 짧은 역사와 공명하기도 했다. 사실 그때는, 반서구적인 것들은 무엇이든 독일의 강경한 좌우에 어느 정도의 반향을 일으키는 경향이 있었다. 특히 1960년에는 그랬다.

힘든 시간들

1960년까지 서독은 NATO와 EEC(유럽 공동 시장)의 기둥이었다. 세계에서 두 번째로 큰 자동차 대국으로써 영국을 추월했고, 그에 대한 인력 충당을 위해 남부 및 동부 유럽에서 소위 이주 노동자Gastarbeiter들을 긍정적으로 수용했다. 그러나 그곳은 여전히 낮은 임금과 신중한 소비를 하는, 영국에 비해 겨우 절반 수준의 사람들이 자가용을 가진 곳이었다.

그러나 시대는 변하고 있었다. 일하고, 저축하고, 전쟁을 잊는 것에 감사해하던 세대는, 지금 당장(진실을 포함한) 모든 혜택을 원하는 베이비 붐 세대로 교체됐다.

서구 전역의 청년들은 따분하고 상당히 비판적이며 독선적인 기성세대를 이해하기 힘들었다. 독일에서는 그 투쟁이 특별히 더 쓰라렸는

데, 기성세대들이 때로는 진짜 나치였기 때문이었다. 1963년부터 1966 년까지의 프랑크푸르트 아우슈비츠 재판은 젊은 독일인들을 충격에 빠 트렸다. 게다가 베트남 전쟁 상황은 그들을 격분시켰다. 일부 청년들 의 머리 속에서 묘한 반란의 성운이 형성됐다. 그들의 비참한 아버지들 은 전 나치였고, 자본주의 서부의 노예 같은 부랑자들이었다. 한순간 그 들은 유대인들을 죽였고, 다음 순간 미군들에게 굽신거렸고, 독일을 무 기력한 맥컬처(맥도널드와 같은 인스턴트 문화)의 소비자로 만들었다. 1950년대의 서구화Westlichung는 프로이센이나 나치 권위주의의 긍정적 대안이었다. 이제 새롭게 칠한 서부화Westernification는 극좌와 극우의 결합에 반하는 부정적인 의미를 내포하기 시작했다.

양극단이 만나는 장소

1965년 말부터 1970년대 초까지 시위대는 린든 B. 존슨 및 아돌프 히틀러의 이중 이미지가 담긴 플래카드를 들었고, 미국 문화산업의 야만성을 전쟁의 야만성과 동 일시했다··반미주의의 경직된 지식인들의 올가미에 맞아 떨어지는 그 어떤 몽상 적인 생각들도 환영받는 것처럼 보였다… USA-SASS라는 슬로건이 유행했다··수 많은 사례에서 서독 비평가들은 동독 선전 기계의 구독자처럼 들렸다.

베른트 그레이너, 『사이공, 뉘른베르크와 서독: 1960년대 말 독일이 가진 미국 이미지』

비밀스럽게 슈타지의 지원을 받아 1970년대 서독을 놀라게 했던 테 러 그룹들(바더- 마인호프 갱/적군 분파 프랙션Baader-Meinhof gang/Red Army Fraction, RAF)은 바로 이런 문화적 바다에서 헤엄쳤다. 아마도 이 것은, 왜 그들의 주요 회원 중 한 명인 호스트 말러Horst Mahler가 나중에 저명한 네오 나치가 되었는지를 설명하는 데 도움을 줄 것이다.

> 울리케 마인호프Ulrike Meinhof와 구드룬 엔슬린Gudrun Ensslin은 도덕적으로
> 경직되고 급진적인 개신교주의에 깊은 영향을 받은 어린 여학생들이었다. 매혹적
> 이고 잔인한 남자 앤드레아스 바더Andreas Baader와 떠돌아다니는 얀 칼라스페
> Jan-Carl Raspe는 지적이지 못하고 충동적이었다. 이들은 모두 중산층 출신이다.
> 베트남에서 일어나는 미국의 '제국주의' 전쟁과 '억압적인' 서독에 대한 증오 때문
> 에, 그들은 결코 일관적인 정치적 사상을 발전시키지 못했다.
>
> 〈뉴욕 타임스〉, 1988년 1월 3일

이 그룹들은 1967년 6월 2일, 한 서베를린의 경찰이(수년이 지난 후 스타시에게 보수를 받았다는 사실이 밝혀졌다) 이란의 샤Shah(국왕) 방문에 반대하며 시위하던 비무장 시위자를 총으로 사살했을 때 탄생했다. 그 후 학생 회의에서 구드룬 엔슬린은 다음과 같이 선언했다. '이 파시스트 국가는 우리 모두를 죽이려고 한다! 폭력에는 폭력이 유일한 해답이다. 이건 아우슈비츠의 세대야, 그들과는 논쟁할 수 없어!'

1960년대의 막연한 이상주의가 급속히 폭력으로 변질된 곳은 독일만이 아니었다. 하지만 RAF인 바더-마인호프Baader-Meinhof는 그만의 악랄함으로 독특한 골칫거리 취급을 받았다. 선거운동이 한창이던 1977년, '독일의 가을'이라 불렸던 기간 동안, 산업계의 책임자 한스-마르틴 슐리어와 드레스드너 은행장 위르켄 폰토Jürgen Ponto 같은 저명한 인사들을 마음대로 암살할 수 있는 시절이었다. 30세 미만의 서독인 4명 중 1명은, 자신들의 지도자를 감옥에서 해방하는 것 외에 합리적으로 정의할 수 있는 목표가 없었고, 이

메시아적인 살인자 그룹에 어느 정도 동조하고 있음을 인정했다.

어째서 이렇게 많은 사람이 그 과격집단에 이토록 은근한 공감을 하게 됐을까? 물론 반미주의가 중요한 역할을 했다. 하지만 아마도 더 오랫동안 작용해 온 무언가가 역시 있었다.

> 마인호프는 RAF의 임무를 설명하려고 노력했다⋯그들은 자신들이 독일에 혁명을 가져올 것이라거나, 아니면 자신들은 사형당하거나 구속되지 않을 거라고 생각할 만큼 맹목적이지는 않았다. 요지는 '1967~68년의 운동으로 달성한 정부의 모든 상태를 역사적으로 구제하는 것이었다. 그것은 다시금 이 투쟁이 무너지지 않게 하기 위한 경우였다⋯이 말들은 독일의 과거 속에서 긴 울림을 가지고 있다⋯미래에 메시지를 남기기 위해 끝까지 싸우는 절망적인 투쟁의 전통에서 비롯된 것이다.
>
> 닐 애셔슨Neal Ascherson, 〈가디언〉 2008년 9월 28일

(개인적으로 마인호프를 알고 있었던) 애셔슨은 확실히 옳았다. 이런 세계관에서 우리가 지금 여기 있는 누구에게 실제로 선을 베푸는가는 상관없다. 중요한 것은, 그 모든 것을 무릅쓰고서라도 알 수 없는 미래를 위해 자신의 주장을 고수하는 것이다. **생각해보면 이상한 발상인데, 인간은 선행이 아니라 '오직 믿음Sola Fide'으로서만 구원받는다는 루터의 개념에서 어떻게든 파생됐다고 보는 것이 어렵지 않다.**

독일, 전장이 되다

다행스럽게도 이 허무주의의 세월 속에서, 독일 정치는 미래에 대한 정당화에 비애의 시선을 가진 영웅이 아니라 고전적인 중도좌파, 줄담배를 피우며

막후의 거래를 하는 헬무트 슈미트Helmut Schmidt에 의해 지배됐다.

슈미트 정권의 독일은 개인의 자유를 심각하게 훼손하지 않으면서도 살인적 테러리스트들을 처리했다. 그는 차입금의 증가를 허용함으로써 1973년 유가 쇼크로 촉발된 세계 경제 위기를 극복했다. 독일의 산업과 기술이 보호되어 발전하는 동안 독일 민주주의는 어둠을 빠져나와 진일보했다.

슈미트 정권은 그가 자신의 사회민주당 취향에 맞춰 독일을 서방 캠프로 지나치게 확고하게 편입시켰을 때 끝이 나 버렸다. 동서 간의 팽팽한 긴장의 시기였다. 1977년, 슈미트는 소련의 대규모 단거리 미사일 업그레이드가 정신 나간 짓이라며 NATO에 경고해, 악몽 같은 시나리오를 더 가능성 있게 만들었다. 그는 미국이 협상과 동시에 동일한 실제 무기로 대응해야 한다고 제안했다.

그러나 슈미트의 당은 서방과 결속하려는 아데나워 프로젝트에 언제나 미온적이었다. 몇몇 내부자들은 러시아의 헝가리 침공(1956)과 체코슬로바키아 침공(1968)이 있었는데도, 미국이 전쟁을 시작할 가능성이 더 높다고 당황스러울 정도로 확신했다. 1979년 미국이 서독에 육상기반 단거리 탄도 미사일 설치에 합의했을 때, 국민 대다수는 이의를 제기하며 격분했다. 현대 독일의 녹색당은 단지 미국이 시작할지도 모를 대전쟁에 대한 합리적 두려움에 기반하고 있다고 보기 어려운, 이 감정적인 저항 운동에서 탄생했다. 오히려 일부 독일인들 사이의 서부연맹에 대한 기본적인 공감 능력이 부족한 점을 걱정했던 아데나워의 의견이 옳았다는 데 더 믿음이 간다. 녹색당의 창립자 중 한 명인 마리엘루이스 벡Marieluise Beck은 최근에 이렇게 말했다. "그때는 반탄도 캠페인

NATO가 예상한 시나리오(1978년)

이 부분적으로만 평화주의적이었고, 부분적으로는 미국과 NATO에 대항한 매우 양면적인 시위였다는 점을 깨닫지 못했다."

　1982년경, 슈미트는 자신의 정당 내에서도 너무 많은 지지를 잃어 예산을 축소하는 데 필요한 표를 얻을 수 없었다. 그는 떠났고 그 자리를 아데나워의 노선에 완전히 동의하는 기독교 민주당의 헬무트 콜Helmut Kohl이 대체했다. 콜의 지휘 아래 독일에는 미국 로켓들이 등장했다. 그 결과는 최후의 대전쟁이 아니라 1987년 모든 미국과 러시아의 단거리 미사일을 철수한 진지한 협상이었다.

그때쯤 모든 것이 바뀌었다. 미하일 고르바초프Mikhail Gorbachev가 1945년 이후 파산하고 와해 중인 러시아 제국의 정권을 잡았다.

동부 엘비아, 회귀하다

1989년 초, 고르바초프든 아니든, 국가 부도든 아니든, 동독의 보스 에리히 호네커Erich Honeckers는 베를린 장벽이 50년이나 100년 후에도 여전히 그 자리에 있을 것이라고 선언했다. 1989년 10월 7일 그 정권은 창당 40주년 파티를 자신 있게 계획했고, 그 고약스럽고 편협한 노선을 고수했다. 중국은 천안문 광장에서 자신들의 사회주의 수호에 대해 공개적으로 찬사하는 행사를 가졌다. 반면 독일인은 공화국 국경을 건너려다 총살당했다. 그리고 동독의 비밀경찰Stasi은 여전히 서독에서 살인을 저지르고 있는 바더-마인호프의 마지막 사생아들을 훈련시키고 있었다.

5월, 헝가리 정부는 일반인에게 오스트리아로의 출국을 허용하기 시작했고, 독일로 가는 것도 허용했다. 수만 명의 동독인은 탈출의 기회를 감지했고, 헝가리에서의 휴가를 예약했다. 부다페스트와 프라하의 서독 대사관은 갑자기 망명을 요청하는 동독인들로 넘쳐났다. 9월 11일 헝가리인들은 간단히 국경 문을 열었다. 그달 말까지 서독으로 3만 명의 난민이 몰려들었다.

다급해진 동독은 필사적으로 체코슬로바키아와의 국경을 폐쇄했다. 1989년 10월 6~7일 동베를린의 국경일, 강경파 동독을 좋아하지 않는 고프바초프는 호네커에게 "인생은 너무 늦는 자를 벌한다Life punishes those who come too late"고 말했다.

군중들은 고르비에게 환호했다. 그가 떠난 후 경찰들은 군중을 구타

동독에서 시간을 확인하는 고르바초프(1989년 10월 베를린)

했다. 10월 9일 라이프치히에 사람들이 모여들었고, 단호했지만 두려움에 차 있었다. 이때까지만 해도 당국이 북경식 강경책을 택할지 폴란드식 타협책을 택할지 아무도 알지 못했다.

군중은 누구도 병을 던지지 않았고 경찰이나 군대는 아무도 발포하지 않았다. 10월 17일, 호네커는 사임했고 11월 3일에 체코슬로바키아 국경이 다시 열렸다. 이틀 만에 1만 5천 명이 동독을 탈출했다. **11월 9일 외관상으로는 우연한 사고로, 베를린 장벽이 개방된다고 선언됐고 그 즉시 감격해서 통과하거나 망치를 들고나온 사람들에 의해 장벽이 무너졌다.** 그 당시 헬무트 콜은 이를 전혀 예상하지 못한 채 바르샤바에서 열린 국빈 만찬에 참석하고 있었다.

상황은 빠르게 움직였지만, 모두는 동독이 당분간 별개의 독립 국가로 남을 것이라고 예상했다. 결국에는 통일은 분명히 믿을 수 없을 만큼 복잡한 과정이 될 것이며, 모든 국제 이해관계자의 참여가 필요하고, 독일 내의 전면 공개토론과 구체적으로 통일과 관련된 선거를 통해 이루어져야 할 것이었다.

그러나 그들이 예상했던 일은 전혀 일어나지 않았다. 콜의 CDUChristian Democratic Union(기독교 민주 동맹) 동부 지부가 이끄는 애국 연맹(젊은 앙겔라 마르켈이 내부에서 중요 인물로 자리하고 있던)은 1990년 3월 동독 의회의 새로운 선거에 뛰어들었다. 여전히 아무도 실제로는 통일에 투표하지 않았지만, 동독인은 발로 뛰며 투표하고 있었다. 1990년 1월만 해도 20만 명이 서독으로 이주했다. 애국적인 호소(우리는 한 민족이다!)로 시작했던 라이프치히 시위대들의 구호는 차츰 협박으로 바뀌고 있었다. '우리에게 독일 마르크를 가져오라, 그러면 여기에 머물 것이다-아니면 우리가 가서 직접 가질 것이다!'

이제 동쪽에서 오는 새로운 이주민들에 대한 두려움이 상황을 주도했다. 만약 서독이 동독의 마르크를 1:1의 환율로 독일 마르크와 바꿔준다면 사람들을 그들이 있던 자리에 머물게 할 수도 있다. 그렇지만 전 동독의 국영기업이 어떻게 그런 액수의 임금을 지불할 수 있겠는가? 새로운 지역들이 어떻게 거의 동등한 연금과 복지를 감당할 수 있겠는가? 서독의 막대한 보조금이 필요할 것이라는 결과는 쉽게 예측할 수 있었다. 실제로 독일연방은행 총재 오토 폴Otto Pöhl은 바로 이 문제로 인해 사임할 정도였다. 하지만 콜Kohl의 팀은 단호했다. 동독은 1990년 7월 1일 독일 마르크를 갖게 됐다. 서독은 독일인들이 계속 동부 엘비아에 머물게 하도록 지원금을 지불했다(1850년 이후 그 어떤 정부도 평시에 그들이 떠나는 상황을 막지 못했지만). 여전히 통일에 대한 투표는 없었다. 최종 결정을 내린 것은 국내 정치였다. 여론조사는 모두 차기 서독의 일반 선거에서 콜이 패배하리라 예측했다. 하지만 만약 그 투표가 단지 서독만의 것이 아니라면 어떨까?

이례적으로 동독이나 서독 양쪽 모두 통일에 대해 투표하지 않은 채로 1990년 10월 3일 통일이 이루어지고 말았다. 많은 사람이 콜은(국민에게는 말하지 않고) 독단적으로 그들이 사랑하는 독일 마르크를 포기하고 유로화를 인정하겠다고 약속하는 프랑스와의 협약을 맺었다고 주장했다.

> 독일이 동쪽으로 확장할 수 있도록 허용함으로써, 미테랑은 콜이 '통일 총리'가 될 수 있게 도왔다. 이것은 미테랑의 대통령 임기 중 거둔 가장 위대한 승리 중 하나로, 콜을 독일이 친애하는 자국 통화로부터 구제하기 위한 배역으로 캐스팅했다.
>
> 〈슈피겔〉 2010년 9월 30일

콜은 새로운 주들을 꽃이 만발하게 할 또 다른 경제적 기적을 약속하며, 모든 방법을 동원해 애국적인 보너스 지급에 충실했다. 그럼에도 1990년 12월 총선에서는, 1897년과 비교하여 서독 일부 지역을 제외한 다른 대부분 지역에서 그의 지지율이 하락했다. 유권자들은 그가 이룬 정당한 성과들에 감동 받지 않았음이 확실했다. **물론 동부에서는 달랐다. 콜은 새로운 다섯 개 주에서 표를 휩쓸었고, 그중 4개 주에서는 압도적인 차이로 승리하면서 쉽게 새로운 연합국을 이끌 수 있었다.**

이제 독일 의회를 본에서 베를린으로 이동해야 할 것인가에 대한 중대한 결정의 시간이었다. 1991년 6월 20일의 길고 팽팽했던 토론은 마지막까지 승패를 가리기 힘들었다. 마침내 위원회가 소집됐을 때, 서독의 마지막 하원 의원들은 291대 214로 본에 투표했다. 많은 관측자는, 이 결과가 불과 몇 달 전의 암살 시도로 휠체어 신세가 된 내무부 장관 볼프강 쇼이블레의 베를린을 지지하는 인상적인 연설 덕분이었을 뿐이라고 말한다.

　독일 역사에서 너무도 자주 그러하듯이 불화는 곧 서부의 몰락을 의미했다. 서독의 국회의원들이 본에 투표한 것은 명확했다. 단, 절대적으로 충분히 명확하지는 않았다. 그러나 다시, 단일 문화권에 가까운 동부 엘비아의 득표율은 훨씬 낮았지만, 최종 결정에 영향을 줄 정도의 작은 여유로 아슬아슬한 뒤집기에 성공한다. 새로운 주들의 80%가 베를린에 투표했고, 320대 328로 베를린에 유리하게 기울었다. 독일의 정치적 무게 중심은 고대의 도시, 한때 로마의 라인란트였던 본에서, 1871년의 통일이 진정한 것이라는 집념에 이끌려 국가적 수도가 되어야 한다고 주장되는 베를린으로 이동했다.

프리드리히 대왕 이래 가장 짧은 독일의 정치 역사

두 번째 기적은 없다

이 사태는 머지않아 서부 독일이 소화할 수 있는 분량을 초과해서 삼켰거나, 동의 없이 너무 많이 삼켜버린 듯 보였다. 경제 기적Wirtschaftwunder

을 만들어내는 서독의 신비한 공식 같은 것은 결단코 없었다. 1948년, 에른하르트 시기의 특수하게 편리했던 환경에서 단지 그 냉혹한 자유 시장이라는 정화제淨化劑가 엄청나게 뿌려졌을 뿐이었다. 그러나 1990 년의 화폐 통합은 그때와는 정반대였다. 비록 이는 단기적인 만족을 주 긴 했지만, 기업들에는 대재앙이었다.

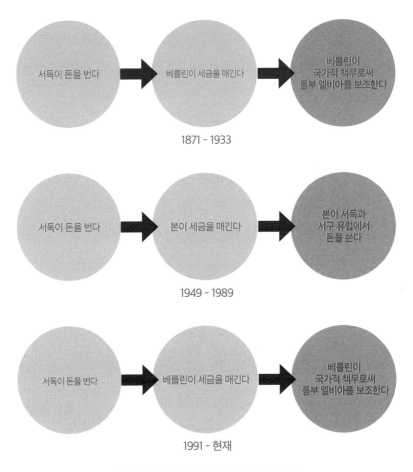

현대 독일 내부의 세금 흐름의 가장 짧은 역사

임금, 복리 후생과 연금이 서독과 비슷한 수준으로 설정되면서, 대부분의 동독인은 그곳에 그냥 머물기로 결정했다. 하지만 동독의 생산성이 훨씬 낮았기 때문에 수십 년간 투자가 거의 없었던 기업들은 경쟁력이 없었다. 따라서 서독은 그 비용을 부담해야만 했다.

1871년부터 1933년까지 그랬던 것처럼 부유하고 생산적인 서독인들은, 절망적인 동부 엘비아 경제에 보조금을 지급하면서 수도 베를린의 방대한 관료제를 유지하는 것이 그들의 국가적 의무라고 여겼다.

곧 그들은 정말 그것이 자신들의 책무인지 의심하기 시작했고 이런 농담이 떠돌기 시작했다.

터키인과 오씨Ossi(동독인)의 차이는 뭘까? 터키인들은 독일어를 할 줄 알고 일을 한다. 중국인들이 왜 그렇게 행복할까? 그들에게는 여전히 자신들의 벽이 있기 때문이다.

'벤츠'는 흔들리는 독일의 상징이 되었다

경제가 삐걱거리기 시작했다. 1997년 자동차의 급제동 시 회전 여부를 시험하는 엘크 테스트Elchtest 도중 최신형 메르세데스 A클라스 차량

이 뒤집혔다. 이는 독일이 어떻게 중심을 잃었는지를 잘 나타내는 듯해서, 마치 속담처럼 유행어가 됐다. 두 번째 천년이 끝날 무렵, 희망에 찬 블레어-부시Blair-Bush의 범 대서양횡단주의자Trans-Atlanticist들은 독일의 미래가 앵글로색슨 모델에 있다고 확신했다.

> 경제 성장이 다시 지연되면서 독일은 유럽의 병자로 (또는 심지어 일본이라고) 낙인찍혔다‥독일의 약화는 유로화의 특히 난처한 시기에 발생했다. 지난 1월 도입 후부터 달러에 반비례하는 독일 환율이 지속적으로 미끄러져 경제를 우울하게 만드는 데 크게 기여하고 있다‥독일 GDP의 약 5%를 차지하는 동부에 대한 보조금 수준은 1990년 이래로 거의 감소하지 않았다‥독일은 유럽의 병자라는 말을 곧 떨쳐버릴 수 있을 것 같지 않다.
>
> 〈이코노미스트〉, 1999년 6월 3일

세 번째 밀레니엄

앵글로색슨 약탈자들이 신나게 아이슬란드 은행만큼이나 견고해 보이는 대출과 소비 붐을 일으키는 동안, 독일은 조용히 내부 정리를 시도했다.

또 다른 중도좌파 협상가인 게르하르트 슈뢰더Gerhard Schröder는 2005년의 보조수당 시스템 개혁을 주도한다(독일에서 그는 하르츠 IV 세로 불린다). 이 개혁은 국가 수당으로 장기간 생활하는 경우, 훨씬 덜 매력적으로 보이게 했기에 사람들을 '새로운 직업 센터Jobcenters'로 몰려들었다. 이 센터의 영어 명칭 자체가 이러한 아이디어가 어디서 나왔는지를 알려준다. 또한 슈뢰더는, 독일이 모든 전쟁으로부터 제외되는 일이 곧 발칸반도에서 일어날 대량 학살을 허용한다는 의미라면 무언가 조치를 취해야 한다고 녹색당 동료들을 설득했다. 그는 미국 공포증이라는 강력한 타구로 극좌파를 진정시켰다. 그리고 독일은 모험할 여력이 없으니 제2차 걸프전에 참전하지 않겠다고 부르짖었다. 조지 W 부시는 분노했지만, 슈뢰더는 그의 두 번째 임기를 위해 간신히 '홈으로 진입한' 상황이었다.

2005년이 되자 독일은 전혀 아파 보이지 않았다. 남부 유럽인들이 고품질의 독일 상품에 과대 평가된 유로를 지불하는 동안 그들이 만든 저가 대안품들은 먼지를 뒤집어 썼다. 극동은 갑자기 부유해졌고, 그곳의 사람들은 부유한 유럽인들이 원하는 것은 뭐가 됐든 구입했다. 그들의 새로운 산업들은 또한 비할 상대가 없는 독일 기술로 만드는 맞춤형 기계 공구, 크레인 및 컨베이어 벨트를 필요로 했다. 미국은 수입 독일차들을 잔뜩 사들였다. 신용이 넘치는 세상에서 독일은 최선을 다해 일했다.

2008년 사람들이 갑자기 단지 빌린 돈은 빌린 돈일 뿐이라는 사실을 깨달았을 때, 경제 상황은 독일에게 아주 끔찍할 수도 있었다. 하지만 독일의 경기 침체는 정확히 1년 정도만 지속됐다. 독일은 빠르게 불어오는 폭풍에 크게 베팅했고, 산업기반을 무너지게 내버려 두기보다는 보살피고 간호했다. (1948년의 에른하르트 덕분에) 독일 산업 대부분이 투자기금에 의존하기보다는 여전히 그들이 자체적으로 소유하고 있는 경우가 많았던 것도 행운이었다. 독일은 상황이 어려울 때도 기업가의 정체성을 쉽게 포기하려 들지 않았다. 또 폭스바겐에 종종 그러했듯 산업의 주요 주주들인 국영은행들이 개입했다. 나머지는 진정한 노사 협상이라는 서독의 독특한 전통으로 해결했다. 기업가들은 해고 대신 파트타임 일자리를 제안했고 노동자들은 이를 받아들였다.

그러한 대책은 아주 좋은 대안이었다. 세계의 나머지 국가들이 회복하고 있을 때, 미국은 여전히 수입에 중독되어 있었다. 극동은 여전히 신흥국이었다. 심지어 유럽인들조차 이제 더 신중하게 선택해야 했다. 그들은 자신들의 가치를 유지하기 위해 질 좋은 상품을 신중히 선택했다. 그리스의 부채 위기가 절정일 때, 그리스인들은 독일 국기를 불태웠지만 유로화에서 퇴출될 경우를 대비해서 그 어느 때보다 독일 차를 많이 사들이고 있었다.

독일은 믿을 수 없을 만큼 안정적이고 견고해 보였다. 세 번의 선거(2005년, 2009년, 2013년)에서 앙겔라 메르켈Angela Merkel이 거대 양당 CDU(독일기독교민주주의연합)와 SPD(독일사회민주당)의 대연정 속에서 총리로 부상했다.[25] 각 선거에서 그녀는 대다수 국민에게 지지받는 매우 드문 상황에 도달했다. 독일은 세계의 수출 거장이므로 신뢰받으면서 무이자로 돈을 빌릴 수 있다고 믿었다. 사람들이 '유럽'은 약한 국가를 구제할 필요가 있다고 말할 때, 이는 바로 독일을 의미했다. 미국인들이 '유럽'은 러시아에 맞설 필요가 있다고 말할 때, 그 국가는 또한 독일을 의미했다. 영국 정치인들이 '유럽'에 특별 양보를 촉구할 때, 그것 역시 독일을 의미했다.

더욱이, 독일 사회는 잘 작동하고 있었다. 총 개인 자산의 측면에서 놀랍게도 독일인들의 평균 자산은 프랑스인이나 이탈리아인들보다 적었다. 이는 자가 주택을 소유한 독일인의 수가 훨씬 적었기 때문인데, 많은 구 동독 출신은 사실상 순자산이 전혀 없었다. 그러나 한 저명한 경제사학자가 지적했듯이, 그들은 잘 운영되는 풍요로운 정치역학의 일부였기 때문에 전혀 가난하지 않았다.[26]

사회적 국가Sozialstaat는 독일인 자산의 일부다…우리는 안전하고 만족스럽게 살기 위해 다른 나라들처럼 개인 자산에 크게 의존할 필요가 없는 기능적인 연방 Gemeinwesen에서 살고 있다. 우리의 자산은 단지 우리가 빚진 자동차와 주택의 수에 있지 않다.

베르너 아벨샤우저〈디 차이트Die Zeit〉 2013년 3월 27일

아벨샤우저의 주장은 경고를 암시하고 있다. 만약 경제 및 공공기관에 대한 근본적인 서독의 신뢰가 약해진다면? 실제로 부자들은 아벨샤우저의 기능적인 영연방과의 연합에서 탈피하려는 징후가 있었다. 2012년부터 돈이 있는 독일인들은 꽤나 갑작스럽게도 앵글로색슨족처럼 행동하기 시작했다. 부동산에 돈을 투입하여 악명 높은 영국 시장을 능가하는 붐을 일으켰다. 결코 영국이나 미국에서처럼 중요하게 여기지 않았던 사교육도 갑자기 부상했다. 새로운 친親 자유 시장, 반反복지, 반反그리스 구제금융, EU에 비판적인 정당AfD, Alternative für Deutschland (독일을 위한 대안당)이 탄생했다. 설립자 베른드 럭키Bernd Lucke는 대학교수였고, 정당의 첫 선언문을 공개적으로 지지한 (대다수가 명망 있는)시민들의 절반도 마찬가지였다. 부자들은 오래된 확신에 의구심을 가졌다. 만약 가난한 이들, 즉 사실상 아무것도 가지고 있지 않는 일반 독일인의 40%가 어느날 신뢰를 멈춘다면 어떻게 될까?

그러나 메르켈이 의기양양하게 세 번째 임기에 들어서면서 이러한 의구심들은 단지 소음에 불과하게 됐다. 유일한 문제는 언제나 그랬듯이 동부 엘비아였다.

한계 직전의 동부

막대한 원조 프로그램에도 불구하고, 동부에 콜Kohl이 약속했던 '꽃피는 풍경'은 여전히 다가올 기미를 보이지 않고 있었다. 누적된 수치는 꽤 충격적으로 바뀌었다.

> 1991년에만 1430억 독일 마르크가 소득 보전을 위해 동독으로 보내져야 했다. 산업을 지원하고 인프라를 개선하기 위해…1999년이 되자 총액수는 1조 6,340억 마르크에 달했고 환수되는 금액까지 고려해도 총 1조 2천억 마르크였다…액수가 너무 커서 독일의 공공 부채는 두 배 이상으로 증가했다. 독일 통일 초기의 이런 추세는 오늘까지도 크게 변하지 않았다.
>
> 연방 정치교육국, 2009년 6월 23일

이 막대한 지출은 거의 영향을 미치지 않았다. 사실 '위대한 베를린Greater Berlin'은 호황을 누리고 있는 듯 보였다. 수도로서, 베를린은 정부 지출의 광대한 우물이었다. 수수한 세련미와 저렴한 임대료는 관광객들과 벤처기업들의 사랑을 받았다. 그러나 모든 것이 부채와 보조금에 의존했다. 베를린(인구 4백만)은 매년 중앙정부에서 약 35억 유로를 지원받음에도 바이에른(인구 1천 2백만)보다 더 많은 부채를 안고 있었다. 모든 유럽의 수도가 국가 재정을 지원하고 있는데, 오직 독일에서만 반대로 하고 있다.

동부 엘비아 깊숙한 지역의 상황은 더더욱 재앙적이었다. 바이에른의 인구는 1991년과 2012년 사이에 8% 증가했다. 하지만 작센안할트에서는 20% 감소했다. 2016년 발표한 연방경제에너지부 보고서의 건조한 말투를 빌리자면, 이 인구통계학적 상황은 유럽을 포함해 국제적으로도 독특했다. 심지어 20조 유로의 지원에도 불구하고 동부 엘비아가 1850년 이래로 여전히, 선택할 수 있다면 대부분의 독일인이 '가장 살고 싶지 않은 장소'로 여긴다는 점이 밝혀졌다.

이런 인구의 감소는 공식적으로 지속될 것으로 예측됐다. 특히 동부 엘비아를 떠나는 사람들은 주로 젊고 교육수준이 높은 여성이었다. 따라서, 현실은 숫자 그 이상으로 더 악화됐다.

다시 한번, 독일의 미래가 될 이 지도에 두 개의 선(서기 100년의 국경들과 엘베강)을 그려보자. (진보적으로 나이가 들어가고, 상대적으로 덜 교육받고 남성 비율이 더 높은) 남아 있는 사람들은 서쪽과는 꽤 다르게 투표하고 있다. 독일의 투표 의향에 대한 독일의 주 여론조사(인프리테스트의 일요 질문)가 나왔을 때, 데이터는 언제나 두 개의 지리적 영역(서부 독일Westdeutschland 과 동부 독일Ostdeutschland)으로 쪼개진다. 그래야 했고, 만약 아니었다면 그 결과는 오해의 소지가 있었을 것이다. 2005년과 2009년 동부 엘비아 유권자들은 공개적으로 네오 나치를 선언한 NPD(독일 민족 민주당-극우정당)를 두 개의 주에 포함시켰다. 상당한 수의 사람들이 극우를 지지했지만, 훨씬 더 많은 사람이 독일 좌파당Die Linke 즉 옛 GDR(동독) 치하의 공산당에 투표했다. 다시 한번 말하지만, 지리적 차이가 핵심이기 때문에, 지도가 바로 최고의 증인인 셈이다.

이러한 현상을 단순히 1949년부터 1989년까지의 소비에트 점령 탓으로만 돌리기는 아주 쉬울 수 있다. 하지만 동부 엘비아는 세대에 걸쳐 계속 다르게 투표해 왔다. 제1차 세계대전 전에는 옛 보수당인 바이마르의 DNVP에, 1930~33년에는 나치에, 그리고 2009년에는 좌우 극단주의에 내내 편파적으로 투표했다.

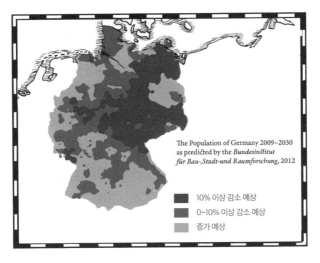

The Population of Germany 2009~2030
as predicted by the *Bundesinstitut
für Bau-,Stadt-und Raumforschung*, 2012

10% 이상 감소 예상

0~10% 이상 감소 예상

증가 예상

독일의 인구증감 예측

옛 동부 독일에 대한 향수Ostalgie는 대부분 독일인에게 아무런 해를 끼치지 않는다고 알려졌을 뿐만 아니라 얄궂은 관광체험이 되기도 했다. 그러나 서구의 가치관이나 동맹들과는 아무것도 할 수 없는, 일종의 독일식 괴로움이나 심각한 열망을 더욱 가졌던 좀 더 많은 사람이 작센이나 포메른에 있었다.

여전히 2015년의 안정감 속에서, 든든하고 부유한 독일은 다시 한번 경제적으로 빈사 상태이자 정치적으로 무너져가는 동부 엘비아에게 발목이 잡힌 채 살아가야 할 듯 보였다. 그해 4월 메르켈의 국내 지지율은 75%였다. 집권 10년 차의 민주주의 지도자로서는 놀라운 지지율이었다. 그녀는 그리스에 강경했고 유럽 남부 대부분 지역에서 미움을 받았지만 새로운 동유럽 EU 연합국들과 그녀의 지지자들은 박수를 보낼 뿐이었다.

그리고 2015년 9월 그녀는 기능적인 독일의 민주 사회를 그리고 EU

좌파당이 22% 이상 득표한 곳

NPD가 22% 이상 득표한 곳

극좌와 네오 나치 우파의 거점(2013년)

전체를 곧바로 자신의 '엘크 테스트(자동차의 긴급 장매물 회피 기동 실험)' 속으로 몰고 갔다.

메르켈의 기묘한 가을

1997년의 더블린 조약은 '유럽 연합EU에 망명을 신청한 이들은 반드시 등록해야 하며, 따라서 그들이 맨 처음 입국한 국가에 머물러야 한다'고 명시했다. 2015년 9월, 난민들이 이라크와 시리아의 분쟁 지역에서 유럽의 남과 서로 몰려들자, 앙겔라 메르켈은 일방적으로 더블린 조약을 무효화시켰다. 이로써 독일은 집을 잃은 중동인들의 최우선 피난처가 되어버렸다.

그녀가 왜 그랬는지는 분명하지 않다. 아마도 도덕적 책임감에서 그랬을 수도 있다. 난민들을 돕고 그리스와 이탈리아의 부담을 덜어주려는 참된 소망 때문에 그랬을 수도 있다. 어쩌면 난민들이 독일의 고령화 인구를 보완할 젊은 피로 보였을 수도 있다. 아니면 더 복잡한 정치적 술수였을지도 모른다. 사실 그녀가 속한 당은 (이들이 정치적으로는 '안전한' 국가 출신이라는 이유로) 오랫동안 알바니아, 몬테네그로, 코소보의 난민들을 거부하려고 애써왔다. 그리고 이 난민 문제는 늘상 연정의 SPD 파트너들에 의해 발목이 잡혀왔다. 어떤 사람들은 메르켈이 시리아 내전으로 발생한 난민 문제에서 주도권을 잡음으로써 이 이슈에 대해 윤리적으로 유리한 자리를 차지할 계산적인 속내가 있었다고 생각하기도 한다.

그녀의 동기가 무엇이었든 이는 남동부 유럽 난민 임시 숙소의 난민들이 가고 싶은 나라는 독일이라고 선포하게 만드는 효과를 거뒀다. 국가원수가 미소를 지으며 난민과 함께 셀카를 찍어주는 나라라고 말이다. 다만 메르켈이 그러한 난민의 숫자가 얼마나 많이 늘어날지, 다른 EU 국가들의 저항이 얼마나 거셀지 완전히 잘못 계산했다는 점은 명백해 보인다.

수많은 독일인이 보여준 이주민 환대 문화Willkommenskultur는 세계를 감탄하게 했지만, 곧 한계에 도달했다. 거대한 유입 인구 중 실제로 시리아에서 즉각적인 위험을 피해 도망친 가족들은 지극히 소수였으며 상당수는 아예 시리아인도 아니라는 증거들이 산더미처럼 쌓여갔다. 2015년 새해전야에 독일 당국에 대한 두려움이 없어 보이는 (경찰 보고에 따르면) 아랍이나 북아프리카 출신의 젊은 남자들이 쾰른에서 대규모의 성범죄를 저지른 장면이 널리 보도되면서 이 오픈도어 정책의 종말을 알렸다.

메르켈은 계속해서 '우리는 극복할 수 있다Wir schaffen das'는 주문을 읊조리면서 다른 EU 국가들에게 난민들의 일부를 수용하도록 요구했다. 그러나 스웨덴을 제외하고는 아무도 응답하지 않았고, 심지어 스웨덴조차 곧 다시 문을 잠갔다. 동부 유럽에서의 반응은 특히나 부정적이고 신랄했다.

앙겔라 메르켈이 지난 9월 부다페스트에 갇힌 난민들에게 독일 국경을 개방했을 때, 그녀는 권력의 정점에 있었다. 그러나 유럽에서, 그녀의 강경한 요청은 수많은 국가가 그녀에게 등을 돌리게 만들었다. 여기서 그녀는 개신교 목사와 독일 감성을 이상하게 혼합한 난민 원칙을 유럽 대륙에 강요하고 있다. 그녀의 정책에 대한 대가는 단지 독일에서 새로운 우익 포퓰리즘 정당의 부상과 더 분열되고 불만스러운 독일 사회뿐이 아니다. 그녀는 더 이상 통합되지 않는 유럽을 더불어 창조해 냈다.

〈더 슈피겔 Der Spiegel〉, 2016년 3월 10일

그 새로운 우익 포퓰리즘 정당이 바로 AfD였다. AfD는 2014년 동안 불편할 정도로 네오 나치 NPD에 가깝게 변화했다. 2016년에 AfD는 번영하는 바덴뷔르템베르크의 남서부에서 15.1%를 차지했다. 표면적으로는 그 어느 곳도 안전하지 않아 보였다. 그러나 '바덴뷔르템베르크'는 자체적인 종교 분열(1949년에 다른 세 통치권을 지닌 연맹이 이렇게 만들었다)로 유명하다. 2016년의 선거를 지도에서 본다면 1930년에서 33년의 독일 전체와 같아 보일 것이다. 급진적인 우파는 분명히 개신교 지역에서 가장 활발하다. 히틀러 때와 마찬가지로 (그리고 브렉시트와 트럼프 때도 마찬가지로) 사람들을 거친 공포와 약속에 취약하게 만드는 것은 단지 수입 수준이 아닌 오랜 문화이다. 동부 엘비아는 수백 년 동안 식민 지배를 받으면서 식민지적인 불안과 공포감, 그리고 전반적으로 루터식의 권위주의적 문화가 혼합된 잘 가꾸어진 땅이다. 그곳에서 AfD는 24%(작센-안할트)의 득표율과 20.9%(메클렌부르크-포어 포메른)의 득

표율을 차지했다. 양쪽 모두에서 NPD 또한 3%를 얻었다. 국가 보조금, 1990년 이래 매년 투입된 무려 2조의 유로도 (그리스 구제 금융도) 이 오래된 사고방식을 매수할 수 없었다.

망명 신청자들의 집을 공격한 후, 2016년 2월 <디 벨트>의 한 헤드라인은 '독일 문화에 적응하지 못하는 것은 이민자들이 아니라 색슨족(서독에서 모든 동독인을 지칭하는 단어)'이라고 시사했다. 10월 3일 드레스덴에서 열린 통일의 날 기념행사가 급조된 네오 나치의 폭탄 폭발과 강경 우파의 시위로 엉망일 때, 독일의 신문들은 진보와 보수들은 색슨족이 정말 다른 사람인지 크게 의아해했다. 대체 동독인들의 머릿속에서는 무슨 일이 벌어지고 있는 걸까? 한 절망적인 농담이 모든 것을 말해준다. 만약 유럽이 브렉시트Brexit(영국의 유럽연합 탈퇴)를 선택할 수 있다면 독일에서 색시트Säxit(독일 연방국에서 작센이 떠나(제거되)는 것)가 왜 불가능하겠는가?

2016년 12월, 대부분의 독일인 관점에서 판단하기에 이미 오래전에 추방되었어야 마땅한 실패한 망명 신청자가 베를린 크리스마스 시장에 치명적인 트럭 공격을 자행했을 때는, 더 이상 농담이 아닌 절망만이 가득했다. 분노에서 힘을 얻어, 2017년 선거에서 AfD는 그들의 동부 엘비아 요새를 벗어날 것 같았다.

결론: 독일의 진짜 역사

현재 상황에 빛을 비출 수 없다면 과거를 배울 이유가 없다. 서방이 위기를 거듭할수록 독일의 이야기는 분명한 메시지를 전달해준다. 1866~1945년 동안 이어졌던 짤막한 프로이센 나치 시대를 통해 '끔찍한 일탈'이라는 분명한 메시지를 읽어야 한다.

서기 100년 이래 남/서 독일은 서유럽에 속해 있었다. 1525년에서야 새롭고 본질적으로 비서구적인 독일이 등장했다. 바로 프로이센이다. 서부 독일은 그동안 타고난 전쟁광들(혹은 고유한 국가숭배자들)과는 거리가 멀었다. 그로 인해 그들은 연합할 수 없었다. 점점 더 그들의 땅은 더 강한 이웃들의 전쟁터와 잠재적 식민지가 되었다. 그리고 1814년, 단순한 러시아의 고객이었던 프로이센은 지극히 어리석은 일격으로 육중하고 단단해졌다. 마치 오늘날의 트럼프주의자들과 마찬가지로 유럽이 서로 경쟁하는 혼란 상태로 남아 있길 명확히 원했던 영국은, 라인 Rhine에 현대 산업 시설을 선물했다. 1866년 남/서 독일은 전쟁에서 패배했고 곧 숙명적으로 근육을 단련한 프로이센에 병합됐다. 프로이센은 대부분의 유럽 이웃 나라들의 일반적인 표준(역사, 지리, 정치 구조, 종교)에서 완전한 타국이었다. 이것은 거대한 변형Deformation(어떤 것의 일반적이고 진정한 형태를 망치는 행동이나 미술, 데포르마시옹)이었다. 그 후로 남/서 독일의 모든 부, 산업, 인력은 프로이센의 탐욕스러운 위장으로 들어갔다. 그들에게는 언제나 그 무엇보다도 중요한 하나의 목표가 있었다. (만약 가능할 경우) 러시아와 연합하거나, 전쟁을 감행하고서라도 폴란드, 발트 반도, 북중 유럽에 대한 패권을 쟁취하는 것말이다. 이 천년의 투쟁은 1945년에 피투성이가 된 프로이센의 멸망으로 끝났다. 서부 독일은 비로소 자유로워졌다. 1949년 마침내 진정한 정치적 실체가 됐다.

콘라트 아데나워, 빌리 브란트 그리고 헬무트 슈미트의 독일은 나머지 반쪽을 슬퍼하며 기다리는 임시 국가가 아니었다. 지나가는 괴물 프

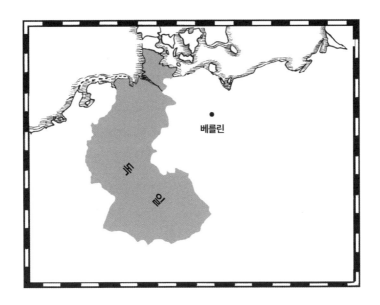

서독일(1949년~1990년)은 서기 1년 카이사르 아우구스투스가 계획했던 게르마니아와
843년 베르됭 조약의 동프랑크, 그리고 1898년 라인 동맹과 너무도 유사한 지역이다

로이센-독일과는 달리 진정한 뿌리를 가지고 있었다.

　동쪽으로 엘베강, 수도는 라인에 있는 단일 정치국, 서쪽으로는 독일의 창이 활짝 열려 있는 '포도원(아데나워)'은 진정한 독일사의 절정이었다. 지중해 땅들과 분명히 구분되지만 서구의 필수적인 부분이라는 의견에 대한 모든 의구심을 뛰어넘는 곳이다.

　그러나 1991년, 그 포도원은 마인츠나 슈투트가르트보다 바르샤바에 더 가까운 베를린으로 가느라 버려지게 된다. 결국 독일을 떠도는 프로이센의 망령이 여전히 존재한다는 것이 밝혀진 셈이다. 어떻게 보면 재통일은 그저 소위 독일 제국이라는 속이 빈 나라의 재창조에 지나지 않았고, 이는 1871년 비스마르크에 의해 서독과 세계에 떠맡겨진 거짓말이었다. 너무 많은 사람이 두 번 생각하지 않았다. 그들은 본능적으로

이 재통일을 지지했다. 그들은 왜 베를린이 자연적인 수도인지 물어보지 않았다. 그들은 조상들이 나치와 융커에게 강요받았듯 파산한 동부 엘비아에 보조금을 지급하는 것이 국민적 책무라는 데 동의했다. 1990년 아주 소수의 독일인이, 스스로 반쯤 기억에 남아 있는 프로이센의 장단에 맞춰 팔과 다리를 흔들고 있다는 사실을 깨달았다.

오늘날의 독일인들이 이 이야기를 떠올린다면 아데나워가 그랬던 것처럼 너무 늦기 전에 진정한 친구와 참된 관심사를 돌아보는 데 도움이 될지도 모른다. 독일(실제는 서독)은 유로존 자체에서 막대한 무역 흑자를 내고 있다. 특히 유로존에서만 2016년~2017년에 천억 달러의 흑자를 올렸다. 결과적으로 독일 정부는 충격적일 만큼 낮은 금리로 신용을 얻을 수 있다. 2016년에 발행한 10년짜리 독일 채권은 마이너스 이자를 제시했음에도 여전히 잘 팔렸다. 이는 국제 투자자들이 자신들의 돈을 보관해 달라고 독일에 돈을 넣고 있음을 의미한다. 그러나 독일은 종종 그들의 적이었던 동부 엘비아에 헛되이 수조數兆의 유로를 쏟아부었다. 심지어 그들은 유로본드의 보증인이 되는 대신에 중요한 이웃, 수출 시장 및 자연적인 친구들에게 재정 적법성을 강요하고 있다.

'여보세요, 프로이센입니다', 무덤 너머에서 말한다. 심지어 그들은 말만 하는 것이 아니라 투표도 한다. 서독의 2조 유로조차 2천 년 동안의 역사가 분리한 것들을 하나로 만들 수 없었다. 동부 엘비아는 언제나 그랬듯이 다르게 투표할 것이다.

오스트도이치란트Ostdeutschland(동부 독일 유권자)의 40%가 강경우파 AfD, 더 강경한 우파 NPD 또는 강경 좌파Die Linke(다이 린케)를 지지하고 있다. 이들은 모두 시끄럽게 반 EU의 목소리를 내며 미국을 경멸한다. 폴란드, 체코, 헝가리나 실제로 러시아와 국경을 맞대고 있는 발트 반도의 사람들과 달리, 두 정치적 극단의 동부 엘비아 독일인들은 모스크바를 워싱턴이나 파리보다 더 자연스러운 파트너, 더 가까운 영혼의 형제라고 생각하는 경향이 두드러진다. **그러므로 다시 말해야 한다면, 이는 독일 역사와 아무 상관이 없는 생각이며, 모든 것은 프로이센 역사와 관련이 깊다.** 만약 동부 엘비아에 지지층을 가진 정당들이 그들의 땅이 특별한 경우라는 것을 근거로 (또다시) 모든 독일 정치를 변형시킬 수 있다면 그 결과는 대단히 심각할 것이며, 그 문제는 단지 독일에만 국한되지 않을 것이다.

독일의 전 외무장관 요슈카 피셔Joschka Fischer는 경솔한 아데나워 (1960년대 강경 좌파 폭력 시위를 주도하면서 명성을 높였다)의 제자가 아니다. 그러나 그의 말은 그 때의 기억을 상기시킨다.

> AfD는 옛 중간자 위치로 돌아가 러시아와 더 긴밀한 (그리고 더 나쁜) 관계를 맺길 원하는 독일 우익 민족주의자들을 대표한다. CDU와 AfD 간의 협력은 아데나워의 유산을 배신할 것이며 본 공화국의 최후와 버금가게 될 것이다… 한편 다른 쪽에서도 비슷한 위험이 있다… 좌파당Die Linke의 일부는 사실상 AfD와 같은 것을 원한다. 러시아와는 관계 강화를 원하면서도 서구와의 통합이 느슨하거나 이루어지지 않기를 바라고 있다. 우리가 이 비극적인 미래를 모면하기를, 그리고 메르켈이 2017년 이후에도 정권을 유지하기를 바란다. 독일, 유럽, 그리고 서구의 미래가 거기에 달려 있다.
>
> 요슈카 피셔Joschka Fischer, 『위기의 서구』, 2016년 10월 3일

피셔는 한 가지에 대해서는 틀렸을 수도 있다. 집필 당시 SPD는 새로운 지도자, 매우 인기 높은 가톨릭 라인랜더(독일 품종의 경주마) 마르틴 슐츠에 의해 되살아났다. 그는 아데나워의 외교적 비전을 완전히 신뢰하고 헌신하는 자다. 어쩌면 지금쯤 메르켈의 진정한 대안이 있을지도 모른다. 2017년 총리 선거에서 누가 승리하든지 그들은 비틀거리는 서구를 마주하게 될 것이다.

그녀 또는 그가 로마의 국경이나 샤를마뉴의 르네상스, 중세 독일의 황금기, 1866년 프로이센-독일 역사에서 자신들만의 역사에 남기기 위해 프로이센과 싸웠던 남서부 왕국, 비스마르크에 의해 러시아와의 전쟁에 족쇄를 찬 불운한 남부와 서부 독일인들을 기억해주기를, 히틀러에게 결코 투표한 적이 없음에도 동부 엘비아 덕분에 그를 당선시켜야 했던 남부와 서부 주민들, 그리고 아데나워의 뒤늦은, 애석한 서독을 떠올릴 수 있기를 바라자.

이것이 진정한, 역사적 독일이다. 라인란트, 엘베강과 알프스 산맥 사이의 고대 국가, 국가숭배, 청교도적 열의와 상처 난 얼굴의 군국주의가 언제나 이질적이었던 나라다. 이러한 독일이 유럽 최고의 희망이다. 그러므로 항상 중요하게 여겨져 왔던 것처럼, 서부의 심장부에 있는 거대한 땅으로서 대우받고, 또 행동해야 할 것이다.[27, 28]

제2차 세계대전의 서막, 뮌헨 협정

1938년 9월 30일, 독일 뮌헨에 영국과 프랑스, 독일과 이탈리아의 수장들이 체코슬로바키아의 영토인 주데텐란드Sudetenland의 처우를 위해 모였다. 결과적으로 히틀러의 요구대로 주데텐란트 지역을 독일에, 테셴을 폴란드에, 카르파티아-루테니아와 남 슬로바키아를 헝가리에 양도하게 된다. 이처럼 체코슬로바키아를 도외시한 무리하고 강압적인 협정의 배경에는 또다시 전쟁이 일어날 것을 피하고자 했던 영국과 프랑스의 판단이 자리 잡고 있었다. 하지만, 그들의 의도와는 달리 오늘날 뮌헨 협정은 제2차 세계대전의 도화선이자 최악의 협정으로, 그리고 이를 주도한 영국의 총리는 역사상 최악의 총리로 평가받게 되었다.

협정의 발단은 제1차 세계대전에서 패배한 오스트리아-헝가리 제국이 민족자결주의 원칙에 의해 체코슬로바키아를 비롯해 여러 국가로 나뉘며 비롯된다. 이 중 체코슬로바키아의 주데텐란트는 독일과의 경계 지역에 맞닿아 있었으며 거주민들은 주로 독일어를 사용했다. 이들은 특히 1933년에 창당된 주데텐 독일인당에 몰표를 줌으로써 히틀러가 집권한 나치 독일이 주데텐란드의 자치권을 요구할 수 있는 빌미를 제공했다.

민족자결주의를 기반으로 주데텐란드의 영토를 요구한 히틀러의 주장에, 당시 히틀러에게 유화정책을 펼치고 있던 프랑스 총리 에두아르

달라디에와 영국 총리 네빌 체임벌린은 일리가 있음을 인정한다. 당시 체코슬로바키아의 대통령 에드바르트 베네시 역시 주데텐란트의 요구를 상당수 받아들일 것을 공표했다. 하지만 히틀러의 진정한 목적은 주데텐란트를 기점으로 체코슬로바키아를 비롯한 타국에 분쟁을 발생시키는 것이었다. 따라서 무리한 요구와 함께 주데텐란트의 독일인들이 탄압받고 있다는 거짓 기사를 꾸준히 흘뿌렸으며, 독일군이 곧 체코슬로바키아에 진군할 것이라고 선포했다.

진군을 24시간 남겨둔 상황에서 히틀러와 체임벌린, 달라디에와 이탈리아의 무솔리니가 뮌헨에 모였다. 이들은 논의를 통해 독일이 10월 10일까지 주데텐란트를 점령하고 다른 영토에 대하여 국제위원회를 결성한 뒤 처우를 정하기로 합의한다. 체코슬로바키아를 제외한 일방적인 협정 결과에 베네시는 사임하였고, 체코슬로바키아에서는 뮌헨 협정을 '뮌헨의 배신'으로 부르게 되었다.

역사상 최악의 협정 중 하나로 평가받고 있다. 오늘날과 달리 당시 영국과 프랑스에서는 전쟁을 막은 협정이라며 긍정적으로 생각했다. 체임벌린 역시 협상 결과에 만족했다. 하지만 더 이상의 요구가 없을 것이라던 히틀러의 약속은 채 1년이 가지 못했다. 1939년 3월, 히틀러는 주데텐란트 외의 체코슬로바키아 영토를 침공하며 자연스럽게 뮌헨 협정을 위반했으며, 이윽고 폴란드를 침공하며 제2차 세계대전의 서막이 오르게 된다.

제2차 세계대전 속 독일

1939년 9월 1일 시작된 전쟁은, 초반에는 선제공격으로 독일이 기세를 잡았다. 영국, 프랑스의 미흡한 대처로 인해 독일과 일본, 이탈리아를 중심으로 전개되었다. 폴란드를 정복한 독일군은 1940년 덴마크와 노르웨이, 네덜란드, 벨기에를 차례차례 점령했고, 같은 해 6월 14일에는 프랑스 파리에 무혈 입성한다. 이후 추축국은 유럽과 북아프리카, 동아시아 국가 대부분을 지배한다. 하지만 기쁨도 잠시, 소련과의 전쟁을 계기로 흐름이 차츰 역전되기 시작한다.

나치 독일은 1939년에 소련과의 불가침 조약을 파기하고 1941년 6월 22일 소련을 침공했는데, 12주 내로 승리할 수 있을 것이라는 판단과 달리 전쟁은 무려 4년간 계속되었다. 전쟁의 장기화로 약 3,000만 명의 인명 손실이 기록됐으며 비인도적인 행위가 이루어졌다. 이때 나치 독일은 소련과의 전선에 400만 명이 넘는 병력과 상당수의 전차, 항공기를 투입하면서 그만큼 서부전선에 소홀하게 되었다. 심지어 전쟁 막바지에는 소련군이 베를린을 점령하게 되면서 독일에 결정적인 패배를 안겨주게 되었다.

한편, 한동안 홀로 침공에 맞서야 했던 영국은 미국의 원조와 동부전선에서 반격을 시작한 소련, 연이은 이탈리아의 졸전 등으로 인해 차츰 반격할 힘을 얻게 되었다. 그리고 1944년 6월 6일, 역사상 최대 규모의 상륙작전인 노르망디 상륙작전이 시작된다. 독일군의 일제사격에도 불구하고, 공수부대의 활약과 손실을 감수한 돌진으로 연합군은 상륙에 성공한다. 이후 연합군은 노르망디에 정박지를 건설하여 약 250만 명의 장병과 50만 대의 차량, 400만 톤의 물자를 하역한다. 그 결과 1944년 8월 25일 상륙한 병력이 독일군을 뚫고 파리 탈환에 성공하였으며 같은 해 10월 21일에는 독일의 국경도시 아헨을 점령한다.

패색이 짙어지자 히틀러는 최후의 대반격인 벌지Bulge 전투를 준비한다. 벌지 전투는 벨기에 아르덴 지방의 삼림지대를 기갑부대로 돌파, 안트베르펜을 탈환하여 연합군을 괴멸시킨다는 작전이었다. 측근들의 반대에도 불구하고 1944년 12월 16일, 약 20개 독일군 정예 사단이 아르덴 숲을 통과해 진격을 개시했다. 때마침 악천후로 인해 항공기를 띄울 수 없었던 연합군은 기습으로 인해 고위 부대장이 전사하거나 부대가 괴멸당하는 등의 피해를 겪고 만다. 하지만 독일군의 진격은 12월 하순에 이르러 다른 지역에서 동원된 미군에 의해 점차 늦어지게 되더니 나중에는 도리어 포위당해 반격당하기 시작했다. 결국 전투는 1945년 1월 27일 종료되었고 주력 병력을 소진한 독일의 패색은 더욱 짙어졌다.

1945년 3월, 연합군은 라인강을 건너며 독일로의 침공을 개시한다. 동쪽으로는 소련군이 베를린을 포위하기 시작했고, 서쪽으로는 연합군이 공세를 가했다. 하지만 아르덴에서 주력 부대를 소진했음에도 히틀러는 최후까지 항복을 거부했고, 그 결과 소련군 포병대대가 베를린 중심부로 진입하기 전까지 수많은 사상자가 발생하게 되었다. 1945년 4월 30일, 히틀러가 자살하였고 5월 7일 독일 국회의사당에서 독일군이 항복하며 독일 제3제국은 멸망에 이른다.

독일의 분단, 그리고 통일

1945년 2월, 나치 독일이 패전할 기미를 보이자 연합군은 크림반도에 있는 얄타Yalta에 모여 전쟁 종료 후를 논의하였다. 독일이 항복한 후에는 1945년 7월에 열린 포츠담 회담에서 추가적인 회담을 이어갔다. 전후 독일이 국가 기능을 유지할 수 없는 상태라고 판단한 연합군은 1945년 6월 5일, 미국·영국·프랑스·소련 4개국이 영토를 나누어 독일의 행정권과 통치권을 수행하기로 한다. 단, 나치 독일의 수도였던 베를린은 그 정치적·상징적 중요성으로 인해 4국이 공동으로 관할 통치했다.

영국과 미국의 관할 지역은 베스트조네(또는 비조네)Westzone, 거기에 프랑스까지 트리조네Trizone라고 했으며, 소련의 관할 지역은 오스트조네Ostzone라고 불렀다. 하지만 4국의 분할통치는 미국과 소련 양국의 냉전에 의해 균열이 발생한다. 1948년 6월, 미국과 영국, 프랑스에서 관할 지역의 행정 통합과 함께 일방적인 화폐개혁을 단행했고, 소련 역시 대응하면서 1949년 5월에는 트리조네가 독일연방공화국(서독), 10월에는 오스트조네가 기본법 선포 후 독일민주공화국(동독) 건국을 선포한다.

처음에는 비교적 자유로운 교류가 가능했지만, 서독과의 경제 격차로 인해 동독에서 탈출하는 인구가 늘면서 1952년 두 나라의 국경과 동독 내 서베를린 경계에 철조망이 채워지게 되었고, 1961년에는 베를린 장벽이 건설된다. 서독과의 경제 격차는 1947년부터 미국의 국무장관

조지 마셜이 시행한 '마셜 플랜'과 관련 있다. 미국은 유럽의 경제 재건과 자본주의 체제 확대를 위해 서독의 산업 생산량 제한을 해제했고 산업 분야의 시설 투자를 이어갔다. 그 결과, 1990년에는 동독과 서독의 1인당 소득 격차가 2배를 넘게 된다.

이러한 독일의 분단은 1969년 서독 4대 총리로 취임한 빌리 브란트의 동방정책으로 인해 변화를 맞이한다. 앞서 서독은 1955년에 발표한, 동독을 국가로 승인한 국가와는 외교 관계를 맺지 않는다는 '할슈타인 정책'을 유지하며 대립해왔다. 하지만 빌리 브란트는 동독의 정치범 약 3만 3천 명을 현물과 교환하여 석방하거나, 서베를린과 서독 간의 교류를 위한 통행 협정을 추진했고, 1972년 동서독 기본 조약으로 두 나라 사이에 화해 분위기가 만들어지는 데 큰 역할을 한다.

1980년에 이르러 동유럽 국가들이 자유화되기 시작하자 동독 역시 체제 유지에 어려움을 겪게 된다. 결정적으로 1989년 11월 9일, 뉴스를 통해 '여행 허가에 대한 출국 규제 완화' 오보로 몰려든 독일 국민에 의해 베를린 장벽이 무너지고 만다. 이후 동독 정부는 빠르게 통제력을 상실하였고 화폐 가치도 10분의 1로 폭락한다. 1990년 3월, 동독에서 자유 선거가 시행되었고, 동독 지역을 5개 주로 나눈 뒤 각 주가 독립적으로 서독에 가입하는 식으로 흡수통일이 이루어진다. 1990년 8월 31일에는 통일조약이 베를린에서 서명되었고, 9월 12일에는 4개국(미국, 영국, 프랑스, 소련)으로부터 통일을 승인받았으며, 10월 3일 마침내 정식으로 통일이 선언되었다.

연방제 정치의 원조, 독일의 정당

오늘날 독일은 고대로부터 이어져 내려온 연방제 경험에서 비롯된 정치 제도를 잘 정비해놓은 국가로 손꼽힌다. 독일은 2차 세계대전 이후 1948년 제정된 독일연방공화국 기본법Grundgesetz을 통해 대통령제 하에 실제 권한은 의회에 있는 의원내각제를 시행하고 있으며, 위헌 정당의 해산심판 제도를 통해 특정 정당의 폭주를 막는 수단을 보유하고 있다. 입법부는 연방의회와 연방상원으로 구성되어 있으며, 연방의회에서 선출된 연방총리를 중심으로 연방 내각이 구성된다. 독일의 선거방식은 연동형 비례대표제(독일식 정당명부제)로 비례대표제에 다소 힘이 실려 있는 다수제와 비례대표제의 결합 방식이다. 이를 통해 독일의 정당은 득표율에 맞게 의석을 가져갈 수 있으며 사표를 줄임으로써 유권자 대부분의 민의를 수용할 수 있다는 장점이 있는 대신 절대 다수당이 출연하기 어렵다는 단점이 있다.

기독교민주연합Christlich Demokratische Union Deutschlands(CDU)

(206석 독일사회민주당 포함) 여

중도 우파 성향의 정당. 경제적으로는 우파적, 친기업적 성향이지만 최저임금제를 도입함으로써 저임금 노동자의 실제 임금을 오르게 하여 소비가 촉진되길 원한다.

독일사회민주당Sozialdemokratische Partei Deutschlands**(SPD)**

사회민주주의 정당으로 중도 좌파 성향을 띤다. 독일에서 가장 오래된 정당이자 세계에서도 역사가 가장 깊은 좌파 정당이기도 하다. 기독민주연합과 자매정당이다.

독일을 위한 대안당 Alternative für Deutschland**(AfD)** (83석) 여

2013년 CDU 우파 세력이 창당한 우파 정당으로 우익대중주의를 지향하여 반유럽, 반이민, 급진적 대외정책, 안티페미니즘 성향을 보인다.

동맹 90/녹색당Bündnis 90/Die Grünen (118석) 여

1993년에 창당된 독일의 온건 제도권 정당. 중도좌파 성향이며 자연과 환경을 위한 분배, 지속 가능한 에너지원 사용 등 환경, 여성, 평화 등의 이슈를 전면으로 내세우고 있다.

자유민주당Freie Demokratische Partei**(FDP)** (92석) 여

중도우파 성향의 정당으로 관료제 축소, 민영화, 규제 완화, 보조금 축소, 세금 인하, 사회보장체제의 개인화 등 미국의 자유주의 성향과 가장 유사하다.

좌파당Die Linke**(Linke)** (39석) 여

독일의 좌파 정당으로 재벌과 부유층에 대한 세율 인상을 통해 부의 재분배, 공기업 사유화 저지 및 기본소득제 도입을 지지하는 등 강한 정부를 표방한다.

시인과 사유자들의 땅, 독일

'시인과 사유자들의 땅'으로 불리었던 독일은 계몽주의의 산실로 여겨지는 문화 수도 바이마르를 중심으로 유럽의 문학, 철학, 음악, 과학 등의 분야에서 유명한 인물들을 배출하였다. 바이마르는 당시 군주였던 칼 아우구스트가 요한 볼프강 폰 괴테를 중심으로 문화와 예술에 대한 지원을 통해 수많은 인문학적 열매를 맺는다. 『빌헬름 텔』을 집필한 프리드리히 실러와 수학자인 카를 프리드리히 가우스를 비롯해 수많은 위인을 배출했던 '황금시대' 이후에도, 최고의 피아니스트로 꼽히는 프란츠 리스트, 철학가인 칸트와 프리드리히 니체를 비롯해 걸출한 문학가·예술가·철학자들을 품으며 '은의 시대'를 이어갔다.

독일의 문학은 영문학, 불문학과 더불어 유럽 문학에서 크나큰 존재감을 발휘하고 있으며 그만큼 걸출한 문학가들을 배출해냈다. 독일은 노벨문학상에서도 영어, 불어와 함께 가장 많은 작품을 소개한 언어의 국가로 꼽히며, 그에 걸맞게 미국과 중국에 이어 세 번째로 거대한 출판 시장을 보유하고 있다. 특히 독일 프랑크푸르트 도서전은 세계에서 가장 크고, 가장 많은 출판사가 참여하는 도서전으로 불린다.

독일은 서양 미술사에도 다양한 영향을 끼쳤다. 알브레히트 뒤러와 같은 독일 르네상스부터, 페테르 파울 루벤스를 대표로 하는 17세기 바로크 미술, 낭만기와 인상주의, 초현실주의에도 다양한 미술가들이 활동하였다. 바이마르 공화국 시기에는 표현주의에 대항하는 신관객주의, 2차 세계대전 이후 신표현주의가 유행하기도 했다. 독일의 건축과 디자인 역시 빠질 수 없는 중요한 문화인데, 특히 20세기 전반 수많은 모더니즘 건축가와 독일공작연맹을 시작으로 바우하우스, 울름조형대학을 거쳐 완성된 독일 특유의 산업디자인 사조가 독일에서 두각을 나타냈다.

서양 음악사에서의 영향은 특히나 인상적이다. 독일에서는 다른 유럽 국가에 비하여 월등히 많은 숫자의 거장 음악가들이 탄생하였는데 18세기에서 19세기경에는 바흐와 헨델, 베토벤, 슈만, 멘델스존, 바그너, 브람스, 슈트라우스 등이 있으며 인접한 독일계 국가로 범위를 넓히게 된다면 그 수는 더욱 늘어난다. 이러한 문화적 유산을 기반으로 독일에는 수백 개의 극장과 관현악단, 앙상블 및 밴드를 보유하고 있으며 세계적으로도 손에 꼽히는 음악 시장을 보유하고 있다.

독일의 철학은 중세를 시작으로 가톨릭과 프로테스탄트 주의와 같은 신학은 물론이고 합리주의, 경험주의, 계몽주의를 지나 독일 관념론을 시작으로 근대 철학인 사회주의와 비합리주의에 이르는 거대한 철학의 흐름을 만들어냈다. 또한 독일의 사유는 20세기 이후 더욱 세분화하는 철학의 계파에도 막대한 영향을 끼쳤다. 독일에서 철학자의 도시로 알려진 하이델베르크에는 칸트와 괴테, 헤겔을 비롯해 수많은 철학자가 거닐었다는 '철학자의 길'이 있다.

오늘날의 독일

독일연방공화국은 2022년 기준 83,695,430명으로 유럽연합에서 가장 많은 인구를 보유했으며 이민자 인구는 미국에 이은 2위를 자랑한다. 1990년 통일된 이후로는 연방제와 의원내각제를 채택했으며 총 16개의 주로 이루어져 있는데, 주마다 헌법·정부·재판소를 둔다. 유럽에서는 7번째, 세계적으로는 63번째로 큰 나라이며 9개의 국가와 국경을 접하면서 북해 및 발트해와 맞닿아 있다.

세계 3위의 수출국인 독일은 시장 경제 국가로서 수준 높은 노동력과 낮은 부패도, 높은 혁신성을 지닌 선진국으로 평가받는다. 2002년부터 유로를 단일 통화로 받아들였으며, 명목 GDP 세계 4위의 경제 규모를 바탕으로 유럽 내에서 가장 거대한 경제력을 보유하고 있다. 전체 GDP의 약 7할은 서비스업이며 나머지 3할은 생산 건설 등 2차 산업으로 집계되고 있고, 세계 500대 기업 중 29개가 독일에 본사를 두고 있다. 한편 독일은 각 분야에서 첨단을 달리는 중소기업이 전체의 48%에 달할 정도로 기술력이 뛰어나다는 평을 받는다. 세계 수준의 자동차 생산국인 독일은 높은 물리학, 기계공학 수준을 보유하고 있다.

마르틴 루터에 의해 종교개혁이 일어난 독일의 종교 비율은 현재 가톨릭이 약 28%, 개신교 25%, 이슬람교 5%, 무교 또는 기타 종교가 42%를 차지하고 있다(외교부 제공). 이처럼 국민 대다수가 기독교를 믿고 있으나 20세기 중반부터 21세기 초반에 이르러 무종교인이 증가하고 있다. 특히 독일에서는 튀르키예인의 비중이 높아짐에 따라 이슬람교 및 이슬람주의가 확산, 독일 내 종교 갈등 논란이 많아지고 있다.

독일의 교육은 기본적으로 각각의 주마다 감독과 책임을 맡고 있다. 3~5세 사이의 어린이는 유치원 교육을 선택할 수 있으며 이후 10년에서 13년 동안 의무 교육을 받는다. 독일에도 대한민국의 과외와 같은 사교육 활동은 있으나 선행 학습보다는 부족한 과목을 보충하기 위한 개념에 가깝다. 이는 독일의 엄격한 유급제도 때문인데, 일례로 초등학교 6학년에서 대학교 1학년 과정의 교육기관인 김나지움에서는 1~6등급 중학기 말에 5등급 2개나 6등급 1개가 생겼을 때 해당 학생을 예외 없이 유급한다. 그리고 두 번째 유급이 확정되면 퇴학 처리된다.

독일은 기본법 제5조에 의거, 언론과 표현, 출판 및 보도의 자유를 인정하고 국가에 의한 검열 제도를 부정한다. 대다수 독일 언론은 1956년 설립된 '독일언론위원회Presserat'에 가입되어 있는데, 이 단체는 언론정책에 관여하거나 '언론인신분증'을 발급하고, 기사 관련 민원을 처리하는 일종의 협회이자 자율 조정기구다. 2019년 기준 독일에는 344종의 일간신문과 20종의 주간신문, 7종의 일요신문이 발간되는데, 타 국가와 비교했을 때 다양성이 보장되어 있고 지방지가 발달했으며 주간지의 수준이 높은 것이 특징이다.

메르켈 이후의 독일

2021년 12월 7일, 16년 동안 4번의 총리를 연임한 앙겔라 메르켈의 시대가 끝을 맺었다. 4명의 미국 대통령과 4명의 프랑스 대통령, 5명의 영국 총리, 8명의 이탈리아 총리와 함께 일했고, 무려 107차례에 걸쳐 유럽연합 정상회담에 참여했던 메르켈은 화려한 언변이나 강력한 카리스마로 독일은 물론 세계 정치에 큰 족적을 남겼다. 상대적으로 뚜렷한 공적이 눈에 띄지 않음에도 불구하고 말이다. 또한 그녀는 정치에 입문한 24년간 단 한 차례의 스캔들이나 부패 사건에 연루되지 않았던 것으로 알려져 있다.

메르켈 이후 사민당의 올라프 숄츠가 9번째 총리로 취임했다. 새 정부는 역대 최대로 확산 중이었던 코로나19 4차 대유행, 우크라이나 사태를 둘러싼 미국과 러시아의 긴장 관계, 노르트스트림 2 가스 파이프라인의 폐쇄 여부에 대해 미국과 합의를 도출하는 문제 등 만만치 않은 과제들을 당면하며 시작했다. 짧은 시간이지만 메르켈 이후의 독일은 어떻게 변하였을까?

우크라이나 전쟁, 에너지 및 공급망 위기에도 불구하고 올라프 숄츠의 독일은 코로나19 봉쇄 조치 해제에 따른 내수 활성화로 2022년 경제가 2021년 대비 1.9% 성장한 것으로 나타났다. 앞서 유럽 최대 및 세계 4위 경제 대국인 독일의 경제는 러시아의 가스 공급 중단의 영향으로 경제성장률이 크게 위축될 것이 우려되었으나, 전년 대비 4.6% 증가한 민간 소비 확대의 영향으로 2022년 GDP가 1.9%의 증가율을 기록한 것으로 나타났다. 또한 2022년 12월 물가상승률이 8.6%로 하락하며, 2022년 전체 물가상승률도 약 7.9%의 한 자리 수 상승률을 기록했다. 이에 로베르트 하벡 재무장관은 '다양한 입법을 통해 단기간 막대한 금액을 민간경제에 지원함으로써 소비자의 부담을 완화한 점이 결실을 거두었다'고 평가하기도 했다.

또한 올라프 숄츠 총리는 22년 2월에는 군비 증강을 공식적으로 선언하면서 주위 국가에 긴장감을 유발하기도 했다. 본래 숄츠가 속한 사회민주당은 반전주의와 군비축소를 주장하는 정당임에도, 우크라이나 전쟁으로 인한 안보적인 위협과 더불어 오늘날 독일연방군의 군사력이 과거의 명성에 비하여 다소 줄어들었음을 시사한다는 평가다.

한편 최근 독일에서 우익대중주의 정당인 AfD(독일을 위한 대안당)가 점차 독일 정권 내에서 영향력을 높이고 있는 것에 세계 각국이 주목하고 있다. AfD는 2021년 초까지만 해도 10%에 못 미치는 지지율을 보였으나 2023년에는 튀링엔 존넨베르크시 시장 선거에서 창당 이후 처음으로 시장을 당선시키기도 했다. 게다가 같은 해 10월에는 22%의 지지율을 선보이며 독일사회민주당(SPD)을 3위로 밀어내고 2위에 등극한다.

역자 소개

박상진

대학 졸업 후, 10년 직장생활 후에 벤처회사를 창업하여 대표이사로 재직하면서 성공적으로 회사를 경영했다. 혁신형 중소기업과 모범납세자로 선정되었고, 우리나라 혈액진단 의료산업 발전에 기여했다. 한국기업경영학회 부회장, 한국수사학회 부회장을 역임했으며 고려대학교 경영전문 대학원(MBA) 졸업 컨설팅 프로젝트(ELITE) 최우수상, 서울대학교 인문학 최고위과정(AFP) 최우수 논문상을 받았다. 현재 (주)제이에스지인베스트먼트 대표이사, 회장, 사단법인 건강인문학포럼 이사장, 미국 Invent Medical Inc 등기이사 등으로 활약하고 있다.

번역한 책으로는 『스마트 싱킹』, 『승리의 경영전략』(공역), 『퍼스널 MBA』(공역), 『스피치 에센스』, 『탁월한 전략이 미래를 창조한다』, 『생각의 시크릿』, 『당신의 경쟁전략은 무엇인가?』(공역), 『신제품 개발 바이블』(공역), 『커리어 하이어』 등이 있다.

이미 미국 50개 주, 500개 도시를 직접 자동차로 여행한 경험을 살려 앞으로 『비즈니스맨의 세계인문기행(가제)』을 시리즈물로 발행할 예정이다. 이 책은 미래의 한국 청년들이 출장시 잠시 여유시간을 내어 미국 각 지역을 여행할 때 어김없이 참조할 수 있는 미국의 역사, 문화, 인문학, 지형과 지질학, 주요 기업의 흥망, 최신 경영이론, 건강, 의학 관련 정보를 두루 담을 예정이다. 세계는 광대하고 여행할 곳은 너무 많다. 그러나 아는 만큼 보이는 게 바로 여행이다!

블로그 주소: https://blog.naver.com/sebia3145

THE SHORTEST HISTORY OF GERMANY

"서기 235년 무렵만 해도 로마의 경계와 공격 대상이자 야만인이던 게르만들은
520년이 되자 서로마제국의 대부분을 직접 통치하는 근육질의 기독교인들로 변해 있었다."

특별 부록

독일 여행자를 위한 핵심 가이드

| 독일 유네스코 세계문화유산 |

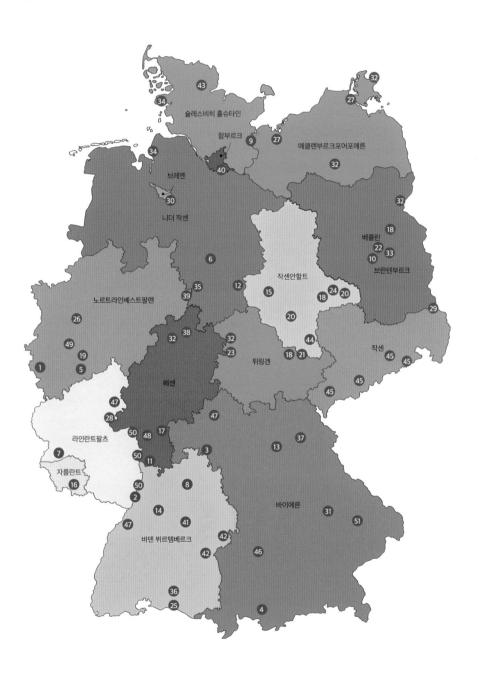

슐레스비히 홀슈타인

함부르크

메클렌부르크포어포메른

브레멘

니더 작센

베를린

브란덴부르크

작센안할트

작센

노르트라인베스트팔렌

튀링겐

헤센

라인란트팔츠

자를란트

바이에른

바덴 뷔르템베르크

① 아헨 대성당 Aachen Cathedral
② 슈파이어 대성당 Speyer Cathedral
③ 뷔르츠부르크 레지덴츠, 궁중정원, 궁전 앞 광장
④ 비스 순례성당 Pilgrimage Chuch of Wies
⑤ 브륄의 아우구스투스부르크 성과 팔켄루스트 성
⑥ 힐데스하임 성 마리아 대성당, 성 미카엘 교회
⑦ 트리어 로마 유적, 성베드로 성당과 성모마리아 성당
⑧ 로마제국 국경(독일, 영국 공동 등재)
⑨ 한자 무역 도시
⑩ 포츠담·베를린의 궁정과 정원
⑪ 로르슈의 수도원과 알텐뮌스터
⑫ 람멜스베르크 광산과 고슬라 옛 시가지 및 오베르하르츠의 물 관리
⑬ 밤베르크 중세 도시 유적
⑭ 마울브론 수도원 지구
⑮ 크베를린부르크의 협동 교회, 성채, 옛 시가지
⑯ 클링겐 제철소
⑰ 메셀 화석 유적
⑱ 바우하우스와 바이마르·데사우·베르나우의 바우하우스 유산
⑲ 쾰른 대성당
⑳ 아이슬레벤과 비텐비르크의 루터 기념물
㉑ 고전주의 고장, 바이마르
㉒ 베를린 박물관 섬
㉓ 바르트부르크 성
㉔ 데사우 뵐리츠 정원
㉕ 라이헤나우 수도원 섬
㉖ 에센의 졸버레인 탄광 산업 단지
㉗ 슈트랄준트·비스마어 역사 지구
㉘ 중상류 라인 계곡
㉙ 무스카우어 공원/무자코프스키 공원(독일, 폴란드 공동 등재)
㉚ 브레멘 시청과 롤란트 상
㉛ 슈타트암호프와 레겐스부르크 옛 시가지
㉜ 카르파티아 및 유럽의 기타 지역에 생육하는 고대 및 원시 너도밤나무숲
㉝ 베를린 모더니즘 주택단지
㉞ 바덴해(덴마크, 독일, 네덜란드 공동 등재)
㉟ 알펠트의 파구스 공장
㊱ 알프스 주변의 선사시대 호상 가옥(오스트리아, 독일, 이탈리아, 슬로베니아, 스위스 공동 등재)
㊲ 바이로이트 마르크그라프 오페라 하우스
㊳ 베르그파르크 빌헬름스회에
㊴ 카롤링거 시대의 베스트보르크와 코르바이 키비타스
㊵ 슈파이허슈타트와 칠레하우스가 있는 콘토르하우스 지구
㊶ 르코르뷔지에의 건축 작품, 모더니즘 운동에 관한 탁월한 기여
㊷ 슈베비셰 알프의 동굴과 빙하기 예술
㊸ 헤데뷔와 대네비아케, 국경 고고학 단지
㊹ 나움부르크 대성당
㊺ 에르츠 산맥(크루슈네호리 산맥) 광업 지역(체코, 독일 공동 등재)
㊻ 아우스크부르크의 물관리 시스템
㊼ 유럽의 대온천 마을들(바덴바덴, 바트키싱엔, 바트엠스)
㊽ 말틴덴호헤 다름슈타트
㊾ 로마제국 국경-저지대 게르마니아 리메스
㊿ 슈파이어, 보름스, 마인츠의 슘 유적
51 로마제국 국경 방어선-다뉴브 리메스(서부 구역)

1. 아헨 대성당(Aachen Cathedral)

지정일: 1978년

Klosterplatz 2, 52062 Aachen, Deutschland

아헨 대성당은 교회를 기반으로 세력을 강화하던 샤를마뉴 대제가 790년~800년경에 건설한 궁정 예배당으로, 샤를마뉴 치하의 통합된 서유럽과 종교적, 정치적 부흥을 상징하는 건물이다. 팔각형 바실리카와 둥근 지붕(Cupola)이 있는 이 성당은 신성로마제국의 동부 지역 교회로부터 영향을 받았으며 중세에 들어 더욱 웅장하게 증축되는 등, 여러 부분이 각기 다른 시대에 지어진 것이 특징이다. 고전 양식과 비잔틴 양식의 전통을 동시에 간직한 아헨 대성당은 카롤링거 르네상스 시기는 물론 중세 초기에도 종교적 건축물의 원형으로 유지되었다. 또한 설교단이 있는 중앙 집중식 평면 구도를 기반으로 한 궁정 예배당은 우수하고도 특별한 자태를 자랑한다. 샤를마뉴 대제는 814년 이곳에 안치되었으며 중세 시대에 걸쳐 1531년까지 독일 황제의 대관식은 대대로 아헨 대성당에서 거행되었다. 아헨 대성당은 그리스에서 가져온 기둥과 이탈리아산 대리석, 청동제 창문, 돔에 있는 가장 큰 모자이크 등으로 장식한, 고대 이래 알프스 북부 지역에서 건축된 천장이 둥근 첫 번째 건축물이다.

2. 슈파이어 대성당(Dom zu Speyer)

지정일: 1981년

Domplatz, 67346 Speyer, Deutschland

슈파이어 대성당은 서부 독일, 라인란트팔츠의 도시 슈파이어의 대표 유네스코 유산으로, 슈파이어의 가톨릭 주교좌가 이곳에 있다. 1030년 황제 콘라트 2세의 명령으로 기공되어 1060년 하인리히 4세에 의해 헌당 된, 독일 로마네스크 건축을 대표하는 바실리카식 성당이다. 제국 시절의 황제들이 안장되어 있기에 현지에서는 슈파이어 카이저 돔(Kaiserdom zu Speyer) 또는 슈파이어 돔(Speyer Dom)이라고도 불린다. 독일 로마네스크 양식의 시작과 발달에 이바지한 이 대성당은 폭 30m, 길이 133m에 높이가 72m나 되는 탑이 있어 로마네스크 양식의 종교 건축물로서는 최대 규모를 자랑한다. 또한 익랑(翼廊)과 내진 아래에 있는 지하 제실 역시 천장 높이만 해도 7m에 달하는 등 가장 큰 규모를 자랑한다. 탑 4개와 돔 2개로 구성된 슈파이어 대성당은 신성로마제국 시기 로마네스크 양식의 가장 중요한 기념비적 건축물로 거의 300년 동안 독일 황제들의 묘지로 이용되었다.

3. 뷔르츠부르크 레지덴츠(The Residenz)

지정일: 1981년

Residenzplatz 2, 97070 Würzburg, Deutschland

독일 바로크 및 로코코 건축의 대가인 발타자르 노이만(Balthasar Neumann)이 설계한 궁전으로, 1720년부터 공사가 시작되어 바로크 양식으로 건설된 주교 공관이다. 안타깝게도 제2차 세계대전의 영향으로 모든 건물이 파괴되었지만 이후 재건에 성공해 과거의 모습을 그대로 간직하고 있다. 바로크 건축물의 걸작으로 손꼽히는 뷔르츠부르크 레지덴츠가 완공된 이후 마리엔베르크 요새에서 살았던 주교가 이곳으로 옮겨와 살았다는 이야기도 전해진다. 레지덴츠는 빼어난 외관 외에도 화려함으로 가득 찬 내부를 자랑하는데, 그중에서도 꼭 봐야 하는 작품으로는 1층과 2층 사이의 방에 있는 아치 형태의 천정에 그려진 티에폴로의 천장화를 꼽을 수 있다. 천장에 그려진 프레스코화는 그 당시 유명했던 베네치아의 화가 지오반니 바티스타 티에폴로(Giovanni Battista Tiepolo)의 그림으로, 그 크기 역시 세계 최대를 자랑한다. 뷔르츠부르크 레지덴츠는 나폴레옹이 '유럽에서 가장 아름다운 주교관'이라고 불렀으며, 유럽 바로크 건축 양식의 완성으로 평가된다.

4. 비스 순례성당(Pilgrimage Churh of Wies)

지정일: 1983년

Wies 12, 86989 Steingaden, Deutschland

비스 순례 성당(1745~1754)은 알프스 협곡의 아름다운 자연에 놀라울 정도로 원형이 잘 보존되어 있다. 건축가 도미니쿠스 치머만이 설계한 성당으로, 생동감 넘치는 장식, 다채로운 색채, 경쾌한 분위기를 자랑하는 바이에른 로코코 양식의 걸작이다. 비스 순례 성당은 타원형으로 설계되어 있고, 서쪽 앞부분에는 반원형 현관 홀(narthex)이 있다. 내부는 쌍주(雙柱)를 벽 앞에 배치해 불규칙하게 마름질한 처마돌림띠(cornice)와 목조 아치형 천장에 편편한 윤곽을 지지한다. 이 윤곽은 창문과 둥근 창으로 들어오는 빛이 직간접적으로 교묘하게 흩어지는 두 번째 용적을 분명히 나타낸다. 동쪽으로는 길고 깊은 성가대석이 상·하단 갤러리로 둘러싸였다. 놀라운 치장 벽토(stucco) 장식은 바이에른의 선제후 막스 에마뉴엘(Max-Emmanuel)의 화가이자 도미니쿠스 치머만의 형인 요한 밥티스트 치머만(Johann Baptist Zimmermann)이 1720년부터 그의 동생을 도와 작업한 작품이다. 생동감 있는 색채는 조각된 세부 양식을 돋보이게 한다.

5. 브륄의 아우구스투스부르크 성과 팔켄루스트(Castles of Augustusburg and Falkenlust at Bruhl)

지정일: 1984년

Untere Schloßstraße 1, 09573 Augustusburg, Deutschland

쾰른의 남쪽 교외 브륄의 목가적인 자연환경에 자리 잡은 아우구스투스부르크 성은 쾰른의 선제후이자 대주교인 아우구스트의 화려한 여름 별궁이었다. 아우구스투스부르크 성은 화려하고 사치스러운 바로크 건축 양식의 유행이 지난 뒤 섬세한 곡선 중심의 로코코 양식으로 지어졌다. 1725년 베스트팔렌의 건축가 요한 콘라트 슐라운에 의해 건축되기 시작하여 프랑수아 드 퀴비예, 도미니크 지라르, 발타자르 노이만 등 다양한 건축가가 참여하였으며 카를로 카를로네가 그린 천장화는 뛰어난 실내 구조물과 어우러져 정점을 이룬다. 한편 아우구스투스부르크 성에서 정원을 따라 2km 정도 거리에 있는 팔켄루스트는 매사냥용 별궁으로 아우구스투스부르크 성과 마찬가지로 로코코 양식으로 지어졌다. 1층은 사냥을 위한 손님 접대용, 2층은 대주교를 위한 공간으로 구성되어 있으며 특히 황금색과 푸른색으로 조합된 2층 거울의 방은 몹시 화려하며 많은 이들에게 사랑받고 있다.

6. 힐데스하임 성 마리아 대성당(St Mary's Cathedral and St Michael's Church at Hildesheim)

지정일: 1985년

Domhof, 31134 Hildesheim / Michaelispl. 2, 31134 Hildesheim

1010년~1020년에 건축된 성 미카엘 교회는 옛 독일의 작센 지방을 지배했던 오토 왕조의 특징적인 로마네스크 양식으로 설계된 건축물이다. 이 교회는 2개의 애프스(apse, 제단 뒤에 있는 반원형의 공간)가 대칭적으로 배치된 설계를 기반으로 건축되었다. 내부, 특히 목조 천장과 채색 치장 벽토 세공, 유명한 청동 문과 베른바르트(Bernward)의 청동 기둥은 힐데스하임 성모 마리아 성당의 보물과 함께 신성로마제국 로마네스크 양식 교회의 뛰어난 사례로 손꼽힌다. 성 미카엘 교회는 건축 발전에 큰 영향을 미친 건축물로 지금은 사라진 문화 양식의 이례적인 증거물이다. 힐데스하임 성당·성 미카엘 교회 건축과 건축물 내부의 예술적 유산들은 로마네스크 양식으로 건축된 서양의 다른 어떤 기독교 건축물보다도 한층 직접적이고 전반적으로 기독교 로마네스크 양식을 이해할 수 있도록 해주는 유산들이다. 힐데스하임 성당은 1046년 불이 난 뒤 재건되었는데, 처음에 만든 지하실이 아직도 그대로 있다. 회중석은 모든 기둥이 2개씩 연속하여 번갈아 세운 익숙한 형태로 배치되었고, 성 미카엘 교회를 모델로 했지만 그보다 규모가 작다. 성 미카엘 교회와 힐데스하임 성당의 실내장식에는 매우 독특하고도 뛰어난 장식 요소들이 포함되어 로마네스크 시기의 설계를 이해하는 데 도움이 된다. 1015년에 만든 청동 문에는 창세기에 나오는 사건과 예수의 삶이 표현되어 있다.

7. 트리어 로마 유적, 성 베드로 성당과 성모마리아 성당(Roman Monuments, Cathedral of St Peter and Church of Our Lady in Trier)

지정일: 1986년

Liebfrauenstraße 12, 54290 Trier

모젤(Moselle)강 연안에 있는 도시 트리어는 1세기부터 로마의 식민지, 2세기부터는 대규모 무역 중심지였다. 3세기 말엽 사분 통치(Tetrarchy) 시기에는 로마제국의 수도 중 하나가 되어 '제2의 로마'로 알려지게 되었다. 이처럼 트리어에는 현재까지 로마와 관련된 유적이 많이 남아 있어서 당시의 문명을 잘 보여주고 있다. 이곳에 보존된 유적으로는 교량, 요새화된 성벽 유적, 공중목욕탕, 원형 극장, 창고 등이 있다. 트리어의 중세 종교 건축물 중 가장 유명한 것은 트리어 대성당으로도 불리는 성 베드로 성당과 성모 마리아 성당이다. 남북으로 나란히 서 있는 두 성당은 콘스탄티누스 대제의 어머니가 살던 궁전 자리에 지은 두 교회에서 비롯된 것이다. 이 두 교회는 파괴와 개축을 반복하다가 11~13세기에 이르러 오늘날과 같은 모습을 갖추게 된다. 이 성당에는 예수가 죽을 때 입은 것으로 추정되는 '성의(聖衣)'가 있어 순례자들의 발길이 끊이지 않는다.

8. 로마제국의 게르만 지역 국경(리메스)

지정일: 1987년

Saalburg 1, 61350 Bad Homburg vor der Höhe

로마 제국 국경은 2세기 로마 제국이 최대로 팽창했던 시기의 로마제국의 경계선을 나타낸다. 로마 제국 국경은 영국 북부의 대서양 연안에서 시작해 유럽을 거쳐 흑해(Black Sea)에 이르고, 거기서부터 다시 홍해(Red Sea)를 거쳐 북아프리카를 가로질러 대서양에 이르는 5,000km에 달한다. 오늘날 남아 있는 로마 제국 국경의 유적은 성벽, 해자, 보루, 요새, 망루와 민간인 정착지 등이다. 국경선 일부는 발굴되어 복원되었으나 일부는 파괴되었다. 독일 지역에 속하는 로마 제국 국경의 두 부분은 독일 북서부에서 남동부의 도나우 강에 이르기까지 550km에 달한다. 118km 길이의 하드리아누스 방벽(Hadrian's Wall)은 122년에 하드리아누스 황제의 명에 따라 로마의 속주 브리타니아(Britannia)의 최북단 경계를 따라 건설된 것이다. 이 방벽은 뛰어난 군사 구역으로, 이를 통해 고대 로마의 방어 기술과 지정학적 전략을 엿볼 수 있다. 안토니누스(Antonine Wall) 방벽은 스코틀랜드에 있는 60km 길이의 방어 시설로, 안토니누스 피우스(Antonius Pius) 황제가 142년에 북쪽의 '야만족(barbarians)' 침입을 방어하기 위하여 건설하기 시작하였다. 이 방벽은 로마 제국 국경의 가장 북서쪽에 위치한다. 습지 환경 덕분에 목재 및 기타 유기재 유적이 훌륭하게 보존되었고, 로마제국의 군사시설, 조선, 물류공급에 관해서 비교할 수 없을 만한 탁월한 통찰을 제공한다.

9.한자 동맹 도시 뤼베크(Hanseatic City of Lübeck)

지정일:1987년

한자 동맹은 중세 후기와 근대 초기에 북유럽의 경제 및 문화 발전에 중요한 역할을 했던 무역 도시와 길드의 중세 협의체였다. 중세의 도시 계획 및 무역 문화의 중요한 사례를 대표하기 때문에 역사적, 건축학적 중요성이 있다. 독일 뤼베크는 '한자 동맹의 여왕'으로 알려져 있으며 중요한 회원 중 하나였다. 도시의 역사적 중심지는 유명한 홀슈텐토어 문(Holstentor Gate)이다. 뤼베크는 섬의 능선을 따라 나 있는 2개의 평행한 교통로를 따라 칼날 형태로 설계되었다. 이는 이 유적이 세워진 초기에 만들어진 것으로, 북유럽의 상업 중심지가 확장되었음을 보여준다. 서쪽에는 무역 상사와 부유한 상인들의 저택이 들어선 구역이 있다. 동쪽에서는 소무역상과 장인들이 거주하였다. 부유한 가정의 뒤뜰에 마련된 부덴(Buden, 소규모 작업장)의 단일한 배치를 보면 매우 엄격한 사회·경제적 구조를 알 수 있다. 뤼베크는 비록 제2차 세계대전 때 도시의 20%가 파괴되는 심각한 손상을 입었지만 그중 중요한 교회와 기념물은 선택적으로 복구하도록 허용되었다.

10. 포츠담·베를린 궁정과 정원 (Palaces and Parks of Potsdam and Berlin)

지정일:1990년

Maulbeerallee, 14469 Potsdam(상수시 궁전)

1730년부터 1916년에 이르기까지 브란덴부르크주의 도시 포츠담에는 공원 500㏊와 건물 150동이 모인 복합지구가 건립되었는데, 이곳의 궁정 건축물과 공원은 조화를 이루어 예술 단지로 자리 잡았다. 이곳 단지의 건축물과 공원은 베를린·첼렌도르프 지역까지 이어져 하벨 강의 제방과 글리니케 호숫가에 늘어서 있다. 비록 긴 세월에 걸쳐 건립되었기에 그 양식이 일정하지는 않지만 화려한 구성과 아름다움으로 1990년 처음 등재된 이후 1992년과 1999년에 그 지역이 확장되었다. 가장 대표적인 건축물은 상수시 궁전(Sans-Souci)으로, 소박한 별장을 대리석과 거울, 황금 등으로 바꾸어 로코코 양식의 궁전으로 바꾼 것이다. 1747년 프리드리히 대왕이 직접 스케치하여 포츠담에 세운 여름 궁전으로, 직역하면 '걱정 없는 궁전'이 된다. 이 상수시 궁전에는 프랑스의 작가인 볼테르와 루소, 음악의 아버지로 불리는 바흐 등 많은 철학자와 음악가들이 초대되기도 했다.

11. 로르슈의 수도원과 알텐뮌스터(Abbey and Altenmünster of Lorsch)

지정일: 1991년

Nibelungenstraße 32, 64653 Lorsch, Deutschland

카롤링거 왕조 시대에 부흥했던 로르슈의 수도원에는 기념비적인 입구인 토어할레(Torhalle, '문지기의 집'이라는 뜻)가 있으며, 알텐뮌스터의 희귀한 건축 유적이 남아 있다. 이곳에는 카롤링거 왕조 시기의 조소 작품과 회화가 상당히 잘 보존되어 있다. 카롤링거 왕조 시대의 이 누문은 이곳이 최초의 왕이자 황제인 샤를마뉴 치하의 수준 높은 중세 정신에 대해 서구 사회가 깨어 있었음을 나타내는 건축학적인 증거이기도 하다. 보름스(Worms)와 다름슈타트(Darmstadt) 사이에 있는 로르슈의 작은 마을에 있는 토어할레는 원래 모습을 간직한 카롤링거 시대의 희귀한 건물이다. 토어할레는 760년 ~764년경에 설립된 로르슈 수도원이 과거에 얼마나 웅장했는지를 짐작하게 한다. 로르슈 수도원은 10세기에 번성하다가 1090년 화재로 황폐해졌고, 12세기에 들어 처음으로 재건되었다. 13세기에 들어 로르슈가 마인츠 선거후(選擧侯, 신성로마제국에서 독일 황제의 선거권이 있던 7명의 제후)의 영토에 통합되면서(1232), 이곳에서 보유했던 특권의 상당 부분을 잃었다.

12. 람멜스베르크 광산과 고슬라 옛 시가지 및 오베르하르츠의 물 관리 시스템(Mines of Rammelsberg, Historic Town of Goslar and Upper Harz Water Management System)

지정일: 1992년

Zum Bergtal 19, Rammelsberg, 38640 Goslar, Deutschland.

고슬라는 한자 동맹의 지역 중 하나로 1450년에 번영의 절정에 달했는데, 채광과 금속, 무역으로 얻은 수입으로 특유의 도시경관 조성을 일궈낸다. 게다가 제2차 세계대전 기간 중 심한 손상을 입지 않은 덕에 건축된 지역 및 산업 건물을 포함해 수준 높은 고딕·르네상스·바로크 양식 건물 다수를 보유하고 있다. '오베르하르츠 물 관리 시스템'은 람멜스베르크 광산과 고슬라 시의 남쪽에 있는 복합구조물로, 비철금속 제작용 광석의 채굴에 활용할 목적으로 800년이 넘는 세월에 걸쳐 개발되었으며 중앙유럽의 금속생산 지역 중에서 가장 크고 가장 오래 유지된 것으로 유명하다. 이 시스템은 중세에 시토회 수도사들에 의해 최초 건설된 후, 16세기 말부터 19세기에 걸쳐 크게 발달하였다. 여기에는 매우 복잡하고도 완벽하게 구성된 인공 연못, 작은 수로터널, 지하 하수시설 등이 포함된다..

13. 밤베르크 중세 도시 유적(Town of Bamberg)

Geyerswörthplatz 5, 96049 Bamberg

밤베르크는 10세기 이후 슬라브족, 특히 폴란드와 포메라니아를 연결하는 곳으로, 12세기 이후 도시 전성기의 건축은 북부 독일과 헝가리에 큰 영향을 주었으며, 18세기 후반에는 헤겔·호프만 등 저명한 철학자와 작가들이 이곳에 거주하면서 남부 독일 계몽주의의 중심지 구실을 하였다. 밤베르크의 유적지는 도시가 설립되면서 통합된 세 곳의 정착 중심지가 대표적이다. 먼저 베르그슈타트(Bergstadt)에는 대성당과 교구들, 예전의 주교 거주지, 성모 마리아 교회가 있는 시민 거주 지역, 예전의 와인 메이커 정착지가 있다. 인젤슈타트(Inselstadt)는 레그니츠(Regnitz)강을 경계로 하며, 12세기에 세워진 시장과 도시 이전의 정착지가 있다. 토이어슈타트(Theuerstadt)는 넓게 개방된 공간과 시장 정원이 있는 중세 후기 지역으로 오늘날까지도 이러한 독특한 모습을 잘 간직하고 있다. 일찍부터 동유럽과 문화적으로 연계되었던 이곳은 특히 건축물에 있어 고딕 시기에 북부 독일과 헝가리에 큰 영향을 미쳤다.

14. 마울브론 수도원 지구(Maulbronn Monastery Complex)

지정일: 1993년

Klosterhof 5, 75433 Maulbronn

마울브론 수도원은 바덴뷔르템베르크주의 소도시 마울브론 교외에 있는 수도원으로, 12세기 중반, 슈파이어의 주교 아르놀트에 의해 지어진 이 수도원은 그 시대에 지어진 건물 중에서 가장 보존이 완벽한 건물로 손꼽힌다. 종교개혁과 수도원 해체 이후 신학교가 된 이곳에서 수학자이자 천문학자였던 요한네스 케플러와 문인 횔덜린이 수학했다. 특히 헤르만 헤세의 소설 『수레바퀴 아래서』의 배경이 된 수도원으로도 유명한데, 외할아버지가 다니기도 했던 이 수도원에서 공부했던 헤르만 헤세가 1892년, 14세의 나이에 시인이 되기 위해 도망쳐 나온 일화는 유명하다. 수도원은 마을과 성벽으로 분리되어 있으며, 북부 및 중부 유럽 고딕 건축 양식에 큰 영향을 미친 이 건물은 1993년부터 수도원은 유네스코 세계 문화유산에 이름을 올리고 있다. 마울브론 수도원은 정교한 배수 시설은 물론 관개 수로와 저수지 등 매우 뛰어난 용수 관리 시스템을 구축한 것으로 알려져 있다.

15. 크베를린부르크의 협동 교회, 성채, 옛 시가지 (Collegiate Church, Castle, and Old Town of Quedlinburg)

지정일: 1994년

Pölle 7, 06484 Quedlinburg

작센 오토 왕조 시대 동프랑크 왕국의 수도로서 잘 보존된 목조 건물이 다수 있는 크베를린부르크는 중세 유럽 도시의 예외적인 사례이다. 크베를린부르크에는 세 가지 중요한 요소가 있다. 현재까지 보존된 중세의 거리 형태, 이 도시 특유의 16~17세기에 지은 목조 주택, 중요한 로마네스크 양식 건축물인 성세르바티우스 협동교회가 그것이다. 도시 배치는 상당히 양호하게 보존되어 있는데, 이는 유럽 중세 도시의 성장을 보여주는 고전적 사례이다. 현재 도시의 거리 형태는 중세와 현대 초기 도시의 역사를 완벽하게 보여준다. 919년 독일의 왕이 된 하인리히 1세의 922년 공식 문서에 처음으로 언급되었다. 옛 시가지는 12세기부터 구성되기 시작하여 13~14세기에 세 거주지를 중심으로 발전하기 시작했는데, 성과 농업지역, 소규모 수공업 지역이었던 베스텐도르프 거리, 상업 거주지가 발전한 언덕 북쪽의 마르크트 광장, 도시농업 노동자들이 주로 살았던 시가지 동쪽으로 나뉜다.

16. 푈클링겐 제철소 (Völklingen Ironworks)

Rathausstraße 75-79, Stadtmitte, 66333 Völklingen

지정일: 1994년

면적이 약 6 ㏊(10,000m²)에 달하는 푈클링겐 제철소는 자를란트주의 도시 푈클링겐을 대표하는 유적이다. 최근에 생산을 중단하였으나, 19세기와 20세기에 건설된 서유럽과 북미 지역 종합 제철소 가운데 유일하게 손상 없이 보존되어 있다. 특히 푈클링겐 제철소는 용광로에 바람을 불어넣는 거대한 송풍기를 가동하기 위해 가스를 대규모로 사용한 세계 최초의 제철소이며, 1930년까지 대규모 벨트식 시스템을 설치하는 등 전 세계 수많은 공장의 모델이기도 하다. 푈클링겐 제철소는 1930년대의 모습과 거의 변함이 없는데, 코크스 공장을 다시 지은 뒤로 설비를 추가하지 않았기 때문이다. 그로 인해 작업의 흔적이 남아 있는 설비가 잘 보존된 채로 상당수 남아 있다. 최초의 코크스 공장은 1935년에 재건축한 뒤로도 대부분 남아 있으며, 특히 1898년에 지은 석탄 탑은 보존 상태가 뛰어나다. 1905년~1914년에 건설한 가스송풍엔진 가운데 6개가 보존되어 있으며, 1911년의 컨베이어 시스템과 같은 시기의 건성가스정제 공장도 남아 있다.

17. 메셀 화석 유적(Messel Pit Fossil Site)

지정일: 1995년

Roßdörfer Straße 108, 64287 Darmstadt

다름슈타트와 프랑크푸르트 사이에 있는 메셀 피트(Messel Pit)는 57,000,000~36,000,000만 년 전의 에오세(世)(Eocene, 신생대 제3기의 2번째 시기)의 생활환경을 이해하는 데 세계에서 가장 풍부한 유적이다. 특히 이 유적은 포유류의 초기 진화 단계에 대한 독특한 정보를 제공하며, 관절이 완전한 형태를 갖춘 골격에서부터 이 시기에 살았던 동물들의 위장 내용물에 이르기까지 예외적으로 잘 보존된 포유류 화석들을 포함하고 있다. 메셀 피트는 4천7백만 년 전에 분화한 화산 분화구 지형으로 포유류의 초기 진화 단계에 대한 독특한 정보를 제공하며, 관절이 완전한 형태를 갖춘 골격에서부터 이 시기에 살았던 동물들의 위장 내용물에 이르기까지 예외적으로 잘 보존된 포유류 화석들을 포함하고 있다. 메셀 피트에서는 앞서 4만 점 이상의 화석이 발굴되었으며 이는 지금도 계속되고 있다. 그로 인해 몇몇 고생물학자들에게 세계에서 가장 중요한 화석 유적지로 불리고 있다. 화석단지에서 3킬로미터 떨어진 마을에는 채취한 다양한 화석을 전시하는 화석 박물관이 있다.

18. 바우하우스와 바이마르·데사우·베르나우의 바우하우스 유산(Bauhaus and its Sites in Weimar, Dessau and Bernau)

지정일: 1996년

Gropiusallee 38, 06846 Dessau-Roßlau(바우하우스 데사우)

1996년 세계유산에 등재된 바우하우스 유산은 본래 바우하우스의 초대 교장, 발터 그로피우스(Walter Gropius)의 지휘 아래 바이마르와 데사우에 건설된 건축물과 기념물군으로 구성되었다. 이후 저소득 거주자를 위한 3층 벽돌 건물들인 데사우에 있는 발코니 주택들, 그로피우스의 후계자인 하네스 마이어(Hannes Meyer)의 지휘 아래 1930년까지 건축된 베르나우에 소재한 ADGB 노동조합 학교 등이 유네스코에 추가되었다. 이는 20세기 건축 사고와 실천에 혁명적인 영향을 준 운동인 '바우하우스 운동'이 보여준 소박한 디자인, 기능주의, 사회 개혁적 성격에 대한 건축 분야의 기여를 반영한 것이다. 발터 그로피우스와 하네스 마이어, 라슬로 모호이너지, 바실리 칸딘스키 등이 주축이 된 바우하우스 학파는 수공예에서 벗어나 대량생산에 적합한 공예를 연구하였고, 그 결과 만들기 쉬우면서도 아름다운 물건에 대한 답으로 장식 없는 기하학적인 형태를 구축한다.

19. 퀼른 대성당(Cologne Cathedral)

지정일: 1996년

Domkloster 4, 50667 Köln

퀼른 대성당은 로마 시대 퀼른 북동부 지역에 있던 개인 주택이 313년 밀라노 칙령에 따라 성당으로 확장된 것인데 여러 세기를 지나며 확장 및 확대되었다. 이 성당을 로마네스크 양식으로 건축하려고 최초로 구상한 사람은 샤를마뉴 대제의 친구이자 고문인 힐데볼트 대주교였으며, 이후 신성로마제국의 엥겔베르트 대주교는 이곳을 가장 중요한 성당으로 만들기 위해 완전히 새로운 건물을 건축하려 했다. 결국 그의 사후 1248년부터 본격적인 건축을 시작하여 1880년까지 약 6세기 이상 대성당으로의 건축이 진행되었다. 이처럼 기나긴 기간 동안 재정 문제로 건축이 지연되거나 제2차 세계대전 당시 공습으로 건물 전체가 훼손되는 등, 힘겹게 공사가 진행되었음에도 여러 건축자가 최초의 설계에 대한 신념과 절대적인 충성으로 건축 작업에 임함으로써 성당은 처음 의도한 형태에서 변경 없이 완공될 수 있었다. 퀼른 대성당은 오늘날 매우 뾰족한 첨탑이 인상적인 독일 고딕 양식 성당의 대표작이자 걸작으로 가장 많은 관광객이 찾는 명소로 활약하고 있다.

20. 아이슬레벤과 비텐베르크의 루터 기념물

(Luther Memorials in Eisleben and Wittenberg)

지정일: 1996년

Andreaskirchpl. 7, 06295 Lutherstadt Eisleben

유네스코 세계유산에 등재된 루터 기념물은 모두 마르틴 루터의 탄생과 업적, 죽음 함께 그의 추종자였던 인문주의자 필리프 멜란히톤의 생애와 깊은 연관이 있다. 비텐베르크에 있는 멜란히톤의 집, 마르틴 루터가 출생하고 사망한 아이슬레벤의 루터 생가, 비텐베르크의 루터 홀, 그리고 1517년 10월 31일에 종교개혁의 발단이자 서양 세계의 종교와 정치 역사에 새로운 시대를 연 유명한 루터의 '95개 조 논제'를 게시한 성 부속 성당, 그리고 시 교회 등이 유네스코 세계유산에 모두 포함되어 있다. 특히 루터 시기의 모습을 대부분 유지하고 있는 비텐베르크의 성 부속 성당에는 루터와 멜란히톤의 조각상과 함께 95개 조 논제가 라틴어로 새겨진 청동 문이 있으며, 교회 내부에는 루터와 멜란히톤, 작센 선제후 프리드리히 3세와 그의 동생인 요한이 안장되어 있다. 이들은 세계 종교 및 정치 역사상 가장 중요한 사건 중 하나인 종교개혁을 독특하게 입증하며, 19세기 역사주의의 뛰어난 사례라는 면에서 탁월한 보편적 가치를 지닌다.

21. 고전주의 고장, 바이마르
(Classical Weimar)
지정일: 1998년
UNESCO-Platz, 99423 Weimar

바이마르는 튀링겐주의 작은 도시지만, 이 도시 안팎에 놓인 수준 높은 건물들과 공원은 바이마르 고전주의 시대의 뛰어난 문화적 번영을 입증한다. 계몽된 사상을 지닌 공작의 후원에 힘입어 다수의 독일 주요 작가와 사상가가 18세기 말과 19세기 초 바이마르에 모여들었고, 이후 바이마르는 독일 고전주의의 중심지로서 번영을 누렸다. 여러 해 동안 화가 루카스 크라나흐(Lucas Cranach)는 바이마르에서 작업했고, 1553년 이곳에서 눈을 감았다. 이후 요한 세바스티안 바흐(Johann Sebastian Bach)·크리스토프 마르틴 빌란트(Christoph Martin Wieland)·요한 볼프강 폰 괴테·요한 고트프리트 헤르더·프리드리히 실러·프란츠 리스트(Franz Liszt)·헨리 반 데 벨데(Henry van de Velde)·발터 그로피우스 등 다수의 화가·작가·시인·음악가·철학자들이 이 도시에서 거주하였고, 바이마르는 독일에서 오랜 기간 문화적으로 중요한 지역이 되었다. 세계 문화유산 유적은 괴테 하우스와 실러 하우스, 태후 궁전과 안나 아말리아 도서관 등 12개의 개별 건물과 단지로 구성되어 있다.

22. 베를린 박물관 섬
(Museumsinsel, Berlin)
지정일: 1999년
Schloßpl. 1, 10178 Berlin

베를린에 있는 박물관 섬의 기원은 18세기 계몽주의 시대로 거슬러 올라가지만, 오늘날과 같은 입지를 다지게 된 것은 1824년~1828년 카를 프리드리히 싱켈의 설계로 구 박물관이 건축되고 나서이다. 그 뒤 1841년에는 프리드리히 빌헬름 4세의 명령에 따라 궁정 건축가인 프리드리히 아우구스트 스튈러(Friedrich August Stüler)가 구 박물관 뒤편을 개발하려는 계획을 수립한다. 이 계획에 따라 신 박물관(1843~1847)을 시작으로 1866년에 요한 하인리히 슈트래크(Johann Heinrich Strack)의 작품인 국립회화관이 건축되었다. 이로부터 20년이 지난 뒤인 1897년~1904년에 현재 보데 박물관의 전신인 카이저 프리드리히 박물관이 에른스트 폰 이네(Ernst von Ihne)의 설계로 건축되었고, 1909년~1930년에 알프레드 메셀(Alfred Messel)의 페르가몬 박물관이 완공되면서 스튈러의 계획은 완료되었다. 5개 박물관으로 구성된 박물관 섬 단지는 여러 시대에 걸쳐 이루어진 문명의 발전을 더듬어 볼 수 있는 소장품과 함께 뛰어난 건축적 특성을 자랑한다.

23. 바르트부르크 성(Wartburg Castle)

지정일: 1999년

Auf d. Wartburg 1, 99817 Eisenach

바르트부르크 성(Wartburg Castle)은 다양한 관점에서 '이상적인 성'이자 중부 유럽 봉건 시대의 뛰어난 기념물이다. 바르트부르크성은 문화와 다양하게 연관된다. 이곳은 특히 마르틴 루터가 추방 기간에 지낸 곳이기도 하다. 그는 여기에서 『신약성서』를 독일어로 번역하였다. 이 성은 또한 독일 통합과 단결의 강력한 상징이기도 하다. 이 성의 전설적인 창건자는 루트비히 데어 슈프링어 백작이다. 1067년에 건축의 첫 단계가 시작되었으며, 루트비히 통치 초기에 중추 지점이 되었다. 이 통치권은 12세기 초반부에 더 확고해졌다. 백작 지위까지 오른 루트비히 가문 사람들은 슈타우펜 황제들의 정책을 지원하였다. 이 성은 북쪽과 남쪽이 보이는 바위 돌출부, 아이제나흐 시를 내려다보는 숲의 한가운데에 있다. 이 성의 배치는 본질적으로 처음 요새 형태를 따랐다. 특히 궁전, 성벽, 남쪽 망루와 옹성(甕城)이 그렇다. 외부 돌출부는 현재 일부 묻혀 있거나 폐허가 되었다. 건축 측면에서 바위 돌출부는 북쪽 끝에 닿아 있고, 도개교(跳開橋)가 있는 망루가 있으며, 다른 별채 건물들과 함께 바깥쪽 뜰을 구성한다.

24. 데사우 뵐리츠 정원

(Garden Kingdom of Dessau-Worlitz)

지정일: 2000년

Kirchgasse 35, 06786 Oranienbaum-Wörlitz

데사우 뵐리츠 정원에서는 18세기 계몽주의 시대의 조경 설계와 계획을 살펴볼 수 있다. 빼어난 건축물, 영국식으로 설계 조경한 정원과 공원, 섬세하게 조성한 넓은 농지 같은 다양한 구성 요소의 데사우 뵐리츠 정원은 미적·교육적·경제적 목적을 반영한 모범적 사례로 평가받는다. 이 공원에는 로마식 유적과 개방형 원형 사원을 포함한 건물과 기념물이 다수 있다. 정원 구역과 제방의 감시탑, 여관 등에서는 신고전주의 양식과 신 고딕 양식의 구조물이 넓게 분포되어 있으며, 들판과 목초지, 과수원 등 농지 구역에는 관상수를 심는 등 경관을 미적으로 향상했다. 서쪽에는 퀴나우어(Kühnauer) 공원, 게오르기움(Georgium), 베케르브루흐(Beckerbruch)가 있는데, 퀴나우어 공원은 호수와 섬을 볼 수 있는 좁고 긴 형태의 정원, 게오르기움은 영국식 정원 안에 있는 신고전주의 양식의 작은 별장이며 베케르부르흐는 숲과 초원 연못으로 이루어진 공원이다. 제2차 세계대전 중 손실을 입은 데사우와 달리, 정원은 다른 곳보다는 상대적으로 영향을 받지 않았다.

25. 라이헤나우 수도원 섬

(Monastic Island of Reichenau)

지정일: 2000년

78479 Reichenau

바덴뷔르템베르크주 프라이부르크 지역의 콘스탄츠 호수에 있는 라이헤나우 섬은 중세 초기 베네딕트 수도원의 종교적·문화적 옛 모습을 보존한 10~11세기 유럽 예술사의 중심지였다. 초대 수도원장인 피르민은 성모 마리아, 성 베드로, 성 바울을 기리는 수도원을 짓기 위해 섬 북쪽 연안의 미텔첼에 나무로 건축한 첫 번째 수도원과 3개 부속 건물이 있는 회랑의 건축을 감독하였다. 이후 746년까지 석재로 재건되는 등 상당한 크기의 토지가 수도원에 기부되었으며 점차 수도원은 문학과 과학, 예술을 교육하는 중심지가 되었다. 특히 1048년에는 황제 하인리히 3세가 참석한 가운데 축성되기도 했다. 비록 라이헤나우 수도원은 소박하게 시작되었으나 역대 수도원장은 황제들의 교회 문제나 국정 관련 자문 및 교사 역을 수행했기에 마찬가지로 번영을 누릴 수 있었다. 특히 샤를마뉴 대제와 함께 루도비쿠스 경건왕을 비롯해 카롤링거 왕조와 오토 왕가 통치자들의 보호를 받을 수 있었다.

26. 에센의 졸버레인 탄광 산업단지

(Zollverein Coal Mine Industrial Complex in Essen)

지정일: 2001년

Gelsenkirchener Str. 181, 45309 Essen

노스트라인 베스트팔렌주에 있는 에센의 졸버레인 탄광 산업단지는 제2차 세계대전 이후 분단 서독이 이른바 '라인강의 기적'을 일궈낸 루르 공업지대 중심에 있다. 하루 평균 2만 톤에 이르는 석탄을 생산하던 세계 최대의 탄광 지역이었으며 역사적 탄광 기반 시설 유적과 뛰어난 건축적 가치를 지닌 20세기 건축물이 있다. 그 건물들은 산업 전반적 맥락에 현대 건축 운동의 설계 개념을 적용했다는 점에서 뛰어난 산업 기념물로 평가받고 있다. 우리나라에서도 1977년까지 8천여 명의 인부가 파견되어 근무했던 지역으로 1986년에 폐광된 뒤, 노스트라인 베스트팔렌 정부에서 모든 지역과 시설을 구매하여 문화재 보호 구역으로 정하고 도시 재생 사업을 통해 박물관, 수영장, 아이스링크 등 복합 문화 단지로 탈바꿈시켰다. 졸버레인 탄광 산업단지는 물론 레드닷 디자인 어워드 수상작들을 모아놓은 레드닷 박물관과 도시 재생 산업의 역사 등을 기록해놓은 루르 박물관이 있다.

27. 슈트랄준트·비스마어 역사 지구

(Historic Centres of Stralsund and Wismar)

지정일: 2002년

Am Johanniskloster 35, 18439 Stralsund

발트해 연안의 비스마어와 슈트랄준트 중세 도시는 14, 15세기 한자 동맹 벤트 지역에 속한 주요 교역 중심지였으며, 17, 18세기에는 스웨덴이 점령했던 독일 영지의 행정·수비 중심지로 기능하였다. 특히 30년 전쟁 뒤 17세기부터 19세기 초반까지 스웨덴의 통치를 받았다. 12세기 후반부터 13세기 전반에 걸쳐 독일이 식민지화한 슬라브족 영토를 기반으로 세워졌으며 14세기에는 한자 동맹의 주요 교역 장소로 부상했다. 이들은 발트해 지역 한자 동맹 도시들의 전형적 특징인 벽돌 고딕 건축 양식의 기술적·행태적 발달과 확산에 이바지하였다. 장거리 무역과 중계 무역을 지향했던 슈트랄준트는 물류 보관 공간이 많이 필요해 주택이 비스마어보다 컸지만, 생산 중심의 비스마어에는 장인과 농업 종사자들이 많아 거주에 알맞은 박공지붕 가옥이 더 많았다. 이 지역의 건축 자재인 구운 벽돌로 인해 북해와 발트해 지역의 고유한 고딕 벽돌 양식이 발달한다. 이곳의 벽돌 대성당, 슈트랄준트 시청, 주거, 상업, 공예 작업 용도의 주택은 오늘날까지도 잘 보존되어 있다. 이처럼 슈트랄준트와 비스마어 역사 지구는 한자 동맹 도시들의 건축 기술과 도시 형태 발달에 결정적 역할을 한 점에서 중요하며, 이는 주요 교구 교회, 슈트랄준트 시청, 딜렌하우스 같은 건물에서 잘 나타난다.

28. 중상류 라인 계곡

(Upper Middle Rhein Valley)

지정일: 2002년

56329 Sankt Goar

라인 계곡의 중앙부는 유럽에서 가장 중요한 수송로로 2천 년 동안 지중해 지역과 북부 유럽의 문화적 교류를 일으켰다. 중상류 라인 계곡은 65km 길이로 뻗은 계곡이 성채와 역사 도시, 포도원 등을 통해 다채로운 자연 장관 속에 펼쳐진 장구한 인간 역사를 시각적으로 보여준다. 라인강은 빙엔 문(Bingen Pforte)에 이르러 상류 깊은 협곡으로 접어들며 19세기와 20세기에 폭이 확장된 5km 길이의 빙엔 문 바로 앞에 작은 도시 2개가 있다. 왼쪽 강둑에는 정치적 상징성을 지닌 빙엔, 오른쪽으로는 12세기 브룀세르베르크(Brömserberg) 요새에 둘러싸였던 뤼데스하임(Rüdesheim)이 있다. 계곡의 경관은 부드러운 점판암이 단단한 사암으로 변하는 오베르베셀을 기점으로 변하는데, 이곳에 늘어서 있는 협곡 중에는 로렐라이 협곡이 가장 유명하다. 독일의 역사, 전설과 긴밀히 연관된 중상류 라인 계곡은 수 세기 동안 수많은 작가와 예술가, 작곡가에게 커다란 영향을 주었다..

29. 무스카우어 공원 / 무자코프스키 공원
(Muskauer Park / Park Muzakowski)
지정일: 2004년

02953 Bad Muskau

무스카우어(무자코프스키) 공원은 헤르만 폰 퓌클러무스카우 공작이 1815년~1844년에 조성하였으며 독일의 바트 무스카우와 폴란드의 웽크니차에 걸쳐 있기에 독일과 폴란드 공동으로 유네스코에 등재되어 있다. 공원 중 독일에 속한 부분이 약 200ha, 폴란드가 약 500ha로 독일 부분이 더 좁지만, 폴란드에 비해 도시적으로는 더 발달한 편이다. 19세기 유럽 조경의 가장 뛰어난 성취로 여겨지는 무스카우어 공원은 영국식 정원에서 영감을 얻어 가문의 영지를 공원으로 바꾼 것이다. 자연적으로 형성된 골짜기와 여러 비탈, 높은 언덕에 세워진 궁전 건물들 사이로 공원이 조성되었다. 유명한 건축가인 카를 프리드리히 쉰켈과 화가인 아우구스트 쉬르머, 영국의 조경사인 존 에이디 렙턴 등 예술가와 설계가도 공원 디자인에 참여했다. 교목 80만 그루와 관목 4만 2천 그루를 심고 강변 마을 전체가 옮겨지는 등 파격적인 규모의 공사가 이어졌다. 이 공원은 유럽과 미국의 조경 건축 발전에 큰 영향을 주었다.

30. 브레멘 시청과 롤란트 상
(The Town Hall and Roland on the Marketplace of Bremen)
지정일: 2004년

Am Markt 21, 28195 Bremen

롤란트(롤랑) 석상은 이 도시의 자치와 시장의 자유, 주권을 상징한다. 신성로마제국 시대인 1404년에 만들어진 롤란트 석상은 좌대 위에 5.5미터 높이로 서 있다. 독일의 도시와 기타 행정 구역에는 이교도에 대항한 순교자를 기리기 위해 종종 조각상을 세우고는 하였는데, 브레멘의 롤란트 석상은 샤를마뉴 대제의 12용사 중 한 명이자 중세 문학 『롤란트의 노래』에 등장하는 영웅 롤란트를 기린다. 브레멘 시내에는 총 4개의 롤란트 상이 있는데, 브레멘 대성당 옆 시장 중앙에 있는 상이 유산으로 지정된 것이며 가장 널리 알려져 있다. 시청 역시 신성로마제국 시대인 15세기 초에 브레멘이 한자 동맹에 합류한 후 지어진 고딕 양식 건물로, 크게 1405년에서 1409년에 시장 북쪽에 지어져 17세기 초에 이른바 베저 르네상스 양식으로 개조된 구청사와 20세기 초에 대성당 광장 맞은편에 증축된 신청사로 구성된다. 구청사의 1층은 상업 활동과 연극 공연에 쓰였으며, 2층은 주 행사장으로 사용되었다.

31. 슈타트암호프와 레겐스부르크 옛 시가지
(Old town of Regensburg with Stadtamhof)

지정일: 2006년

Rathauspl. 1, 93047 Regensburg

레겐스부르크는 바이에른주 도나우 강변에 있
는 중세 도시로, 이곳의 훌륭한 건축물은 과거
무역 중심지였던 도시의 역사를 보여줄 뿐만
아니라, 9세기부터 도시가 주변 지역에 미쳤던
영향력을 잘 보여준다. 고대 로마부터 로마네
스크, 고딕 양식으로 건축된 수많은 건축물은 2
천 년에 걸쳐 건축된 것들이다. 특히 시장과 시
청, 대성당을 비롯한 11세기~13세기 구조물이
있는 레겐스부르크는 높은 건물과 어둡고 좁은
골목, 견고한 요새 시설이라는 도시의 특성과
함께, 한때 신성로마제국의 중심지였던 풍요로
운 역사의 흔적이 고스란히 남아 있다. 19세기
에 이르러서는 나폴레옹 전쟁 중에 폭격당하기
도 했으나 현재는 재건축되었으며, 1842년 발
할라 신전 준공 후에는 바로크 양식이던 대성
당의 내부가 고딕 양식으로 개조되는 등 변화
를 맞이하기도 했다. 구시가지는 제2차 세계대
전 폭격에서도 무사하여 현재 독일에서 유일하
게 온전한 역사 도시로 남아 있다.

32. 카르파티아 및 유럽의 기타 지역에 생
육하는 고대 및 원시 너도밤나무 숲
(Ancient and Primeval Beech Forests of the
Carpathians and Other Regions of Europe)

지정일: 2007년

독일의 고대 너도밤나무 숲은 빙하기 이후 현
재까지 진행 중인 육상 생태계의 회복과 발전
과정을 보여주는 중요한 사례이며, 다양한 자
연환경이 교차하는 북반구의 너도밤나무의
분포를 이해하는 데 없어서는 안 될 장소로 평
가받는다. 슬로바키아, 우크라이나, 독일의 세
국가 영토에 걸쳐 있는 유산은 오늘날 '카르파
티아 원시 너도밤나무 숲과 독일 고대 너도밤
나무 숲'으로 불리게 되었으며 현재는 총 12개
국의 영토에 걸쳐 생육하고 있다. 알프스·카르
파티아·지중해·피레네 산맥 등 소수의 고립된
지역에서 자라는 유럽 너도밤나무는 마지막
빙하기 말 이후부터 수천 년이라는 단기간 내
인근 지역으로 퍼져나갔고, 현재까지도 확산
은 진행 중이다. 이와 같은 성공적인 식생 영
역의 확장은 다양한 기후·지리적·물리적 조건
에 대응하여 성장한 너도밤나무의 적응성 및
내성과 깊은 관련이 있는 것으로 알려졌다. 사
람 손에 훼손되지 않은 이 광활한 온대림은 유
럽산 너도밤나무 순림 생태의 유형과 과정을
종합적이면서도 완벽하게 보여준다. 너도밤
나무는 온대의 활엽수림 생물군계의 몹시 중
요한 요소 중 하나이며, 마지막 빙하기 이후
현재까지 진행 중인 지구상의 생태계 회복과
발전 과정을 보여주는 중요한 장소이다.

33. 베를린 모더니즘 주택단지(Berlin Modernism Housing Estates)

지정일: 2008년

Erich-Weinert-Straße, 10409 Berlin

독일의 수도 베를린이 사회적·정치적·문화적으로 발전하던 1910년~1933년까지, 특히 바이마르공화국 시대의 혁신적 주택 정책을 보여주는 유산이다. 총 6동의 서민용 주택단지(아파트)로 구성되어 있으며 건축 개혁 운동의 대표적인 사례로 꼽힌다. 제1차 세계대전 이후 급속도로 산업화가 시작되면서 대도시에 공장이 생기고 많은 노동자가 대도시인 베를린으로 모여들자, 이들의 주거를 해결하기 위해 아파트를 도입한 것이 그 시작이다. 브루노 타우트(Bruno Taut), 마르틴 바그너(Martin Wagner), 발터 그로피우스(Walter Gropius) 등의 유명 건축가들이 이 프로젝트를 주도했다. 그들이 지은 고품질 건축, 평면적이고 세련된 디자인의 주택단지는 20세기 주택단지의 대표적인 모델이 되었고 전세계적으로도 주택 발달에 큰 영향을 미쳤다. 또한 도시계획, 건축, 조경에 대한 새로운 접근을 통해 저소득자들의 주택과 주거환경을 개선하는 데 공헌한 건축개혁운동의 대표적인 사례로 꼽힌다. 기술적·미적 혁신을 이루었을 뿐 아니라 새로운 설계로 도시, 건축 유형학의 새 지평을 연 사례이기도 하다. 핵심 면적은 88.1ha, 완충면적은 225ha이다. 오늘날에도 여전히 사람들이 살고 있다.

34. 바덴 해(The Wadden Sea)

지정일: 2009년

Schloßgarten 1, 25832 Tönning

바덴 해는 세계에서 가장 넓고, 훼손되지 않은 조간대 모래 및 갯벌 체계이다. 바덴 해는 네덜란드의 '바덴 해 보호구역'과 독일 니더작센주, 슐레스비히홀슈타인주 각각의 '바덴 해 국립공원', 그리고 덴마크의 '바덴 해 해양 보전지역'의 대부분으로 구성된다. 1,143,403 ㏊의 바덴 해 해양 보전지역은 온난하고 비교적 평평한 연안 습지 환경을 갖춘 지역으로, 육지와 바다, 그리고 담수 환경 사이에 넓은 전이지대(Transitional zone)를 포괄하며, 까다로운 환경적 조건에 특별히 적응한 생물종이 풍부하다. 이곳은 세계적으로 철새들이 찾는 중요한 지역 중 한 곳으로, 철새들이 이동하는 다른 주요 지점의 연결망과 이어진다. 바덴 해의 중요성은 동대서양 이동 경로라는 점에서뿐만 아니라 아프리카-유라시아 대륙을 이동하는 물새들의 보호에 매우 중요할 역할을 한다는 데 있다. 바덴 해에서는 최대 610만 마리의 새가 동시에 머물 수 있고, 매년 평균 1천~1천 2백만 마리의 철새가 이곳을 거쳐 간다.

35. 알펠트의 파구스 공장(Fagus Factory in Alfeld)

지정일: 2011년

Hannoversche Str. 58, 31061 Alfeld (Leine)

파구스 공장은 현대 건축과 산업 디자인의 발전을 보여주는 기념비적 복합건물 10동으로 이루어진 공장단지이다. 1910년경 작센 저지대의 알펠트에서 바우하우스 창시자 발터 그로피우스의 설계로 건축이 시작되었다. 하중 지지 면적을 대폭 줄인 구조에 수많은 유리 패널을 결합하여 벽면을 만든 건축물로, 과거 건축의 장식적 가치를 타파하고 기능주의적이고 산업적이면서도 동시에 미적 감각을 추구한 건축 운동을 보여주는 혁신적인 건축물로 평가받는다. 특히 선을 매우 중요시하여 수직과 정육면체를 특히 강조하였으며, 모퉁이에 구조적인 지지물을 제거함으로써 빛과 개방성의 느낌을 더욱 강화하였다. 파구스 공장은 제화업계에서 사용하는 구두끈 생산, 저장, 발송 처리 등 모든 단계를 아우르는 곳으로, 오늘날에도 여전히 이용되고 있다.

36. 알프스 주변의 선사시대 호상 가옥 (Prehistoric Pile dwellings around the Alps)

지정일: 2011년

89134 Blaustein

알프스 주변과 산록 지역에는 6개국에 걸쳐 937개의 선사 시대 호상 가옥(Prehistoric Pile dwellings around the Alps)이 있으며 이중 111개의 유적이 세계유산에 등재되었다. 이들 가옥은 물속에 기둥을 세워 수면 위로 떠받치도록 건축한 집들로, 기원전 5000년부터 기원전 500년까지 알프스와 주변의 호숫가, 강변, 습지 등에 건축된 유적이다. 발굴된 일부 유적에서는 알프스 산맥 지역의 신석기와 청동기 생활상과 지역 사회와 환경 간의 상호작용 방식을 확인해 볼 수 있는 유물이 나왔다. 이 호상 가옥은 문화적·고고학적 유적들은 당시의 초기 농업 사회 연구에 중요한 자료로 여겨지고 있다. 침수된 환경은 일반적인 유럽의 신석기 및 청동기 시대 역사에서의 의미 있는 변화와, 특히 알프스 주변 지역 간의 상호 작용을 이해하는 데 도움을 준 유기물질을 탁월하게 보존해 왔다. 또한 호상 가옥 연속 유적은 5,000년 이상의 기간 동안 유럽의 알프스와 산록 지역에서의 선사 시대 호숫가에 위치했던 초기 농업 공동체의 정착지 및 가정생활을 상세히 알아볼 수 있다. 이 유적에서 발견된 고고학적 증거로, 이들 사회가 새로운 기술과 기후 변화의 영향에 반응하여 환경과 상호 작용한 방식에 대해 이해할 수 있다.

37. 바이로이트 마르크그라프 오페라 하우스 (Margravial Opera House Bayreuth)

지정일: 2012년

Opernstraße 14, 95444 Bayreuth

마르크그라프 오페라 하우스는 바로크 극장 건축의 걸작으로 1745년~1750년 사이에 건설되었으며, 유사한 유형의 건축물 가운데 온전하게 보존이 되어 있는 유일한 사례이다. 브란덴부르크 바이로이트 변경백인 프리드리히의 아내 마르그라피네 빌헬미네의 의뢰로 건축된 마르크그라프 오페라 하우스는 당시 유명한 극장 건축가였던 주세페 갈리 비비에나가 설계를 맡았다. 이 오페라 하우스는 도시 공공 공간에 건축된 궁정 오페라 하우스로서, 19세기 대규모 대중 극장 설립의 단초가 되었다. 공공건물의 화재 안전 규정, 그리고 극장의 현대적 사용을 위해 개조된 일을 제외하면, 건축물 대부분과 극장 객석의 장식은 변경되지 않고 그대로이다. 오페라 하우스의 500석 규모의 객석은 건축 당시 사용된 자재인 목재와 캔버스를 유지하고 있어, 바로크 궁정 오페라 문화와 최상의 음향을 감상할 수 있다.

38. 베르그파르크 빌헬름스회에(Bergapark Wilhelmshohe)

지정일: 2013년

34131 Kassel

베르그파르크 빌헬름스회에는 독일 카셀에 있는 산상 공원이다. 거대한 헤라클레스 동상이 내려다보고 있는 길고 긴 언덕을 따라 흘러내리는 빌헬름스회에의 기념비적인 워터디스플레이는 1689년에 헤센-카셀의 카를 영주의 지시로 동서 축의 주변에 조성되기 시작했고, 그 후 19세기까지 계속해서 추가 증설되었다. 헤라클레스 동상 뒤편에는 수조와 수로가 있는데, 이곳에 있는 수공 장치를 이용한 복합 시스템은 바로크 양식의 물 극장, 동굴, 분수, 그리고 350m 길이의 거대한 캐스케이드에 물을 공급한다. 게다가 폭포와 격류, 50m 높이까지 치솟는 대분수에 물을 공급하는 운하와 수로가 축을 가로질러 구불구불 감고 있으며, 선제후 빌헬름 1세가 완성한 낭만주의 정원을 돋보이게 하는 호수와 연못이 곳곳에 있다. 새로운 폭포를 제외한 모든 수경 요소는 현재까지도 가동하며, 헤라클레스 동상을 비롯한 공원의 이러한 전체 경관은 바로크 및 낭만주의 시대의 미학을 보여준다.

39. 카롤링거 시대의 베스트보르크와 코르바이 키비타스(Carolingian Westwork and Civitas Corvey)

지정일: 2014년

Schloss/Kloster Corvey UNESCO Weltkulturerbe, 37671 Höxter

코르바이 키비타스(Civitas Corvey, 주교구가 있는 코르바이 수도원을 중심으로 한 도시)는 획스터 교외의 베저강을 따라 자리하고 있다. 전원 속에 잘 보존된 '카롤링거 시대의 베스트보르크와 코르바이 키비타스'는 서기 822년부터 885년 사이에 설립되었다. '베스트보르크'란 카롤링거 왕조와 신성로마제국 시대에 대규모 로마네스크 장랑식 성당을 건축할 때 채택한 양식으로, 서쪽 입면이 돌출된 서향구조를 말한다.본래의 황립 수도원 단지는 발굴 작업이 부분적으로만 이루어진 채, 고고학 유적으로서 보존되어 있었다. 코르바이 키비타스의 성당에 있는 베스트보르크는 카롤링거 왕조 시대를 대표하는 가장 중요한 건축학적 표현 중 하나로서 카롤링거 시대에 완공된 진정성을 갖춘 사례이다. 코르바이 수도원의 건축학적 표현과 장식에는 영토 지배와 행정을 장악하는 동시에 유럽 전역에 기독교와 카롤링거 왕조의 문화 및 정치 질서를 전파하고자 했던 의도가 담겨 있다.

40. 슈파이허슈타트와 칠레하우스가 있는 콘토르하우스 지구(Speicherstadt and Kontorhaus District with Chilehaus)

지정일: 2015년

Fischertwiete 2A, 20095 Hamburg

슈파이허슈타트와 인접한 콘토르하우스 지구는 항구도시인 함부르크 중심부의 빌딩 숲이 빽빽하게 들어선 도시에 있는데, 항구의 창고 시설로서는 세계에서 가장 규모가 크다. '창고 도시'를 의미하는 슈파이어슈타트는 독창적이면서도 예스러운 외관에 첨단 기술 설비 및 장비가 들어선 총 15개의 대규모 창고 구역 및 6개 동의 부속 건물, 시설들을 연결하는 도로나 다리 등 연결망으로 이루어져 있다. 인근 콘토르하우스 구역은 1920년대부터 50년대까지 항구 관련 사업체들을 수용하기 위해 건설된 거대 규모의 사무 단지 8동이다. 가장 유명한 칠레하우스를 중심으로 콘토르하우스 지구 내 사무용 건물들은 벽돌 마감 건축물로서 통일된 기능을 지녔다. 슈파이허슈타트는 1885년부터 1927년 사이 엘베강에 있는 몇 개의 작은 섬들 위에 개발되었고, 1949년부터 1967년까지 부분적으로 재건축되었다. 항구에 있는 창고 시설로는 세계 최대 규모이고 일정한 양식으로 지어진 건축물이 역사적 앙상블을 이루고 있다.

41. 르코르뷔지에의 건축 작품, 모더니즘 운동에 관한 탁월한 기여(The Architectural Work of Le Corbusier)

지정일: 2016년

70191 Stuttgart(바이센호프 주택)

스위스 태생의 프랑스 건축가인 르코르뷔지에 설계의 17개 건축 유산으로, 해당 소재지인 프랑스, 스위스, 벨기에, 독일, 아르헨티나, 인도, 일본의 7개국에 공동 등재되었다. 르코르뷔지에는 20세기 산업화 및 기계화 사회의 배경 속에서 효율적인 공간을 구축하여 삶의 질을 유지하는 합리적 거주지를 구상한 도시계획자이자 모더니즘 건축의 선구자이다. 또한 현대적인 아파트 단지의 방식을 확립한 사람으로도 널리 알려져 있다. 이 중에서 바이센호프 주거단지의 주택은 독일 슈투트가르트시에 있으며 1927년 독일공작연맹(Deutscher Werkbund)과 슈투트가르트시의 지원으로 건설되었다. 바이센호프 주거단지 건설에는 르코르뷔지에 외에도 월터 그로피우스, 미스 반 데어 로에, 한스 샤로운 등 17인의 건축가가 참여했다. 바이센호프는 장식을 배제하고 공간의 기능을 중시한 간결하고 모던한 디자인을 제시했다. 현재 르코르뷔지에의 주택은 박물관으로 사용되며 1927년 당시의 모습을 살펴볼 수 있다.

42. 슈베비셰 알프의 동굴과 빙하기 예술 (Caves and Ice Age Art in the Swabian Jura)

지정일: 2017년

72531 Hohenstein

유럽에 정착한 최초의 현생 인류에 대한 문화를 증언하는 특별한 유산이다. 현생 인류가 처음 유럽에 도달한 것은 후기 빙하기인 약 1만 3천 년 전으로 추정되는데, 이들의 거주지였던 곳 중 하나가 바로 독일 남부 슈베비셰 알프다. 이 동굴에는 해부학적 측면에서 현생 인류거나 현생 인류 이전 네안데르탈인 인류가 상당히 오랜 기간 거주했던 흔적을 찾을 수 있다. 특히 약 4만 3천 년에서 3만 3천 년 사이 오리냐크(Aurignac) 층이 있는 동굴들 안에 보존된 작은 조각상과 개인 장신구, 악기 등과 같은 유물을 통해 고유의 문화를 분명하게 드러난다. 출토된 조각상에는 빙하기에 있던 동굴 사자, 매머드, 새, 말, 버펄로, 물고기 등이 묘사되어 있다. 이곳의 조각상이나 장신구는 전 세계에서 발견된 유물 중 가장 역사가 오래된 것이며, 발견된 악기의 경우 현재까지 전 세계적으로 가장 오래된 것으로 알려져 있다.

43. 헤데뷔와 대네비아케, 국경 고고학 단지 (Archaeological Border complex of Hedeby and the Danevirke)

지정일: 2018년

24867 Dannewerk, Unnamed Road

헤데뷔(독일명 하이타부)의 교역 중심지와 대네비아케(독일명 다네베르크)의 방어 체계는 기원후 제1천년기 및 제2천년기 초반 유틀란트 반도의 슐레스비히 지협에 건설되었다. 수 세기에 걸쳐 서유럽과 북유럽의 주요 해양 무역 및 교류 네트워크의 중심지이자 덴마크 왕국과 프랑크 제국의 국경 지역의 요충지로, 8세기부터 11세기까지 다양한 문화 전통을 가진 사람들이 상호 교류하고 교역한 탁월한 증거를 간직하고 있다. 바이킹 시대 전체에 해당하는 3세기가 넘는 기간 동안 헤데뷔는 가장 규모가 크고 중요한 상업 도시로 발전했으며, 10세기에는 국경 지역과 포티지를 통제하는 대네비아케의 방어용 토루 안에 편입되었다. 매우 잘 보존된 수많은 고고학적 자료 덕분에 헤데뷔와 대네비아케는 유럽 바이킹 시대의 경제·사회·역사적 발전에 대해 광범위하고 다양한 해석을 가능하게 하는 중요한 학술적 유적지가 되었다. 도로의 흔적이나 구조물, 묘지 등을 비롯한 헤데뷔의 고고학 유적 역시 이 유산의 속성에 포함된다.

44. 나움부르크 대성당 (Naumburg Cathedral)

지정일: 2018년

Domplatz 16, 06618 Naumburg (Saale)

작센안할트주 남부에 있는 나움부르크 대성당은 중세 예술과 건축물을 감상할 수 있는 독특한 유산이다. 성당 건물 대부분은 13세기에 건축되었다. 바실리카 회당식의 로마네스크 신랑을 중심으로 동쪽과 서쪽, 양옆에는 2개의 고딕 성가대석이 있다. 유명한 12명의 대성당 설립자가 묘사된 조각상이 있는 서쪽 루드 스크린은 '나움부르크의 마이스터'라고 알려진 범유럽 공방이 창조해낸 걸작들이다. 대성당과 그에 따른 건축학적 요소들, 조각상들, 예술작품, 그리고 잘 보존된 본래의 배치 등 모든 것이 유산의 탁월한 보편적 가치를 전달하고 있다. 심지어 수리 작업에는 대성당 공사 때마다 쓰인 원래 채석장에서 가져온 석재를 사용했으며, 복원 작업은 19세기 이후부터 진행되었다. 그 덕에 건축물은 본래의 기능을 유지하고 있으며 지금도 정기적인 미사가 열린다. 나움부르크 대성당의 전체적인 도상학적 개념, 그리고 건축, 조각 작품, 스테인드글라스의 조화로운 결합은 13세기의 종교적 실천과 시각 예술의 변화를 독창적인 방식으로 반영하고 있다.

45. 에르츠 산맥(크루슈네호리 산맥) 광업 지역
(Erzgebirge/Krušnohoří Mining Region)

지정일: 2019년

09456 Annaberg-Buchholz

독일 작센과 체코 사이에 있는 에르츠 산맥 광업 지역은 르네상스 시대부터 현대에 이르기까지 기술과 과학적 혁신의 중심지로서 작센-보헤미아 오레 산맥 광산의 두드러진 역할과 세계적 영향을 보여준다. 12세기부터 20세기까지 800년 동안 다금속 광산으로서 거의 중단 없이 채굴되었고, 주변 여건에 따라 변화를 거듭하며 자족적 경관 단위를 형성한다. 여러 시기별 채광의 역사에서 광산업과 관련된 중요한 성취가 이 지역에서 시작되었고, 다른 광산 지역으로 성공적으로 확산하거나 이후의 잇따른 발전에 영향을 미쳤다. 특히 이곳에서 최초의 광업 고등학교가 설립되어, 고도로 숙련된 작센-보헤미아 출신의 광부들이 전 세계로 끊임없이 이주하여 광산 기술과 관련 학문 발전에 이바지했다. 이곳 광업 지역에는 현장에 당시 장비와 구조물, 모든 광상에서 채굴된 광물 및 개발 기간이 표시된 지상 및 지하광산이 보존되어 있으며, 물 공급용 및 에너지 공급용, 광석 처리 및 배수용으로 이용된 물 관리 시스템을 비롯해 운송 인프라 등이 있다.

46. 아우크스부르크의 물 관리 시스템
(Water Management System of Augsburg)

지정일: 2019년

86150 Augsburg

아우크스부르크의 물 관리 시스템은 그의 지위를 지속시킨 중요한 기술적 혁신을 보여준다. 이곳에서는 위생 문제와 관련하여 더러운 물이 여러 가지 질병이 원인이라는 연구 결과가 사실로 확립되기 훨씬 전인 1545년부터 식수와 공정용수를 엄격하게 분리하여 공급하였다. 이 유산은 중세 시대부터 이미 도시의 지속적 성장과 번영의 기초로써 수자원을 이용함은 물론 매우 깨끗한 물을 생산했음을 입증한다. 물 관리 시스템의 완전성은 상호 연관된 총 22개 요소로 이루어진 하나의 통합된 총체로 기능적 통일성 및 일체성에 기초하며, 이는 도시의 물 관리 시스템을 증명하는 6가지 유형 구조물들에서 잘 표현되어 있다. 700년이 넘는 이 기념물은 인류사에서 중요한 2단계의 시대, 즉 르네상스 시대의 '물 예술'과 함께 산업혁명 시대에 이 도시가 우위를 점하도록 해준 물과 관련된 도시 행정 및 물 관리를 생생하게 입증한다. 아우크스부르크의 물 관리 시스템을 구성하는 기술 건축의 앙상블은 그 규모가 적절하며 중요성의 근거인 본연의 특성과 과정을 완벽하게 제시하고 있다.

47. 유럽의 대 온천 마을들
(The Great Spa Towns of Europe)

지정일: 2021년

Römerpl. 1, 76530 Baden-Baden

유럽의 대 온천 마을들은 1,700년쯤부터 1930년까지 절정에 달했던 유럽의 온천 현상(European spa Phenomenon)에 관한 증거를 지니고 있다. 의사들뿐 아니라 온천 마을의 생활에서 틀이 되는 건축 및 자연환경을 조성한 건축가·설계자·조경 전문가들이 이러한 전파 행위의 주체였다. 그 결과 이 유산은 목욕과 음용의 실용적 목적을 위해 천연광천수라는 자원을 활용할 수 있도록 설계한 쿠어하우스/쿠어살, 펌프실, 음용실('trinkhalle'), 주랑과 회랑 등 온천 건축의 중요한 사례를 대표한다. 이는 천연광천수 온천을 중심으로 건강과 여가를 목적으로 한 도시형태론에 의해 유형적으로 구현되었으며, 유럽 전역 및 세계 여러 지역에서 온천 마을의 인기와 치료법 발전에 영향을 미쳤다. 이 유산은 유럽 7개국 11개 도시의 온천 마을들로 이루어져 있으며, 독일은 바트엠스, 바덴바덴, 바트키싱엔 3개 도시가 포함되어 있다.

48. 다름슈타트의 마틸덴회에(Mathildenhohe Darmstadt)

지정일: 2021년

Nikolaiweg 18, 64287 Darmstadt(성 마리아 막달레나 러시아 예배당)

독일 중서부 다름슈타트시에서 가장 고도가 높은 마틸덴회에 언덕에 있는 다름슈타트 예술인촌은 1897년 에른스트 루트비히 폰 헤센 대공이 건축, 예술, 공예 분야에서 새로운 개혁 운동의 중심지로서 조성되었다. 독일 중서부 다름슈타트시에서 가장 고도가 높은 마틸덴회에 언덕에 있는 다름슈타트 예술인촌은 1897년 에른스트 루트비히 폰 헤센 대공이 건축, 예술, 공예 분야에서 새로운 개혁 운동의 중심지로서 조성되었다. 예술인촌 내의 건축물들은 실험적인 초기 모더니즘적 생활 및 작업환경으로써 예술인촌에 속한 예술가들에 의해 완성되었다. 이후에도 예술인촌은 1901년, 1904년, 1908년, 1914년에 연이은 국제 전시회를 통해 확장되었다. 오늘날 이곳은 '아트 앤드 크래프트 운동(Arts and Crafts movement)'과 빈 분리파(Vienna Secession)의 영향을 받은 초기 현대 건축, 도시 계획, 조경 디자인을 증언하는 장소이다.

49. 로마제국 국경-저지대 게르마니아 리메스
(Frontiers of the Roman Empire - The Lower German Limes)

지정일: 2021년

로마제국 방어 체계의 일부인 '저지대 게르마니아 리메스'는 북서쪽 국경을 통합하여 로마제국의 힘이 최대로 확장되었던 시대를 나타내는 증거이다. 독일 라인강 지괴를 넘어 네덜란드 북해 연안까지 약 400km에 걸쳐 있으며, 2세기 무렵 유럽, 근동, 북아프리카에 걸쳐 총 7,500km가 넘는 거리에 달했던 로마제국 국경 일부로서 102개 구성 요소로 이루어져 있다. 이 국경은 로마제국 정책의 물질적 표현이자 군사·공학·건축·종교·경영·정치 등과 같은 로마 문화와 전통의 확산을 증언한다. 방어와 관련된 수많은 유적은 그 가족이 로마제국의 한 부분이 된 이 지역에서 어떻게 살았는지 이해하도록 돕는다. 고고학 유적으로는 고대 로마군단의 성채 및 요새, 보루, 탑, 임시 야영지, 운하 및 수로 등이 있으며, 민간인 정착지, 마을, 묘지, 성소, 원형 극장 및 궁전 등이 있다. 고고학유고고학 유적 대부분은 지하에 매장되어 있는데, 로마 강점기 시절 이용되었던 구조재 및 유기체를 높은 수준으로 보존하고 있다.

50. 슈파이어, 보름스, 마인츠의 슘 유적
(ShUM Sites of Speyer, Worms and Mainz)

Synagogenplatz, 67547 Worms(보름스의 유대회당 단지)

지정일: 2021년

'슈파이어, 보름스, 마인츠의 슘 유적'은 독일 라인란트팔츠주 라인강 상류 계곡의 대성당 도시인 슈파이어, 보름스, 마인츠에 있는 '슈파이어의 유대인 재판소', '보름스의 유대회당 단지', '보름스 옛 유대인 묘지', '마인츠 옛 유대인 묘지' 등 4개의 구성 요소로 이루어진 연속유산이다. 중세성기(유럽의 11세기부터 13세기까지)의 유대인 디아스포라 공동체의 공동체회관과 묘지로 이루어진 유산으로서 지식문화 부문에서 선구적이다. 전체로서 슈파이어, 보름스, 마인츠의 세 도시와 밀접하게 연결된 케힐로트 슘(Qehillot shUM) 문화 전통을 대표하며, 연속유산에 대한 각 구성요소들의 특별히 이바지하는 바가 잘 표현되어 있다. 유산에 나타난 독특한 형태와 디자인은 알프스 북부와 프랑스 북부, 영국의 중부유럽을 관통하며, 유대인의 건축설계·의식용 건물·매장 문화 등에 영향을 미쳤다. 구성 요소 중 어느 것도 개발이나 방치로 인해 위협받지 않으며, 각각의 유산은 가장 강력한 법적 보호를 받고 있다.

51. 로마제국 국경 방어선 - 다뉴브 리메스 (서부구역)

(Frontier of the Roman Empire - The Danube Limes(Western Segment))

지정일: 2021년

다뉴브 리메스는 로마제국의 국경 가운데 거의 600km 거리에 달하는 다뉴브(독일명 도나우) 국경 방어선 전체를 아우르는 유산으로, 독일을 비롯해 오스트리아 및 슬로바키아와 닿아 있다. 이 유산은 지중해를 둘러싼 로마제국의 광범위한 국경 일부이다. 고대 로마제국이 게르만족의 공격에 대항하여 다뉴브(도나우)강 유역에 쌓을 요새를 '다뉴브 리메스'라고 하는데, 다뉴브 리메스는 도로, 로마군단의 요새 방벽 그리고 이들과 연관된 정주지에서부터 소규모 요새, 임시 야영지에 이르기까지 이 지역의 지형과 이들 구조물이 관련된 방식 등에 대해 밝히고, 기지의 선정과 주요 요소들을 통해 로마 국경 방어선으로서의 특징을 나타낸다. 한편 '리메스'(limes) 그리고 '리미트-'(limit-), '리미티스'(limitis) 등의 어간은 라틴어와 관련된 많은 언어에 있는 전체 단어의 조상임을 나타내고 있다. 라틴어 명사 리메스는 길 혹은 밭의 경계를 정하는 장애물, 경계선, 길 혹은 통로, 샘길 같은 물길 등 많은 다양한 의미를 담고 있다.

노이슈반슈타인 성

(Schloss Neuschwanstein)

Neuschwansteinstraße 20, 87645 Schwangau

노이슈반슈타인 성은 바이에른의 왕 루트비히 2세가 지은 로마네스크 양식의 성으로, '새로운 백조의 성'이라는 뜻을 지니고 있다. 독일 바이에른주 산맥 위 고도 800m에 있는 이 성은 사실 대포의 발명으로 인해 이미 성이 쓸모가 없어진 시대에 지어진, 군사적인 목적과 관계없이 어디까지나 루트비히 2세의 순수한 취미로서 지어진 성이었다. 루트비히 2세는 바그너와 그의 오페라 <로엔그린>에서 영감을 얻어 이 성을 지었다. 성의 건축으로 인해 바이에른의 경제는 큰 타격을 입었으며, 루트비히 2세가 왕위에서 퇴위당하는 결말을 불러온다. 일반적으로는 디즈니랜드 성의 모델이 된 것으로 널리 알려져 있으며, 가장 이상적인 중세의 성의 대표적인 이미지로 꼽히기도 한다. 오늘날 노이슈반슈타인 성은 매년 130만 명 이상이 방문하는 바이에른의 대표 관광지로 활약하고 있다.

호엔슈방가우성

독일 7대 가도(街道)

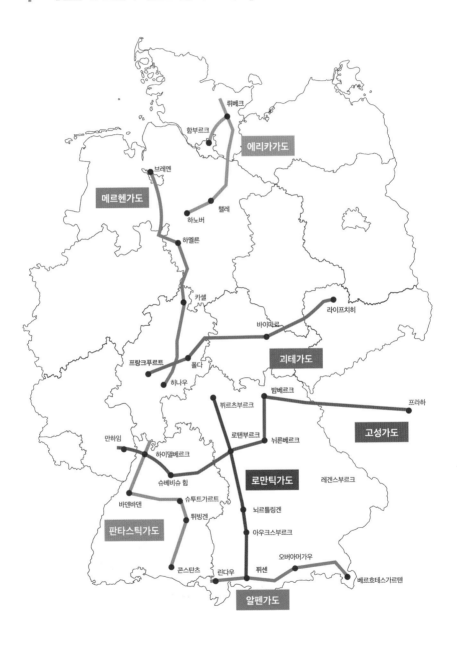

뤼베크

함부르크

에리카가도

브레멘

메르헨가도

첼레

하노버

하멜른

카셀

라이프치히

바이마로

괴테가도

프랑크푸르트

풀다

하나우

밤베르크

뷔르츠부르크

프라하

로텐부르크

뉘른베르크

고성가도

만하임

하이델베르크

레겐스부르크

슈베비슈 힘

로만틱가도

바덴바덴

슈투트가르트

뵈르틀링겐

튀빙겐

판타스틱가도

아우크스부르크

콘스탄츠

린다우

퓌센

오버아머가우

베르히테스가르텐

알펜가도

❶ 고성가도

만하임 하이델베르크 슈베비슈 힘 로텐부르크   뷔른베르크 밤베르크   프라하

선제후 문화를 기반으로 여러 군주국으로 나뉘어 있던 독일은 그 세월만큼이나 유서 깊은 고성을 다수 보유하고 있다. 고성가도는 이름 그대로 고성이 집중된 네카어강 유역을 잇는 길로, 가도를 따라 프랑크왕국부터 프로이센 시기에 만들어진 50여 채가 넘는 고성과 옛 성의 폐허를 만날 수 있다. 고성가도는 프리드리히 광장과 미술관, 선제후 궁전이 있는 만하임에서 시작하여 천 년의 역사를 자랑하는 세계 문화유산 지정 도시 밤베르크를 거쳐 체코 프라하에 이르기까지 약 1,000km에 달하는 길이를 자랑한다.

고성가도의 주요 도시로는 만하임과 하이델베르크, 로텐부르크와 뷔른베르크, 밤베르크가 있다. 고성가도의 시작점이자 독일 최대의 바로크 양식 궁전인 선제후 궁전을 보유하고 있는 만하임은 인구 32만의 큰 도시로, 1900년 이래 중요 산업 및 상업, 교통의 중심지 역할을 하고 있다. 하이델베르크는 매년 수백만 명이 찾아오는 독일의 유명 관광지로 산 중턱에 있는 하이델베르크 성이 대표적이다.

로텐부르크 역시 독일의 주요 관광지로 유명하다. 성벽 내에 대부분 관광지가 몰려 있으며, 14세기 중세의 모습을 그대로 간직했기에 '중세의 보석'이라 일컬어진다. 뷔른베르크는 로렌츠 교회, 장크트 제발트 성장, 뷔른베르크 황제 거성 등 수많은 유적지를 간직한 옛 고도로, '히틀러가 사랑한 도시'로도 잘 알려져 있다.

밤베르크는 독일 바이에른주 북부에 있는 작은 도시지만 레그니츠강과 마인강 합류점에 있어 '작은 베네치아'로도 불린다. 천 년의 역사를 자랑하는 세계 문화유산 지정 도시로 '프랑켄의 로마'라는 별칭도 가지고 있다.

❷ 괴테가도

프랑크푸르트   폴다   아이제나흐   바이마르   라이프치히

괴테가도는 젊은 <베르터의 고뇌>, <파우스트> 등의 세계적인 작품을 쓴 독일 불세출
의 대문호이자 바이마르의 재상이었던 요한 볼프강 폰 괴테의 발자취를 따라가는 가도
이다. 괴테가 태어나 26세까지 살았던 프랑크푸르트부터 시작하여 음악의 도시로 불
리는 라이프치히까지 이어진다. 괴테가도는 바흐, 멘델스존, 리스트, 바그너 등의 음악
가와 종교개혁가인 마르틴 루터에서 비롯된 독일의 문학, 예술, 종교에 대한 흔적을 모
두 품고 있는 가도이기도 하다.

괴테가도의 주요 도시로는 프랑크푸르트, 폴다, 아이제나흐, 바이마르, 라이프치히
등이 있다. 프랑크푸르트는 헤센주에 위치한 독일의 경제 중심지로 인구 77만여 명이
거주하는 대도시다. 유럽에서도 손에 꼽히는 현대적 도시로 다양한 회사의 본사가 자
리 잡고 있다. 괴테하우스라는 이름의 생가가 보존되어 있다. 프랑크푸르트 근교의 폴
다는 인구 6만여 명의 도시로 폴다 대성당을 비롯해 폴다 왕궁, 성 블라이세 성당 등 바
로크풍의 건축물을 보유하고 있어 바로크 건축의 수도라 불린다.

아이제나흐 역시 인구 4만여 명의 작은 도시로 음악가 바흐의 고향으로 널리 알려져
있다. 또한 아이제나흐는 마르틴 루터가 피난 생활 중 독일어로 성서를 번역했던 바르
트부르크성을 만날 수 있다. 바이마르는 독일 튀링겐주에 위치한 도시로 수많은 위인이
거쳐 간 독일 문화의 중심지로 불린다. 구시가지 전체가 유네스코 세계유산으로 지정되
어 있어 볼거리로 가득한 도시다. 괴테가 궁정의 고문으로 활동한 도시이기도 하다.

라이프치히는 독일의 10대 도시 중 하나로, 바흐를 비롯해 멘델스존, 슈만 등 위대한
음악가들이 활동한 음악과 예술의 도시로 불린다. 또한 라이프치히 내에 있는 게반트
하우스, 토마스 교회, 멘델스존 박물관 등 다양한 공연장에서는 유·무료 공연이 펼쳐지
므로 관람을 권하는 바이다.

❸ 로맨틱가도

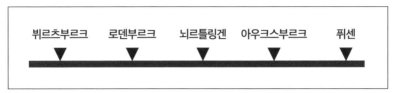

뷔르츠부르크　　로덴부르크　　뇌르틀링겐　　아우크스부르크　　퓌센

고대 로마인들이 최초로 가도를 만든 것에서 유래된 이름인 로맨틱가도는 중세시대 독일 중부와 남부의 무역 거래를 위한 길로 사용되었다가 1950년부터 독일의 관광 자원으로 개발되었다. 이처럼 역사가 깊은 로맨틱가도는 뷔르츠부르크에서 시작해 로텐부르크를 거쳐 퓌센까지 약 350km의 길로 이루어져 있으며, 동화에 나올 법한 중세 마을과 함께 마인강에서 알프스산맥에 이르는 아름다운 자연경관을 자랑한다.

　　다양한 마을을 지나는 로맨틱가도의 주요 관광지로는 뷔르츠부르크, 딩켈스뷜, 뇌르틀링겐, 아우크스부르크와 퓌센 등이 있다. 로맨틱가도의 시작점인 뷔르츠부르크는 '독일의 프라하'로 불리며 세계문화유산으로 지정된 뷔르츠부르크 레지던츠를 중심으로 다양한 볼거리를 만나볼 수 있다.

　　딩켈스뷜은 전형적인 중세 독일의 마을을 그대로 보여주는 도시. 세계대전 당시 피해를 입지 않은 데다 오늘날까지 간판이나 창문, 지붕 등을 규제하는 등 옛 도시의 원형을 지키려는 노력을 이어가고 있다. 뇌르틀링겐은 중세의 원형 도시로 1500만 년 전 거대한 운석이 떨어져 생긴 리스 분지 위에 자리한 것이 특징이다. 마을 전체가 성곽으로 둥글게 쌓여 있으며 다양한 영화와 매체에서 모티브로 활용되기도 했다. 아우크스부르크는 고대 로마 시대에 건설된 유서 깊은 도시로, 모차르트 가문이 정착했기에 그의 아버지 생가를 박물관으로 활용하는 등, 업적을 기리고 있다.

　　로맨틱가도의 종착점인 퓌센은 가도의 이름에 걸맞은 아름다움을 자랑한다. 알프스산맥 동쪽 기슭에 있는 퓌센은 바이에른 왕국의 루트비히 2세가 산 중턱에 지은 노이슈반슈타인 성과 1837년에 완공된 호엔슈반가우 성이 대표적인데, 특히 노이슈반슈타인 성은 '백조의 성'이라는 이름답게 우아함을 자랑하며 월트 디즈니 성이 이 성을 모델로 한 것으로 잘 알려져 있다.

❹ 메르헨가도

하나우   알스펠트   카셀   하멜른   브레멘

'동화가도'라고도 불리는 메르헨가도는 야코프&빌헬름 그림 형제가 모으고 다듬은 독일의 동화와 전설에서 등장하는 마을들을 연결한 약 600km 길이의 가도이다. 그림 형제가 태어난 도시 하나우를 시작으로 <빨간 모자>의 알스펠트, <백설공주>의 바트와일드웅겐, <하멜른의 피리 부는 사나이>로 유명한 하멜른을 거쳐 <브레멘 음악대>로우리에게 친숙한 도시 브레멘 등, 그림 형제의 발자취와 함께 동화(메르헨) 작품 배경이 된 도시들을 이었다.

메르헨가도의 주요 도시로는 하나우를 비롯해 알스펠트, 카셀, 하멜른, 브레멘 등이있다. 가도의 시작점인 하나우는 그림 형제가 태어난 도시로 프랑크푸르트에서 함부르크, 베를린, 뮌헨으로 향하는 철도가 지나는 교통의 중심지이다. 마을 중심에 있는 마르크트 광장에는 그림 형제를 기념하기 위한 기념상이 세워져 있다. 알스펠트는 <빨간모자>의 배경이 되는 작은 도시로, 독일의 대표적인 전통 주택으로 지어진 건물들을 감상할 수 있는 곳이다.

카셀은 메르헨가도의 중간에 있는 도시로, 세계 140개국에서 번역, 출판된 그림 동화와 그림 형제의 자필 원고 등이 전시된 그림 형제 박물관, 그리고 렘브란트와 루벤스, 반다이크 등의 미술품이 1,000점 이상 소장 중인 빌헬름 궁전공원이 볼거리다. <하멜른의 피리 부는 사나이>로 알려진 하멜른은 동화에 기인해 지은 '쥐 잡는 사나이의 집'을비롯해 하멜른 박물관, 쥐 잡는 사나이가 지났다는 붕겔로젠 골목 등 동화적인 색채가가득한 마을이다. 가도의 마지막이자 독일에서 가장 오래된 무역항이기도 한 브레멘에서는 곳곳에서 <브레멘 음악대>의 동물을 소재로 하는 조각들을 만나볼 수 있다. 브레멘은 중세 시대 한자 동맹의 일원으로 상인들이 자치권을 차지했던 곳으로 독일 제국에편입된 이후로도 자치도시로 남아 있었으며 오늘날 독일에서 가장 작은 주이다.

❺ 알펜가도

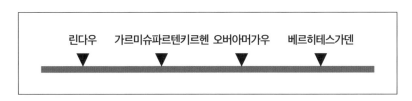

린다우 가르미슈파르텐키르헨 오버아머가우 베르히테스가덴

알펜가도는 신성로마제국의 황제이자 보헤미아의 국왕이었던 막시밀리안 2세가 처음 여행하면서 시작된 길로, 독일 남부 지방에 있는 린다우에서 시작해 퓌센을 지나 동쪽 오스트리아 국경 옆 베르히테스가덴까지 약 500km 남짓의 가도이다. 독일 남부를 잇는 알프스산맥과 그 사이의 도시들을 잇기에 아름다운 자연경관과 더불어 각 도시에서 산악 스포츠 활동을 즐길 수 있으며, 독일인들도 계절과 관계없이 레저 활동을 위해 자주 찾는 곳이다. 자동차로 드라이브할 때 가장 볼거리가 많은 가도로 꼽히기도 한다.

알펜가도의 주요 도시로는 린다우와 가르미슈파르텐키르헨, 오버아머가우, 베르히테스가덴 등이 있다. 린다우는 독일 남부 바이에른주에 있는 도시로, 보덴 호수 섬에 도시 일부가 자리를 잡고 있어 많은 독일인이 휴양지로 찾는 곳이기도 하다. 이 보덴 호수는 독일과 스위스 오스트리아 3개국에 닿아 있으며 중부 유럽에서 3번째로 큰 호수이기도 하다.

가르미슈파르텐키르헨은 독일 최남단의 도시로, 독일에서 가장 높은 산이자 알프스산맥과도 연결되어 있는 추크슈피제를 만나볼 수 있다. 이곳은 동계 스포츠와 관련된 인프라가 발달되어 있으며 1936년에는 제4회 동계올림픽이 개최되기도 했다. 알프스 산자락에 있는 오버아머가우는 프레스코 벽화가 그려진 가옥들이 독특한 풍경을 자아내는 인구 5천여 명의 소도시다. 이곳에서는 10년마다 한 번씩 예수의 수난과 부활 승천을 내용으로 하는 수난극이 공연되며 이때 주민 2천여 명이 공연 준비에 참여한다고 한다. 베르히테스가덴은 독일 남동부에 있는 도시로 3면이 오스트리아 영토로 둘러싸여 있다. 특유의 경관으로 히틀러를 비롯한 나치 지도자들의 별장으로 애용한 켈슈타인하우스가 있는 켈슈타인산과 독일에서 가장 오래된 소금광산 등이 유명하다.

❻ 판타스틱 가도

하이델베르크　칼프　바덴바덴　슈루트가르트　튀빙겐　콘스탄츠

독일 남서부에 위치한 바덴-뷔르템베르크에서 개발하여 홍보하는 가도로, 관광도시 하이델베르크를 시작으로 콘스탄츠까지 총 9개 도시들을 잇는 400km의 길이다. 판타스틱가도에서는 그 이름처럼 숲과 고성, 호반과 같은 환상적인 자연경관을 만나볼 수 있으며, 다른 가도와 달리 특정한 주제로 구성된 대신 독일을 상징하는 다양한 문화와 풍경을 접할 수 있는 것이 특징이다.

　주요 도시로는 하이델베르크와 칼프, 바덴바덴, 콘스탄츠 등을 꼽을 수 있다. 하이델베르크는 독일에서 가장 오래된 대학인 하이델베르크 대학교와 22만 리터의 술을 담을 수 있는 술통이 있는 하이델베르크 성이 있는 관광도시. 성에서는 하이델베르크 시내 전경과 함께 네카어강, 카를 테오도르 다리를 한눈에 내려다볼 수 있다.

　칼프는 1075년 세워진 인구 15만의 도시로 독일어로 '검은 숲'을 의미하는 슈바르츠발트 산맥의 한가운데에 있다. 칼프는 특히 노벨문학상 수상자인 헤르만 헤세의 고향으로 유명하며 그를 기리는 박물관과 동상 등을 찾아볼 수 있다. 바덴바덴은 고대 로마 시절부터 온천과 목욕으로 유명한 도시로, 유네스코 세계문화유산인 '유럽의 거대 온천 도시들'에 등재된 곳이기도 하다.

　가도의 종착지인 콘스탄츠는 스위스와의 국경도시이자 서울과 유사한 크기의 거대한 호수인 보덴 호수로 대표되는 도시다. 역사적으로는 얀 후스의 처형이 의결된 콘스탄츠 공의회가 열렸던 곳이며, 오스트리아 공국을 통치하던 합스부르크 가문의 월경지인 외지오스트리아에 속했던 곳이다. 독일인들에게 휴양지로 손꼽히는 도시로, 콘스탄츠 대성당에 오르면 콘스탄츠의 전경을 한눈에 감상할 수 있다.

❼ 에리카가도

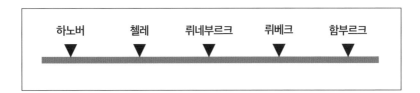

하노버	첼레	뤼네부르크	뤼베크	함부르크
▼	▼	▼	▼	▼

에리카가도는 독일 북부 지역에 있는 가도로, 독일 최대의 항구 도시인 함부르크에서 시작해 하노버 등 북부 도시들을 이었다. 에리카가도는 독일에서 제일 먼저 여름을 맞이하는 가도로 알려져 있으며 에리카가도의 중심에 있는 뤼네부르크와 주변 도시에서는 해마다 8~9월에 자줏빛의 에리카꽃이 만개하며 관광객들을 맞이한다.

에리카가도의 주요 도시로는 하노버와 첼레, 뤼네부르크, 뤼베크, 함부르크 등이 있다. 니더작센 주의 수도인 하노버는 박람회의 도시로 유명한데, 13개의 전시장을 모아놓은 거대한 하노버 박람회장을 만날 수 있다. 이외에도 공업도시로 유명하며 이름난 기업들의 본사가 모여있다.

첼레는 북독일의 진주라고 불리는 작은 도시로, 색색의 목조가옥이 모여있어 동화적인 분위기를 자아낸다. 이외에도 계절마다 바뀌는 꽃들로 장식된 첼레 성, 지역의 역사를 담고 있는 보먼 박물관 등의 관광지들이 있다. 소금 광산으로도 유명한 뤼네부르크는 한자 동맹 시절의 항구가 오늘날까지 보존되는 등 중세 시대의 모습을 고스란히 간직한 것으로 유명하다. 특히 뤼네부르크 하이데에 있는 운델로 마을에는 8~9월에 에리카 속의 히스 꽃이 만발해 절경을 자아낸다.

뤼베크는 한자 동맹의 맹주이자 자유도시였던 곳으로, 2차 세계대전 기간에 상당한 피해를 입었지만 한자 동맹 시기 세워진 건축물 덕분에 도시 전체가 유네스코 세계문화유산으로 지정되어 있다. 뤼베크는 1478년 건립된 성문인 홀슈타인 문, 1350년 완성된 성모 마리아 성당 등 다양한 유산을 보존하고 있다. 함부르크는 북해 연안 독일 최대의 항구로 인구 규모로는 베를린에 이은 제2의 도시이다. 다른 유럽의 도시와 달리 현대 건물의 비중이 높지만 함부르크 시청을 비롯해 엘베강의 야경, 1190년 만들어진 알스터 호수 등 다양한 볼거리를 보유하고 있다.

| 독일 테마 추천 여행지 |

1. 역사

슈파이어(Speyer)-라인란트팔츠주

독일에서 가장 오래된 도시 중 하나로 중세의 고풍스러운 분위기를 간직하고 있다. 매년 8월부터 10월까지 슈파이어 대성당 음악 축제가, 7월에는 커다란 민속축제인 브레첼 축제가 열린다. 한편 슈파이어는 독일에서 가장 따뜻한 지역으로 많은 관광객이 찾아온다.

주요 명소
1) **게데크트니스교회**(Gedächtniskirche der Protestation)
주소: Martin-Luther-King-Weg 1, 67346 Speyer
1529년 신성로마제국의 슈파이어 의회 항거를 기념하고자 건립된 프로테스탄트 교회

2) **슈파이어 역사박물관**(Historical Museum of the Palatinate)
주소: Domplatz, 67346 Speyer(슈파이어 대성당 광장 건너편)
슈파이어 시가 속한 라인란트팔츠의 역사를 담은 박물관

3) **슈파이어 성문**(The Old Gate)
주소: Maximilianstraße 54, 67346
도시 서쪽의 주요 성문. 55m로 독일의 성문 중 가장 높다.

다하우(Dachau)-바이에른주

인구 4만 8천 명가량의 작은 도시인 다하우는 1933년 나치 정권이 수립된 이후 최초로 강제 수용소가 건설되었다. 해방 후에는 전범 재판을 기다리는 나치 친위대를 수용하는 용도로 사용되었으며 현재는 독일의 대표적인 관광지로 활용되고 있다.

주요 명소
1) **다하우 강제 수용소**(Dachau concentration camp)
주소: Pater-Roth-Str. 2A, 85221

독일에서 최초로 개설된 나치의 강제 수용소

2) 다하우 궁전(Dachau Palace)
주소: Kurfürst-Max-Emanuel-Platz 2, 85221
전시회장 및 음악회장으로 사용 중인 르네상스 양식의 궁전

레겐스부르크(Regensburg)-바이에른주

고대 로마부터 현대까지 이어진 도시. 로마제국 당시에는 레겐강의 요새라는 뜻의 '카스트라 레지나'라 불렸다. 도나우강과 레겐강이 합류하는 지점으로 중세 때에는 인도 및 중동과 교역하기도 했다. 상공업과 교통, 그리고 문화의 중심지로 다수의 역사적 기념물을 보유하고 있다.

주요 명소
1) 포르타 프라이토리아 성문(Porta Praetoria)
주소: Unter den Schwibbögen 2, 93047
179년 건축된 것으로 추정되는 고대 로마제국의 성벽 출입문

2) 슈타이네르네 다리(Steinerne Bruecke)
주소: Steinerne Brücke, 93059
도나우강을 가로지르는 독일 최초의 다리

3) 슈타트암호프(Stadtamhof)
주소: Stadtamhof, 93059
슈타이네르네 다리 건너 지역으로 레겐스부르크와 문화권이 다른 것이 특징

하이델베르크(Heidelberg)-바덴-뷔르템베르크주

아름다운 중세 도시로 그림 같은 풍경과 역사적인 명소로 유명하다. 하이델베르크성은 내부에 박물관과 투어가 있어 성의 역사와 아키텍처를 탐험할 수 있다. 구도심은 중세 도시의 매력을 품고 있으며, 오래된 건물, 돌길, 작은 상점 등으로 구성하여 산책하기에 이상적이다.

주요 명소

1) 하이델베르크성(Schloss Heidelberg)
주소: Schlosshof 1, 69117
거대한 술창고를 보유한 성으로 현재 독일 약국 박물관으로 활용되고 있다.

2) 철학자의 길(Philosopher's Walk)
주소: Philosophenweg, 69120
헤겔과 하이데거 등 철학자들이 산책을 즐기던 길

3) 하이델베르크 성령 교회(Church of the Holy Ghost)
주소: Marktpl. 69115 Heidelberg
하이델베르크의 전경을 감상할 수 있는 대표 교회

크베를린부르크(Quedlinburg)-작센안할트주

독일 역사상 첫 수도였던 천년고도. 유럽에서 중세 시대 및 르네상스 시대의 모습이 가장 잘 보존된 도시이다. 1994년 크베를린부르크성과 교회 구시가지 모두가 유네스코 세계문화유산으로 등재되었다.

주요 명소

1) 크베를린부르크 구시가지
주소: Schloßberg 17, 06484
옛 독일의 전통적인 가옥이 잘 보존되어 있는 거리

2) 크베를린부르크성(Quedlinburg Schloss)
주소: Markt 4, 06484 Quedlinburg
독일 최초의 왕인 하인리히 1세가 축조한 성

3) 성 세르바티우스 협동교회(Stiftskirche St. Servatius)
주소: Schloßberg 1, 06484 Quedlinburg
성 세르바티우스에게 봉헌하고자 1129년 로마네스크 양식으로 건립된 교회

2. 휴양

베르히테스가덴(Berchtesgaden)-바이에른주

알프스산맥에 있는 작은 휴양도시. 투명한 쾨니제 호수와 이를 둘러싼 산의 풍경은 바이에른의 귀족을 비롯해 나치 간부들이 이 도시가 레저 관광 및 휴양지로 사랑받도록 만들었다. 한편 베르히테스가덴은 소금광산이 유명하며 오늘날 관광지로 활용되고 있다.

주요 명소
1) 성 세바스티안 교회(Parish Church of St. Sebastian)
주소: Im Tal 82, 83486 Ramsau bei
흔히 람사우 교회라 불리는 로마 카톨릭 교회. 풍경화의 모티브로 유명하다.

2) 켈슈타인하우스(Das Kehlsteinhaus)
주소: Kehlsteinhaus, 83471 Berchtesgaden
'독수리 둥지'라는 의미를 지닌 히틀러의 별장으로 절벽 위에 지어져 있다.

3) 소금광산(Salzbergwerk)
주소: Parkplatz Salzburger Straße 24 Gästeeinfahrt, Bergwerkstraße 83, 83471
500년 넘게 운행되는 암염 광산으로, 광산 투어에 직접 참여할 수도 있다.

바덴바덴(Baden-Baden)-바덴-뷔르템베르크주

로마제국 시대부터 온천으로 유명했던 휴양도시. 염분이 풍부한 자연온천이 29곳이나 있으며 뛰어난 스파 건축물을 보유하고 있다. 이외에도 골프나 테니스, 경마 등 다양한 스포츠를 즐길 수 있으며 독일에서 가장 큰 오페라 및 콘서트홀을 보유하고 있다.

주요 명소
1) 바덴바덴 쿠어하우스(KurhausBaden-Baden)
주소: Kaiserallee 1, 76530 Baden-Baden
200년 넘게 바덴바덴에서 가장 각광 받는 휴양지. 카지노와 파티, 콘서트 등 다양한 행사 및 레저를 즐길 수 있다.

2) 프리드리히스바트(Friedrichsbad)
주소: Römerpl. 1, 76530 Baden-Baden

19세기 신 르네상스 양식으로 지어진 현대식 온천장

3) 호엔바덴성(Schloss Hohenbaden)
주소: Alter Schloßweg 10, 76532 Baden-Baden
바덴바덴 시내를 한눈에 내려다볼 수 있는 바덴 후작의 성

린다우(Lindau)-바이에른주

보덴제(콘스탄체) 호수 동쪽에 있는 섬에 있는 도시. 구도심은 호수 내 린다우섬에 있으며 다리와 철교 댐에 의해 육지와 이어져 있다. 린다우는 독일 남부의 대중적인 휴양 관광지로, 아름다운 중세 구도심과 호수 경관, 사이클링과 하이킹, 세일링 등 다양한 야외 레저 활동이 가능하다.

주요 명소
1) 성 슈테판 교회(St. Stephan)
주소: Marktpl. 8, 88131 Lindau(Bodensee)
1180년에 지어지고 1500년경 확장된 로코코 스타일의 교회

2) 린다우섬 항구(Lindau Hafen)
주소: Hafenpl. 88131 Lindau(Bodensee)
항구 입구의 사자상과 등대가 특징인 도시의 랜드마크

3) 구시청사(Altes Rathaus)
주소: Bismarckpl. 4, 88131 Lindau(Bodensee)
고딕 양식의 본채와 르네상스 양식의 계단식 지붕이 결합된 화려하고 독특한 외관의 건물

라인스베르크(Rheinsberg)-브란덴부르크주

이곳에서 프리드리히 대왕은 철학자 볼테르를 비롯해 다른 철학자들과 교우하며 한 시절을 보냈다. 라인스베르크는 그린에리크제 호수 등 크고 작은 호수와 언덕이 있는 숲으로 둘러싸여 있으며 1968년 주 정부로부터 공인휴양지로 인정받기도 했다.

주요 명소
1) 라인스베르크성(Schloss Rheinsberg)
주소: Schloß Rheinsberg 2, 16831 Rheinsberg

프리드리히 2세가 왕자 시절 머물던 성으로 호수에 둘러싸여 있다.

2) 성 라우렌티우스 교회(St.Laurentius-Kirche Rheinsberg)
주소: Kirchstraße 1, 16831 Rheinsberg
13세기 이후 여러 차례 다양한 양식의 증축을 거친 교회다.

비스바덴(Wiesbaden)-헤센주

'숲속의 온천'이라는 뜻의 이름에 걸맞는 독일의 대표적인 휴양도시다. 이곳의 온천은 도스토옙스키나 괴테 등 역사적인 인물들이 치료 및 요양을 위해 많이 찾았다고 한다. 또한 제2차 세계대전 이후 출판 인쇄업이 발달하여 독일에서 출판업의 중심지가 되었다.

주요 명소
1) 카이저 프리드리히 온천(Kaiser Friedrich Therme)
주소: Langgasse 38-40, 65183 Wiesbaden
1913년에 문을 연 혼욕 온천 및 한증막. 비스바덴의 대표 온천 시설이다.

2) 헤센 주립 극장(Hessisches Staats theater)
주소: Christian-Zais-Straße 3, 65189 Wiesbaden
오페라와 연극, 발레, 뮤지컬 등 다양한 공연이 열리는 대형 극장. 독일 황제 빌헬름 2세의 지원으로 1894년 개관했다.

3) 비스바덴 쿠어하우스(Kurhaus Wiesbaden)
주소: Kurhauspl. 1, 65189 Wiesbaden
비스바덴을 대표하는 건축물. 19세기 초 귀족들을 위한 유흥시설로 개관했다.

쿠어하우스

3. 산업

독일 내 열 손가락에 드는 큰 도시다. 제2차 세계대전에서 큰 피해를 겪었으나 '라인강의 기적'이라 불리는 서독의 경제부흥으로 활기를 되찾는다. '노동자들의 도시'라 불릴 정도로 수많은 중소기업이 자리 잡고 있으며, 오늘날까지도 독일 내 최고의 공업 도시 중 하나로 활약하고 있다.

주요 명소
1) 라이놀트 교회(Reinoldikirche)
주소: Ostenhellweg 2, 44135 Dortmund
도르트문트를 대표하는 13세기 교회로 전쟁 당시 깨진 종이 전시되어 있다.

2) 도르트문트 항구(Dortmunder Hafen)
주소: Bülowstraße 12, 44147 Dortmund
산업도시인 도르트문트를 상징하는 항구. 내륙 도시이지만 북해로 흐르는 엠스강을 토대로 운하 사업이 진행될 수 있었다.

3) 롬베르크파르크 식물공원(Botanischer Garten Rombergpark)
주소: Am Rombergpark, 44225 Dortmund
총면적 68ha에 이르는 광범위한 시립 식물원 겸 수목원으로 세계에서 가장 큰 식물원 중 하나다.

엘베강과 물데강이 만나는 지점에 있는 도시로 많은 공원과 궁정들로 둘러싸여 있다. 2007년 데사우시와 로슬라우시가 합쳐져 데사우로슬라우라는 이름으로 바뀌었다. 동독의 중요 산업중심지이며 바우하우스가 이전하여 신축된 상징적인 도시이기도 하다.

주요 명소
1) 바우하우스 데사우(Bauhaus Dessau)
주소: Peterholzstraße 56, 06849 Dessau-Roßlau
초대 교장이자 건축가인 발터 그로피우스가 바이마르에서 데사우로 학교를 이전하면서 새로 설계한 건물이다.

2) 융커스 기술박물관(Technikmuseum Hugo Junkers Dessau)
주소: Kühnauer Str. 161a, 06846 Dessau-Roßlau
항공기 설계자이자 기업가인 휴고 융커스의 일생과 그가 설계한 엔진 등을 보여주는 기술 박물관. 항공기 공장 부지에 개관했다.

겔젠키르헨(Gelsenkirchen)-노르트라인-베스트팔렌주

한때 광산업의 몰락으로 가장 실업률이 높은 도시로 추락하기도 했으나 도시재개발 프로젝트를 통해 부활에 성공한다. 과거의 명성을 재현하기 위해 '천 개의 빛나는 도시'라는 콘셉트를 확립, 기존 제철소 자리에 에너지 기업을 유치하거나 친환경 에너지 산업을 발전시켰다.

주요 명소
1) 겔젠키르헨 오페라하우스(Musiktheater im Revier)
주소: Kennedypl. 1-5, 45881 Gelsenkirchen
1959년 개관하여 전후 지어진 극장 중 가장 훌륭한 건축물로 꼽히는 오페라하우스

2) 성 아우구스티누스 대성당(Propsteikirche St. Augustinus)
주소: Heinrich-König-Platz, 45879 Gelsenkirchen
겔젠키르헨 시내 중심가에 있는 신 고딕 양식의 주교좌 성당으로 1884년 완공되었다.

3) 노르트슈테른 공원(Nordstern park)
주소: Am Bugapark 1, 45899 Gelsenkirchen
겔젠키르헨의 옛 광산지대를 1997년 공원으로 재개발한 것으로 운하 근처에는 원형 극장이 있어 다양한 문화 행사가 열린다.

프라이부르크(Freiburg)-바덴-뷔르템베르크주

독일인들이 가장 사랑하는 숲인 슈바르츠발트, 즉 '검은 숲'이 있는 대학도시 겸 국경도시로 독일 서남부의 문화적 중심지이다. 세계적인 친환경 생태도시로서 '독일의 녹색 수도'라는 별칭답게 도시의 7할 이상이 녹지이며 태양열이나 풍력으로 전기를 생산하고, 자전거 이용률도 높다.

주요 명소
1) 프라이부르크 카우프하우스(Historisches Kaufhaus Freiburg)

주소: Münsterplatz 24, 79098 Freiburg im Breisgau
시의 상거래 담당 부서의 건물로 활용된 14세기 건물로 붉은 외벽이 특징이다.

2) 프라이부르크 대성당(Freiburger Münster)
주소: Münsterplatz, 79098 Freiburg im Breisgau
프라이부르크를 대표하는 건축물로 로마네스크 양식과 고딕 양식이 혼합된 가톨릭 성당이다.

3) 프라이부르크 시립극장(Theater Freiburg)
주소: Bertoldstraße 46, 79098 Freiburg im Breisgau
1886년 아우구스틴 수도원에서 시작된, 프라이부르크에서 가장 크고 오래된 극장이다.

예나(Jena)-튀링겐주

'빛의 도시'라 불리는 예나는 교육과 대학의 도시로, 세계에서 가장 유서 깊은 천문관과 도시의 상징적인 탑에서 내려다보이는 아름다운 전망을 자랑한다. 구 시청의 천문시계와 마틴 루터 묘지에서 나온 평판을 보관 중인 15세기의 성 미카엘 교회는 꼭 찾아볼 명소이다.

주요 명소
1) 예나 자이스 천문관(Zeiss-Planetarium Jena)
주소: Am Planetarium 5, 07743 Jena
독일의 광학자인 칼 자이스가 1926년 세운 천문관. 세계에서 가장 오래된 현대식 천문관이다.

2) 예나 극장(Theater haus Jena)
주소: Schillergäßchen 1, 07745 Jena
1872년에 소극장으로 시작해 발터 그로피우스의 설계로 우여곡절 끝에 1991년 재건축되었다.

3) 예나 식물원(Botanischer Garten Jena)
주소: Fürstengraben 26, 07743 Jena
독일에서 두 번째로 설립된 식물원으로, 예나 대학에서 약품 제조에 사용할 식물을 기르기 위해 1586년 설립되었다.

4. 문화

바이마르(Weimar)-튀링겐주

바이마르는 '독일의 아테네'라고 불릴 만큼 다양한 문화유산이 있는 독일 문화의 중심지다. 구시가지 전체가 유네스코 세계유산으로 지정되었으며, 도시 곳곳에 위인들의 두상이나 동상이 세워져 있다. 수많은 명소 외에도 모더니즘의 역사가 담긴 바우하우스 박물관이 자리 잡고 있다.

주요 명소
1) 바이마르 시청사(Weimarer Rathaus)
주소: Markt 1, 99423 Weimar
바이마르 마르크트 광장 남쪽에 있는 신고딕 양식의 건축물로 높이 솟은 종탑이 특징이다.

2) 야콥스교회(Jakobskirche)
주소: Jacobsfriedhof, Am Jakobskirchhof 4, 99423 Weimar
괴테가 크리스티아네와 결혼식을 올린 바로크 양식의 교회

3) 바이마르 괴테하우스(Goethes Wohnhaus Weimar)
주소: Frauenplan 1, 99423 Weimar
독일의 대문호 괴테가 살다 숨을 거둔 집으로 1709년 지어진 바로크 양식의 건물이다.

바이로이트(Bayreuth)-바이에른주

바이에른 북부의 작은 도시인 바이로이트는 작곡가 바그너의 도시로도 유명하다. 유네스코 세계문화유산으로 등재된 오페라하우스에는 바그너가 직접 설계를 한 무대가 있다. 오페라하우스 외에도 바이로이트 변경백 궁전이 유명하며 매년 7~8월에는 바그너를 기리는 음악제가 열린다.

주요 명소
1) 에레미타제 공원(Eremitage)
주소: Eremitage 1, 95448 Bayreuth
1715년에 조성된 바이로이트시의 유명한 공원이다. 2차 세계대전 후 본래의 모습에 가깝게 복원되었으며 1969년부터 정기적으로 여름밤 축제가 개최된다.

2) 바이로이트 축제 극장(Richard-Wagner-Festspielhaus)

주소: Festspielhügel 1-2, 95445 Bayreuth

19세기 작곡가 바그너가 오페라 공연 축제를 위해 지은 극장

3) 프란츠 리스트 박물관(Franz Liszt Museum)

주소: Wahnfriedstraße 9, 95444 Bayreuth

19세기 유럽의 음악가 프란츠 리스트의 유품이 전시된 박물관

비텐베르크(Wittenberg)-작센안할트주

1517년 마르틴 루터가 95개조 반박문을 발표한 도시. 이 때문에 '루터의 도시'로도 불린다. 루터와 관련된 네 곳이 유네스코 세계문화유산으로 선정되었다. 이외에도 매년 6월 루터의 결혼식 축제, 매년 10월 31일 종교개혁 축제가 구도심 시장광장에서 열린다.

주요 명소

1) 루터의 집(Lutherhaus Wittenberg)

주소: Collegienstraße 54, 06886 Lutherstadt Wittenberg

과거 마르틴 루터와 그의 가족이 살았던 집으로, 오늘날 종교개혁 기념박물관으로 쓰이고 있다.

2) 성 마리엔 교회(Stadtkirche St Marien zu Wittenberg)

주소: Kirchpl. 20, 06886 Lutherstadt Wittenberg,

13세기에 건립된 교회로 마르틴 루터가 정기적으로 설교하고 또 종교개혁을 시작한 곳이다.

3) 멜란히톤 동상(Melanchthon denkmal)

주소: 06886 Wittenberg

마르틴 루터의 후원자이자 종교개혁가였던 멜란히톤을 기념하는 동상이다.

브레멘(Stadtgemeinde Bremen)-브레멘주

북부 독일 문화 및 경제의 중심지다. 그림 형제의 동화 『브레멘 음악대』의 배경으로 유명하며 수십 개의 미술관과 박물관을 보유하고 있다. 이외에도 브레멘의 구도심인 알트슈타트에서는 고딕 양식의 시청 건물을 비롯해 다양한 중세풍 건물을 만날 수 있다.

주요 명소

1) 브레멘 음악대 동상(Bremer Stadtmusikanten)

주소: Am Markt 21, 28195 Bremen, State of Bremen

그림 형제가 쓴 고전 동화 『브레멘 음악대』를 상징하는 동상. 두 손으로 동상을 만지면 복이 굴러들어온다는 속설이 있다.

2) 마르크트 광장(Marktplatz)

주소: Bremen, State of Bremen

도시의 중심이 되는 광장으로 브레멘 시청사를 비롯하여 의회와 은행, 성 페트리 성당이 주위에 있다.

3) 브레멘 과학박물관(Universum Science Center)

주소: Wiener Straße 1a, 28359 Bremen

인류와 지구, 우주를 주제로 다양한 체험이 가능한 과학박물관이다.

드레스덴(Dresden)-작센주

'평야의 삼림 거주민'을 뜻하는 슬라브족 촌락에서 시작된 드레스덴은 바로크 양식의 아름다운 건축물과 예술 박물관으로 유명하다. 훌륭한 오페라 전통을 지닌 음악 도시로, 카를 마리아 폰 베버와 리하르트 바그너가 지휘했으며, 여러 작곡가가 만든 오페라들이 초연된 역사를 자랑한다.

주요 명소

1) 드레스덴 츠빙거 궁전(Zwinger)

주소: Sophienstraße, 01067 Dresden

강권왕 아우구스트의 명령으로 베르사유 궁전을 모티브로 삼아 바로크 양식으로 건축한 여름 별장용 궁전

2) 젬퍼 오페라하우스(Semperoper Dresden)

주소: Theaterplatz 2, 01067 Dresden

바그너의 친구 건축가인 고트프리트 젬퍼가 설계한 오페라하우스. 400년이 넘는 드레스덴 국립 관현악단을 만날 수 있다.

3) 드레스덴 레지덴츠 궁전(Residenzschloss)

주소: Taschenberg 2, 01067 Dresden

1709년부터 지어진 궁전으로 바로크 양식과 신 르네상스 양식이 혼재된 형태가 특징이

다. 현재는 박물관으로 활용 중이다.

5. 축제

뮌헨(Munich)-바이에른주

독일에서 3번째로 큰 도시인 뮌헨은 루트비히 2세가 작곡가 리하르트 바그너를 후원함으로써 음악과 가극의 도시로서 명성을 얻게 되었다. 또한 뮌헨에서는 세계 3대 축제 중 하나로 꼽히는 맥주 축제 옥토버페스트가 매년 9월 말부터 10월 초까지 열린다.

주요 명소
1) 마리엔 광장(Marienplatz)
주소: Marienplatz 1, 80331
뮌헨 관광의 핵심지로 시청사 건물의 첨탑에서 펼쳐지는 인형극이 볼거리

2) 님펜부르크 궁전(Nymphenburg Palace)
주소: Schloss Nymphenburg 1, 80638
바이에른 왕국 비텔스바흐 가문이 지내던 여름 별궁

3) 레지덴츠 박물관(Residenz Museum)
주소: Residenzstrasse 1 80333
1385년 지은 뮌헨 레지덴츠에 자리 잡은 국립 박물관

라이프치히(Leipzig)-작센주

독일의 작은 파리로 불리며 바흐와 멘델스존이 전성기 시절 거주했으며, 바흐 박물관에서는 매년 초여름마다 축제가 열린다. 이외에도 크리스마스 마켓과 세계 최대 규모의 고스 축제 웨이브 고딕 트레펜도 매년 개최한다. 수많은 야외활동과 흥미로운 밤 문화까지 고루 갖추고 있는 도시다.

주요 명소
1) 라이프치히 중앙역(Leipzig Hauptbahnhof)
주소: Leipzig Hauptbahnhof, Willy-Brandt-Platz, 04109 Leipzig
1915년 31개의 승강장을 구비한 규모로 세워졌다. 거대한 중앙 로비에는 시민들의 직업을 나타내는 12개의 큰 조각상이 세워져 있다.

2) 라이프치히 동물원(ZooLeipzig)

주소: Pfaffendorfer Str. 29, 04105 Leipzig
1878년 개장해 850종류 이상의 동식물을 만나볼 수 있는 거대한 동물원

3) 라이프치히 구 시청사(Leipzig Altes Rathaus)

주소: Markt 1, 04109 Leipzig
르네상스식 건물로 1556년 착공했다. 과거에는 시청사였으나 오늘날에는 도시 역사박
물관으로 쓰이고 있다.

로스토크(Rostock)-메클렌부르크포어포메른주

발트해와 인접해 있는 항구 도시로, 본래는 슬라브족의 요새였던 곳이 13세기 도시로서
권리를 인정받은 경우다. 한편 매년 8월 둘째 주에 열리는 한자 해양 축제는 250척의 배
와 150만 명이 참여하는 대규모 축제로, 발트해 해양 축제의 하나로 개최되고 있다.

주요 명소
1) 로스토크 항구(Rostocker Stadthafen)
주소: Am Strande 2 f, 18055 Rostock
한자동맹이자 항구 도시인 로스토크의 항구로 오늘날 다양한 문화 행사가 개최된다.

2) 로스토크 시청사(Rostocker Rathaus)
주소: Neuer Markt 1a, 18055 Rostock
13세기 지어진 고딕 양식의 분홍색 시청사 건물. 시청사 중앙 기둥 사이에는 지혜를 상
징하는 금으로 된 뱀이 조각되어 있다.

3) 로스토크 페트리 교회(Petrikirche Rostock)
주소: Alter Markt 1, 18055 Rostock
14세기 중반에 세워진 북유럽 고딕 양식의 벽돌 교회. 탑 꼭대기에는 시내를 내려다볼
수 있는 전망대가 있다.

쾰른(Cologne)-노르트라인-베스트팔렌주

로마 시대부터 정착이 이루어진 대도시로 유럽 내 주요 교역로의 교차점에 자리 잡고 있

다. 쾰른 사육제는 유럽에서 매년 11월에 시작하는 가장 큰 거리 축제 중 하나로, 화려한 분장을 한 약 100만 명의 사람들이 축제에 참여한다.

주요 명소

1) 임호프 초콜릿 박물관(Imhoff-Schokoladenmuseum)

주소: Am Schokoladenmuseum 1A, 50678 Cologne

1993년 쾰른에서 사업을 하던 초콜릿 제작자 한스 임호프가 설립한 박물관. 5000년이 넘는 인류의 초콜릿 문화를 담았다.

2) 쾰른 루드비히 박물관(Museum Ludwig Köln)

주소: Heinrich-Böll-Platz 50667 Köln

1976년 루드비히 부부가 현대미술 작품 350점을 시에 기증하며 세워진 박물관. 유럽에서 가장 많은 피카소 작품을 소장했다.

킬(Kiel)-슐레스비히-홀스타인주

킬은 독일 유틀란드 반도의 남동쪽과 북해 남서쪽 연안에 있는 지리적 장점으로 인해 독일 해양 활동의 중심지 중 하나로 꼽힌다. 세계에서 가장 큰 요트 대회인 '킬 위크'를 비롯해 다양한 요트 대회가 열리며 독일 해군의 모항 중 하나이자 조선산업의 중심지다.

주요 명소

1) 성 니콜라이 교회(nikolaikirche kiel)

주소: Alter Markt, 24103 Kiel

구도심에서 가장 오래된 교회로 제2차 세계대전 파괴된 후 현대적인 인테리어로 재건되었다.

2) 킬 시청사(Kiel Rathaus)

주소: Fleethörn 9, 24103 Kiel

107m 높이의 탑이 상징적인 시청 건물로, 엘리베이터를 타고 67m 높이에서 시내와 바다를 바라볼 수 있는 전망대가 있다.

3) 킬 극장(Theater Kiel)

주소: Theater Kiel, Rathauspl. 4, 24103 Kiel(오페라하우스)

시에서 운영하는 극장. 시청 광장의 오페라하우스와 홀텐아우어 거리의 연극 극장, 오스트링의 베르프트파크 극장까지 세 곳의 공연장으로 구성되어 있다.

함부르크(Hamburg)-함부르크 자유 한자시

함부르크는 독일 북부에 있는 도시주로, 도시 하나가 그대로 주의 역할을 한다. 독일 최대의 항구이자 독일 제2의 도시다. 독일에 가장 개방되고 자유로운 도시로도 불린다. 함부르크 성당 축제(Hamburger Dom)는 3월 중순, 7월 말, 그리고 11월 초까지 매년 각각 30일간 세 번 열리는 민속 시장 축제다.

주요 명소

1) 함부르크 시청사(Hamburg Town Hall)
주소: Rathausmarkt 1, 20095 Hamburg
1897년 완공한 함부르크의 랜드마크로 120년이 넘은 오늘날까지 시청 건물로 기능하고 있다.

2) 엘필하모니(Elbphilharmonie)
주소: Platz der Deutschen Einheit 1 At the Magellan-Terrassen, 20457 Hamburg
함부르크에서 가장 높은 건물이자 현대적인 콘서트홀. 파도처럼 일렁이는 유리 재질의 상단부가 특징이다.

3) 리퍼반(Reeperbahn)
주소: Hamburger Berg 1, 20359 Hamburg
함부르크 최대의 유흥가로 9월마다 세계적인 클럽 축제인 리퍼반 페스티벌이 개최된다.

함부르크 시청사 전경

6. 수도 베를린

독일의 수도인 베를린은 과거 교역 및 지리상 동서의 중심축 위에 걸쳐 있었다. 이는 베를린이 프로이센 왕국은 물론 통일 독일의 수도가 되는 중요한 요인이 되었다. 베를린은 역사적으로 중요한 무역로가 교차하면서 계몽주의, 신고전주의, 자유주의 혁명의 과학적, 예술적, 철학적 중심지 역할을 해오고 있다. 공원과 광장 뿐만 아니라 밤문화도 화려한 활기차고 현대적인 도시다.

주요 명소

1) 브란덴부르크 문(Brandenburger Tor)
주소: Pariser Platz, 10117 Berlin
18세기 베를린에 지어진 초기 고전주의 양식의 개선문이다.

2) 카이저 빌헬름 기념 교회(Kaiser-Wilhelm-Gedächtniskirche)
주소: Breitscheidplatz, 10789 Berlin
황제 빌헬름 1세에 의한 독일 통일을 기념하여 1895년 건립된 교회

3) 이스트 사이드 갤러리(East Side Gallery)
주소: Mühlenstraße, 10243 Berlin
베를린 장벽 일부에 조성된 1.3km 길이의 야외 갤러리로 입구도 입장료도 없다.

4) 국가의회 의사당(Reichstagsgebäude)
주소: Platz der Republik 1, 11011 Berlin
1871년 독일 통일을 기념으로 계획된 건축물로 1894년 완공되었다.Kalwaria

5) 포츠담 광장(Potsdamer Platz)
주소: Potsdamer Platz, 10785 Berlin
베를린 중심부에 위치한 광장으로 다양한 건축물들을 볼 수 있다.

6) 독일 역사박물관(Deutsches Historisches Museum)
주소: Unter den Linden 2, 10117 Berlin
독일과 유럽의 역사를 함께 이해할 수 있는 자료들이 보관된 역사박물관

7) 베를린 전승기념탑(Berliner Siegessäule)

주소: Großer Stern 1, 10557 Berlin

프로이센 왕국의 제2차 슐레스비히 전쟁 승리를 기념해 세워진 67m의 석조탑

8) 베를린 대성당(Berliner Dom)

주소: Am Lustgarten, 10178 Berlin

박물관 섬의 랜드마크로 독일 내에서 가장 큰 규모의 개신교 교회 건물이다.

9) 베를린 텔레비전탑(Berliner Fernsehturm)

주소: 1 Panoramastraße 1A, 10178 Berlin

동독 통치기인 1969년 건설된 높이 368m의 독일에서 가장 높은 건조물이다.

10) 베를린 국립도서관(Staatsbibliothek zu Berlin)

주소: Unter den Linden 8, 10117 Berlin

1661년 프로이센 공 프리드리히 빌헬름에 의해 설립된 도서관

11) 베를린 국립 오페라 하우스(Staatsoper Unter den Linden)

주소:Unter den Linden 7, 10117 Berlin,

1743년 최초로 건축된 오페라 하우스로 여러 차례 훼손과 보수를 반복하였다.

12) 학살된 유럽 유대인을 위한 기념물(Denkmal für die ermordeten Juden Europas)

주소: Cora-Berliner-Straße 1, 10117 Berlin

2005년 5월 12일 유대인 홀로코스트 희생자를 위해 세워진 2,711개의 추모비

13) 페르가몬 박물관(Pergamonmuseum)

주소: Bodestraße 1-3, 10178 Berlin

베를린 박물관 섬 안에 있는 박물관으로 다양한 건축물이 실제 크기로 전시되어 있다.

독일 타임라인

기원전 500년경
원시 게르만의 등장

기원전 58년
게르마니의 탄생

160년경
로마, 게르마니 남서 지역 통치

기원전 150년
원시 게르만, 지중해와 교류

9년
토이토부르크 숲 전투

297년경
프랑크족, 로마와 동맹

1147년
벤트 십자군 전쟁 선언

1095년
십자군 전쟁 시작

983년
슬라브족의 대반란

1152년
프리드리히 1세 즉위

1122년
보름스 협약

1077년
카노사의 굴욕

1230년
튜튼기사단국 건국

1273년
합스부르크 가문의 등장

1410년
그룬발트 전투

1453년
프리드리히 3세,
신성로마제국의 황제 즉위

1256년~1273년
대공위 시대

1356년
뉘른베르크의 금인칙서 선포

1419년~1436년
후스 전쟁

1848년
독일 혁명 및 프랑크푸르트 국민의회

1815년
워털루 전투

1813년
라이프치히 전투

1862년
비스마르크, 프로이센의 수상 취임

1819년
카를스바트 선언문

1814년
빈 의회

1864~1866년
프로이센, 덴마크 및 오스트리아 제압

1871년
독일 제국 선포

1875년
독일 사회주의노동자당 창당

1870년
보불전쟁

1871년~1878년
문화투쟁

1888년
빌헬름 2세 즉위

1945년
제2차 세계대전 종료. 독일 분할 통치

1943년
스탈린그라드 전투

1940년
프랑스 침공

1949년
콘라드 아데나워, 서독 초대 총리 취임

1944년~1945년
벌지 전투

1941년~1945년
유대인 학살

1963년~1966년
아우슈비츠 재판

1989년
베를린 장벽 붕괴

1991년
베를린, 독일의 수도 선정

1967년
바더-마인호프 결성

1990년
독일의 통일 정식 선언

300년경
게르만의 대이동

395년
로마제국 분열

481년
프랑크 왕국 건국

375년
고트족의 로마 침공

476년
서로마제국 멸망

911년
선제후 제도의 부활

843년
베르됭 조약체결

751년
프랑크 왕국, 카롤링거 왕조 수립

962년
오토 대왕,
신성로마제국 초대 황제 즉위

870년
중프랑크의 분열

800년
샤를마뉴, 로마 황제 즉위

1519년
카를 5세, 독일 왕 즉위

1525년
프로이센 공국 등장

1517년
마르틴 루터, 95개조 반박문 게시

1520년
종교개혁의 시작

1531년
슈말칼덴 동맹 설립

1806년
신성로마제국 해체

1740년
프리드리히 대왕, 프로이센 왕 즉위

1555년
아우크스부르크 화의

1807년
틸지트 조약

1795년
바젤 조약

1618~1648년
30년 전쟁 및 베스트팔렌 조약

1890년
비스마르크 사임

1914년
제1차 세계대전 발발

1919년
베르사유 조약 체결. 독일 노동자당 창당

1898년
최초의 대함대 법 독일 의회 통과

1918년
바이마르 공화국 출범. 제1차 세계대전 종료.

1939년
제2차 세계대전 발발

1933년
히틀러, 독일 총리 취임

1920년
카프 반란 및 루르 봉기

1939년~1941년
T4 작전

1938년
뮌헨 협정

1924년
새 통화 렌텐마르크 도입

2013년
독일을 위한 대안당 창당

2005년
앙겔라 메르켈 연방총리직 취임

2021년
올라프 숄츠, 제9대 연방총리직 취임

세상에서 가장 짧은 독일사

1판 1쇄 발행 2023년 11월 22일
1판 3쇄 발행 2024년 8월 30일

지은이   제임스 호즈
옮긴이   박상진
편 집   김민준
마케팅   박근령
디자인   정지현
발행처   진성북스
등 록   2011년 9월 23일
주 소   서울특별시 강남구 테헤란로514, 8층
전 화   02)3452-7762
팩 스   02)3452-7751
홈페이지 www.jinsungbooks.com
이메일   jinsungbooks@naver.com

ISBN 978-89-97743-59-9 03900

JINSUNGBOOKS

진성북스
도서목록

사람이 가진 무한한 잠재력을 키워가는 **진성북스**는
지혜로운 삶에 나침반이 되는 양서를 만듭니다.

나의 잠재력을 찾는 생각의 비밀코트
지혜의 심리학
10주년 기념판

김경일 지음
340쪽 | 값 18,500원

10주년 기념판으로 새롭게 만나는 '인지심리학의 지혜'!
지난 10년간의 감사와 진심을 담은『지혜의 심리학 10주년 기념판』! 수많은 자기계발서를 읽고도 목표를 이루지 못한 사람들의 필독서로서, 모든 결과의 시작점에 있는 원인(Why)을 주목했다. 이 책을 읽고 생각의 원리를 올바로 이해하고 활용함으로써 누구라도 통찰을 통해 행복한 삶을 사는 지혜를 얻을 수 있을 것이다.

● OtvN <어쩌다 어른> 특강 출연
● KBS 1TV 아침마당<목요특강> "지혜의 심리학" 특강 출연
● 2014년 중국 수출 계약 | 포스코 CEO 추천 도서
● YTN사이언스 <과학, 책을 만나다> "지혜의 심리학" 특강 출연

포스트 코로나 시대의 행복
적정한 삶

김경일 지음 | 360쪽 | 값 16,500원

우리의 삶은 앞으로 어떤 방향으로 나아가게 될까? 인지심리학자인 저자는 이번 팬데믹 사태를 접하면서 수없이 받아온 질문에 대한 답을 이번 저서를 통해 말하고 있다. 앞으로 인류는 '극대화된 삶'에서 '적정한 삶'으로 갈 것이라고. 낙관적인 예측이 아닌 엄숙한 선언이다. 행복의 척도가 바뀔 것이며 개인의 개성이 존중되는 시대가 온다. 타인이 이야기하는 'want'가 아니라 내가 진짜 좋아하는 'like'를 발견하며 만족감이 스마트해지는 사회가 다가온다. 인간의 수명은 길어졌고 적정한 만족감을 느끼지 못하는 인간은 결국 길 잃은 삶을 살게 될 것이라고 말이다.

젊음을 오래 유지하는 자율신경건강법
안티에이징 시크릿

정이안 지음
264쪽 | 값 15,800원

자율신경을 지키면 노화를 늦출 수 있다!
25년 넘게 5만 명이 넘는 환자를 진료해 온 정이안 원장이 제안하는, 노화를 늦추고 건강하게 사는 자율신경건강법이 담긴 책. 남녀를 불문하고 체내에 호르몬이 줄어들기 시작하는 35세부터 노화가 시작된다. 저자는 식습관과 생활 습관, 치료법 등 자율신경의 균형을 유지하는 다양한 한의학적 지식을 제공함으로써, 언제라도 '몸속 건강'을 지키며 젊게 살 수 있는 비결을 알려준다.

정신과 의사가 알려주는 감정 컨트롤술
마음을 치유하는
7가지 비결

가바사와 시온 지음 | 송소정 옮김 | 268쪽
값 15,000원

일본의 저명한 정신과 의사이자 베스트셀러 작가, 유튜브 채널 구독자 35만 명을 거느린 유명 유튜버이기도 한 가바사와 시온이 소개하는, 환자와 가족, 간병인을 위한 '병을 낫게 하는 감정 처방전'이다. 이 책에서 저자는 정신의학, 심리학, 뇌과학 등 여러 의학 분야를 망라하여 긍정적인 감정에는 치유의 힘이 있음을 설득력 있게 제시한다.

독일의 DNA를 밝히는 단 하나의 책!
세상에서 가장 짧은
독일사

제임스 호즈 지음 | 박상진 옮김
428쪽 | 값 23,000원

냉철한 역사가의 시선으로 그려낸 '진짜 독일의 역사'를 만나다!
『세상에서 가장 짧은 독일사』는 역사가이자 베스트셀러 소설가인 저자가 가장 최초의 독일인이라 불리는 고대 게르만의 부족부터 로마, 프랑크 왕국과 신성로마제국, 프로이센, 그리고 독일제국과 동독, 서독을 거쳐 오늘날 유럽 연합을 주도하는 독일에 이르기까지 모든 독일의 역사를 특유의 독특한 관점으로 단 한 권에 엮어낸 책이다.

● 영국 선데이 타임즈 논픽션 베스트셀러
● 세계 20개 언어로 번역

감정은 인간을 어떻게 지배하는가
감정의 역사

롭 보디스 지음 | 민지현 옮김 | 356쪽 |
값 16,500원

이 책은 몸짓이나 손짓과 같은 제스처, 즉 정서적이고 경험에 의해 말하지 않는 것들을 설득력 있게 설명한다. 우리가 느끼는 시간과 공간의 순간에 마음과 몸이 존재하는 역동적인 산물이라고 주장하면서, 생물학적, 인류학적, 사회 문화적 요소를 통합하는 진보적인 접근방식을 사용하여 전 세계의 정서적 만남과 개인 경험의 변화를 설명한다. 감정의 역사를 연구하는 최고 학자 중 한 명으로, 독자들은 정서적 삶에 대한 그의 서사적 탐구에 매혹당하고, 감동받을 것이다.

인간에게 영감을 불어넣는 '숨'의 역사

호흡

에드거 윌리엄스 지음
황선영 옮김
396쪽 | 값 22,000원

하버드 경영대학원 마이클 포터의 성공전략 지침서

당신의 경쟁전략은 무엇인가?

조안 마그레타 지음 | 김언수, 김주권, 박상진 옮김
368쪽 | 값 22,000원

이 책은 방대하고 주요한 마이클 포터의 이론과 생각을 한 권으로 정리했다. <하버드 비즈니스리뷰> 편집장 출신인 조안 마그레타 (Joan Magretta)는 마이클 포터와의 협력으로 포터교수의 아이디어를 업데이트하고, 이론을 증명하기 위해 생생하고 명확한 사례들을 알기 쉽게 설명한다. 전략경영과 경쟁전략의 핵심을 단기간에 마스터하기 위한 사람들의 필독서이다.

● 전략의 대가, 마이클 포터 이론의 결정판
● 아마존 전략분야 베스트 셀러
● 일반인과 대학생을 위한 전략경영 필독서

비즈니스 성공의 불변법칙
경영의 멘탈모델을 배운다!

퍼스널 MBA
10주년 기념 증보판

조시 카우프만 지음 | 박상진, 이상호 옮김
832쪽 | 값 35,000원

"MASTER THE ART OF BUSINESS"

비즈니스 스쿨에 발을 들여놓지 않고도 자신이 원하는 시간과 적은 비용으로 비즈니스 지식을 획기적으로 높이는 방법을 가르쳐 주고 있다. 실제 비즈니스의 운영, 개인의 생산성 극대화, 그리고 성과를 높이는 스킬을 배울 수 있다. 이 책을 통해 경영학을 마스터하고 상위 0.01%에 속하는 부자가 되는 길을 따라가 보자.

● 아마존 경영 & 리더십 트레이닝 분야 1위
● 미국, 일본, 중국 베스트 셀러
● 전 세계 100만 부 이상 판매

한국기업, 글로벌 최강 만들기 프로젝트 1

넥스트 이노베이션

김언수, 김봉선, 조준호 지음 | 396쪽 |
값 18,000원

넥스트 이노베이션은 혁신의 본질, 혁신의 유형, 각종 혁신의 사례들, 다양한 혁신을 일으키기 위한 약간의 방법론들, 혁신을 위한 조직 환경과 디자인, 혁신과 관련해 개인이 할 수 있는 것들, 향후의 혁신 방향 및 그와 관련된 정부의 정책의 역할까지 폭넓게 논의한다. 이 책을 통해 조직 내에서 혁신에 관한 공통의 언어를 생성하고, 새로운 혁신 프로젝트에 맞는 구체적인 도구와 프로세스를 활용하는 방법을 개발하기 바란다. 나아가 여러 혁신 성공 및 실패 사례를 통해 다양하고 창의적인 혁신 아이디어를 얻고 실행에 옮긴다면 분명 좋은 성과를 얻을 수 있으리라 믿는다.

호흡 생리학자가 엮어낸 호흡에 관한 거의 모든 지식!
우리 삶에 호흡이 왜 중요할까? 그건 바로 생존이 달려있기 때문이다. 지금까지 건강한 호흡 방법, 명상을 위한 호흡법처럼 건강으로 호흡을 설명하는 책들은 많았다. 하지만 호흡 자체의 본질적 질문에 답하는 책은 없었다. 저자는 "인간은 왜 지금과 같은 방식으로 숨을 쉬게 되었는가?"라는 질문에서 시작한다. 평생 호흡을 연구해 온 오늘날 현대인이 호흡할 수 있기까지의 전 과정을 인류역사, 인물, 사건, 기술, 문학작품을 통해서 생생하게 일러준다.

과학책에서 들었을 법한 산소 발견 이야기는 물론, 인종차별의 증거로 잘못 활용된 폐활량계, 제1차 세계대전에서 수많은 사상자를 남긴 유독가스, 오늘날에도 우리를 괴롭히는 다양한 호흡 장애와 몸과 마음을 지키는 요가의 호흡법 등, 이 책은 미처 세기도 어려운 호흡에 관한 거의 모든 지식을 총망라하며 읽는 이의 지성을 자극하고도 남는다. 인간에게 숨은 생명의 시작이면서 끝이고, 삶에 대한 풍부한 스토리를 내포하고 있다.

저자는 "평생 탐구해 온 단 하나의 물음인 '인간은 왜 지금과 같은 방식으로 숨을 쉬게 되었는가'에 대한 해답을 이 책에서 찾아보고자" 했다고 밝힌다. 하지만 호흡이라는 하나의 주제로 엮인 이 책을 통해 알 수 있는 것이 비단 호흡의 비밀만은 아니다.

우리는 수개월 동안 호흡 없이 뱃속에서 지내던 아이의 첫울음에 이루 말할 수 없는 감동을 느끼게 된다. 또한 인체에 대한 이해와 산소호흡기의 탄생 등 눈부신 발전을 이룩한 현대 의학의 이면에 숨은 수많은 연구자의 성공과 실패담을 읽으며 그 노고를 깨닫게 된다. 호흡이라는 주제로 얽히고설킨 깊고 넓은 지식의 생태계 속에서 여러분들은 인류의 번영과 고뇌, 무수한 학자들의 성공과 실패, 그리고 삶과 죽음이 녹아든 지혜를 선물 받을 것이다.

새로운 리더십을 위한 지혜의 심리학

이끌지 말고 따르게 하라

김경일 지음
328쪽 | 값 15,000원

이 책은 '훌륭한 리더', '존경받는 리더', '사랑받는 리더'가 되고 싶어하는 모든 사람들을 위한 책이다. 요즘 사회에서는 존경보다 질책을 더 많이 받는 리더들의 모습을 쉽게 볼 수 있다. 저자는 리더십의 원형이 되는 인지심리학을 바탕으로 바람직한 리더의 모습을 하나씩 밝혀준다. 현재 리더의 위치에 있는 사람뿐만 아니라, 앞으로 리더가 되기 위해 노력하고 있는 사람이라면 인지심리학의 새로운 접근에 공감하게 될 것이다. 존경받는 리더로서 조직을 성공시키고, 나아가 자신의 삶에서도 승리하기를 원하는 사람들에게 필독을 권한다.

● OtvN <어쩌다 어른> 특강 출연
● 예스24 리더십 분야 베스트 셀러
● 국립중앙도서관 사서 추천 도서

기초가 탄탄한 글의 힘

실용 글쓰기 정석

황성근 지음 | 252쪽 | 값 13,500원

글쓰기는 인간의 기본 능력이자 자신의 능력을 발휘하는 핵심적인 도구이다. 이 책에서는 기본 원리와 구성, 나아가 활용 수준까지 글쓰기의 모든 것을 다루고 있다. 이 책은 지금까지 자주 언급되고 무조건적으로 수용되던 기존 글쓰기의 이론들을 아예 무시했다. 실제 글쓰기를 할 때 반드시 필요하고 알아두어야 하는 내용들만 담았다. 소설 읽듯 하면 바로 이해되고 그 과정에서 원리를 터득할 수 있도록 심혈을 기울인 책이다. 글쓰기에 대한 깊은 고민에 빠진 채 그 방법을 찾지 못해 방황하고 있는 사람들에게 필독하길 권한다.

앞서 가는 사람들의 두뇌 습관

스마트 싱킹

아트 마크먼 지음 | 박상진 옮김
352쪽 | 값 17,000원

숨어 있던 창의성의 비밀을 밝힌다!
인간의 마음이 어떻게 작동하는지 설명하고, 스마트해지는데 필요한 완벽한 종류의 연습을 하도록 도와준다. 고품질 지식의 습득과 문제 해결을 위해 생각의 원리를 제시하는 인지 심리학의 결정판이다! 고등학생이든, 과학자든, 미래의 비즈니스 리더든, 또는 회사의 CEO든 스마트 싱킹을 하고자 하는 누구에게나 이 책은 유용하리라 생각한다.

● 조선일보 등 주요 15개 언론사의 추천
● KBS TV, CBS방영 및 추천

UN 선정, 미래 경영의 17가지 과제

지속가능발전목표란 무엇인가?

딜로이트 컨설팅 엮음 | 배정희, 최동건 옮김 |
360쪽 | 값 17,500원

지속가능발전목표(SDGs)는 세계 193개국으로 구성된 UN에서 2030년까지 달성해야 할 사회과제 해결을 목표로 설정됐으며, 2015년 채택 후 순식간에 전 세계로 퍼졌다. SDGs의 큰 특징 중 하나는 공공, 사회, 개인(기업)의 세 부문에 걸쳐 널리 파급되고 있다는 점이다. 그러나 SDGs가 세계를 향해 던지는 근본적인 질문에 대해서는 사실 충분한 이해와 침투가 이뤄지지 않고 있다. SDGs는 단순한 외부 규범이 아니다. 단순한 자본시장의 요구도 아니다. 단지 신규사업이나 혁신의 한 종류도 아니다. SDGs는 과거 수십 년에 걸쳐 글로벌 자본주의 속에서 면면이 구축되어온 현대 기업경영 모델의 근간을 뒤흔드는 변화(진화)에 대한 요구다. 이러한 경영 모델의 진화가 바로 이 책의 주요 테마다.

상위 7% 우등생 부부의 9가지 비결

사랑의 완성
결혼을 다시 생각하다

그레고리 팝캑 지음
민지현 옮김 | 396쪽 | 값 16,500원

결혼 상담 치료사인 저자는 특별한 부부들이 서로를 대하는 방식이 다른 모든 부부관계에도 도움이 된다고 알려준다. 이 책은 저자 자신의 결혼생활 이야기를 비롯해 상담치료 사례와 이에 대한 분석, 자가진단용 설문, 훈련 과제 및 지침 등으로 구성되어 있다. 이 내용들은 오랜 결혼 관련 연구논문으로 지속적으로 뒷받침되고 있으며 효과가 입증된 것들이다. 이 책을 통해 독자들은 무엇이 결혼생활에 부정적으로 작용하며, 긍정적인 변화를 위해 어떤 노력을 해야 하는지 배울 수 있다.

나의 경력을 빛나게 하는 인지심리학

커리어 하이어

아트 마크먼 지음 | 박상진 옮김 | 340쪽 |
값 17,000원

이 책은 세계 최초로 인지과학 연구 결과를 곳곳에 배치해 '취업-업무 성과-이직'으로 이어지는 경력 경로 전 과정을 새로운 시각으로 조명했다. 또한, 저자인 아트 마크먼 교수가 미국 텍사스 주립대의 '조직의 인재 육성(HDO)'이라는 석사학위 프로그램을 직접 개설하고 책임자까지 맡으면서 '경력 관리'에 대한 이론과 실무를 직접 익혔다. 따라서 탄탄한 이론과 직장에서 바로 적용할 수 있는 실용성까지 갖추고 있다. 특히 2부에서 소개하는 성공적인 직장생활의 4가지 방법들은 이 책의 백미라고 볼 수 있다.

나와 당신을 되돌아보는, 지혜의 심리학

어쩌면 우리가
거꾸로 해왔던 것들

김경일 지음 | 272쪽 | 값 15,000원

저자는 이 책에서 수십 년 동안 심리학을 공부해오면서 사람들로부터 가장 많은 공감을 받은 필자의 말과 글을 모아 엮었다. 수많은 독자와 청중들이 '아! 맞아. 내가 그랬었지'라며 지지했던 내용들이다. 다양한 사람들이 공감한 내용들의 방점은 이렇다. 안타깝게도 세상을 살아가는 우리 대부분은 '거꾸로'하고 있는지도 모른다. 이 책은 지금까지 일상에서 거꾸로 해온 것을 반대로, 즉 우리가 '거꾸로 해왔던 수많은 말과 행동들'을 조금이라도 제자리로 되돌아보려는 노력의 산물이다. 이런 지혜를 터득하고 심리학을 생활 속에서 실천하길 바란다.

고혈압, 당뇨, 고지혈증, 골관절염...
큰 병을 차단하는 의사의 특별한 건강관리법

몸의 경고

박제선 지음 | 336쪽 | 값 16,000원

현대의학은 이제 수명 연장을 넘어, 삶의 질도 함께 고려하는 상황으로 바뀌고 있다. 삶의 '길이'는 현대의료시스템에서 잘 챙겨주지만, '삶의 질'까지 보장받기에는 아직 갈 길이 멀다. 삶의 질을 높이려면 개인이 스스로 해야 할 일이 있다. 진료현장의 의사가 개인의 세세한 건강을 모두 신경 쓰기에는 역부족이다. 이 책은 아파서 병원을 찾기 전에 스스로 '예방'할 수 있는 영양요법과 식이요법에 초점을 맞추고 있다. 병원에 가기 두렵거나 귀찮은 사람, 이미 질환을 앓고 있지만 심각성을 깨닫지 못하는 사람들에게 가정의학과 전문의가 질병 예방 길잡이를 제공하는 좋은 책이다.

질병의 근본 원인을 밝히고 남다른 예방법을 제시한다

의사들의 120세
건강 비결은 따로 있다

마이클 그레거 지음 | 홍영준, 강태진 옮김
❶ 질병원인 치유편 | 564쪽 | 값 22,000원
❷ 질병예방 음식편 | 340쪽 | 값 15,000원

미국 최고의 영양 관련 웹사이트인 http://NutritionFacts.org를 운영 중인 세계적인 영양전문가이자 내과의사가 과학적인 증거로 치명적인 질병으로 사망하는 원인을 규명하고 병을 예방하고 치유하는 식습관에 대해 집대성한 책이다. 저자는 영양과 생활방식의 조정이 처방약, 항암제, 수술보다 더 효과적일 수 있다고 강조한다. 우수한 건강서로서 모든 가정의 구성원들이 함께 읽고 실천하면 좋은 '가정건강지킴이'로서 손색이 없다.

● 아마존 식품건강분야 1위　　● 출간 전 8개국 판권계약

성공적인 인수합병의 가이드라인
시너지 솔루션

마크 서로워,
제프리 웨이런스 지음
김동규 옮김
456쪽 | 값 25,000원

"왜 최고의 기업은 최악의 선택을 하는가?"

유력 경제 주간지『비즈니스위크Businessweek』의 기사에 따르면 주요 인수합병 거래의 65%가 결국 인수기업의 주가가 무참히 무너지는 결과로 이어졌다. 그럼에도 M&A는 여전히 기업의 가치와 미래 경쟁력을 단기간 내에 끌어올릴 수 있는 매우 유용하며 쉽게 대체할 수 없는 성장 및 발전 수단이다. 그렇다면 수많은 시너지 함정과 실수를 넘어 성공적인 인수합병을 위해서는 과연 무엇이 필요할까? 그 모든 해답이 이 책,『시너지 솔루션』에 담겨 있다.

두 저자는 1995년부터 2018년까지 24년 동안 발표된 2,500건을 상회하는 1억 달러 이상 규모의 거래를 분석했으며, 이를 통해 인수 거래 발표 시 나타나는 주식 시장의 반응이 매우 중요하며, 이렇게 긍정적인 방향으로 시작한 거래가 부정적인 반응을 얻은 뒤 변화 없이 지속된 거래에 비해 압도적인 성과를 거두게 됨을 알게 되었다. 이러한 결과를 통해 제대로 된 인수 거래의 중요성을 재확인한 두 저자는 올바른 M&A 전략을 세우고 이를 계획대로 실행할 수 있도록 M&A의 '엔드 투 엔드 솔루션'을 제시한다. 준비된 인수기업이 되어 함정을 피할 수 있는 인수전략을 개발하고 실행하는 법은 물론, 프리미엄을 치르는 데 따르는 성과 약속을 전달하는 법, 약속한 시너지를 실제로 구현하는 법, 변화를 관리하고 새로운 문화를 구축하는 법, 그리고 장기적 주주 가치를 창출하고 유지하는 법을 모두 한 권에 책에 담음으로써, M&A의 성공률을 높이고 기업과 주주 모두에게 도움이 될 수 있도록 하였다.『시너지 솔루션』이 제시하는 통합적인 관점을 따라간다면 머지않아 최적의 시기에 샴페인을 터뜨리며 축배를 드는 자신을 보게 될 것이다.

회사를 살리는 영업 AtoZ
세일즈 마스터

이장석 지음 | 396쪽 | 값 17,500원

영업은 모든 비즈니스의 꽃이다. 오늘날 경영학의 눈부신 발전과 성과에도 불구하고, 영업관리는 여전히 비과학적인 분야로 남아있다. 영업이 한 개인의 개인기나 합법과 불법을 넘나드는 묘기의 수준에 남겨두는 한, 기업의 지속적 발전은 한계에 부딪히기마련이다. 이제 편법이 아닌 정석에 관심을 쏟을 때다. 본질을 망각한 채 결과에 올인하는 영업직원과 눈앞의 성과만으로 모든 것을 평가하려는 기형적인 조직문화는 사라져야 한다. 이 책은 영업의 획기적인 리엔지니어링을 위한 AtoZ를 제시한다. 디지털과 인공지능 시대에 더 인정받는 영업직원과 리더를 위한 필살기다.

언제까지 질병으로 고통받을 것인가?
난치병 치유의 길

**앤서니 윌리엄 지음 | 박용준 옮김
468쪽 | 값 22,000원**

이 책은 현대의학으로는 치료가 불가능한 질병으로 고통 받는 수많은 사람들에게 새로운 치료법을 소개한다. 저자는 사람들이 무엇으로 고통 받고, 어떻게 그들의 건강을 관리할 수 있는지에 대한 영성의 목소리를 들었다. 현대 의학으로는 설명할 수 없는 질병이나 몸의 비정상적인 상태의 근본 원인을 밝혀주고 있다. 당신이 원인불명의 증상으로 고생하고 있다면 이 책은 필요한 해답을 제공해 줄 것이다.

● 아마존 건강분야 베스트 셀러 1위

유능한 리더는 직원의 회복력부터 관리한다
스트레스 받지 않는
사람은 무엇이 다른가

**데릭 로저, 닉 페트리 지음
김주리 옮김 | 308쪽 | 값 15,000원**

이 책은 흔한 스트레스 관리에 관한 책이 아니다. 휴식을 취하는 방법에 관한 책도 아니다. 인생의 급류에 휩쓸리지 않고 어려움을 헤쳐 나갈 수 있는 능력인 회복력을 강화하여 삶을 주체적으로 사는 법에 관한 명저다. 엄청난 무게의 힘든 상황에서도 감정적 반응을 재설계하도록 하고, 스트레스 증가 외에는 아무런 도움이 되지 않는 자기 패배적 사고 방식을 깨는 방법을 제시한다. 깨어난 순간부터 자신의 태도를 재조정하는 데 도움이 되는 사례별 연구와 극복 기술을 소개한다.

기후의 역사와 인류의 생존
시그널

**벤저민 리버만, 엘리자베스 고든 지음
은종환 옮김 | 440쪽 | 값 18,500원**

이 책은 인류의 역사를 기후변화의 관점에서 풀어내고 있다. 인류의 발전과 기후의 상호작용을 흥미 있게 조명한다. 인류 문화의 탄생부터 현재에 이르기까지 역사의 중요한 지점을 기후의 망원경으로 관찰하고 해석한다. 당시의 기후조건이 필연적으로 만들어낸 여러 사회적인 변화를 파악한다. 결코 간단하지 않으면서도 흥미진진한, 그리고 현대인들이 심각하게 다뤄야 할 이 주제에 대해 탐구를 시작하고자 하는 독자에게 이 책이 좋은 길잡이가 되리라 기대해본다.

세계 초일류 기업이 벤치마킹한
성공전략 5단계
승리의 경영전략

**AG 래플리, 로저마틴 지음
김주권, 박광태, 박상진 옮김
352쪽 | 값 18,500원**

전략경영의 살아있는 메뉴얼
가장 유명한 경영 사상가 두 사람이 전략이란 무엇을 위한 것이고, 어떻게 생각해야 하며, 왜 필요하고, 어떻게 실천해야 할지 구체적으로 설명한다. 이들은 100년 동안 세계 기업회생역사에서 가장 성공적이라고 평가받고 있을 뿐 아니라, 직접 성취한 P&G의 사례를 들어 전략의 핵심을 강조하고 있다.

● 경영대가 50인(Thinkers 50)이 선정한 2014 최고의 책
● 탁월한 경영자와 최고의 경영 사상가의 역작
● 월스트리스 저널 베스트 셀러

언어를 넘어 문화와 예술을 관통하는 수사학의 힘
현대 수사학

**요아힘 크나페 지음
김종영, 홍설영 옮김 | 480쪽 | 값 25,000원**

이 책의 목표는 인문학, 문화, 예술, 미디어 등 여러 분야에 수사학을 접목시킬 현대 수사학이론을 개발하는 것이다. 수사학은 본래 언어적 형태의 소통을 연구하는 학문이라서 기초이론의 개발도 이 점에 주력하였다. 그 결과 언어적 소통의 관점에서 수사학의 역사를 개관하고 정치 수사학을 다루는 서적은 꽤 많지만, 수사학 이론을 현대적인 관점에서 새롭고 포괄적으로 다룬 연구는 눈에 띄지 않는다. 이 책은 수사학이 단순히 언어적 행동에만 국한하지 않고, '소통이 있는 모든 곳에 수사학도 있다'는 가정에서 출발한다. 이를 토대로 크나페 교수는 현대 수사학 이론을 체계적으로 개발하고, 문학, 음악, 이미지, 영화 등 실용적인 영역에서 수사학적 분석이 어떻게 가능한지를 총체적으로 보여준다.

백 마디 불통의 말, 한 마디 소통의 말

당신은 어떤 말을 하고 있나요?

김종영 지음
248쪽 | 값 13,500원

리더십의 핵심은 소통능력이다. 소통을 체계적으로 연구하는 학문이 바로 수사학이다. 이 책은 우선 사람을 움직이는 힘, 수사학을 집중 조명한다. 그리고 소통의 능력을 필요로 하는 우리 사회의 리더들에게 꼭 필요한 수사적 리더십의 원리를 제공한다. 더나아가서 수사학의 원리를 실제 생활에 어떻게 적용할 수 있는지 일러준다. 독자는 행복한 말하기와 아름다운 소통을 체험할 것이다.

● SK텔레콤 사보 <Inside M> 인터뷰
● MBC 라디오 <라디오 북 클럽> 출연
● 매일 경제, 이코노믹리뷰, 경향신문 소개
● 대통령 취임 2주년 기념식 특별연설

경쟁을 초월하여 영원한 승자로 가는 지름길

탁월한 전략이 미래를 창조한다

리치 호워드 지음 | 박상진 옮김
300쪽 | 값 17,000원

이 책은 혁신과 영감을 통해 자신들의 경험과 지식을 탁월한 전략으로 바꾸려는 리더들에게 실질적인 프레임워크를 제공해준다. 저자는 탁월한 전략을 위해서는 새로운 통찰을 결합하고 독자적인 경쟁 전략을 세우고 헌신을 이끌어내는 것이 중요하다고 강조한다. 나아가 연구 내용과 실제 사례, 사고 모델, 핵심 개념에 대한 명쾌한 설명을 통해 탁월한 전략가가 되는 데 필요한 핵심 스킬을 만드는 과정을 제시해준다.

● 조선비즈, 매경이코노미 추천도서
● 저자 전략분야 뉴욕타임즈 베스트 셀러

대담한 혁신상품은 어떻게 만들어지는가?

신제품 개발 바이블

로버트 쿠퍼 지음 | 류강석, 박상진, 신동영 옮김
648쪽 | 값 28,000원

오늘날 비즈니스 환경에서 진정한 혁신과 신제품개발은 중요한 도전과제이다. 하지만 대부분의 기업들에게 야심적인 혁신은 보이지 않는다. 이 책의 저자는 제품혁신의 핵심성공 요인이자 세계최고의 제품개발 프로세스인 스테이지-게이트(Stage-Gate)에 대해 강조한다. 아울러 올바른 프로젝트 선택 방법과 스테이지-게이트 프로세스를 활용한 신제품개발 성공 방법에 대해서도 밝히고 있다. 신제품은 기업번영의 핵심이다. 이러한 방법을 배우고 기업의 실적과 시장 점유율을 높이는 대담한 혁신을 성취하는 것은 담당자, 관리자, 경영자의 마지노선이다.

10만 독자가 선택한
국내 최고의 인지심리학 교양서

지혜의 심리학
10주년 기념판

김경일 지음
340쪽 | 값 18,500원

10주년 기념판으로 새롭게 만나는 '인지심리학의 지혜'!
생각에 관해서 인간은 여전히 이기적이고 이중적이다. 깊은 생각을 외면하면서도 자신의 생각과 인생에 있어서 근본적인 변화를 애타게 원하기 때문이다. 하지만 과연 몇이나 자기계발서를 읽고 자신의 생각에 근본적인 변화와 개선을 가질 수 있었을까? 불편하지만 진실은 '결코 없다'이다. 우리에게 필요한 것은 '어떻게' 그 이상, '왜'이다. '왜'라고 생각하면 '왜냐하면'이라는 답이 태어나고, 이는 다시금 더 이전의 원인에 대한 질문인 또 다른 '왜'와 그에 따른 '왜냐하면'들을 낳는다.

우리는 살아가면서 다양한 어려움에 봉착하게 된다. 이때 우리는 지금까지 살아오면서 쌓았던 다양한 How들만 가지고는 이해할 수도 해결할 수도 없는 어려움들에 자주 직면하게 된다. 따라서 이 How들을 이해하고 연결해 줄 수 있는 Why에 대한 대답을 지녀야만 한다. 『지혜의 심리학』은 바로 이 점을 우리에게 알려주어 왔다. 이 책은 '이런 이유가 있다'로 우리의 관심을 발전시켜 왔다. 그리고 그 이유들이 도대체 '왜' 그렇게 자리 잡고 있으며 왜 그렇게 고집스럽게 우리의 생각 깊은 곳에서 힘을 발휘하는지에 대하여 눈을 뜨게 해주었다.

그동안 『지혜의 심리학』은 국내 최고의 인지심리학자인 김경일 교수가 생각의 원리에 대해 직접 연구한 내용을 바탕으로 명쾌한 논리로 수많은 독자들을 지혜로운 인지심리학의 세계로 안내해 왔다. 그리고 앞으로도, 새로운 독자들에게 참된 도전과 성취에 대한 자신감을 건네주기에 더할 나위 없는 지혜를 선사할 것이다.

● OtvN <어쩌다 어른> 특강 출연
● 2014년 중국 수출 계약 | 포스코 CEO 추천 도서

노자, 궁극의 리더십을 말하다
2020 대한민국을 통합 시킬 주역은 누구인가?

안성재 지음 | 524쪽 | 값 19,500원

노자는 "나라를 다스리는 것은 간단하고도 온전한 원칙이어야 지, 자꾸 복잡하게 그 원칙들을 세분해서 강화하면 안된다!"라 고 일갈한다. 법과 제도를 세분해서 강화하지 않고 원칙만으로 다스리는 것이 바로 대동사회다. 원칙을 수많은 항목으로 세분 해서 통제한 것은 소강사회의 모태가 되므로 경계하지 않으면 안된다. 이 책은 [도덕경]의 오해와 진실 그 모든 것을 이야기 한다. 동서고금을 아우르는 지혜가 살아넘친다. [도덕경] 한 권 이면 국가를 경영하는 정치지도자에서 기업을 경영하는 관리 자까지 리더십의 본질을 꿰뚫 수 있을 것이다.

인생의 고수가 되기 위한 진짜 공부의 힘
김병완의 공부혁명

김병완 지음
236쪽 | 값 13,800원

공부는 20대에게 세상을 살아갈 수 있는 힘과 자신감 그리고 내 공을 길러준다. 그래서 20대 때 공부에 미쳐 본 경험이 있는 사 람과 그렇지 못한 사람은 알게 모르게 평생 큰 차이가 난다. 진 짜 청춘은 공부하는 청춘이다. 공부를 하지 않고 어떻게 100세 시대를 살아가고자 하는가? 공부는 인생의 예의이자 특권이다. 20대 공부는 자신의 내면을 발견할 수 있게 해주고, 그로 인해 진짜 인생을 살아갈 수 있게 해준다. 이 책에서 말하는 20대 청 춘이란 생물학적인 나이만을 의미하지 않는다. 60대라도 진짜 공부를 하고 있다면 여전히 20대 청춘이고 이들에게는 미래에 대한 확신과 풍요의 정신이 넘칠 것이다.

감동으로 가득한 스포츠 영웅의 휴먼 스토리
오픈

안드레 애거시 지음 | 김현정 옮김
614쪽 | 값 19,500원

시대의 이단아가 던지는 격정적 삶의 고백!
남자 선수로는 유일하게 골든 슬램을 달성한 안드레 애거시. 테 니스 인생의 정상에 오르기까지와 파란만장한 삶의 여정이 서정 적 언어로 독자의 마음을 자극한다. 최고의 스타 선수는 무엇으 로, 어떻게, 그 자리에 오를 수 있었을까? 또 행복하지만 은 않았 던 그의 테니스 인생 성장기를 통해 우리는 무엇을 배 울 수 있 을까. 안드레 애거시의 가치관과 생각을 읽을 수 있다.

하버드 경영 대학원 마이클 포터의 성공전략 지침서
당신의 경쟁전략은 무엇인가?

조안 마그레타 지음
김언수, 김주권, 박상진 옮김
368쪽 | 값 22,000원

마이클 포터(Michael E. Porter)는 전략경영 분야의 세계 최고 권위자다. 개별 기업, 산업구조, 국가를 아우르는 연 구를 전개해 지금까지 17권의 저서와 125편 이상의 논문 을 발표했다. 저서 중 『경쟁전략(Competitive Strategy)』 (1980), 『경쟁우위(Competitive Advantage)』(1985), 『국 가경쟁우위(The Competitive Advantage of Nations)』 (1990) 3부작은 '경영전략의 바이블이자 마스터피스'로 공인받고 있다. 경쟁우위, 산업구조 분석, 5가지 경쟁요인, 본원적 전략, 차별화, 전략적 포지셔닝, 가치사슬, 국가경 쟁력 등의 화두는 전략 분야를 넘어 경영학 전반에 새로운 지평을 열었고, 사실상 세계 모든 경영 대학원에서 핵심적 인 교과목으로 다루고 있다. 이 책은 방대하고 주요한 마 이클 포터의 이론과 생각을 한 권으로 정리했다. <하버드 비즈니스리뷰> 편집장 출신인 저자는 폭넓은 경험을 바탕 으로 포터 교수의 강력한 통찰력을 경영일선에 효과적으 로 적용할 수 있도록 설명한다. 즉, "경쟁은 최고가 아닌 유 일무이한 존재가 되고자 하는 것이고, 경쟁자들 간의 싸움 이 아니라, 자사의 장기적 투하자본이익률(ROIC)을 높이 는 것이다." 등 일반인들이 잘못 이해하고 있는 포터의 이 론들을 명백히 한다. 전략경영과 경쟁전략의 핵심을 단기 간에 마스터하여 전략의 전문가로 발돋음 하고자 하는 대 학생은 물론 전략에 관심이 있는 MBA과정의 학생들을 위 한 필독서이다. 나아가 미래의 사업을 주도하여 지속적 성 공을 꿈꾸는 기업의 관리자에게는 승리에 대한 영감을 제 공해 줄 것이다.

● 전략의 대가, 마이클 포터 이론의 결정판
● 아마존전략 분야 베스트 셀러
● 일반인과 대학생을 위한 전략경영 필독서

진정한 부와 성공을 끌어당기는 단 하나의 마법

생각의 시크릿

밥 프록터, 그레그 레이드 지음 | 박상진 옮김
268쪽 | 값 13,800원

성공한 사람들은 그렇지 못한 사람들과 다른 생각을 갖고 있는
것인가? 지난 100년의 역사에서 수많은 사람을 성공으로 이끈
성공 철학의 정수를 밝힌다. <생각의 시크릿>은 지금까지 부자
의 개념을 오늘에 맞게 더 구체화시켰다. 지금도 변하지 않는 법
칙을 따라만 하면 누구든지 성공의 비밀에 다가갈 수 있다. 이 책
은 각 분야에서 성공한 기업가들이 지난 100년간의 성공 철학을
어떻게 이해하고 따라했는지 살펴보면서, 그들의 성공 스토리를
생생하게 전달하고 있다.

● 2016년 자기계발분야 화제의 도서
● 매경이코노미, 이코노믹리뷰 소개

새로운 시대는 逆(역)으로 시작하라!

콘트래리언

이신영 지음
408쪽 | 값 17,000원

위기극복의 핵심은 역발상에서 나온다!

세계적 거장들의 삶과 경영을 구체적이고 내밀하게 들여다본 저
자는 그들의 성공핵심은 많은 사람들이 옳다고 추구하는 흐름에
'거꾸로' 갔다는 데 있음을 발견했다. 모두가 실패를 두려워할 때
도전할 줄 알았고, 모두가 아니라고 말하는 아이디어를 성공적
인 아이디어로 발전시켰으며 최근 15년간 3대 악재라 불린 위기
속에서 기회를 찾고 성공을 거두었다.

● 한국출판문화산업 진흥원 '이달의 책' 선정도서
● KBS 1 라디오 <오한진 이정민의 황금사과> 방송

"이 검사를 꼭 받아야 합니까?"

과잉 진단

길버트 웰치 지음 | 홍영준 옮김
391쪽 | 값 17,000원

병원에 가기 전 꼭 알아야 할 의학 지식!

과잉진단이라는 말은 아무도 원하지 않는다. 이는 걱정과 과잉
진료의 전조일 뿐 개인에게 아무 혜택도 없다. 하버드대 출신 의
사인 저자는, 의사들의 진단욕심에 비롯된 과잉진단의 문제점과
과잉진단의 합리적인 이유를 함께 제시함으로써 질병예방의 올
바른 패러다임을 전해준다.

● 한국출판문화산업 진흥원 『이달의 책』 선정도서
● 조선일보, 중앙일보, 동아일보 등 주요 언론사 추천

진성 FOCUS 5

"질병의 근본 원인을 밝히고
남다른 예방법을 제시한다"

의사들의 120세
건강비결은 따로 있다

마이클 그레거 지음
홍영준, 강태진 옮김
❶ 질병원인 치유편 값 22,000원 | 564쪽
❷ 질병예방 음식편 값 15,000원 | 340쪽

우리가 미처 몰랐던 질병의 원인과 해법
질병의 근본 원인을 밝히고 남다른 예방법을 제시한다
건강을 잃으면 모든 것을 잃는다. 의료 과학의 발달로 조
만간 120세 시대도 멀지 않았다. 하지만 우리의 미래는
'얼마나 오래 살 것인가?'보다는 '얼마나 건강하게 오래 살
것인가?'를 고민해야하는 시점이다. 이 책은 질병과 관련
된 주요 사망 원인에 대한 과학적 인과관계를 밝히고, 생
명에 치명적인 병을 예방하고 건강을 회복시킬 수 있는 방
법을 명쾌하게 제시한다. 수천 편의 연구결과에서 얻은 적
절한 영양학적 식이요법을 통하여 건강을 획기적으로 증
진시킬 수 있는 과학적 증거를 밝히고 있다. 15가지 주요
조기 사망 원인들(심장병, 암, 당뇨병, 고혈압, 뇌질환 등
등)은 매년 미국에서만 1백 6십만 명의 생명을 앗아간다.
이는 우리나라에서도 주요 사망원인이다. 이러한 비극의
상황에 동참할 필요는 없다. 강력한 과학적 증거가 뒷받침
된 그레거 박사의 조언으로 치명적 질병의 원인을 정확히
파악하라. 그리고 장기간 효과적인 음식으로 위험인자를
적절히 예방하라. 그러면 비록 유전적인 단명요인이 있다
해도 이를 극복하고 장기간 건강한 삶을 영위할 수 있다.
이제 인간의 생명은 운명이 아니라, 우리의 선택에 달려있
다. 기존의 건강서와는 차원이 다른 이 책을 통해서 '더 건
강하게, 더 오래 사는' 무병장수의 시대를 활짝 열고, 행복
한 미래의 길로 나아갈 수 있을 것이다.

● 아마존 의료건강분야 1위
● 출간 전 8개국 판권계약

1. 취지

세상이 빠르게 변화하고 있습니다. 눈부신 기술의 진보 특히, 인공지능, 빅데이터, 메타버스 그리고 유전의학과 정밀의료의 발전은 인류를 지금까지 없었던 새로운 세상으로 안내하고 있습니다. 앞으로 산업과 직업, 하는 일과 건강관리의 변혁은 피할 수 없는 상황으로 다가오고 있습니다.

이러한 변화에 따라 〈사단법인〉 건강인문학포럼은 '건강은 건강할 때 지키자'라는 취지에서 신체적 건강, 정신적 건강, 사회적 건강이 조화를 이루는 "건강한 삶"을 찾는데 의의를 두고 있습니다. 100세 시대를 넘어서서 인간의 한계수명이 120세로 늘어난 지금, 급격한 고령인구의 증가는 저출산과 연관되어 국가 의료재정에 큰 부담이 되리라 예측됩니다. 따라서 개인 각자가 자신의 건강을 지키는 것 자체가 사회와 국가에 커다란 기여를 하는 시대가 다가오고 있습니다.

누구나 겪게 마련인 '제 2의 삶'을 주체적으로 살며, 건강한 삶의 지혜를 함께 모색하기 위해 사단법인 건강인문학포럼은 2018년 1월 정식으로 출범했습니다. 우리의 목표는 분명합니다. 스스로 자신의 건강을 지키면서 능동적인 사회활동의 기간을 충분히 연장하여 행복한 삶을 실현하는 것입니다. 전문가로부터 최신의학의 과학적 내용을 배우고, 5년 동안 불멸의 동서양 고전 100권을 함께 읽으며 '건강한 마음'을 위한 인문학적 소양을 넓혀 삶의 의미를 찾아볼 것입니다. 의학과 인문학 그리고 경영학의 조화를 통해 건강한 인간으로 사회에 선한 영향력을 발휘하고, 각자가 주체적인 삶을 살기 위한 지혜를 모색해 가고자 합니다.

건강과 인문학을 위한 실천의 장에 여러분을 초대합니다.

2. 비전, 목적, 방법

| 비 전

장수시대에 "건강한 삶"을 위해 신체적, 정신적, 사회적 건강을 돌보고, 함께 잘 사는 행복한 사회를 만드는 데 필요한 덕목을 솔선수범하면서 존재의 의미를 찾는다.

| 목 적

우리는 5년간 100권의 불멸의 고전을 읽고 자신의 삶을 반추하며, 중년 이후의 미래를 새롭게 설계해 보는 "자기인생론"을 각자 책으로 발간하여 유산으로 남긴다.

| 방 법

매월 2회 모임에서 인문학 책 읽기와 토론 그리고 특강에 참여한다. 아울러서 의학 전문가의 강의를 통해서 질병예방과 과학적인 건강 관리 지식을 얻고 실천해 간다.

3. 2024년 프로그램 일정표

- 프로그램 및 일정 -

월	선정도서	의학(건강) 특강	일정
1월	왜 나는 너를 사랑하는가 / 알랭 드 보통	김종갑 교수, 박문호 박사	1/10, 1/24
2월	나의 서양 미술 순례 / 서경식	이재원 교수, 황농문 교수	2/14. 2/28
3월	느리게 나이드는 습관 / 정희원	김도원 원장, 박상진 회장	3/13, 3/27
4월	유리알 유희 / H. 헤세	심장병	4/17, 4/24
5월	세상에서 가장 짧은 독일사 / 제임스 호즈	폐병	5/8/ 5/22
6월	내적 시간의식의 현상학 / E. 후설	위암	6/12, 6/26
7월	분노의 포도 / 존 스타인벡	감염	7/17, 7/24
8월	같기도 하고, 아니 같기도 하고 / R. 호프만	당뇨병	8/14, 8/28
9월	논리 철학 논고 / 비트겐슈타인	고혈압	9/11, 9/25
10월	걸리버 여행기 / J. 스위프트	간질환	10/16, 10/23
11월	예루살렘의 아이히만 / H. 아렌트	백혈병	11/13, 11/27
12월	무정 / 이광수	신부전	12/11, 12/20

프로그램 자문위원	▶ 인 문 학 : 김성수 교수, 김종영 교수, 박성창 교수, 이재원 교수, 조현설 교수 ▶ 건강(의학) : 김선희 교수, 김명천 교수, 이은희 원장, 박정배 원장, 정이안 원장 ▶ 경 영 학 : 김동원 교수, 정재호 교수, 김신섭 대표, 전이현 대표, 남석우 회장

4. 독서회원 모집 안내

| 운 영 : 매월 둘째 주, 넷째 주 수요일 월 2회 비영리로 운영됩니다.
    1. 매월 함께 읽은 책에 대해 발제와 토론을 하고, 전문가 특강으로 완성함.
    2. 건강(의학) 프로그램은 매 월 1회 전문가(의사) 특강 매년 2회.
      인문학 기행 진행과 등산 등 운동 프로그램도 진행함.
| 회 비 : 오프라인 회원(12개월 60만원), 온라인 회원(12개월 30만원)
| 일 시 : 매월 2, 4주 수요일(18:00~22:00)
| 장 소 : 서울시 강남구 테헤란로514 삼흥2빌딩 8층

| 문 의 : 기업체 단체 회원(온라인) 독서 프로그램은 별도로 운영합니다 (문의 요망)

02-3452-7761 / www.120hnh.co.kr

"책읽기는 충실한 인간을 만들고, 글쓰기는 정확한 인간을 만든다."

프랜시스 베이컨(영국의 경험론 철학자, 1561~1626)

기업체 교육안내 <탁월한 전략의 개발과 실행>

월스트리트 저널(WSJ)이 포춘 500대 기업의 인사 책임자를
조사한 바에 따르면, 관리자에게 가장 중요한 자질은 <전략
적 사고>로 밝혀졌다. 750개의 부도기업을 조사한 결과 50%
의 기업이 전략적 사고의 부재에서 실패의 원인을 찾을 수
있었다. 시간, 인력, 자본, 기술을 효과적으로 사용하고 이윤
과 생산성을 최대로 올리는 방법이자 기업의 미래를 체계적
으로 예측하는 수단은 바로 '전략적 사고'에서 시작된다.

<관리자의 필요 자질>

새로운 시대는 새로운 전략!

- 세계적인 저성장과 치열한 경쟁은 많은 기업들을 어려운 상황으로 내몰고 있다. 산업의 구조적 변화와 급변
하는 고객의 취향은 경쟁우위의 지속성을 어렵게 한다. 조직의 리더들에게 사업적 혜안(Acumen)과 지속적
혁신의지가 그 어느 때보다도 필요한 시점이다.

- 핵심기술의 모방과 기업 가치사슬 과정의 효율성으로 달성해온 품질대비 가격경쟁력이 후발국에게 잠식당
할 위기에 처해있다. 산업구조 조정만으로는 불충분하다. 새로운 방향의 모색이 필요할 때이다.

- 기업의 미래는 전략이 좌우한다. 장기적인 목적을 명확히 설정하고 외부환경과 기술변화를 면밀히 분석하여
필요한 역량과 능력을 개발해야 한다. 탁월한 전략의 입안과 실천으로 차별화를 통한 지속가능한 경쟁우위
를 확보해야 한다. 전략적 리더십은 기업의 잠재력을 효과적으로 이끌어 낸다.

<탁월한 전략> 교육의 기대효과

① 통합적 전략교육을 통해서 직원들의 주인의식과 몰입의 수준을 높여 생산성의 상승을 가져올 수 있다.

② 기업의 비전과 개인의 목적을 일치시켜 열정적으로 도전하는 기업문화로 성취동기를 극대화할 수 있다.

③ 차별화로 추가적인 고객가치를 창출하여 장기적인 경쟁우위를 바탕으로 지속적 성공을 가져올 수 있다.

- 이미 발행된 관련서적을 바탕으로 <탁월한 전략>의 필수적인 3가지 핵심 분야(전략적 사고,
전략의 구축과 실행, 전략적 리더십>를 통합적으로 마스터하는 프로그램이다.

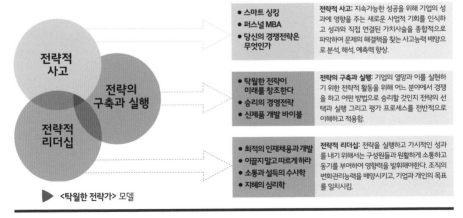

▶ <탁월한 전략가> 모델

특강 및 교육 신청 문의: 진성북스, 02-3452-7761